中華民國這回事
一位江南事件親歷者的觀察

陳治平　著

本書獻給老婆大人、施正齡、寶貝女兒、陳琲琳，並特別感謝李乃義，由於這位老友始終不懈的鞭策與修補，才出得了這本不是回憶錄的「回憶錄」。

敬致讀者

　　中華民國，是個充滿政治話語與忌諱的話題，然而卻是我們的前人以及現今在大陸與臺灣的人，活生生經歷的年代。透過這本書的記述，讀者們也許藉著「陳治平」曾經有過的感覺，得以比較真實地感受那個時空上都不算遠的中華民國時代。

　　無論如何，那確實都是我們共同記憶的一部分。

　　或許，「陳治平」這老頭，方才道出了20世紀的中華民國真相！

中華民國法理行政區域

（資料來源：https://commons.wikimedia.org/wiki/File%3AROC_Administrative_ Subdivisions_zh-hant.svg作者：由 Ericmetro（自己的作品）[CC BY-SA 3.0（http:// creativecommons.org/licenses/by-sa/3.0）]，通過維基共享資源）

自序

　　我，陳治平，1934年生在福州。同年出生的中國人，大概不會少於一千萬。那時，距離武昌起義，不過23年來，中國社會的轉型（流行的詞，是「現代化」），並沒因為清朝的結束或中華民國的創立而完成，我的一生也就跟著持續轉型。

　　影響近代的事件，中國的國民黨、共產黨、抗戰、內戰、海峽兩岸，國際的核彈、韓戰、冷戰、蘇聯解體，美國的嬉皮、電腦、矽谷、資訊時代，等等等等，要嘛是製造區區在下這麼一個人的邊際條件，要嘛根本就是區區在下生活的一部分。

　　因緣際會，我跟著父親到國民政府的臺灣就食，留下母親和一個弟弟在福州，最終，運氣使我到了美國，1960年代後期的「中國研究」熱，更使我得以進入加州大學柏克萊分校工作。

　　在柏克萊的時光，算得上惬意。中國研究嘛，China Study，顧名思義，為的就是「瞭解中國」嘛。既然是中國人出身，學的又是文史，我就如此這般，在自己有興趣的領域，混得一個飯碗，大大減少了生活壓力。並非「學以致用」，而是樂趣與能力與工作與生活的契合，讓我度過25年快樂時光。必須感恩老天爺的眷顧，我深刻理解到，老天爺並沒有賜予人人同樣的機會。

　　做為美國學術重鎮之一的柏克萊，提供了另外一份難得的機遇：人。

　　來來往往，大不乏中國近代史相關的「名人」，國共政治的、科學的、藝文的，所在多有。多年下來，區區陳治平，大概正因為無心向上「仕途」，居然結識過許多當事人、積累了許多不為人知的「武林祕辛」。

　　於是，趁八十大壽、居然還活著口氣，把我這一生見過的人、參與

過或聽過的事、讀過的資料，也就是，我大腦裡的資訊，立此存據。此生所見所聞，大致，也就是近百年時段的中國的人與事的寫照，實際，也就是中華民國的點點滴滴。現在年紀已大，更加感到，每個人的一生有限、記憶也有限，而真正能碰到躬逢其盛的當事人的機率卻非常少。因此，陳治平的腦袋瓜，或許有些知識或資料，雖屬時代痕爪，或許有點參考價值，可以獻給讀者。

閒話少說，如斯我見，如斯我聞，如斯我思，至少是實實在在的記錄。

武林祕辛事小，江湖真相事大。

「無巧不成書」嘛，也許讀者們會跟我這個老頭兒一樣，除了不勝噓唏於近代中國與世界的轉折以及人史的偶然和必然之外，好玩，是起碼的；真切，那就更是「當仁不讓」。

目次

楔子、從美國的「中國通」
謝偉思先生說起

　　近代史上，錯綜複雜的中、美糾葛中，美國出現過真知灼見的「中國通」。John（Jack）Stuart Service 1909-1999，謝偉思，是其中的翹楚。

　　早在1944年，他已經斷言，國共內戰，共產黨必勝、國民黨必敗。那時候年輕的他，沒有能力（權力）左右美國政策，謝偉思的睿智，自然也無力影響當時「左」「右」的政治狂熱。他成為「歷史」的犧牲品……。後來，當「極右」的尼克森再度恢復美國與中國的鏈結後，人們不禁回想起謝偉思，以及中美之間被割斷的30年。

　　我認識謝偉思，是1970年的事，我們之間幾乎無話不談。我認得的他，是位文質彬彬的「大」帥哥，約一米八的塊頭，身材挺拔，氣宇軒昂。

　　他父親是基督教青年會（YMCA）的牧師，當年在四川成都傳教，生下了他。他十一歲時就能說一口地道四川話，由於通曉中文，他給自己取了中國名字：「謝偉思」，人們不必再翻譯他的大名為「傑克・佘維斯」之類。如果謝偉思先生留住中國三代，後代肯定漢化，大概就會以「謝」為姓。五胡亂華之後的「胡人」，就是那麼成為「中國人」的。

　　少年時期，他在上海的美國學校讀中學。全家搬回美國西岸的加州後，他在柏克萊（Berkeley）高中完成學業。1927年進入奧柏林學院（Oberlin College）主修經濟學與藝術史，並且是越野賽跑隊長兼田徑隊長。奧柏林學院是典型美國白人菁英的主流院校之一。

　　1933年，謝偉思通過了美國的外交官文官考試。以他的經歷、專長，他志在中國從事外交工作。但那時美國駐華使領館都沒有正式外交

官的位缺，與其在美國苦等，他決定不如先到駐昆明美國總領事館，暫時充當編制外助理員。於是1934年，他就到雲南昆明去。他跟我說，在昆明工作時，他曾徒步走完計畫修築中的「滇緬公路」的雲南部分。

當時25歲的他推想，一旦中日全面開戰，中國沿海港口必遭日本封鎖，這條公路就成為中國對外唯一聯繫。何不趁此機會實地考察一番，以備將來有可用之處。果不其然，抗戰爆發後的第二年，中國沿海地區大半淪陷，為確保國際物資通道，國民政府於1938年初，與美英協調修築全長近1500公里的滇緬公路。滇西28縣20萬以上民工，在抗日救國口號的鼓舞下，自帶口糧、工具，以血淚劈石鑿岩，建成了滇緬公路的中國境內部分，850公里，傷亡不計其數。

當時的他又推想，日本的野心在於控制太平洋地區，稱霸亞洲，一定會跟美國直接衝突，形勢終將發展到，美、中聯手制衡日本擴張。後來，1942年12月，日本偷襲珍珠港後，立即對東南亞，包括菲律賓、馬來西亞、印尼等地，發起全面進攻。美英兩國手忙腳亂，窮於應對，無奈只得與他們素來瞧不起的、蔣介石領導的國民黨政府，聯手抗日。

那時，美國政府能看到的是：必須要幫中國保住滇緬公路這一國際物資通道，使得中國的抗戰能夠支撐下去，何況中國雖已抗日四年，卻始終沒有對日宣戰，蔣介石是否還保留與日本媾和的可能？萬一中日休兵，對美英的全球戰局就大大不妙了。

而英國政府頭痛醫頭，也終於請求蔣介石派遣中國遠征軍入緬甸，協助英軍作戰、並保衛滇緬公路。於是杜聿明率十萬精銳部隊入緬作戰，結果大敗而去（強經野人山回國而損失了大半人馬），另有約二萬人逃入印度（孫立人的新38師完整，另加野人山潰散而出的廖耀湘新22師等殘部），成為中國遠征軍駐印部隊主力。

謝偉思說，1934-1935年在昆明工作時，他已預感到雲南看似中國邊疆，一旦中日開戰，肯定會變成熱鬧的前線，但他絕沒想到日本海軍居然會偷襲珍珠港，逼得羅斯福總統對日、德宣戰，開始了正式的第二次世界大戰。

1935年那時，謝偉思不過是昆明總領館的一個編外助理員，但他卻自動自發地以美國職業外交官的眼光，預測了形式的發展，真正「敬業」。

　　這充分說明瞭美國這個專業精英統治的國家的核心競爭力——所有國家的公務員都享有鐵飯碗，但美國一個低階外交人員就有這般素質，不是為了鐵飯碗才做公務員。

　　1936年，謝偉思補上外交官的缺，隨後被送往北平學習，著重於學會普通話。

　　1938年，他被派任上海總領事館領事，不久總領事高思（Clarence E. Gauss）升任駐華大使，到重慶赴任。高思帶上謝偉思，升他為三等祕書，後又升二等祕書。

　　後來，1950年，美國國內在麥卡錫議員掀起的白色恐怖浪潮下，全面調查美國各級駐華外交官們對「丟失中國（lost China）」的責任，高思大使在國會作證時說：

　　「謝偉思當時是重慶美駐華大使館的政治官，他的工作就是收集、分析中國政經社各方面資料。那時有關中國的政情、軍事形勢，對大使館來說，一片胡亂，兩眼漆黑，根本無法搞清楚虛實，時時要研判資料是實情或是謠言，又缺乏正常的溝通管道。因此，謝偉思必須要去國民黨政府中央，也要去8路軍的重慶辦事處，更要和任何能提供有價值的資訊的人打交道，如國外駐重慶記者，中國民主人士等等。

　　謝偉思將點點滴滴的資訊，拼圖式地勾勒出清晰畫面，重慶的美駐華大使館才能知道當時中國的實情，從而上報國務院。當時國民政府駐美大使胡適先生，時不時也能會見到羅斯福總統，每次見面他都給美國總統一份有關中國戰區英勇抗日的戰果統計，諸如殺敵若干，收復失地多少等等。1944年日軍發動最後一次中國大陸攻勢，從河南一直打到離重慶不遠的貴州獨山，逼得蔣介石甚至打算遷都到西康省的西昌去了。此時胡適大使又求見羅斯福總統，打算向他解釋這次河南、湘、桂大潰敗的原因，並請求美國加緊援助。沒想到羅斯福總統笑著對他說：『大

使閣下，這兩年您每次見我，都給我一份中國戰區的戰果報告，最近我叫人把這些精心編纂的報告中的日軍傷亡統計加起來，其總數顯示，在華日軍都已被你們消滅殆盡了。您最好問問重慶國民政府軍政部，這次的日軍發動攻勢的部隊是哪裡鑽出來的？』」

抗日戰爭的頭幾年，謝偉思在給國務院的報告中，對蔣介石與國民黨的評點，一針見血，他形容國民政府為「法西斯統治」、「不民主」、「封建」。

他的觀點與後來任國務院中國科的科長戴維斯（John P. Davis）不謀而合，而當時的戴維斯已被國務院派任為史迪威將軍總部的「外交參贊」，也就是，史迪威的外交事務政治官（政治官，實即是政治事務幕僚）。

1943年6月末，戴維斯大膽在報告中提出了美國與中共方面直接進行接觸的建議，並主張向中共控制區派駐美軍觀察員。儘管當時羅斯福並沒有採納戴維斯的建議，但這份報告給他留下了深刻的印象。同年9月，史迪威更提出了裝備和使用中共軍隊的建議，蔣介石當然對此堅決不同意。相反，蔣介石為了得到更多的美援，不止一次地以退出對日戰爭來要脅羅斯福。

1944年1月中，戴維斯再次向白宮呈上一份建議向中共控制區派駐觀察員的報告。這次，羅斯福採納了戴維斯的意見，並在其報告上作了批示，要求美國陸軍部和海軍部制定出相關方案，準備採取行動。史迪威隨即籌建「美國陸軍觀察組」，準備前往陝甘寧邊區觀察，謝偉思成為隨觀察組前往觀察的國務院官員。經過蔣介石政府的多方阻撓，1944年7月22日，觀察組抵達延安。

「美國陸軍觀察組」的派出，是在史迪威將軍的堅持下，蔣介石不情願才答應的。

史迪威的邏輯是：為了打敗日本，美國要團結並援助一切反德、反日的力量去達成此目標。援助蘇聯與喜愛或反對蘇維埃無關。同理，8路軍和新4軍能打日本，為什麼不能有所來往、有所軍事援助呢？

而謝偉思與戴維斯的邏輯是：美國必須和中共領導層做面對面接觸，實地考察共產黨統治下的邊區，以美中（共）關係的長遠未來為著眼點。他們看透了蔣介石腐敗無能的統治、對國民黨政權澈底失望，為美國的長遠利益打算，必須要尋找中國新興的政治與軍事集團，預先鋪墊。

　　到達延安後，謝偉思見到共產黨高層領導人物毛澤東、周恩來等，而且作了訪問。兩三個月下來，謝偉思和延安的四川老鄉們，如朱德、楊尚昆等，還搞了一個同鄉會，一張常常被有關中美關係書籍引用的延安四川同鄉會照片，就是他和朱老總、楊尚昆等六七個人的合影。

　　在1944年7月到達延安的四個月內，謝偉思寫了許多報告給美國國務院，肯定中國共產黨及其領導層為「進步的」和「民主的」（實際是指的「有群眾」）。

　　他在其中一份報告上指明：「共產黨在中國肯定會生存下去的，中國的命運不在蔣介石手上，而在他們手上。」

　　有些大使館政治官認為：對華工作要國共兩黨並重，謝偉思也不反對。

　　但他們一致認為，中國內戰，勢將不免，且共產黨必勝。若和平有望而成立國共聯合政府，則如果美國能支持中國共產黨獲得應有的權益，就有可能拉住中共偏離蘇聯勢力軌道，反之，就會逼著中共跟老毛子走。

　　謝偉思還對我提到，在延安「夜見毛主席」的事。有一個晚上，大約半夜三點時分，他睡下不久，住處的勤務兵把他搖醒說：「謝先生，毛主席要見你。」他立即起床，穿好衣服就跟著勤務兵直奔毛澤東的窯洞而去。

　　那晚的談話不太長，毛主席告訴他，二戰後的中國問題將是世界的大事，並似乎預見到日本即將敗亡、美國終要稱雄亞洲和全世界的未來國際大局。毛主席說：「如果美國真有決心要調停國共之間的衝突，而羅斯福總統也願意和我討論這個重大問題，我願意去一趟華盛頓見他，

請將此事報告貴國政府。」

　　謝偉思說，第二天他就把這個重要資訊向國務院報告。有關謝偉思
先生的公開資料裡，都沒有「夜見毛主席」的記載，或許美國國務院檔
案室也沒保存當年他的報告記錄。在美國那個不理性、恐共反共的年代
裡，那是裡通外國的鐵證，國務院大概除之唯恐不及。現在，當年許多
資料都已解密，也許還應該再搜尋一遍國務院的文檔。

　　抗戰勝利後，美國新任駐華大使赫爾利也努力促成國共兩黨合作，
但赫爾利不是中國通，完全不理解國共兩黨政治原動力的差異。

　　赫爾利最初提出的國共聯合政府五點計畫，是立足於謝偉思和其
他政治官們的建議：1、要認識中國共產黨的實力，認真對待中共這股
不可阻擋的政治力量；2、戰後的中國需要和平建設，不可內戰，真要
打，國民黨三年內必敗。

　　蔣介石立即拒絕赫爾利的五點計畫，並反過來提出架空共產黨的
「三點計畫」，而赫爾利像中邪似的，居然百分之百接受蔣的觀點。不
但接受，並且敵意地將所有大使館政治官，通通遣回美國。

　　美國在華調停國共兩黨失敗後，赫爾利竟然將責任全部推諉到這些
政治幕僚身上。其後，在麥卡錫的白色恐怖時期，赫爾利針對謝偉思發
表了許多惡意的批評，但赫爾利就是不敢挺身而出、在光天化日下接受
媒體訪問、答復一切相關謝偉思的追問，他也拒絕公開質證謝偉思建言
不對之處。

　　1945年謝偉思回到美國，迅即因「美亞雜誌洩密案」嫌疑人的罪名
被捕，他被控告提供機密文檔給該雜誌主編Philip Jaffe。美國聯邦調查局
監控錄影與錄音，顯示謝偉思與雜誌主編於1945年4月19日在華盛頓一
家旅館見面，錄音中有「中文機密檔案」的話語。其實謝偉思和Philip
Jaffe多次見面，都被監控錄影，只是謝偉思不知道而已。

　　最後FBI直接進入美亞雜誌社搜查，取得了近百份有「機密」印記
的政府文檔。聯邦調查局局長胡佛（J Edger Hoover）宣稱他有可靠證
據，必可將謝偉思繩之於法。但當司法部提供證據給法院大陪審團時，

大陪審團以20比0的投票宣告謝偉思無罪,因為謝偉思從未提供過國務院的「機密」檔。同案的Philip Jaffe則被控有罪。

說到FBI的頭子——胡佛,這是個極端仇視自由派的人物(美國的「自由派」,Liberal,只不過是有點左傾,說不上「左」到是美共或國際共黨),只要胡佛看不順眼的人,都會被「合法地」監視。美國有名的人權運動領袖馬丁・路德・金先生(Martin Luther king)就被他監控了好幾年。

有這麼一個笑話式的故事:「1930年代的美國共產黨就被FBI滲透得澈澈底底。因為當時美共正式黨員都是些窮哥們,根本無力繳黨費,只有聯邦調查局派去臥底的美國共產黨員按時交黨費,一旦胡佛決定美國共產黨不值得監控,立馬就沒有了繳黨費的黨員,斷了經濟來源的美共便瓦解無存。」

從1946到1951年,謝偉思每年都要面對「忠貞(或安全)聽證會」。除了1948年以外,每次都沒有被發現或證明他有這方面的問題,一切都顯示他是清白的。

1950年麥卡錫發起調查國務院對華官員是否與「丟失中國」有相關責任,然而「參議院忠貞調查委員會」卻證明謝偉思沒有任何可疑之處,國務院自己的「忠貞調查委員會」倒在最後的報告中說,對謝偉思的忠貞有「合理的」懷疑。於是當時的國務卿艾奇遜就下令開革了他的外交官職務。

這個是極其嚴厲的處分,被開革者損失了文官制度所保障的「終身職」和退休金。戴維斯也遭到了同樣的命運。說穿了,這表示國務院不敢挺起脊樑為自己的職業外交官跟參議員說理對抗,只想犧牲幾個自己人,向參議員屈服,圖個清靜。

(中國人對美國政制的理解,有個誤解。美國參眾兩院,是跟總統一起「共治天下」的。美國政府體制內的專業文武官吏,參院管人事任命,眾院管預算撥款。議員,不僅只是一般人所認為的「民意代表」,兩院的實權很大、非常大,大到可以讓政府癱瘓,之前不就剛發生美政

府沒錢運轉、因為預算沒通過的事。）

1952年起，被革職的謝偉思開始控告國務院違法開除他。在任何國家，老百姓要跟官員或者官署打官司，都需要絕大的勇氣。在美國，勇氣之外，首先，要考慮律師費，那是一筆了不得的龐大開支，老百姓要自掏腰包，而官員或者官署則是公費開支。

儘管美國司法獨立，那僅只表示，法官獨立審判，不是政團或個人可以干涉的。但有冤要申，還非得有錢請律師才行。那時，謝偉思被開革，沒有收入，吃飯住房都得花錢，也沒什麼積蓄。（標準的美國人，都是「信用消費」型的，寅吃卯糧，很難有點積蓄。）

離開國務院，謝偉思就發現「找事」之難。幾經周折，1952年，終於在一家蒸汽機公司Sarcoma International找到一份工作。正如在任何職位上工作一樣，他誠誠懇懇的做事。他告訴我，這家公司時時收到顧客的抱怨信，投訴說蒸汽機的設計不理想，總出些小問題。他被煩透了，於是自己下車間實地考察，終於看出了問題之所在。幾天後他畫了一個某部件的機械設計圖，經過幾次整改試驗，排除了老毛病。同事勸他申請專利，他就辦了，也取得專利權。因為出色的工作表現，1955年公司的老闆就提升他為公司總裁。這可真應了那句話：「是真金子到哪裡都會發光。」

三年後，他控告國務院的案子終於到達最高法院，終審裁定：「國務院開除謝偉思不合法，因為國務院忠貞委員會既然沒有發現任何證據以表明他有安全問題，那麼『合理的懷疑』就不能成為開除他的理由。」謝偉思勝訴。他就是這樣一個堅持原則的人，integrity於此表現無遺。（integrity這詞，很難找到適當的中文翻譯，是集誠信、原則、堅持、一致……的大成。）

這個民告官案件的終審判決，轟動全美。

首先，它明示國務院不敢出頭為職業外交官的正當工作背書，為求省事、不惜違紀犧牲自己人，美國政府也是個官僚系統嘛。

其次，它給1950年參議員麥卡錫的「反美活動調查委員會」畫上終

止符。那段時期，這個白色恐怖的委員會，對學術界、藝術影劇界、科技界等人士造成的精神損失與實質迫害，絕對是美國人權史上最醜惡的一頁。

　　幸好出現一位行俠仗義的律師，願意「事後付費」為謝偉思進行民告官的訴訟，也幸好謝偉思還能找到工作、並且還表現不錯，律師也格外「克己」。無論如何，謝偉思以一人綿薄之力，把官司打到最高法院而勝，在美國，這是極其難能可貴、感動人心的。

　　1957年，勝訴的謝偉思重回國務院受職任官，被委派做安排國務院官員出差的後勤事務。1959年國務院再次對他的忠誠度做冗長的聽證會，結果還是證明他清白。副國務卿批准了聽證結果，卻又加上一個批語，說他在美亞雜誌案中，有損外交官形象，因此他也失去做駐外總領事機會，那是美國文官制度下、職業外交官的最高點。因為，大使是總統權力內的政治任命（非專業），而總領事則是專業文官，屬於參議院人事權內的官僚任命。副國務卿是專業文官的頭，如此評定他，參議院這一關便極難逾越了。

　　美國副國務卿的做法，無論出於什麼動機或考量，都是人類管理與權力制度的常態，人性的範疇，也可以看做是官僚體制「槍打出頭鳥」的習性。

　　1962年，不可能有所作為的文官謝偉思，終於決定從國務院退休，結束專業外交官生涯。他搬回加州柏克萊，並到加大柏克萊分校（UC Berkeley）攻讀政治學碩士。有一天史卡拉匹諾教授（Scalapino，當代著名的政治學教授）在授課時，談到中美關係，當然不免提到國務院那幾位「中國通」的故事，突然一位研究生舉手要求發言，史教授自然就請他發表意見。這位同學就史教授剛講的事，指出哪些是事實，哪些是不實傳聞，並一一加以補充說明。

　　史教授一聽就知道此人是行家，接著就問：「我可以知道你的名字嗎？」

　　研究生回答：「我就是謝偉思Jack Service。」人的名、樹的影，謝

偉思在加大柏克萊的消息就傳開了。

　　兩年後，他完成碩士，正在不知道何去何從之際，柏克萊的另一位大教授來電話約他喝咖啡、見面聊天。薛曼教授（Franz Schurmann），是加大柏克萊的歷史與社會學教授，亦即，他可以在兩個系任何學期開課，只要預先通知該系將之列入課程表。開的課多半是選修課。有一年他在社會系開了一門「金剛經」，薛曼告訴我，來修選的人不多，但都有些佛學根底，上課時就各自發表見解，腦力相互激盪，根本就沒有誰教誰的問題，非常愉快而且有意義。他是哈佛大學的歷史博士，主修遼金元史。1972年，薛曼教授的《中國共產黨的理論與實踐》出版，享譽美國的中國研究學界。

　　薛曼教授是美國有名的自由派人士，與謝偉思神交已久。兩人見面時，薛曼教授單刀直入的說：「傑克（Jack），你念完碩士，還要繼續攻讀博士學位嗎？總得有個終極目標。難道要再花費三、四年時間，只為了證明你能拿到博士學位，或是到那時候，快60歲的你，還要去當教授？你不如到加大中國研究中心做事，不久後，我極可能接掌這個中心，因為現任的中心主席，李卓敏教授，要去香港當中文大學校長。」

　　三言兩語搞定，謝偉思便來到中國研究中心工作，暫時任資料室主管。

　　柏克萊的中國研究中心（Center for Chinese Studies，UC Berkeley），簡稱（CCS，UC），形成於1957年。最初只是兩三位原經濟學教授的鬆散組合，用這名稱以接受校外捐款或者委託研究，做些有關中國經濟的研究，也出版過這方面的書和論文。後來，商學系教授柯爾Clark Kerr接掌柏克萊校長的任上，認識到「中國研究」是當時學術界極待發展的「地區研究Area Studies」中非常重要之課題，因此，便把這個鬆散的組合常規化，成為跨越科系領域的研究組織。他和政治系史加拉皮諾Scalapino教授、歷史系薛曼Sherman教授等商討，要正式掛牌成立加大中國研究中心，並推薦好友、同系的李卓敏教授擔任主席。獲得大家的同意後，柯爾Kerr校長立即撥款十萬美元，以購置圖書、資料。這可是當

年的大手筆。

　　李卓敏接任後，迅速托朋友在香港買了一萬本數量級的中國出版物。雖然大抵是新中國官方的宣傳品（那時，中國、中共，幾乎是同義詞），但卻是以後有錢也買不到的東西。此外又買了香港「友聯研究所」的中國研究資料，微膠捲數百盒。日本和臺灣有關中共早期歷史的微膠捲，也收了三大集，其中以《陳誠收藏Chen Cheng Collection》為有名，這是將所有能收集到的一切有關江西蘇維埃的文字檔案，製成一百多個微膠捲，是陳誠攻下瑞金後，下令收集保存的資料、極其珍貴的中共早期史料。

　　加大（柏克萊）中國研究中心在李卓敏教授主持下初具規模，李去香港後，就由薛曼教授接手，謝偉思也在中國研究中心任職。

　　1970年，我在夏威夷大學東西文化中心圖書館擔任中／韓地區專員China/Korea Area Specialist。這個「職稱」聽起來怪怪的，因為東西文化中心圖書館是1950年代美聯邦政府撥專款成立的，工作人員的薪酬是按政府公務員職等GS（Government Service）1-18而發給的。

　　（美國的「官吏」，分三種：1、國家公務員：就是文官制度和武官制度，一樣都是終身職。除非辦公事出大錯、違法亂紀，那就送法院依法定罪，主管是不能開除他的。2、選出來的官：總統、副總統、參議員、州長、市長、鎮長、地方檢察官等等，大家都是老百姓選出來的，官大官小，只反映「轄區」「轄事」的大小，各有自己的選民與盤算。當年，共和黨籍的美國總統尼克森，每次經停芝加哥，民主黨籍的市長德利，只要分得出時間，必定抽空到機場接機，尼克森對此情誼相當感動，因為許多民主黨籍的市長、鎮長，根本不鳥他。民選官，以選期為限，下次沒選上就下臺走路，任期屆滿後，落選的市長、鎮長、議員，比比皆是，所以美國人對「專業」政客鋪墊日後的舞臺與飯碗，習以為常，認為理所當然。官官相護、攀交情，美國自有美國式的版本。3、委任的官：包括所有總統職權內委任的部長、副部長，或州、市長委任的官員。這些「官」都是自由身，去留全憑兩造合意，幹多久，由

主管決定，沒有終身職這回事。犯法違紀，則由檢察官提起公訴、法院審判後定罪。）

1970年暑期的一天，夏威夷大學圖書館接待人員領了一位訪客到辦公室，說這位先生要參觀有關中國的館藏。那時我正要去夏大圖書館學系給一個講話Talk，講話內容跟特殊圖書館的性質有關。該系系主任告訴我，希望著重講述地區研究資料的彙集。因為這一門課有七、八位東西文化中心的圖書館系研究生，他們回到本國肯定要去這類地區研究的圖書館工作。

這位訪客就說：「我能旁聽一下嗎？」

我說：「當然可以。」

於是我們就一起前往教室，記得當時我著重地講述了三點：

1、「地區研究」是個新興的跨科系領域的研究，它的圖書館是支持這個研究、真正「瞭解」該地區的重要一環。

2、作為圖書資料匯藏的負責者，有一個圖書館學碩士是必要條件，但不是充分條件。

3、圖書館員除了有語言文字基礎，還要有相當程度的歷史、政治、經濟、社會、地理等知識。

講話結束後，離開教室，這位訪客對我說：「課講的很好。」他再次說了的名字叫Jack Service，以後會保持聯繫。但當時我就是沒有將Service與我所熟知的「謝偉思」三個字聯繫起來。（中外的差異，不僅僅是文字，或許各自的意識與習性，造成更大的距離。謝偉思說過一個小故事：一位臺灣某大學外文系的畢業生，來美讀圖書館學碩士，自然就到中國課題的圖書館做事。有一次別人和他提起Chiang Kai-shek 蔣介石，此君居然說：「中華民國總統叫蔣中正，在臺灣我從來沒在任何雜誌報紙上看到蔣介石三個字，老師也沒有提過，所以我們的總統不是什麼蔣介石，而是蔣中正。」）

1971年10月底，我接到一個電話，對方說他叫Service，去年夏天見過面，而且旁聽了我的講話。我說：「S-E-R-V-I-C-E？，那您是謝偉思

先生了」。

他笑著說：「謝偉思就是我。」接著說，他在UCB中國研究中心工作兼顧圖書館，目前中心負責人更替，要找一位有能力負全責的圖書館長，所以全力推薦我，希望我能到柏克萊看一看再作決定。

於是11月下旬（美國人的感恩節期間），我就去加大面試interview。

面試時，我略述「造館理念」，中心領導們很贊同，並說最近中心得到福特基金會贊助捐款，因而在財力方面有所保障，雙方當下便確立了聘任關係。

於是謝偉思先生陪我去中心的圖書館，他客氣地說，很高興我來加大工作，相信我能把中心的圖書館構建成全美一流的中國研究的資料庫，這樣，他就能全力地去編輯出版有關中國研究的專書。

在中心圖書館碰到一位打臨時工的助理員，加大政治系研究生，臺灣政治大學外交系畢業，剛剛完成碩士，下半年秋天要去華盛頓首都的喬治城大學Georgetown University攻讀博士。正好我是政大新聞研究所畢業，既然是校友，就輕鬆的談將起來。

我向他建議：「何不即刻轉為正式館員，先賺幾個月好薪水再說。更何況明年我來接事，初來乍到極需熟手說明。」他自然爽快答應、並將家裡電話留給我，寫下姓名，他叫**宋楚瑜**，後來成為臺灣政壇風雲人物。

1972年1月初，我飛抵三藩市，楚瑜兄來機場接我，並住進他為我在奧克蘭市Oakland租的公寓，第二天就上班了。我們共事了幾個月，留下了深刻愉快的印象。宋做事一絲不苟，絕不馬虎，勤勉且認真，是個真好人real decent guy。宋去華盛頓念書後，我們一直保持聯繫，至今大家還是好朋友。

當年加大中國研究中心，因為經濟來源獨立，就在校園邊一箭之遙，租了一棟三層老式土木建造的商業樓的頂層，約有二十來個大小房間。圖書館佔據了最大的一間做閱覽參考室，臨時添加椅子能坐得下35

個人右，那裡經常有中午討論會，各自帶極簡單的午餐，大家邊談邊吃三明治，氣氛非常輕鬆。只要談到越戰話題，學生與教授總是唇槍舌劍，辯論不休。圖書館的第二大間放置六個大櫃，約四、五百個微卷和三台閱讀器，還有一部當時的影印機，印出來的紙還帶著濕濕的藥水。另外三小間擺上約三十架書籍，另外有個小間算是我的辦公室，助理員坐在閱覽室接待讀者。因為不對外公開，只供自用，研究人員各有小間研究室，因此算是非常寧靜的「書齋」。每個人都埋首看自己的書，寫自己的東西，實在無聊時，盡可踱到同事的辦公小間談個事、討論討論問題、或者就在圖書館裡看資料。

1970年代初的柏克萊校園，反越戰、嬉皮士，鬧翻天，有時連員警的直升飛機都出動了。聽到旋轉翼的啪啪聲，大家就猜到今天校園行政大樓臺階前，那個言論自由小廣場Free Speech Square一定是叫喊、歌唱之不足，學生與群眾更要敲鑼打鼓地齊聲叫喊：「做愛，不要做戰；Make love，Not War」，然後湧向校門口的電報街，遊行五、六條街也就示威完畢，算是表達了對政府打越戰的不滿情緒。

1971年，在美國總統尼克森訪華之前，謝偉思和其他幾位美國人被邀請訪問中國，周恩來總理與謝偉思做了超過兩個小時的長談，這時距離1944年7月他隨美國陸軍觀察組前往陝甘寧邊區，在延安和周恩來副主席見面並作訪問不過17年光景。中國早已經歷翻天覆地的變化。後來，謝偉思先生和夫人又去了一趟中國，再次見到周總理，他們照片登上了 *Parade Magazine* 的封面。

我問過謝偉思先生：「1973-74年時，美國報章雜誌常談論，如果當年真正熟諳中國事務的老手們沒有被排除出國務院，1949年後中美關係能夠正常發展，是不是韓戰、越戰都可能避免。」

他說：「有可能，也僅僅是可能，因為歷史的發展有太大的偶然性。

美國駐華最後一任大使是司徒雷登，曾當過燕京大學校（務）長，因為外籍人士不能在中國做大學校長是法律規定，才發明出來「校（務）長」這個職稱。司徒也是個貨真價實的中國通。

1949年解放軍渡江後，國民政府遷到廣州，蘇聯駐華大使羅申跟著去了，而司徒雷登卻停留在南京。他在「等待」，等待中國方面有人來接觸，沒想到第二天來的是一位解放軍士兵同志，他隨性逛逛南京，看到一棟大房子，門口還掛著美國的花旗，他推開大門就進去了，走到一個大房間，看到一個外國老頭，這個老頭對他說：「這是美國大使館，按照國際法慣例，這是美國領土，非請勿擾」。士兵同志退出去、回營後，對其他同志說：「昨天我去了一個地方說是『美國領土』，南京解放了，在中國哪裡還有什麼『美國領土』？」

　　此事層層上報到北京，周總理知道後，立刻通知南京市長劉伯承妥善保護美使館。司徒雷登很快也和南京外辦接上頭，而且決定派助手傅涇波到北京去，並知會了北京，但卻買不到火車票而沒成行……。」

　　他還說：「如果傅某人去成，見到了新中國領導人，而且能提出方案幫助中國重建，類似馬歇爾的歐洲復興計畫，應該有可能得到毛澤東認可。司徒雷登與傅某人是很能幹且有擔當的人，絕不是赫爾利式的人物。他們留在南京而不去廣州，當然是美國政府的決定，當時建交的可能性自然是存在的。而如果當時中美就建立正常關係，韓戰可能避免，如果沒有韓戰，越戰也就可能避免。歷史的走向充滿著許多偶然性，一介外交官能做的，也只是以國家利益為第一優先，憑一己之力去做而已……。」

　　謝偉思先生的話，令我感慨萬分。

　　1977年，奧柏林學院授予謝偉思先生榮譽博士學位，以表彰這位43年前畢業的學生，對美國所作出的貢獻。

　　1980年代，謝偉思和他的朋友，當時《紐約時報》的總編，一起重走了一遍長征路，當然不是用腳「走」，大部分是四輪驅動的越野車。回來後他們出版了一本書，敘述沿途的改變，並配以大量照片，圖文並茂，是本很好的有關中國旅遊風物的書。（如今的中國「文化旅遊」，完全商業驅動，兩年前，我和李乃義走了趟井岡山「紅色旅遊」，自由派的李乃義受不了時人對毛澤東形象的低級「商業剝削」，當場發飆，

後來我們就不再中國「旅遊」了。時下的中國旅遊，除了買票、收費、千篇一律的「紀念品」，真正的風土、人情、文化，都被賺錢的欲望淹沒，但20世紀80年代，開放初期的中國都還尚有濃鬱的中國風味哩）

就在這種大環境裡，加大中國研究中心度過了平靜的五年。到1976年，福特基金會不再捐款支持，中心只好搬回加大校園內棲身，過著吃大鍋飯的日子。

謝偉思先生一直在「中心」工作到1989年左右才退休，那時，他已80歲，但身體和精神都非常好。美國大學工作人員是沒有一定要退休的年齡規定的。謝偉思不是一般所謂的「工作狂」，他只是不能閒，只要每天有事做，他就很開心，日子過得快樂。

中國研究中心，每四、五年要換主席，其他的工作人員也是來來去去的，但只要謝偉思先生在，中心的人們就像一個大家庭似的生活著，日子過得挺安詳的。他不在中心工作時，我們這些「老幹部」就覺得失去了什麼似的。時不時大家就會問，謝老先生最近如何？因為他的夫人老年癡呆，他要24小時照顧她。對年過80的他，確實是極耗心力的事。

有一次我和館裡的戈定瑜女士要邀他出來吃個午餐散散心，他說謝謝好意，如果吃飯時老惦念著老婆跑到退休大樓的哪裡去，或打擾了別人的生活安靜，飯也吃不安心，不如不吃。聽之不免為謝老勞神勞力的處境心酸。

以下是對他的一些追憶：

1、剛到「中心」工作，他就對我說：我會叫你CP，你就叫我Jack。

因為他極少使用John這個名字，但華裔年輕同事都以謝先生稱之。誰也不叫他Jack，也沒有人叫他「謝老」，因為叫人為「老」，在美國不是尊稱，因此我們都叫他「謝先生」，他清楚其中含有尊意，欣然接受。

2、有一天他看到一篇中文文章，把他的名字寫作「謝偉志」。

他說，中國人總以為外國人的中文名都是音譯過來的，念起來差不多就行；但我的中文名字是我自己取的，該是哪三個字就是哪三個

字，我是「謝偉思」，不是「謝偉志」。他對他的中文名字就是如此的堅持。

他還說，中國人有關姓名的俗語，什麼「行」呀、「坐」啊的，就是記不起來。我說：「行不更名，坐不改姓。」他連聲稱是，說：「就是這個意思，我是不改名換姓的人。」謝偉思先生，是有很多中國味道的。

3、「中心」在大樓的第三層時，有電梯也有樓梯。不趕時間時，謝先生總是健步如飛而登樓梯，仍有大學越野賽跑隊長的雄風。那時60開外的他，身體矯健，精力充沛，絲毫沒有老態。他去同事房間時，如果聽到門窗開關有異聲，過一會兒他就拿上榔頭和起子，回來對之細細觀察琢磨一番，然後敲敲打打，將之修好。他是個生活中熱愛動手、勞動成習慣的人，親手去做改善、排障，樂在其中。

4、1972年的7月1日上午，那時還是女友的施正齡來中心，我說：「今天是好日子，如果你不反對，咱們可以結婚，今天這個日子——7.1.容易記。」

在過道剛好碰到謝先生，我就對他說了這個計畫，他聽了非常高興，道賀後就說，可以抽空到後面一條街的市法院去辦手續。

下午3、4點再碰到他，第一句話：「都辦好了嗎？」

我們說：「還沒有，因為今天要結婚的人多，法官的時間全部排滿，過些天再說吧，不急不急。」

他一聽之下，連聲說：「不行不行，今天一定要辦好。」生怕我們誤了佳期，拖到猴年馬月才結婚。

於是就帶我們去二樓的一家律師事務所，問熟識的律師能否可另想辦法，一定要在今天把婚結了。

律師的女助手就說，何必一定要去法院辦手續，本地的一個教堂就做的更快。於是他要了牧師的電話，謝先生就直接電問牧師什麼時候下班，牧師回答說大約五點半。謝先生跟他說，這對年輕人非要今天結婚不可，務請多等30分鐘，他們一定能在五點半左右開車到達教堂。

匆匆忙忙地，王敬獻、陳少聰夫婦開車，帶我們直奔教堂而去，因為他們夫婦要做「結婚見證人」。這是美國法律的規定。

急急忙忙趕到了那兒，牧師就問，要室內還是外面草坪？我們異口同聲：「外面涼快。」牧師又問，有沒有戒指？當然沒有。

又問，有沒有特別的宗教要求？譬如兩人中若有猶太教徒或其他宗教信仰者，那麼牧師就得唸特別的證詞。有戒指也可唸一些經。

因為什麼都不要求，草坪上清風徐來中，很快就完成了儀式。再回到牧師辦公室，填寫證書，以便向結婚登記處繳交。最後，我拿出僅有的現鈔二十美元付給牧師，權充證婚費。一車四人的結婚酒席，當然只好讓王敬獻夫婦破費了。（30年後，我的婚姻還是分手了結的……。人生有多少個30年？對一起生活了大半生的施正齡，除了感激和無奈，我也只好認命了）

謝偉思先生年長我二十多歲，我到加大工作，由他而起，他一直就像我的老大哥。我們夫婦常被邀請去他的家裡做客，是在柏克萊山坡上、面對三藩市灣金門大橋、景觀優美的雙層小木屋。他說，這是離開國務院搬回加州時，蒸汽機公司老東家買下他的專利，所得的錢，付完律師費，用了30萬美元買下房子。我們每次跟他們相聚，都感覺溫馨無比。

1999年2月3日，謝偉思先生走完他89年的人生道路。他的好友Lynne Joiner，1970年代舊金山灣區哥倫比亞電視臺（CBS）主播，花了數年的時間與費用，查閱當時能找到的一切有關謝偉思的資料，不計其數的訪談，撰寫出一本堪稱目前最詳盡，也最公允的謝偉思傳記，書名是《歷盡艱辛的光榮的生存者：毛的中國，麥卡錫的美國，以及，對謝偉思的政治迫害》 *Honorable Survivor⊠Mao's China⊠McCarthy's America and the Persecution of John S. Service*。

謝偉思先生的存在與睿智，並未改變中美近代史的進程。他留下令人深思的課業：為什麼歷史可能那樣發生、而終究沒有那樣發生？

在加大中國研究中心，圍繞謝偉思先生的生平，有兩個跟他類似境

遇的時代人物，經常進入我們的話題：一個是美國的史迪威將軍，一個是中國的孫立人將軍。

這兩位將軍的生平，也是中華民國時期相當典型、相當曲折的故事，屬於我的「所聞」，分別寫在下面兩節。

（一）史迪威將軍與二戰的中緬印戰區

史迪威將軍General Joseph Warren Stilwell，1883-1946，美國陸軍四星上將。生於美國佛羅裡達，其祖先1638年自英國移民到美洲殖民地。

他幼受嚴格家教，尤其在宗教生活方面。年長之後他曾對女兒說，幼年時被逼著上教堂和主日學校，他看不出宗教對人群向善發揮了什麼功用，不如依照你的常識去處事待人。這是個富有叛逆性格的人。

中學畢業後，他以優異成績被耶魯大學錄取，但他父親卻決定將他送進西點軍校，也許是希望嚴格的軍校教育會改變他的不羈性格。在校時他以精通法語出名，是越野賽跑隊長和美式足球隊員，並將籃球運動引入軍校。1904年畢業，全班124人，成績排名第32，後來還當過西點軍校教官。

他進過「步兵高級班」和「指揮參謀學校」。第一次世界大戰時，是美國第4軍情報官，在法國西線作戰，參加一個戰役計畫而獲得「優異服務勳章」。

第二次世界大戰前，他是美國陸軍圈子裡，公認的最佳軍團級指揮官人選。按陸軍參謀長馬歇爾的原定計劃，是要派他到歐洲戰場，率領美軍向北非進攻。但當時美國極需一位高級將領負責亞洲方面，而在美國軍界就找不到合適人選。史迪威曾在北京美國公使館做過武官，能說一口流利普通話，因此馬歇爾不顧史迪威的抗議（艾森豪將軍曾經是他的部下），最終馬歇爾說服了他前往亞洲（以國家為重）。巧合的是，當時羅斯福總統原本要派馬歇爾去英國當盟軍統帥，負責歐洲戰場，對

德作戰。對馬歇爾來說，這是畢生難逢的、為國且為己建功立業的機會，而羅斯福卻非常需要他在身邊協助處理軍務，最終馬歇爾也被羅斯福說服了留在美國（國家利益至上嘛）。

自1941年珍珠港事變，美國對日本、德國宣戰後，世界戰爭的形勢發展，演化出地理上的三個大戰區：

第一大戰區，歐洲戰區，艾森豪將軍在倫敦負責，美英盟軍反攻歐洲大陸，並與蘇德戰場呼應協調。

第二大戰區，太平洋戰區，麥克亞瑟將軍指揮太平洋地區美、澳、紐地面部隊，尼米茲海軍上將則統率美國太平洋海軍跟山本五十六海軍大將的日本聯合艦隊周旋。

第三大戰區，中緬印戰區（一般也簡稱中國戰區），但這個「大戰區」卻沒有美國部隊參與作戰。蔣介石當然是戰區的總司令，但緬甸、印度戰場則聽命於英國海軍上將蒙巴頓的「印度司令部」（其後稱為「聯合東南亞司令部」）。名義上，史迪威只是中緬印戰區的「參謀長」，但他也設有「司令部」（美國制度，馬歇爾也只是「總參謀長」，但在美國，這是個真正的軍頭）。史迪威成了一個美國政府專屬的、這個大戰區的「負責人」，因為他有分配美國武器裝備和戰爭物資的大權。

美國人就是這個想法，總以為專注「財權」，誰都得聽他的。

珍珠港事件後，1942年初，日本立即進攻緬甸，很快，3月8日首都仰光就陷落了。英軍根本擋不住日軍猛烈且快速的進攻，不得不向戰區司令蔣介石求救，蔣介石迅即派杜聿明為中國遠征軍第一路軍司令，率領10萬精銳部隊入緬作戰。主要目的是：協助英軍保住當時中國對外聯絡與戰爭物資的通道「滇緬公路」，這當然也是中國遠征軍和英印緬軍的通道。同時，至少在公文上，蔣指派史迪威到緬甸去指揮英軍的「聯合東南亞司令部」，以及，杜聿明的中國遠征軍。

當史迪威到達緬甸時，由於英軍在緬甸戰場潰敗的太神速，中國遠征軍已和日軍正面交鋒，打的如火如荼。雖然英軍逃跑的快，而日軍追

的更快，因而出現了日軍對英軍與中國遠征軍形成大包圍的態勢。當撤退中的英軍被日軍包圍時，孫立人率領的遠征軍新編38師還是派了劉放吾一個團，打了一場硬仗，衝破日軍鐵圍，救出7千英軍。孫立人將軍因之名揚世界。

史迪威到達中國遠征軍杜聿明的司令部，還沒有來得及在緬甸戰場實地指揮中國遠征軍和英軍作戰，緬甸戰場已經全面逆轉，杜聿明立即率部轉進，把史迪威留在了敵後，他只得率領107人部屬，逃出日軍包圍圈、向印度方向落荒而奔。同時他還不忘通知杜聿明、孫立人，要他們率部撤向印度邊境。史迪威按戰場態勢判斷，如果遵照蔣介石指示的路線撤回雲南，就要徒步通過八百公里原始叢林，野人山。七、八萬遠征軍能「全師」而歸的可能性極小，而通往印度邊境路途近、且無強大日軍阻擋。

孫立人率新38師7千多人，編制完整、武器齊全的到達印度邊境。

新38師奉命殿后、掩護大軍撤退，無法跟上杜聿明的大部隊，孫也不走進野人山以甩脫日軍，他理智地走向印度。結果走進野人山區的遠征軍大軍，餓死、病死、摔死、或者受不了折磨自殺而死的，損失約百分之六十。一小部分最後還是從野人山轉向印度邊境，在新38師接應下活了3千多人，主要是廖耀湘的新22師官兵。杜聿明是聽校長話的好學生，按指定路線，穿越野人山撤回雲南。犧牲了四萬多官兵的生命，最後還是逃入印度，由印度坐飛機回國。回國後，杜依然是委員長的愛將。

當孫立人新38師抵達印度邊境時，史迪威也從緬甸戰場率領他的部屬，以「史迪威跨步，1分鐘105步」，徒步走到印度邊境。其中有戰地記者貝爾登Jack Belden，後來寫了兩本書記載這次「脫走」，書名都是《跟史迪威一起徒步撤退出緬甸》。1、*Retreat With Stilwell*，1943年出版，2、*Walkout With Stilwell in Burma*，1971年出版。

對緬甸戰場之敗，史迪威根本沒有「指揮」過作戰，但他還是負起全責，老老實實的對美國大眾說：「我坦白承認，我們被日軍痛揍了一

頓，被趕出緬甸真是一件丟人透頂的事，我應該檢討怎麼會到這地步。」

史迪威曾對謝偉思先生說，中國遠征軍入緬作戰失利，杜聿明的責任不大，主因是英軍貽誤戰機在先，又貪生怕死的逃跑，全域陷入被動，甚至落入被日軍大包圍的險境。但杜聿明事事聽命於千里之外的蔣介石校長的瞎指揮，不肯也不敢臨機專斷，在戰場形勢逆轉時迅速下決心，走最好的路線脫離戰場，終至走進野人山，白白犧牲了幾萬官兵的性命。史迪威是一個絕不肯無意義犧牲官兵性命於無獲勝把握的將軍，他憤然對謝偉思說：「中國軍隊將領時常要聽統帥瞎指揮，而枉送士兵寶貴生命，極其可恨。」

之前，史迪威曾兩度擔任駐華武官，把所有時間與精力用於研究當時已經是「中央」的國民黨、由蔣介石領導的國民黨軍事勢力集團、以及對立的各省「地方割據軍事勢力」。諸如李宗仁、白崇禧的廣西，劉湘之四川，閻錫山的山西，馮玉祥系統的宋哲元第29軍在河北、北平、天津地區等等。中國對日抗戰之前，張學良的東北軍已丟失滿洲地盤，在關內幫著蔣介石剿共。當時，日本侵華勢頭咄咄逼人，中日全面開戰，勢不可免。

因此，作為美國軍官，史迪威集中關注：國民黨軍事集團，尤其是蔣介石的個人才具、軍事素養、作戰指揮、大軍統馭、領導素質。

史迪威大致如此評說蔣介石：

1、蔣介石參與的東征和北伐戰爭

東征之戰是中華民國成立以來，北洋軍閥和各地方軍事勢力混戰15年後，出現的新戰爭景象。黃埔學生軍的「新銳」鋒芒，硬是全面衝垮陳炯明「老鈍」氣習的部隊。怪異的是，這支部隊居然還有什麼「黨代表」，染著蘇聯式的紅色彩。有紀律、有「思想」，並能動員民眾協助作戰。但除了不怕死的「衝」，並沒有什麼新戰法和戰術。

這支國共合作激發出來的變異的新軍隊，陳炯明慘敗之餘，固然莫名其奧妙，吳佩孚、孫傳芳也沒搞懂。當時美國駐華武官處的人們盡其所能地收集資料，精心分析東征，北伐戰役的戰爭經驗，也沒有總結出

滿意的答案。因為從西方傳統的戰爭觀點，戰爭的勝負決定於：國軍的財力、軍隊的訓練和裝備、將帥的統禦指揮才能。而國共合作後的東征軍、北伐軍，都不具備這些勝利的條件。但這支軍隊卻能摧枯拉朽地打垮各方軍閥。

東征，北伐的勝利，蔣介石得到了他政治軍事生涯的「第一桶金」，他的決心，卻僅只是牢牢掌控這一原始資本，為他個人在中國撈取最大最高權益。

史迪威說：北伐只是東征的大型複製版。北伐大軍號稱五個軍，蔣介石是總司令，各軍都有其地方色彩。蔣介石只在日本振武學校訓練過（它是日本士官的預備學校），根本沒有受過正規軍事教育、或接受過有關參謀指揮的正規訓練，但在北伐軍進程的指導上，堪稱中規中矩。他前後重用過兩個有才而稱職的參謀長，先是楊傑，後是白崇禧。北伐軍的開路先鋒是葉挺獨立團，以共產黨員為骨幹。該團進湖南，一路勢如破竹，順京廣鐵路打向武漢，在汀泗橋、賀勝橋打得吳佩孚親自率領帶著大刀的督戰執法隊，砍下許多被獨立團不怕死的氣概嚇破了膽而後退的官兵腦袋，但依然擋不住北伐軍先鋒葉挺獨立團新銳之氣的「衝死你」打法。

北伐第1軍是何應欽帶過的黃埔學生軍第1團擴編的，攻入福建就殺了督軍周蔭人，全省底定。轉攻入浙江，運用蔣介石與陳儀的關係，陳儀的一個師立即歸順，浙江這一省就搞定了。

北伐戰爭的唯一大決戰發生在南京附近的龍潭，時為1927年，這是一場有名的惡戰，是北伐的第7軍李宗仁率部打垮孫傳芳主力之戰。雙方死傷各數千人。那時黃埔軍校第5期（在武漢訓練的）剛剛畢業，大多數分派到此軍充任排長，幾乎個個都身先士卒，英勇犧牲。但此戰之時，蔣介石因發動政變、清共，引起國民黨內爭而下野，出洋到日本去了一下。因此，蔣介石治下的國民革命軍戰史，很少提起這個著名的戰役。下野的蔣介石不久又回來，那時黃埔1至4期的畢業生已是國民革命軍營級骨幹，他們要校長回來領軍，誰也不敢說不。蔣介石回來後，繼

續北伐。於是蔣又聯合閻錫山進入北平，接著張學良歸順中央，這就是所謂「北伐統一中國」。

2、蔣介石親自指揮的813淞滬戰役

史迪威將軍對他評分很低，因為他違背了他的參謀本部事先的規劃，選擇了一個錯誤的戰場，把精銳部隊無意義的犧牲了。

1937年7月7日盧溝橋事件發生一個多月後，日本開始進攻上海。日軍的如意算盤是，上海是中國的金融和製造業中心，南京是政治中心。攻下這兩個中心，中國就亡了。上海地勢平坦尤其吳淞口一帶，陸軍登陸與海軍艦炮掩護都極其方便。戰鬥一打響，蔣介石的反應是，我要領導全國抗戰，你要在上海打，阿拉就跟你幹一場，阿拉要打就把所有精銳的德式裝備的部隊，像陳誠的18軍系統、胡宗南的第1軍、乃至財政部稅警總團等，統統叫來。沒想到7、8天下來，日本陸軍的火炮加上軍艦大口徑的炮火，打得在開闊地帶臨時挖戰壕的防守部隊損失慘重。

蔣在此刻也被極猛烈的炮火打懵了頭，無法開動他的腦筋。參謀們更不敢提醒他，這是日軍挑選的、最容易發揮火力優勢的戰場，是防守方的絕地。中國參謀本部3、4年前就判斷到：上海是無險可守的戰場，一旦發生戰事，應急速將部隊後撤到100公里外的抗日國防線，以抗擊日軍。那是一條以江陰要塞為軸心，拱衛首都的防衛工事線，以要塞炮火抵銷日本海軍利用艦炮掩護水陸兩路進攻的企圖，再布置當時精銳中央軍部隊沿著無錫一帶山地，依靠永久性與半永久性的國防工事，逐步抵抗。而抗日國防線的修建，約在抗戰前3年就已祕密進行。但美國在華武官處早就有情報，日本人也一定知曉。

淞滬戰役時，史迪威和武官處的美軍軍官還想看看，中國這條不算很堅強的防線，加上30萬裝備精良的精銳部隊，佔據天時地利，加上高昂抗日的、敢拼敢打的士氣，能給日軍什麼樣的苦頭吃。而日軍也在絞盡腦汁如何打破這條防線，攻取中國首都南京。但絕沒想到中國偉大統帥，做出了誰也沒得猜想到的決定，把30萬大軍前前後後、一批一批的拉到上海前線，暴露在日本海陸軍炮火下，犧牲殆盡。也就談不上什麼

按參謀本部既定的計畫、憑國防線以保衛首都了，南京也就無可奈何慘遭日軍大屠殺。

淞滬戰後，國內外軍事評論家都質疑這種極不明智的戰略部署，國民黨的宣傳機器只好說，蔣介石之所以在上海不惜犧牲和日軍拼一場，為的是要打破日軍「3個月征服中國」的狂言，自然也就不用解釋，為什麼不能在對我有利的國防線上抗拒3個月，用較少的傷亡代價照樣可以打破日軍的狂言。因此，史迪威對蔣介石的軍事才具極度鄙視。

他認為：當初中國參謀本部的保衛首都作戰規劃，有先見而且相當周密。日本軍隊遠遠強過中國軍隊是不爭的事實。不在對我不利而對敵人有大利的上海地區跟日本拼命，原本就是此一作戰規劃的中心思想。要不然何必花大錢去建設江陰要塞及其相連的國家防線。但813淞滬戰役一打響，全軍統帥蔣介石就忘記了他的參謀本部的戰略計畫，只憑直覺反應「兵來將擋」，把部隊送往上海和日軍硬拼，初戰十幾天已是吃盡了虧，傷亡慘重。老蔣也被打蒙了，只是不停的把部隊往前線填上去，以血肉之軀去阻擋日軍強大猛烈的炮火。這是什麼樣的作戰指揮？結果是，3個月撐下來，幾乎把精銳中央軍打光，隨後，到台兒莊會戰時，只好叫李宗仁帶一些雜牌軍去應付。沒想到李宗仁的指揮、加上雜牌軍的高昂士氣，居然打出了台兒莊會戰勝利。總之，史迪威認為蔣介石的軍事才具，當個營長還可以，要軍事領導中國抗日，卻是中國人的不幸。

3、蔣介石指揮的中緬印戰區

日本海軍偷襲珍珠港後，羅斯福總統立即對日本、德國宣戰，真正的「第二次世界大戰」終於正式揭幕。美國成為同盟國對抗軸心國的領導者，兼同盟國武器的兵工廠和總後勤的供應基地。對中印緬戰區，當然只好以那時的中國元首蔣介石為司令，派史迪威為參謀長，為了增加史迪威的威權，羅斯福另外給他加派了一個頭銜「美國羅斯福總統代表」，正式行文通知蔣介石。因此，史迪威也時時以這個欽差「代表」的名義，跟蔣分庭抗禮。當蔣介石以中緬印戰區司令官對參謀長史迪威

有所指示或命令，而史迪威覺得不對或不爽時，就以羅斯福總統代表身分與蔣抗爭。因為史迪威在中緬印戰區的位階，在美國的軍隊系統說，是跟艾森豪、麥克亞瑟一樣的。何況史迪威還有絕對權力分配美國武器給這個戰區內的所有軍隊。後來史迪威堅持派美國陸軍觀察組去延安，終於致使蔣介石和史迪威的衝突表面化。最終蔣要求美國召回史迪威，那是蔣對美國主子直接說「不」的赤裸裸表露。還好羅斯福在二戰結束前就去世了，不然蔣有的是苦頭吃。（當然，蔣介石獨霸臺灣後，把臺灣大學前面的馬路命名為「羅斯福路」，還是不敢得罪美國主子的）

史迪威認為戰區統帥對於部下要有信心，要充分授權，下級主官才會專注、決斷、應變。出了差錯上級要勇於負責，推給下級去扛責任的，不是好上級。越級指揮非萬不得已不做，除非戰情萬分緊急，電訊不通。緬甸戰場失利，帶領部隊脫離戰場當然以撤出路線相對安全為最優先考量，這是戰場主將責無旁貸的義務。蔣既下令派史迪威在緬甸戰場指揮中國遠征軍及英國軍隊，而中國遠征軍主將杜聿明卻事事要向蔣請示，連撤出緬甸的路線選擇都要蔣做決定。史迪威奔向印度是經過仔細觀察戰場態勢後才下決心的，他看到可能的危險，遠征軍帶兵官杜聿明不可能看不到走向印度是條近路且無日軍阻擋，史迪威能看出，杜聿明也看得出。為什麼杜聿明不走，難道杜是憑他自己的判斷擇路野人山的？奔向印度，會變成杜跟著史迪威走，從而構成不聽從校長的話的「證據」，於是為了證明他的「聽話」，冤枉的犧牲了幾萬袍澤的性命也在所不惜。杜是蔣介石塑造出來的「大將」，任何一個杜聿明負責的戰役，都讓蔣過一把「親自指揮」的癮。他只是忠實的為蔣做一名「高級傳令兵」而已。打敗了仗，也輪不到他去負責任，官階照樣升上去。

4、中國抗日戰爭一定要蔣介石來領導？

史迪威對這個提法，大不以為然，他認為：中國抗日需要有一個好的領導，那是肯定的。但要蔣介石來領導，那只是將就將就現實吧。

就我看到過的資料，西安事變之後，國民黨宣傳機器才開始突出「抗日戰爭非蔣介石領導不可」。

西安事變結束後，張學良糊裡糊塗、像被鬼迷了心竅似的，跟著蔣上了飛機。回到南京後，國民黨宣傳機器倉促間編故事的重點，便是需要向全國軍民解釋：為什麼張楊冒冒然發動「兵諫」，活捉蔣為階下囚，殺氣騰騰的逼其抗日，卻沒多久又峰迴路轉，人質與綁匪都到南京來了。

虛擬歷史故事的第一個要素，是事件本身的緊要關頭，參與的人數不能多，以免有人說三道四，洩露天機。當時在西安談判釋蔣與抗日大事，只有周恩來、張學良、宋美齡三人。宋美齡是只求家屬能平安脫險回南京，去處理國民黨內部因西安事變引發的權力鬥爭，尤其是以救蔣為名、討伐張楊叛變、下令空軍轟炸西安的，大有人在。宋恐怕轟炸會逼張楊蠻幹，送掉老蔣性命。周恩來則是在張學良幹了大事後，自己手足無措，頭暈腦脹，主意毫無之時應邀而來幫其善後。三人是怎麼談的？釋放蔣介石有什麼條件？這三人都不講，誰也猜不出。事後，不利於蔣介石的話語，宋美齡當然不會說；張學良則自投羅網，再也沒有機會說出真相；而周恩來無論說什麼，「共匪造謠」四字訣，即可化解而消之無形。如此一來，編故事的人就有自由發揮的空間。

國民黨的宣傳當然需要解釋，為什麼張學良會乖乖地跟著蔣回南京；但又不能說的太輕鬆、簡單，而且要彰顯出領袖精神道德的偉大感召力。

國民黨宣傳的故事是這樣說的：西安事變之夜，槍聲一響，蔣就機警的逃出華清池的官邸，蔣的日記被繳獲了，張學良一讀之下，發現其中有關蔣介石的抗日決心與計畫，對其謀國之忠、慮事之遠，極為震驚。頓悟之下，決心要付出代價以彌補他對領袖之不敬，不顧一切後果以維護全軍統帥的面子和威嚴。於是張學良真心悔改，像信了上帝的教徒一樣，以贖罪的心情，自願地跟蔣回到南京。

蔣的日記，載有怒斥張學良以下犯上、劫持統帥、目無法紀之類的話語，也形容張學良無地自容。蔣日記裡的自我形象，儼然是毫不顧慮自身安危的樣子，至於蔣有沒有像電影裡，人質面對綁匪、求饒唯恐不

及的場景，只有張、蔣二人知道。而那時的實況，有沒有寫日記的時間或心情，更只有蔣一人知道。

國民黨在西安事變後的宣傳，打造出「抗日戰爭唯有蔣介石能領導」的印象，並逐漸擴散，有不少人也信了。張學良成為鐵證，透過張學良的故事提出，抗日非蔣領導不可，所以才跟蔣回南京，以維護最高統帥的威嚴顏面。

影響中國近代史的西安事變的真相，變得跟羅生門一般難解。實際：1931年918事變後，尤其在1933年各路國軍抵禦日本入侵的長城抗戰之後，中國人「抗日」已經不是呼聲，而是對國家領導人的強烈「要求」，「西安事變」可以視為是提出這個「要求」的一種最激烈的方式。史迪威並非唯一看到事態如此演變的人。

西安事變，蔣介石算是以「喜」劇收場，安全回南京，而張學良傻乎乎的跟蔣而去，算是「悲」劇結束其後半生。盧溝橋事變前，大國學家章太炎先生對蔣介石堅持「攘外必先安內」的政策、不停地打內戰，說出一句聽似粗鄙的話「王八蛋來領導抗日，我都擁護他」，真實地反映出當時中國人，對日本的侵略已達忍無可忍的心理狀態。蔣介石的「攘外必先安內」政策，勢必非轉180度不可，變成「安內必先攘外」。中共趁此不可逆轉的抗日大勢而宣傳，迫蔣停止剿共，則是順理成章的事。

史迪威成曾舉下面兩個例子說明，當時只要打日本，不管誰，只要能以「公心」領導抗日，中國各派軍事勢力都不會保存實力，一定服從領導。

1、918事變後，日本人在河北搞「華北自治獨立運動」，那是29軍的勢力範圍；宋哲元軍長在日本和蔣介石中央的夾縫中，找平衡、求生存，但就不賣國。所以當日軍侵略兇焰要燒過長城時，29軍決然在那裡抵抗日軍。趙登禹師長親率大刀隊五百人，在喜峰口夜襲日寇，一場拼戰，趙登禹一身是血，砍殺日軍三四百人。大刀隊回來的不足百人，這就是以後唱遍中國「大刀向鬼子們的頭上砍去」的真實場景。

77事變打響第一槍的，也是駐守宛平的29軍吉星文團長。為了抗日，誰也不會為保護地盤而與日本妥協。劉湘的川軍，數萬計的灑鮮血、拋性命於813淞滬戰場。

2、台兒莊大會戰，是抗戰初期在山東對抗南下日軍的大戰。主帥是李宗仁，指揮各路雜牌部隊：有西北軍的孫連仲等部，有四川來的川軍，也有一些中央軍湯恩伯和關麟征的部隊。大家都是真心服從指揮，個個奮勇衝前，浴血苦戰，以慘烈的犧牲拼得日軍傷亡近四萬人的輝煌戰果。事後李宗仁謙虛的說：我非名將，勝利得自各部的死戰與血戰，加上沒有人來瞎指揮我，也沒有人越級去指揮參戰部隊。

因此，史迪威認為中國抗日並不一定要蔣來領導，中國是農業國家，只要中央的領導人無私地協調各方就可以了。抗日戰爭，中國既然決定以空間爭取時間，丟了沿海大城市和北平、天津、上海等地，日本還是無法制中國死命。到1942年後，世界大戰格局已大變。在美國援助下，中國肯定能發揮出反侵略戰爭的重要角色，蔣介石的無能領導變成中國向前發展的障礙。

1942年，史迪威從緬甸戰場逃脫到印度，孫立人新38師的7千多人差不多也同時到達。幾經周折，史迪威通過馬歇爾將軍的努力，說服了英國首相邱吉爾，令印度英國總督及駐印英軍將領把印度蘭姆加30哩大的基地，供史迪威將軍使用，給新38師駐紮。那基地可容納3萬人的後勤。不久跟隨杜聿明轉進野人山區回國的新22師，在受盡飢餓、病痛、死亡折磨後，逃出野人山區，由廖耀湘率領存活的3千多官兵，在新38師接應下進入印度，也駐進了蘭姆加基地，終於史迪威有了基本部隊，去實現他反攻緬甸、一雪前恥的計畫，蔣介石只好任命他為中國遠征軍駐印總指揮。

在此後9個多月的時間裡，天天都有美軍飛機穿越駝峰運送物資到中國，飛機回頭則運來補充的官兵，一天約400人。有的是現有編制的，如闕漢騫的那一個師，全體運來。史迪威老實不客氣的把團以上幹

部（包括闞漢騫本人）拒收，原機送回雲南，可見他對蔣介石及其高階武官的鄙視。史迪威要的是身體健康、有知識的士兵與下級軍官。他始終堅信中國的士兵，只要有適當的訓練和統率，肯定是世界一流的戰士，雲南來的補充兵許多是知識青年從軍的「青年軍」。

蘭姆加基地設有各不同兵種的訓練營，練兵、也練官，他把西點軍校畢業的小史迪威也調來做教官，1950年韓戰時，他這個兒子已是一顆星的「旅將」。經過了9個月熱火朝天，不分晝夜的訓練，1943年，駐印軍改編為新1軍。鄭洞國來擔任軍長，孫立人為副軍長兼新38師師長，廖耀湘是新22師師長，每師約1萬2千5百人。美式裝備齊全，火炮乃至坦克都有了（1960年代，臺灣裝甲兵副司令趙志華在新竹的湖口基地發動「兵諫」，趙志華便是在這裡訓練出來的坦克營營長），士兵個個精壯且戰技嫻熟，實彈射擊訓練，每人都打了近千發子彈。下級軍官，連、排、班長，也是進攻與防禦戰法精通，全軍兵勇將強，士氣昂揚。

不久駐印軍就在史迪威的指揮下，反攻緬甸。史迪威驗證了他自己的看法：中國士兵，只要吃飽、加上良好的訓練和指揮，是世界一流的戰士。

抗戰期間，在中國戰區，戰役的平均傷亡，國軍對日軍，大約10比1。而駐印軍反攻的傷亡，國軍對日軍，顛倒過來，小於1比10，緬甸日軍被逼的也敗進野人山區，幾乎無人生還。值得注意的是，第二次滇緬遠征軍配合駐印軍反攻，同時從雲南打向緬甸，國軍對日軍的傷亡，依然近於5比1，只因主將無知無能，一定要蠻攻死打日軍2千人防守的堅固松山要塞，白白地犧牲了71軍8千士兵的性命。

1945年，史迪威對中國抗日非蔣介石領導不可的說法，有了更激烈的砍伐。

盧溝橋事變後，蔣介石一直沒有對日宣戰，就是暗留以後媾和妥協的餘地。羅斯福總統對德對日宣戰，則是鐵了心要打垮這兩個侵略者，這是美國二戰的終極目標。美國全力援助蘇聯，並非有愛於蘇俄，只是在東歐戰場要對德取勝，非依賴蘇聯的努力不可，至於蘇聯式共產主義

國家，則是次要的考慮。

　　基於同樣的思路，史迪威認為：美國在太平洋戰場的決勝，要依靠中國抗戰的堅持到底，絕不對日妥協。他看到另一股「強大」的中國抗日力量，就是中共領導的、有人民基礎的8路軍和新4軍。為了對日戰爭的勝利，跟中共合作、軍援他們，是合乎美國利益的。因此他不顧蔣介石的強烈反對，派遣美國陸軍觀察組去延安，為將來美軍可能要先在中國大陸作戰、而後進攻日本本土的構想，預先做好需要跟中共軍隊聯合作戰的準備。（那時，還沒研製出原子彈，史迪威做為中國戰區的美軍司令，就算知道有祕密武器的研發那麼回事，也不能把賭注全押在那裡。）

　　1944年，日本發動在中國大陸最後一次大進攻，從河南打到湖南、經廣西長驅直入到貴州獨山。在重慶的蔣介石打算遷都到西康西昌，謠言因之四起：傳說蔣有與日軍媾和的打算。史迪威也緊張萬分，暗中知會美國Office of Strategic Service（OSS，就是CIA中央情報局的前身），要做「消除」蔣介石，另立中國抗日領導人的打算。這一點蔣介石當然不知道，但史迪威要軍援8路軍，蔣是萬萬不能忍受，觀察團派到延安不久，蔣終於直接向羅斯福總統攤牌，要求召回老史。於是，史迪威降旗歸國。

　　史迪威回美後，公開地對蔣介石極盡尖酸刻薄的批評，在美國媒體和老百姓中引起極大反響，蔣在美國的聲望、形象，一時低落到無以復加。因為這位牛仔式的美國將軍在美國人民心目中，是悲劇英雄，解放了緬甸，卻因政治而被召回國，成為失去戰場的戰士。隨後，他擔任第6軍司令，這是美國西部十個大州的大軍區，算是美國政府給予他的榮譽。

　　1946年，史迪威病逝於美國加州。史迪威是美軍的宿將，即使活著經歷麥卡錫的白色恐怖，以將軍的威望，必能安然渡過。更說不定，他若長命一點，或許麥卡錫也搞不出那個無聊的「誰丟失中國」的白色恐怖命題。

　　中國，只有中國人自己可以「丟失中國」，蔣介石就是範例。歷

史，充滿著弔詭，精英的意志力或人群的集體念力，以及，偶然性（機遇），都影響著人史的進程。

中階文官謝偉思、戴維斯，和高階武官史迪威，都是美國人裡頭數一數二的「中國通」，各自從自身的專業，都看清了解放前的中國面貌，當年卻都不能有所作為地落「實」美國的對華政策。

理想化的、或妖魔化的，對中國的認知、或對美國的認知，本身就有很大的虛擬成份，由此而生的「對策」與歷史，只能留下「以百姓為芻狗」的教訓。

（二）孫立人將軍二三事

1941年12月初，日軍偷襲珍珠港，美海軍損失慘重，美國總統羅斯福立即對日宣戰。日本趁偷襲成功時機，四出攻掠，菲律賓首遭毒手，接著從威克島到關島的美軍太平洋諸島都淪陷了。日本帝國的侵略兇焰，一直延燒到東南亞、印尼、澳大利亞、紐西蘭。從沒正眼看過中國的大英帝國，那時也不得不和蔣介石搞軍事同盟，共抗日本。1941年12月23日，中英雙方在重慶簽署《中英共同防衛滇緬路協定》，中英軍事同盟於焉開始。那時，中美英之間已有所協調，史迪威已奉派為「中緬印戰區」參謀長。

但英軍卻極度輕視中國軍隊，認為那只是一支聽到炮聲就屁尿直流、拔腿就逃的部隊，一再拖延阻撓中國遠征軍先行進入緬甸準備作戰，預定入緬的中國遠征軍部隊只得在滇緬邊境等待，虛耗時日。

1942年1月初，日軍佔領馬來西亞後，迅即進攻緬甸。面對為數約6萬的日軍，英軍節節潰敗，英方這才慌慌張張地敦請中國遠征軍火速入境。中國遠征軍第1路軍司令官杜聿明奉蔣介石命令，2月16日率領10萬中國精銳部隊入緬，包括孫立人的新38師、廖耀湘新22師、戴安瀾的第200師。史迪威也奉派到前線指揮中英各部隊作戰。此時距離中英軍事

同盟簽訂日，而又不讓中國軍隊入境作準備，業已虛耗7個星期。

　　3月19日遠征軍先頭部隊，第200師，在緬甸同古地區與日軍交火。而緬甸首都仰光卻已在3月8日就被日軍攻佔。200師在同古死拼十天，傷亡已2千多人。在內無糧彈，外無援兵，還要面對被4倍敵軍的包圍態勢，杜聿明當機立斷（來不及請示蔣介石），在3月29日下令第200師晚間向東突圍。30日敵軍入城，才發現同古已是一座空城。

　　「同古」保衛戰，第200師殲敵近5千人，重創日本55師團。史迪威對那時杜聿明臨機立斷的指揮，高度讚揚。

　　4月14日晨，英緬軍總司令亞歷山大急電遠中國征軍司令部，請求解救被包圍在仁安姜的英軍。在新38師師長孫立人指揮下，113團團長劉放吾率領全團徒步急行軍趕到仁安羌，4月19日下午，硬是從日軍的包圍圈上把擋路的一個日軍聯隊打得暈頭轉向，收復了仁安羌油田、解救了7千多英軍和被日軍俘虜的英緬軍官兵、英國傳教士和新聞記者、婦孺等5百多人，這是珍珠港事變後縱橫無敵的日本陸軍首次嘗到被揍的苦頭。

　　儘管第200師在「同古」保衛戰取得輝煌戰果，新38師又在仁羌安解救了英軍的滅頂之災，因而震驚各方，但整個緬甸戰局因為英軍潰敗太速，日軍又追擊得更速，日軍控制了緬甸戰場的主動權。遠征軍入緬太遲，已失去作戰先機，局部的勝利無法改變被動的態勢。遠征軍入緬作戰目標很明確：防衛「滇緬公路」以確保對外唯一通道。而今卻變成「掩護英軍撤退」。到了1942年5月8日，日軍佔領密支那、切斷了滇緬公路，緬甸戰局已到最後失敗關頭。

　　杜聿明判斷日軍有可能從南北包圍殲滅中國遠征軍，命令各部隊自尋生路、分頭回國。但10萬中國遠征軍，只有4支部隊活著離開緬甸戰場：

1、遠征司令官杜聿明率領的第5軍直屬隊和新22師等，約7萬人的主力，他們走進野人山而迷了路。許多人因餓、病而死，也有人因受不了折磨而自殺。後來一架美國飛機在野人山上空發現這支部隊，投下電臺、糧食、藥品。這支部隊才終於走出野

人山，但中緬邊界有日軍重兵把守，最後還是回不了國，在新38師接應下又走向印度，生還約5千人（包括新22師3千多官兵）。

2、第200師，突破日軍封鎖線而回國，師長戴安瀾戰死，官兵犧牲無數。

3、新38師，孫立人帶領7千多人走到印度，是遠征軍唯一犧牲最少、保存建制的部隊。他們選擇了相對安全而短得多的路線撤出戰場。

4、第96師，翻越高黎貢山而回國。

這就是第一次中國遠征軍在緬甸的作戰，國民政府官方資料：10萬大軍，傷亡56,480人，也有記載6萬多的數字。大部分犧牲在胡康河谷、800公里的野人山區，近5萬，實在不值。

事後探討：史迪威決定走向印度後，立即告訴孫立人、杜聿明，不可走叢林險路回國，為什麼杜聿明不帶部隊走向印度？總不會是因為史迪威走了這條路，遠征軍就不可走，史迪威不也是蔣介石派來緬甸做指揮的首長？杜聿明不以全軍安危為首要顧慮，而盲目服從蔣介石，似乎只有國民黨軍隊有此傳統，為的是聽話、日後有好果子吃。杜聿明，至少是，不敬業。

新38師到達印度邊境時，孫立人將軍早已算出英軍會耍花樣。果然，印度邊防軍英國司令艾爾文，以為這支「中國敗軍」肯定和不久前從緬甸戰場潰敗下來的英軍一樣，賣相一副慘不忍睹、狼狽不堪。因之他上報新德里的英國印度總督，要把中國敗軍全體繳械，然後才能入境。但在新德里的英軍統帥亞裡山大上將立刻去見總督，並告訴他，兩個月前英軍在緬甸之所以沒有被日軍全殲，就是這個師救的命。

剛從緬甸逃回來的英國第1軍軍長斯利姆，更乾脆對艾爾文說：你手上的全部兵力，是不夠38師打的，我們第1軍在仁安羌被日軍包圍，拼了全力兩天，就是打不開突圍口；而這個師的一個團就把日軍一個聯

隊打得滿地找牙，重占仁安羌、救出7千英軍及500個被日軍俘虜的英緬軍和平民。你要真敢恩將仇報對這支部隊動手腳，這支戰鬥力神奇的中國師不把你生吃了才怪呢！

大吃一驚的艾爾文馬上前往中國軍隊駐紮的普拉村視察，他與那位能講流暢英語的清華大學生、美國普渡大學土木工程學士、美國維吉尼亞軍校畢業生，孫立人師長，見了面。孫立人做為臨時主人，態度熱情而強硬。艾爾文看到村裡村外駐滿了兵，官兵情狀嚴肅、鎮定自若，一點也不像傳聞所說被幾門大炮一轟就嚇破膽的中國軍隊。他們不但沒有攪亂地方治安秩序，反而把駐地管理得井井有條。居民沒有絲毫不安或畏懼這些中國人的表情，連條條大道小路都變得十分整潔。最令他不敢相信的是：駐地旁邊居然都挖有壕溝做為臨時廁所，並用樹枝遮擋起來。原來這些中國人是文明的中國人，不隨地大小便的。再一觀察，中國軍隊的陣地都選擇在能保證水源的制高點上，俯仰自如，進退可據，而且警戒方向是：東邊向著可能從緬甸而來的日軍，北邊向著英軍。

艾爾文不禁奇怪：這支精銳之師是怎樣煉成的。再聯想到自己統帥的破部隊：英國軍官頤指氣使，印度士兵懶散鬆懈。斯利姆軍長所說的，只怕中國軍隊會把你生吃掉，一點也不是嚇唬人的。

新38師，源自國民政府財政部長宋子文創立的「財政部稅務員警總團」，名為「員警」，其實是野戰部隊的裝備與訓練。就對日的813淞滬抗戰的戰場表現看，比起所謂的「中央軍」、「正規軍」，不知強上多少倍。這才是中國的第一支「現代」野戰軍。

我碰見過孫立人將軍一次，大氣、大高個子。那是1949年11月的一個晚上，父親去臺北，我送他去臺灣高雄火車站月臺上等車，看到幾位制服筆挺的軍官，步伐整齊地從車站地下通道走上月臺。父親對我說，走在前面的人就是當時的臺灣防衛司令，孫立人將軍，剛趕來搭乘那班有臥鋪的夜車去臺北。

當時《臺灣報刊》天天宣傳孫立人如何如何了得，事實上，金門戰役的國軍，確實也因為孫將軍送去3千他在臺灣訓練過的新軍，才打出

國軍在內戰中唯一的勝戰。所以，孫立人那時是國府最大的英雄形象，很得我們這些孩童們的敬仰。那天見到真人，自然難忘。

孫立人曾是「遠東運動會」中國國家籃球代表隊首發球員。清華留美預備學習畢業後，赴美普渡大學。那時國難當頭，日本對中國虎視眈眈，熱血青年怎肯兩耳不聞天下事，埋頭苦讀工程書？因此，他決心從軍報國，在美國念一個軍校再回國獻身。但他不是美國公民，不能進入美國「西點陸軍軍官學院」（即使美國公民要進這個學院，也得有本州國會議員的推薦函），於是他進了維吉尼亞軍事學院。二戰時襄助羅斯福總統打世界大戰的美國總參謀長馬歇爾將軍，就是這個軍事學院畢業的，馬歇爾也是美國歷史上第一位非西點軍校出身的軍事最高首長。美國當然也講派系出身，任何社會或社團，都有條條框框，但美國社會確實更講究才具與能力，保守的美國軍界才容得下一個「非西點軍校」的最高領導。

反觀馬歇爾這位中國籍的校友孫立人，鐵了心不做文人、不當工程師，一心一意要做武人、帶兵上戰場報效國家，軍校畢業後立即回國，但竟然沒有任何一個有實力的帶兵將領敢啟用他。最後他「淪落」到南京國立政治大學做軍訓總教官。

1958年在臺灣，我是政大的研究生，曾碰到一位南京政大本科畢業的老校友。他興味盎然地提起當年孫立人將軍在校當軍訓總教官的事。他說，孫立人是個一絲不苟、做事認真踏實的人，別人從不把軍訓教官當軍職似的幹，孫立人卻一板一眼地教導這些文學生做基本教練：立正稍息的動作。甚至親身示範「臥倒」，也不怕弄髒了一身乾淨軍裝。

老校友說，孫總教官的稅警總團在813淞滬戰場就打出名，孫立人自己身上有13塊彈片。抗戰勝利後，國內報章雜誌不遺餘力地讚譽宣傳孫立人，使他成為國內最有名氣的中國軍人，家喻戶曉。這位老校友說：我們也算是孫立人在政大練過的「兵」。孫將軍的豐功偉績，我們都感到與有榮焉。但這一切，是蔣介石嫡系將領受得了的嗎？儘管孫立人在人前人後，從不忘推崇委員長的偉大領導。儘管孫對蔣忠心耿耿，

但老蔣總覺得孫不是「自家人」。

1932年左右，孫立人離開南京政治大學到「財政部稅警總團」，是總團長溫應星將軍邀請去的。當年，委員長南昌行營舉行陸軍大比武，全國120個團派代表參加，十名神槍手中有六名來自稅警總團孫立人任團長的第四團。孫立人練兵極注重士兵的戰鬥技能，如射擊、拼刺刀、徒步行軍等等；更重視「協作」，以連為單位的長途行軍比賽，到達終點時，少了一個人，就算輸。這有點像美軍海軍陸戰隊的傳統：行軍或作戰，不可丟下一個兵或傷兵，同袍即兄弟。

1958我在臺灣鳳山「步兵學校預官班」第8期受訓，就這樣訓練的，真是嚴格到累死人。當時步校的教官都是孫立人在鳳山創辦的「陸軍第4軍官訓練班」畢業生。孫立人在臺灣以「部屬有匪諜」的罪名被貶，終生軟禁，孫出事後，凡是這個訓練班畢業的軍官，都不得有做連級以上帶兵官的機會，便只能到訓練單位如步兵學校等做教官或隊職官。

再回頭說1942年，孫立人帶領新38師脫離緬甸戰場到達印度後的事。

因為有了孫立人解救英軍的功勞和進入印度境內後的優異表現，英國將軍們一致希望這支中國軍隊能駐紮在印度，以防恩帕爾方面的緬甸日軍入侵。同時，孫立人也認為此處離野人山最近，而7萬遠征軍同袍走進了這個絕地，如還有倖存者，肯定要從這裡逃出，他要在此地接應。再加上史迪威將軍的努力，英軍當局終於決定將方圓30里，有可供3萬人居住營房的蘭姆伽基地，提供給中國駐印軍，從頭訓練由雲南坐飛機而來的中國補充新兵（包括知識青年從軍的兵員）。

史迪威在「仁安羌」之戰前並不認識孫立人，此戰後，史迪威對這輝煌戰果十分驚異。1942年5月10日，也就是杜聿明率領大部遠征軍進入野人山回國、而史迪威這個戰場總指揮被扔在緬甸低吼的那一天，史迪威在筆記裡寫道：「中國有世界上最好的士兵，卻由『腐敗無能的政府和愚蠢膽小的指揮官』率領著。」當史迪威領著他的指揮部107人逃脫緬甸戰場走到印度邊境，同時得知孫立人的新38師7千人沒有跟著杜聿明走進800公里野人山絕地，而編制完整的到了印度，他精神一振，

反攻緬甸、一雪前恥的計畫有了「人」的基礎。史迪威想在印度蘭姆加基地編練10萬中國駐印遠征軍，反攻緬甸、打回中國，並建築中印公路及輸油管到中國。

中國新兵的到來，史迪威毫不客氣地把團長以上的中國軍官原機送回雲南。史迪威一直認為，中國士兵只要有良好的訓練與統率，吃飽穿暖，加上適當的武器裝備，一定是世界一流戰士。問題是，從營團長以上，他看到的師長軍長到統帥，盡皆無能怕死之輩。

史迪威從美國調來300名營級以上軍官，要擔任駐印軍實際作戰指揮工作，但孫立人極力反對，孫向史迪威據理力爭，堅定地告訴這位固執倔強的美國老將：「此事絕不可能，哪有中國軍隊營長以上都由美國軍官來做的道理？」。最後，這300名美國軍官以「聯絡官」的名義，安插在駐印軍裡協助中國營長、團長訓練部隊，協助作戰，但不是部隊主官。（1944年，反攻緬甸後，中國中級領導軍官的出色表現，贏得了這一批美國軍官的欽佩。）

1943年，駐印軍改編為新1軍，由黃埔1期的鄭洞國將軍任軍長，孫立人任副軍長兼新38師師長，廖耀湘任新22師師長。此時的駐印新1軍兵員充足，美式武器裝備齊全，真可謂兵強將勇。他們很快就踏上反攻緬甸、打回中國雲南之路。

1944年3月中國駐印軍向緬北反攻，新22師和新38師齊路並進，佔領孟關，消滅日本陸軍精銳18師團主力，繳獲其軍旗、關防和大量檔案及武器，乘勝又一舉攻克緬北重鎮孟拱。

1944年8月初，新38師經一個多月苦戰，佔領密支那。日軍連遭失敗，始終弄不清楚，一年多前這支中國遠征軍還是手下敗將，怎麼就翻身變成攻無不克、戰無不勝之師。日本內部資料說是，因為中國軍隊要打回去，奮不顧身，所以無敵的皇軍也抵擋不了。在密支那休整兩個月後，新1軍所向披靡，攻佔巴莫、南坎，在畹町附近的芒友，跟雲南西進的第二次滇緬遠征軍會師。

與此同時，英軍也全力在印緬邊界的恩帕爾澈底擊垮約三個師團的

日軍，兩路中國遠征軍節節勝利的反攻緬甸，使日軍無法從戰場上抽出兵力去支援恩帕爾，是英軍在印緬邊界取得決戰勝利的主要因素之一。恩帕爾戰役，在外國人寫的東南亞戰史中有很重要的一頁，其中記錄：邱吉爾苦求羅斯福總統一定要逼著蔣介石反攻緬甸以牽制日軍。這是英軍在印緬邊界的大勝利，也是唯一的勝利。沒有中國駐印度遠征軍和從滇西出來的中國遠征軍在緬甸戰場的凌厲攻勢，日軍只要調一兩個聯隊到恩帕爾前線，會戰結果恐怕會全然改變。英軍在緬印戰場的唯一勝利恐怕也不會發生了。

在中國兩路遠征軍反攻緬甸的戰例中：

1、滇緬遠征軍三個步兵師，兩個重炮團及其他師屬炮兵單位，約6萬人，攻打松山日軍堡壘2千人。這是典型的正面「攻堅」，國軍仍用「衝」字訣。

兵力對比是，國軍：日軍＝30：1；傷亡對比是，國軍：日軍＝7：1。

2、駐印遠征軍一個營5百步兵，無重武器。孟拱河谷阻擊日軍兩個聯隊5千人。兵力對比是，國軍：日軍＝1：10，傷亡對比是，國軍：日軍＝1：20。

數字對比相差太懸殊了。雲南松山之戰，由陳明仁為軍長的第71軍遂行，陳明仁是國軍出了名的猛將，以敢打、死打聞名。他以強攻對付孤立無援，只靠堅強的土木工事、憑險而守且決心戰死沙場的2千日軍。在初始進攻失利後，陳明仁仍然不改初衷，依然下令繼續強攻，造成不必要的重大傷亡。

本來強攻敵人占有利地勢的要塞乃智將之所不為，犧牲官兵性命的代價太高故也。但黃埔名將似乎從不考慮及此，他們的軍事思維太粗糙。為什麼不能置此2千日軍不理，擺上2團步兵和1個重炮團盯著，讓這2千日軍呆在要塞裡過好日子呢？反正松山日軍也阻擋不住遠征軍攻打其他地方。只要與駐印軍隊會師，打通中印公路就完成戰略目標。到那時候，也許最多半年，即便還是有2千日軍住在松山要塞的地洞裡，

他們沒水沒糧，不投降也只有出來送死，不值得用成千上萬中國士兵的性命去硬拼。

但雲南來的遠征軍，從統帥衛立煌到戰場主官陳明仁，腦袋只有一根筋似的，認為非得打下松山才能向緬甸進攻。結果在犧牲了1萬多名官兵之後，問計於鄭洞國。鄭洞國提議用5千噸黃色炸藥，以大爆破方式把日軍松山要塞夷為平地，才結束了這次戰役。我看過有關松山戰役的書，當然有許多遠征軍英勇作戰、壯烈犧牲、為國捐軀的詳細記述，很是震撼人心。但就是沒有檢討這次戰役，有必要這樣打麼？

反觀駐印遠征軍，以5百步兵且無重武器的情況下，在孟拱河谷阻擊敵人兩個聯隊5千人的反撲，苦戰且巧戰一場，我軍以傷亡1:20的戰果，取得了難以置信的勝利。較之滇緬遠征軍松山攻堅的慘勝，懸殊太大了。

這就說明瞭：駐印遠征軍的營、連、排、班級軍官的指揮才能，以及，士兵戰鬥訓練之優異。

在有關孫立人將軍的資料中，很有一些文字揚言孫立人「殺俘」的事，說他在緬甸戰場下令殺死日軍俘虜1200多名。我認為，這是百分百的造謠。原因如下：

1、殺俘、殺降，是件大事，殺百把人到千把人，瞞不住現場參與的人，許多當時的人證還健在，何況各營還有不少美國軍官，從沒看到過這方面的第一手記載。而且，殺俘人數的傳言，從400到1200都有，很不一致，明顯是謠傳。

2、我至少讀到過一個遠征軍軍官當時留下的文字記錄，記載孫立人將軍在緬甸戰場對戰俘的處置。

記載說：「在那個戰場很少抓到日軍，也沒有日軍投降。有一次戰鬥後，抓到12名日軍，送到參二部門後，向孫將軍報告此事。孫將軍當即說：『跟我們在這裡拼死拼活的是日軍第18師團，這個師團就是屠殺南京的部隊，個個雙手沾滿中國人的鮮血，為什麼沒有見到一個投降的日本兵？因為他們知道自己欠下的血債是無法償清的。』

孫將軍接著說：『凡是抓到日軍，必須澈底搜身，以防暗藏手榴

彈，待來到我軍指揮所後，引爆而炸傷我們。日軍真正的投降是極少的，有的話，自當優待，送往後方安置。但要預防假投降。』」

這是最接近第一手的記錄。

3、1949年7月，15歲的我，兵荒馬亂之際，只能從福州到高雄，依隨父親生存，那時孫立人在高雄十幾分鐘車程的鳳山陸軍基地任陸軍訓練司令。其時，臺灣人心惶惶不可終日，害怕解放軍打臺灣。為穩定民心，報紙雜誌無不全力吹棒孫立人，說得天花亂墜，好像只要孫老總把新軍練成，保衛臺灣就不是問題，反攻大陸也有希望。可把孫立人吹的神了，儼然是臺灣的救星。

後來，老蔣整肅孫立人，關於孫立人的報導，便流傳出孫立人殺俘、殺降的故事。殺俘、殺降是兵家大忌，所謂的「武德」，不但跟孫立人的學養不合，而廣為宣傳、具有明顯的政治性：打擊孫的威望。這完全符合那時臺灣的政治生態。

對日抗戰8年，中國人就只有那麼幾個不多的武將，能打的日本侵略者慘敗而逃。無論是誰造的謠，存心抹黑孫將軍的中國人，簡直不是人了。

對於「名將」，我認為，都應該至少是，智將。戚繼光號稱是明代的戰神，戚家軍全盛時期也不過萬人。但戚家軍所砍殺的倭寇（那時的「倭寇」，許多是中國海盜，真倭或許不到20%）遠遠超過這個數字，戚家軍對敵作戰的陣亡率，近於1:50。作戰勝利後，一般要梟首、請功領賞，但殺的倭寇實在太多、來不及砍下他們的頭顱，所以就割一對耳朵代替。戚繼光，如自己兒子般愛惜士兵，名將，都是以部下的性命作為優先考量的。戰神，都是以少勝多的。

強攻要塞的另一個戰例是日俄戰爭時日本主將乃木攻打旅順港俄軍要塞之役。當時的俄軍已經配備最先進、最厲害的步兵武器，馬克沁重機槍。乃木在這情況下，依然採用密集進攻隊形，下令日軍不停的衝向俄軍陣地，結果枉死了上萬日軍精銳，雖然也陪進他自己的兒子，不

免遺憾終生。在明治天皇逝世時，乃木切腹自殺向衛國捐軀的日軍官兵的孤兒寡母謝罪。這樣勇於殉死的負責精神，有點可佩，但更多的是可憐。乃木自殺，其實是為他的愚蠢決策負責任所做的行動。至於日軍尊之為戰神的吹捧，目的在於宣揚忠君，則十分可笑。

我在抗日烽火中長大，無時不在逃警報、躲飛機的的恐懼中生活，對於日本之欺凌中國，至今仍感恨。抗戰勝利後，我對「以德報怨」的做法和說法，非常難以理解。因為當時有人說這話是孔老夫子說的，因此連帶我對孔老夫子也有點意見，怎麼能說出這麼不合人性的話語呢。我是錯怪他老人家了，他從來沒有說過以德報怨，他的原話是：以德報怨，何以報德？所以應該是「以怨報怨，以德報德」。孔子真是智人，他不是教主，他不說不合人性的話。孔子說「己所不欲，勿施於人」，就是涵蓋了人間處事待人的基本道理。

1945年抗戰勝利，新1軍先到廣州。1946年全軍船運葫蘆島到東北打內戰去了。初到東北確實打了幾個漂亮仗，從瀋陽北上、解救陳明仁在四平之圍，最為有名。但國民黨將領無時無刻不在抹黑新1軍，算計孫立人。終於潘裕昆接任新1軍軍長，這個軍最終還是落到黃埔系掌握之中。孫立人黯然離開他一手帶領的部隊，隻身回到南京。

1948年遼瀋戰役開始。另一位駐印軍名將廖耀湘奉蔣介石之命，率領新1軍等共12萬東北國民黨精銳，非常勉強的從瀋陽往南去支援錦州。結果廖兵團被阻擊於黑山，進退失據，最後只得下令部隊分頭向瀋陽、營口突圍。結果全軍潰散、覆滅，新1軍這個光榮的番號就此消失了。

1949年初，蔣介石在淮海、東北、西北各戰場慘敗，解放軍即將打過長江之時，宣布下野，由李宗仁代理總統職務。在此之前，蔣介石派孫立人到臺灣訓練新軍，因為蔣的嫡系部隊在內戰中已經損失殆盡，只得啟用孫立人，給了他一個陸軍訓練司令的職位，利用當年日本佔領臺灣時，在臺灣南部的營房（台南、高雄、鳳山等地），依照當年駐印軍一樣的辦法，替蔣訓練出新軍，以支撐臺灣。同時，國民黨的宣傳機器也全力開動起來，吹捧孫立人和他的部隊。當時在高雄鳳山的第80軍下

轄青年軍26、27、28三個師。80軍的軍長是唐守治，曾任反攻緬甸時新1軍的師長。

在此之前，1949年初的幾個月，孫立人就以招收第2期知識青年從軍為號召，從福建、廣州及其他尚未被解放的沿海城市招到數千名知識青年。北京和平解放時，臺灣派去的青年軍一個師也在其中，好像是青年軍208師，其中約有3千多人逃到了臺灣。孫立人在這二批人當中，挑選了幾百人在鳳山成立了陸軍第4軍官訓練班，畢業後派到其他自大陸撤退來臺灣的部隊先當排長，而後大部分升連長。

1950年、1951年，所有在台部隊中，據說有二百個連的連長是第4軍官訓練班畢業的孫立人子弟兵，並且宣稱他們就是孫立人企圖「兵變」的主力。於是，在沒有經過什麼軍事法庭的控訴或審判下，孫立人就從陸軍總司令的位子下來了，被軟禁在家。其實，用什麼藉口拉他下馬並不重要，有個說法，說他的部下郭廷亮是匪諜，所以孫立人有「包庇匪諜」的嫌疑。但實際上，郭廷亮不是遠征軍的老人，而是青年軍系統的人，而青年軍是蔣經國的系統。反正在那個臺灣白色恐怖年代，指誰是中共間諜就能把誰整死。按照那時國民黨的宣傳，「匪諜」無處不在，說誰人有匪諜嫌疑，還需要什麼證據嗎？

孫立人是好軍人，是抗日名將，舉國皆知。指他與匪諜有關連，把他拉下馬、又無真憑實據，何以堵天下悠悠之口。於是臺灣立法院成立了專案小組，著實調查了一陣子，甚至與孫立人面談一切。但調查結果當年未公布，60年後，孫立人都逝世了，還是沒有公布。無中生有、硬搞出來的案子，補不起來的窟窿太多，是主要原因。

孫立人垮臺一案，說穿了不就是孫立人不是黃埔出身，卻位居臺灣陸軍總司令的大位。1950年後，臺灣因韓戰而有了美國第7艦隊「協防」，臺灣安全比較有了保障。校長的學生們，除了被共產黨俘虜的以外，都到臺灣來了。孫立人混的風光，黃埔系吃什麼？形勢明擺著，用什麼做藉口都無所謂。儘管黃埔系統從未停止過內鬥，但搞垮孫立人，黃埔生可是團結一致的。孫立人不走人，黃埔1期的老大哥們，黃傑、

陳大慶能有機會在臺灣做陸軍總司令、當省主席嗎？另有一個說法是：孫立人對蔣經國的接班，從沒「效忠」的表示，反而對蔣的掌控特務、監軍，頗多鄙視。這是他在臺灣落難的另一個原因吧。

　　孫立人的軍人生涯，反映出以黃埔校長為主軸的國民黨軍隊，從統帥到將領，幾乎沒有人是憑才具、戰功而得其位階，此乃這個軍人集團的結局的本質。

　　我讀到過一本臺灣「口述歷史」的書，被訪問的是溫哈熊將軍，他的父親，溫應星，就是孫立人在稅警總團當第4團團長時候的總團長。溫應星是華裔美國人，也是美國的軍校出身。宋子文成立財政部稅警總團時，特請他回來報效祖國，溫應星則盡心竭力把稅警總團裝備訓練成一支一流的野戰軍。後來孫立人繼任總團長，在813淞滬戰爭中一顯身手，戰績輝煌而聞名全國。

　　曾在陸軍總司令部和訓練司令部做過孫立人部下的溫哈熊，當被問到孫立人將軍時，溫哈熊說：「孫立人是極優秀的的愛國軍人，好長官。並說，他不相信孫立人會做出對不起蔣介石的事，他也不相信會有兵變之類的說法。」孫立人案本身是樁冤案，盡人皆知；立法院也公布不出調查結果。「口述歷史」雖然刊載了溫哈熊的真心話，但趕緊表態：「溫哈熊所說的，與官方說法並不一致……」。

　　孫立人將軍含冤50年而死，歷史迄未還孫立人以清白，天理何在？

　　1949年10月，金門戰役結束，共軍嘗到一次難得的內戰敗仗。之後，孫立人在臺灣訓練的青年軍、201師副師長鄭果，率領勝利歸來的一個加強團，從金門乘船返回高雄。學校特別停課半天，學生們列隊迎接雄赳赳氣昂昂、凱旋歸來的大軍。臺灣南部的報紙，高雄新生報、台南中華日報等等，著重報導，幾乎把孫立人部隊吹捧為神兵，似乎金門「古寧頭大捷」全是201師打贏的。當時的新聞報導中，完全看不到胡璉部隊，更看不到當時在金門負責的22兵團司令官李良榮的名字。僅僅兩年後，陳誠系的胡璉，居然成為國軍對抗共軍登陸金門之戰，唯一勝出的「古寧頭英雄」人物！

事實上，我看到過的許多資料顯示，鄭果副師長率領青年軍一個加強團，確實在「古寧頭大捷」發揮出很大戰鬥力，建立了不可否認的功績，成為金門戰役的關鍵。2011年我去金門旅遊，參觀了古寧頭大捷紀念館，在眾多的圖文並茂說明或展品中，卻很難找到當時青年軍201師的事蹟，只因為他們是孫立人訓練的兵。政治話語，淹沒了史實，以及，數據。

這就是歷史，人寫的歷史，尤其是中國近代人寫的歷史。

孫立人真正的悲劇，在於大環境。美國人曾指名要他帶幾萬部隊，做為盟軍進佔日本的佔領軍的一部分，蔣介石當然拒絕。1949年蔣介石下野，其後李宗仁代總統又跑到美國去。美國人也曾經問過孫將軍，試探由他領軍、替代蔣介石，「統治」臺灣的可能性，他斷然拒絕、並向老蔣彙報此事。專業軍人的「專業性」，或許是蔣饒他一死的原因吧。

孫立人跟張學良的下場近似，都投錯同一張網。

但歷史本來就是許多的「人」造成的、交織成的大網，謝偉思和史迪威看得到的，孫立人和張學良看不到，只因為謝、史活在美國網裡，沒有中國式的窠臼，反而比較看得清楚中國網裡的乾坤。反過來，情況大概也類似的吧。

（三）美國的中國研究與中國通

前面分別說了三個人的故事，其實也就是當代的一些「資訊」，不大為現代中國人知曉的一些資訊。謝偉思、史迪威、孫立人，或許會被當代的政治話語淹沒。中、美、台、全球，各地都有政治話語以及資料來源的制限，但我相信，歷史真相終將大白。現代科技不斷「發現」人類更多史料，現代人也不斷地改寫歷史。

1960年代中期，我在美國念書的學系，是「圖書管理」；那時候還沒有「電腦」，因此，圖書「管理」也者，對圖書進行分類、編號、

保藏，以方便使用者有效地檢索、並切實利用了圖書、掌握知識。今日世界，雖然已經大量電腦化，所有圖書館依然沿用那時留存下來的書卡，因為，至少每一本書相關的最粗略的資訊，業已被人腦消化過一次、進行了分類。圖書管理，實際是當下「資訊管理」（information management）的一部分。而標誌目前人類社會演化的，「資訊時代」無疑是當之無愧的標籤，現代人更挾電腦之力，一切資訊都隨之爆炸性增長。

英文單詞，information，當下的定義（或意思）所涵蓋的範疇，包括：資訊、消息、資料、數據、情報、情資、知識、通知……。幾乎一切人腦能夠交換或溝通的、可以促成人腦對事物或事態或事件的瞭解與認識的，都算是information。

當然，細化和精確的信息，便定義為「情報」，intelligence。其實，情報無所不在，因為，信息無所不在。

常常，僅只依賴對大量公開的資訊與資料的「深度」解析，便可萃取不會公諸大眾的「祕密情報」。許多「史實」真相也是這樣獲得的。至於熱賣的好萊塢007等等間諜影片，令人血脈賁張的情節和打鬥動作，那是電影的浪漫渲染。現實裡頭更多的是，大量，辦公桌上、人腦與電腦交叉的閱讀與分析與判斷。

美國的中國研究與中國通，便是資訊產業的諸多範例之一，充分體現美國的「科學化」與「專業化」程度。大抵，這才是西方世界真正的「核心競爭力」：比如，學界、政界、商界、軍界等縱軸，各自有中國通、××通等等，而中國研究的橫向，資訊大量相通、人員大量流通，從對「中國」的時空認知到各種情報資料，交織成網。我們不能說，美國相當「瞭解」中國，美國確實存在很瞭解中國的「中國通」們，他們對中國社會走向或中國歷史的研判，往往比中國人還精準。前面描述過的謝偉思先生，就是一個例子。中國研究也不是美國才有，英德法俄日等都有絕頂高手，換言之，人家有一套管用的方法學。

中國通（China Experts），在美國泛指通曉中國事務的人士。1945

年以前主要是駐華使領館和美國國務院中國科的官員以及美國在華新聞記者、傳教士和少數學者。「探險家」、「尋寶者」們,自然也是美國瞭解中國地方事務的來源,中國地方的政、經、社、風土人情,當然也是「中國事務」。

1941年珍珠港事變以前,美國看待中國,僅只是列強的殖民地。中國的領袖在亞洲或世界事務上無足輕重,沒有話語權,並不值得美國關注與重視。因此,在那個年代裡,美國並未花費人力財力物力去搞中國研究。

1942年後,美國介入二次世界大戰的亞洲戰場,將中國抗日戰爭納入其作戰區,從而發現蔣介石統治下的中國很快將會被新興的中國共產黨取代,但美國並未意識到新的中國是敢以武力來應對列強的欺壓與挑戰的。韓戰就是個活生生的例子。

因此,1949年之後,共和國不鳥列強的霸道與威懾,中國人敢於硬碰硬,便衝撞出美國新的學術科目:所謂的「中國研究」或「東北亞洲地區研究」……。當時,美國國會通過「國防教育法案」,全民動員,以大學教育培養其勇當世界員警的智力基礎,涵蓋為數甚多的「地區研究」,內容無所不包。中國研究只是其中之大者。

中國研究,有明顯的政治意義與功利目標,這跟「漢學」Sinology的著眼點有著本質的差異。美國的漢學起源於19世紀中期鴉片戰爭之後,哈佛、普林斯頓、哥倫比亞、耶魯各大學是著名的。比如,哈佛大學的哈佛燕京學社,其《十三經檢索》等就是廣為人知的西方漢學作品。其他各大學的漢學研究,也各有所成,因與本書無關,於此不贅。大抵,漢學,非常學術化,真正專業地研究中國,但一般會回避當代或近代,因為難以避免政治話語。中國研究,則焦聚當代和近代,試圖從政治話語中,凝析出可資理解或溝通的資訊,甚至充當雙方政治話語的平臺。

勉強比方:漢學,猶如數、理、化,中國研究,猶如機、電、工程。類似理科與工科的分野。

近來美國總統奧巴馬高調宣布重返亞洲。乍聽之下，似乎美國的霸權勢力曾經遺忘了它在亞太地區的影響力和控制力，因而離開之後、如今需要重返。其實自1942年珍珠港事變以來，美國的力量一直主導且獨霸西太平洋沿岸亞洲國家的一切。二戰時期的「中緬印戰區」是美國的戰區。中、美、英三國聯軍是美國羅斯福總統下令組成的。當年羅斯福派遣史迪威來指揮這三個國家的軍隊對抗日本，美國才是東北亞、東南亞盟國的老大，毋庸置疑。至於菲律賓、澳大利亞、新西蘭，則由另一位美國將軍麥克亞瑟總而理之。大家都乖乖的聽從調遣吧！

1950年的韓戰、60及70年代的越戰，為了亞洲霸權，美國曾不惜一切代價，赤膊上陣，衝鋒在前。目的只有一個：把中國圍堵起來。人力物力的犧牲在所不惜。1962年的中印衝突，印度敗得神速，美國還沒有回過神來、挑撥鼓搗著中印繼續擴大幹架，沒想到毛澤東就將之和平解決了。

中國參與韓戰是在自身不具備作戰的物質條件下勇而為之，彰顯的是：決心。

這是列強侵壓中國百年以來，中國人首次大規模出國外戰，以重大犧牲打平全球霸主。中國沒有公開參與越戰，但在60年代中國經濟不寬裕的情況下，盡傾物力相助，對胡志明領導下的越南獨立戰爭算是仁至義盡。

上述這些看似不合常理的發展，使得美國政府相當焦慮，越發感到「中國研究」的必要，知彼知己，才有勝算的可能嘛。於是，中國研究，成為美國當代「顯學」，凌駕漢學之上。實際，這是對完全不同於己的國家的一個廣泛瞭解的「研究」，資訊或情報，還不是它的重點，重點是不要有誤判、或太多不理解的誤區，避免制定一個被動的中國政策。

1960年代，美國的地區研究萌芽，至少有兩大特性：

1、美國政府的推動

國防教育法案的做法：國家撥款到大學，成立研究機構、鼓勵大

學部學生學習外國語文並輔助學習外語的學生到該國深造。譬如,史坦福大學在臺北的語言訓練中心就負責所有學習中國語文的美國學生的教學、訓練。美國政府出錢補助,但不插手管事,史坦福大學或加州大學的中國語言文學系的教授分別全權負責,擔任這個訓練中心的主任。這是當年中美之間沒有邦交的情況下,美國政府唯一能做到的。而今情況改善,例如,普林斯頓大學就在北京成立其中國語文訓練中心。

中蘇交惡時期,俄國的中國研究學者的語文培養,大都是送到烏茲別克的白彥虎後代聚居地去學習。我在加州大學中國研究中心就曾碰到一位蘇聯中國學者,他的中文發音就帶有濃重的陝甘口音,跟標準普通話明顯差異,因為是在烏茲別克學的。生活用詞,當然也就有晚清遺韻,時不時「大人」長、「大人」短的。很好玩。可以想像,當間諜,不靈的。

2、各大學的中國研究機構很少單獨授予博士或碩士學位

譬如說,一位以中國當代經濟政策為學位論文主題的研究生,必定是經濟系的研究生,通曉經濟專業,只不過資料、數據的範疇是中國。大學的中國研究所,主要在中文語言訓練、中文資料的搜集上,盡力協助其理解並科學地整理出合乎邏輯的針對中國當代經濟政策的論文,再從旁助其創造中國實地考察與交流的可能。

如此,美國政府出資培養深入瞭解以地區為對象的專家,美國政府用這些「中國通」或「××通」為智庫,另行提出合乎美國國家利益的訴求。而大學獨立學術、自由研究的傳統也不受影響。

大學的地區地區研究所,是跨科系的學術研究。以加大柏克萊分校中國研究的教授組合而言,歷史系有三人、政治系三人、社會系二人、經濟系二人。都是專業學術上有成就的學者。教授本薪,甚至不出於中國研究所的預算,但教授們樂於盡義務,因為,進入中國研究或地區研究,意味著進入了體制內的智庫,成為政府的智囊。

由於中國的突變與勃然興起,韓戰結束後,當時美國人確實不瞭

解新中國，基於現實的需要，實用性的地區研究和國家研究在美國蔚為「顯學」。以加州大學柏克萊分校為例，據我所知，東亞研究院屬下就有中國、日本、韓國（南北韓）三個研究所，並另有蘇聯、東歐各國、東南亞、非洲等其他「地區研究」機構。

加州大學是州立大學，共有9個分校，各校獨立發展地區研究，又合作又競爭，沒有無謂的派系爭議。有地區研究專長的不同系教授，往往以類相聚，強強聯手。譬如加州大學戴維斯分校政治系的一位女教授，就在柏克萊分校的中國研究中心當主席，負責日常事務。兩校區相距約130公里，每週能來工作3天足矣。

在大學做系主任、研究所長，不是官，也沒有什麼額外的補貼，能者多勞、多做貢獻而已。研究所的組織更為簡單，一位行政特助帶領兩三個祕書協助主席而已。每週至少有2、3次小型的學術討論會，歷時兩三鐘頭。由一位教授主講或路過的學者發表其意見或研究心得，提出論點，與會者熱烈提問，互相切磋，有時會爭論的面紅耳赤，但都是君子之爭，學術之討論。但若主講者沒有料，經此三問兩問，反覆交鋒大家也就了然於心。學者沒有學術實力，對問題有無真實看法，很快就能比出高低。這種學術討論場合，比的是真才實學，而不是資格或是什麼官大官小。加州大學中國研究所還編輯兩個系的中國研究專書，重要的由加大出版社出版，一般性的就由中國研究中心自行出版。

亞洲學會是全美亞洲研究中心的最高機構，每年的年會至少歷時3至4天。不同國家地區的分會、各式各樣的論文發表至少有幾十篇。就以其中的「東亞圖書館聯合會」而論，每次大會至少有3、4個討論會。1970年代，以圖書資料自動檢索為最熱門的論點，而這個分會辛勤耕耘的貢獻，也就是方便了資訊的共用，大大提升了美國對中國的「理解」、不是左右翼的幻想式的「瞭解」。因此，學術年會是全國各地區研究組織的智力研究成績的大比拼，不是吃喝玩樂或朋友聚會的好時光，也不是大企業為自己做吹噓宣傳公關、安插老幹部的號稱的「智庫」。學術機構的地區研究，有其客觀衡量的標準與水準，沒有真功夫

的人，靠吹、頂個「智囊」之名，不大可能受到美國政府重視。

英文Think Tank的中譯詞「智庫」，改革開放以後方始出現於報章雜誌，算是外來的新詞，漸漸地為有識之士寶愛而廣用，相較於舊詞「智囊」或「智囊團」，「智庫」顯得相當時尚。當下中國各種各樣的的智庫，如雨後春筍般蓬勃發展。據說全國現在有3、4百家。大都是財力雄厚的政府單位、學術院校或大企業出資開辦。取個響亮的名號，叫××研究中心或研究所，號稱智庫，既可以安置老領導，平時有個落腳舒適、聚唔之所在，必要時又可以堂而皇之地參加國際會議，周遊列國、觀光攬勝。但不能稱之為「會所」，太過俗氣，所以，智庫二字之為用，大矣哉！

在加州大學中國研究中心工作時，由於工作的緣故，經常接觸一些兩岸赴美的交流訪問學者。北京來的不外乎中社院、北京國際關係研究所、北京當代國際關係研究院等幾家和北京大學國際政治系（現在叫科學院）和清華大學等幾家的教授學者，上海來的主要是上海國際關係研究所和復旦大學的相關人員。那時段來訪者大都學有專長，卻很少以智庫自稱，很受對口接待的美國大學研究單位敬重。如今為數眾多的中國智庫，是否仍受美國同行所重視，就不得而知了。今天所謂的智庫，似乎不少是到國外旅遊參觀的，有分量的交流研究所得和學術報告不算多，大概時下風尚如此吧。

美國的所謂「智庫」，當然也是由財團出資成立的。但出錢者不管事務，撥款成立基金後，就敦請專家學者主其事，按照既定的研究方向去拓展，福特基金會就是一個極好的例子。上世紀60至70年代初，福特基金會認為韓戰結束後，中國崛起乃必然之事，但當時美國的大學對當代中國的研究卻不夠重視。於是福特基金會下決心，撥款給各大學，成立中國研究機構。加州大學柏克萊分校中國研究中心，當時也是依靠福特基金會撥款5、60萬美元而成立茁壯成長起來的。等到各個研究機構逐漸成型，各大學也逐漸重視中國研究了，基金會便慢慢地淡出，由大學自行編列預算去繼續發展中國研究。相關的各大學的中國研究經費，

可以從美國聯邦政府依照國防教育法案Nationat Defense Act獲得補助。

1960代中期之後，美國介入越戰，因應形勢的需要，福特基金會轉而輔助各大學發展東南亞研究。美國大基金會之配合美國的國家發展策略，由此可見一斑。「智庫」的針對性和目的性，也由此可見。

美國人很務實，不會為養人而設虛有其表的智庫。其所成立的智庫，經常發表研究報告產品，其中大不乏現實而可行內容。研究人員虛應故事的表面文章是交不了差的。這一點，恐怕是中美兩國智庫的最大差別。目前美國比較有名氣的的智庫約150家，轉以研究美國內問題為主要方向，其中以American Civil Rights Union（美國民權聯盟）、American For The Arts（美國人藝術協會）、Ceter For an Urban Future（城區未來研究中心）、Clean Energy Group（清潔能源團）、Institute For Social Policy and Understanding（社群政策與認知學會）、Tax Foundation（稅務基金會）、Unban Land Institute（城區土地學會）等，最為有名。相對的說，他們都從事獨立的研究，以應現實所需。

至於地區或國家的研究，則大多數在大學裡，但大學裡的地區研究中心又從來不願以智庫自稱，認為有損學術研究的形象。以中國研究而論，美東的哈佛、耶魯、普林斯頓、哥倫比亞各大學，美中的芝加哥、密西根、威斯康辛、華盛頓各大學，美西的加州大學的柏克萊分校與洛杉磯分校、史丹佛大學、西雅圖的華盛頓大學都是極有名氣且有學術成就的大學。其中史丹佛大學胡佛研究所，名為大學的一部分，因為兼具胡佛總統圖書館身分，是個大學管不到的獨立自主單位。美國大學之外的中國研究智庫，以布魯金斯學會（Brookings Intitution）和蘭德公司（Rand）最為中國人所熟知，簡介如下。

布魯金斯學會

1916年起，美國中西部的商人與慈善人士布魯金斯先生Robert S Brooking出資，聯合一批美國政府改革人士，首創私人的「美國政府研究所INSTITUTE FOR GOVERNMENT RESEARCH」，其使命為提振美

國經濟、政治、政府行政和社會科學，尋求有效的、有科學方法的公眾服務，以影響美國政府的公眾政策。他們先後成立了政、經、社三個主題的研究所，並於1927年合併為布魯金斯學會。

1921年，美國立法構建國家預算局U.S BUREAU OF THE BUDGET，布魯金斯學會的經濟學家們就出了大力，居功至偉。美國總統哈丁盛讚為「共和國成立以來最大的政府行政結構的改革」。

二次世界大戰時期，布魯金斯的專家們協助美國政府作動員計畫研究，以應戰時之需。二戰後，他們為美國籌畫出聯合國的組建藍圖，以及，援助重建歐洲的馬歇爾計畫，並在聯邦政府的稅制上建議創建人民退休、養老機制。2001年911事件後，他們也向美國政府提出反恐應對戰略構想與國內安全部的構建。布魯金斯學會設有一個中國研究中心，目前負責人為李誠，是普林斯頓的政治學博士。20年前李誠在加州大學柏克萊分校攻讀碩士，我們很熟，相知甚深。總之，布魯金斯是美國最有規模、也是最老牌的有智之庫。

蘭德公司

蘭德項目PROJECT RAND是蘭德公司最原始的名稱。

蘭德公司1948年成立於洛杉磯附近的聖摩尼卡鎮SANTA MONICA，此地也是二戰時美國最大的道格拉斯飛機公司的所在地。RAND取意於RESEARCH AND DEVELOPMENT，就是研究與開發的意思。二次世界大戰的獲勝，看似是美國龐大無比的工業生產力所致，其實是美國科學技術研究與開發，領先世界的結果。因此，1945年，美國陸軍航空兵的阿諾上將H.H ARNOLD和另一位空軍名將李梅CURTIS LEMAY就聯合學術界的鮑爾斯EDWARD BOWLS（麻省理工學院教授）和道格拉斯飛機總裁道格拉斯DONALD DOUGLAS創立蘭德項目。同年美國空軍研發辦公室也宣告成立，由李梅上將負責。它是蘭德專案的直屬上級，但蘭德項目仍留在加州。1946年5月，「蘭德項目」第一篇研究報告出爐，題目是「實驗性繞地太空船之前期設計報告」。1947年，蘭德項目搬離

道格拉斯飛機公司廠區，遷到聖摩尼卡鎮內，同時招聘社會科學研究人員，擴大研究範圍。

1948年「蘭德項目」的人員已經超過2百，研究範圍從科技擴大到社會科學、數學、心理學等。同時美國空軍參謀長致函道格拉斯飛機公司總裁，請將蘭德項目剝離出來，成為一個非盈利性的獨立研究機構，在加州註冊為法人，並邀請蓋特H.ROWAN GAITHER JR為董事會主席（蓋特後來還曾擔任過福特基金會主席）。蘭德項目從此變成蘭德公司，以促進科學、教育、慈善事業為宗旨，為公眾福利和美國安全努力研究。

韓戰前，蘭德公司曾預言「中國必出兵朝鮮」，但這個研究報告沒得到美國防部重視。蘭德自然因此名聲大噪。冷戰時期，蘭德公司許多研究項目與蘇聯的各方面都有所相關，1957年，更由於蘭德相當準確地預測了蘇聯第一顆衛星上天的時間，從此奠立其在資詢業、未來分析、策略評估上的龍頭地位。1980年後，中國崛起，蘭德當仁不讓的大力發展對中國形勢的研究。

蘭德已經是美國軍、政界的首席智庫。也是美國人相當信賴的資訊與趨向分析的來源。蘭德也許是全球最具影響力的有智之庫，其報告公諸世界，完全倚賴其菁英職工的專業性、公正性與誠信。

胡佛戰爭、和平、革命研究所，以及，史丹佛大學的《東亞圖書館》

胡佛研究所的名稱最早出現於1922年。

由於美國第31任（1928-1932在職）總統胡佛HERBERT HOOVER是加州史丹佛大學1891年入學的首屆畢業生，1919年，當過開灤煤礦總經理、並業已功成名就的胡佛決定將其前半生的文書資料捐給母校，並獨立在校園內辟地造房以珍藏，旨在研究一戰後的世界局勢的形成原因，包括俄國革命等等。再加上後來他在總統任內的文書史料，胡佛研究所的資料成為研究美國第一次世界大戰後，美國振興歐洲各國經濟民生最重要的資料庫（當時還不是總統的胡佛，是美國政府負此全責的人物）。

隨著時間流轉，這研究所不但有資料，還同時邀請各國學者來使用這批寶貴的歷史資料。1950年後，新中國崛起，胡佛研究所應時勢之變，也搞起中國研究。而史丹佛大學的政治系、社會系、歷史系等，有不少知名教授對當代中國的政治、社會文化、歷史都有研究與著作，史丹佛大學也就成為美國西部與加州大學柏克萊分校齊名的中國研究重鎮之一。也因此，當兩岸學者到此，就說到史丹佛大學或者胡佛研究所去搞有關近代或中國當代的研究。

其實，胡佛和史丹佛是在同一個校園內的兩個不同的機構。《蔣介石日記》則是胡佛研究所圖書館內的收藏。

史丹佛大學的《東亞圖書館》經過長達3、40年的資料搜集，它的館藏涵蓋中國歷史的各個時期。而以近代、現代、當代中國的收藏聞名於世界。依憑這些圖書資料，中國研究的專家、學者們才能產出許多研究成果。

加州大學柏克萊分校中國研究中心

這是一個相當典型、但又獨具特色的美國大學研究當代中國的學術機構。因為它起步早，所以許多大學的中國研究或多或少的複製了它的發展模式。我在此工作了24年，對其發展算是知之甚稔。雖然前面已有一些敘述，再做點補充吧。

加大柏克萊分校中國研究中心，萌芽於1957年。正式使用研究中心這個名稱是在1959年。第1任主席是當時的經濟系教授格蘭梭WALTER GALENSOR，他是哥倫比亞大學博士，二戰時期他在聯邦政府國防部任首席經濟師。戰後在哈佛大學做經濟系教授，1951年到加州大學，1957年至1961年為研究中心主席。他是美國研究世界勞工運動與工會組織的知名學者，後來轉到康乃爾大學教書。

第2任主任是商學院教授李卓敏，加州大學柏克萊分校1936年經濟博士。1938年至1943年昆明西南聯大教授，1951年來美在加大任教，1958年已經是商學院正教授，1961年任中國研究中心主席。他有3個兄

弟和1個妹妹，都是加大博士。其弟李卓皓也是加大教授，是世界級的生化學者（人工合成胰島素先驅）。中國研究中心在李卓敏教授的主持期間得到極大發展。因為當時的校長CLARK KERR全力支援這個新興跨科系研究項目。1963年李卓敏回到香港擔任新成立的香港中文大學副校長，負責建校全責。當時校長由港英總督兼任。加大董事會特別給他10年離職期，1978年他自中文大學退休。

第3任研究中心的主席是薛曼教授。生於美國，其父母是德國移民，通5種語言，他再加上其他語言的學習，因此能通曉12國語言，能看蘇聯《真理報》、中文《人民日報》。二戰入伍當兵，受命學習日文，戰後到美國日本佔領軍任職，負責日本報紙檢查。後入哈佛大學得博士學位。主攻遼、金、元史。1950年代後期，他去阿富汗騎馬遊歷考察了兩年。他在當地看到有藍眼睛黃白頭髮的部落，深入瞭解他們的根源。1962年他出版《蒙古人在阿富汗：從人種學看蒙古人和其他相關族群》。

他是美國早期反越戰的著名人物。1965年在柏克萊組織了「教授團和平委員會」，並親自前往越南考察訪問。1967年他曾發表公開信，號召其他各界人士，建議拒絕交付個人所得稅，以示對不義戰爭的抗議。

1966年薛曼教授出版《共產中國的意識形態與組織》，此書以社會學家韋伯MAX WEBER的理論與觀點，利用他在香港的大量訪問大陸逃港難民的資料和閱讀中文書刊而寫成的。該書1968年和1971年兩次修訂出版。時過40多年，此書仍是美國學者研究當代中國必讀的經典之作。70年代初，他又訪問了古巴，回來後在中心的討論會上，做了一個比較兩國家社會政治結構的分析報告，以中古兩國政府中的基層幹部為例而論說，有深入的見解。另外他和歷史系的學生ORVILLE SCHELL編了一套3本的《中國歷史讀本》，流傳極廣，是一般美國人瞭解中國歷史的啟蒙之書。1970年師生二人又成立《太平洋新聞資訊社》於三藩市，向報刊與社會提供有關亞洲與拉美洲的新聞資料。

1974年薛曼出版了《世界強權之邏輯》論述二戰後國際間的關係。1987年出版《尼克森的外交政策》，討論美國總統在外交上的獨導角

色。此書他完稿於70年代。1960年代，薛曼教授一直在反思著環球經濟與政治形式。儘管他已精通法、德、俄、中、日等文字語言，他的阿拉伯語文能力已經可以閱讀原文可蘭經和雜誌和報紙，但他還是不停的自學阿拉伯文，更求精進。因此他在太平洋新聞社PACIFIC NEWS SERVICE前後撰寫過近百篇有關激進暴力恐怖的伊斯蘭分子的文章。他認為要做研究、寫評論分析文章，不能使用該地區的第一手原始資料，那還算什麼文章。

　　我之所以不厭其煩的敘說加大中國研究中心的主持人背景與學術成就，目的在於闡明任何有資質的智庫或大學的研究中心，一定要有真才實學的人去領導，有識之士才會聞風而來，互相切磋、辯論，才會激出智慧的火花，研究機構才會有勃勃生機，才會成為一方學術研究的重鎮。加州大學柏克萊分校、洛杉磯分校便是如此。史丹佛大學、密西根大學、芝加哥大學、哈佛大學、耶魯大學、普林斯頓大學、哥倫比亞大學等，蘭德、布魯金斯等，亦莫不為此。智庫，必須是有智之庫。

　　當薛曼教授主持加州大學中國研究中心的時候，他的學養、名氣，使得中心成為美國研究中心的一大碼頭。各方英豪紛紛逕至，搞得紅火之極。薛曼個人做為一個學者，一個教授，那是沒得話說。但他不是一個行政人才，學術研究單打獨鬥，難逢敵手。要他把中國研究中心變成一個有活力的集體，難矣哉。

　　約翰生CHALMERS JOHNSON是加大中國研究中心的第四任主任。他是加州大學柏克萊分校1953年經濟學學士、1961年政治學博士。韓戰期間他在日本擔任中情局顧問。曾被稱為美國冷戰時期的勇士。1976年他當選美國科學院院士。他精通日文，是美國的日本研究專家，成名之作是《MITI與日本奇跡》。其《中國農民主義與共產黨之實力》則是對中共的研究著作。他是最早在美國的中國研究界堅持使用「毛澤東主義」一詞的學者。

　　記得有一次在中心討論會上，有人提問：毛澤東思想能稱ISM（主義）嗎？

他笑笑答說：馬克思、恩格斯都寫出多冊煌煌巨著，稱為馬克思主義MAXISM和恩格斯主義ENGELISM，理所當然。但不學無術的列寧和只能當打手的史達林居然也稱列寧主義LENINISM和史達林主義STALINISM。毛澤東的革命理論與實踐根本不同於馬列，更與列史無關，自成一套體系，不叫毛澤東主義MAOISM行嗎？

約翰生老兄一向出語尖酸到點，但其把握重點的能力於此可見。

如果薛曼教授算是左派，約翰生教授非右派莫屬。但柏克萊的氛圍就是自由。

2000年後，約翰生教授出乎意料的由一個美國霸權的鬥士，變成美國學術界對美國帝國主義最尖銳的批評者。他的著作《反彈》出版於2000年，重修新版於2004年。同年出版《帝國的憂傷》，縱論911後的世局大環境，警醒美國人做為一個帝國的哀愁。他在《帝國的報應》一書上更直言：我研究二戰後到今日，美國共有737個軍事基地建在他國的土地上。這些基地，赤裸裸的顯示出我們這個「基地帝國」的世界霸權。「基地帝國」所引導出的各個逆反戰爭，使美國需要維持且不停擴大基地網路予以應對。美國一般人民對這自己這個基地帝國所知甚少，等到他們看到新聞中出現我們在瓜塔納摩GUANTANAMO監獄虐待俘虜的情景，才感覺觸目驚心。海外基地的美國大兵胡亂作為，姦淫當地婦女，當地人視基地為「帝國主義之飛地」。就像舊時代的伊比裡亞半島和19世紀的印度，當地人民感覺自己國家已成為美國殖民地。

在《帝國之報應》書中說道：「我從歷史、政治、經濟、哲學的觀點，細究當下美國的所作所為，它將要把自己引向何處。維持海外基地，帝國需要資源與決心，且必定危及本國民主政治與國民福利。我們的民選總統日日要為海外基地的維持及其所引發的戰爭而窮於應付。因此，美國的最後希望乃在於拆散『基地帝國』，先把自己國家搞好。」

2004年他親自出現在EUGENE JAVECKI導演的電影《為何打仗》扮演專家，評說美國的霸權戰爭。他贏得了2005年太陽舞SUNDANCE電影節的「大陪審團獎」，恐怕是學者竄身銀幕的首例。此外，他還在英

美各大報紙、雜誌撰寫文章。

約翰生教授在加大柏克萊分校時，我們時有接觸，彼此相當熟悉。1980年代中期，他轉往聖地牙哥分校政治系，他的學生謝淑麗女士也在該系任教多年。克林頓總統期間，謝女士曾出任主管遠東事務助理國務卿。她在柏克萊分校攻讀博士學位期間，以至去聖地牙哥分校任教，始終跟我保持往來。

在離開柏克萊轉往聖地牙哥分校後，我和約翰生就難得有機會碰面了。多年後發生美國導彈襲擊中國駐南斯拉夫大使館事件，美國官方說是因為地圖老舊而誤打，他就在互聯網上發表文章說：這個藉口太可笑，這是個赤裸裸的挑戰行為，後果極為嚴重。當時聽到他如此評說，感到很驚訝，因為我對他的老印象是「右派分子」，很少偏離官方口徑。沒有想到，畢竟是個有良心、能獨立思考的學者，在大是大非面前，勇於澈底改變自己的信念挺身而出，直指美國霸權思想的危害，而贏得所有人的譽揚。

約翰生教授在加大柏克萊中國研究中心主任任內也有極大的建樹。他一改前任主席不關心所務的陋習。但因為他是本校政治系主任，本職佔據了他時間，上任之初，他就邀加大大衛斯分校政治系教授卡爾格潤JOYCE KALGREN擔任中心副主任，幫他處理中心日常事務。同時他把在所裡什麼雜事都管的謝偉思從庶務中脫身，集中全力搞中心的出版事業。謝先生的英文極佳，改稿、出版、編輯樣樣在行。從此，中心有了兩個系列出版物。一是中心自己發行的簡裝版中國研究書籍，另一個是由大學出版社發行的另一系列精裝本書籍。

約翰生教授還擴大、充實研究資料的收藏。這原本是有謝偉思兼管的事，而謝偉思就邀我從夏威夷東西文化中心轉來加大負責圖書館。充足經費的支持，兩年後，中心的圖書館變成美國一個小而精的中國研究資料庫，聞名各方。宋楚瑜先生在柏克萊分校讀碩士時，就在此館做學生助理。畢業後。去華府喬治城大學讀博士前，做了短時間的正式館員，宋先生不但是一個實幹苦幹的好同事、好朋友，對資料庫的建立也

有許多有價值且可行的看法與做法。宋先生在華府讀博士時，還在「中國研究資料中心」獨當一面的做了好幾年事，成績斐然，備受中國研究中心學者推崇。

　　繼約翰生任中國研究中心主任的是本校歷史系主任韋克FRED WAKEMAN，哈佛大學畢業，柏克萊歷史學博士。他的第一本著作出版於1966年，是他的博士論文重訂本。《洋鬼子來敲門：1839-1861南中國的社會失序》則是他在倫敦用英國人在鴉片戰爭中掠奪回去的兩廣總督衙門檔做原始資料分析，其後又出有關清代的學術文章，獲得英美學術界一致好評。1985年出版兩卷清代歷史《17世紀滿洲人的重建帝國》，1973年他出版《歷史與個人意志力：從哲學觀點透視毛澤東思想》。1970年代中後期，他的研究興趣又轉向研究國民黨軍統特務組織與上海的三段歷史：國民黨、汪偽政權與解放初期的上海。2006年自加州大學退休，獲得加州大學最高榮譽獎「BERKELEY CITATION」，1986-1989他是美國社會學研究會主席。1992年當選美國歷史學會主席，以研究中國史而得此殊榮，是必須有非常傑出的學術成就的。因為從美國學術界傳統上說，要做美國歷史學會主席，幾乎清一色是搞美國史或歐洲史的歷史學家。韋克教授的父親是海明威的好友，教授本人具有典型的美東自由主義者liberal的風貌。

　　我說的輕鬆，但讀者可能難以立即浮現一個可資比較的圖像，美國的「自由」與「保守」派別之分到底怎麼看得出來？也許剛剛描述過的約翰生教授是個很好的例子，早期的他大概是全世界第一個也是唯一個堅持「毛澤東思想」應該上升為「毛主義」的學者，因他認為老毛活學活用了馬克思主義、而沒有硬搬亂套於中國的環境，在這點政治話語上，約翰生是「自由派」，他無法抗拒老毛不羈、自在的風格。當然，約翰生也支援美國介入台海、割裂中國，那是霸權政治的現實需求，在這點政治話語上，約翰生也是「保守派」。不過，一旦真相曝露，就無所謂自由或保守、左或右了，學術界，只忠實於資料所展現的真相，只有牽涉切身利益的（政黨、商團、個人）才會死抱「派性」以圖利。

接著做加大中國研究中心主任的是，另一位專攻中國上古史歷史系教授DAVID凱利KEIGHTLEY。哥倫比亞大學博士，是有名的中國商代史專家。其後柏克萊歷史博士葉文心教授也曾擔任中心主任與東亞研究院院長。

我個人覺得，美國雖然是最早搞中國研究的國家，對中國的消息與動向，不可謂不精或不豐，卻始終沒有全然搞通中國。但這是政治問題，美國學界已經盡力了，學界至少明白：不同文化之間的差異，便造成深淵般的溝通障礙，何況還有利慾在火上加油。

上世紀80年代，內地改革開放。30多年後，中國算是真正的站起來了，1949年的一窮二白，澈底改變。今天的中國不但有了核子彈、太空技術、世界工廠的成就，龐大的外匯儲備，中國的GDP已經超越日本，眼看就要趕上美國。中美即將必須共同面對政經強國與軍事強國的心理不平衡問題，圍堵中國、跟中國較勁，是美國長期獨霸所養成的習性。當代美國人看不出中國人只要自強，無心與美國爭強，況且中國社會自身還有許多問題。美國人老是擔心喪失世界員警的特權，在亞洲處處以中國為敵，在歐洲則挑戰俄羅斯，這是西方長期的掠奪文化造成的，跟中國人長期的官僚統治文化必造成貪腐一樣，習性作祟呀。

看來，美國仍需許多高瞻遠矚的謝偉思、薛曼、約翰生之流的高人。

在柏克萊時，中國社科院的李慎之曾問我：「怎麼做好中國的『美國研究』。」

我只能告訴他，美國的「中國研究」是怎麼做的。李先生似乎豁然貫通，啊，反過來做，人同此心、心同此理嘛。但幾次進出大陸，發現，味道走樣了，今天的中國，大概無需「美國研究」了，各個領域，幾乎都已經是美國的「準代理人」的架勢，利益聯結下，不會看到真實的美國的。

CHAPTER 1

中華民國的那點事兒

一、前言

　　最形象的「中華民國時代」話語、可以代表國民黨系的中華民國的那點事兒，其實不多，不過就是：孫中山、蔣介石、黃埔、臺灣。雖然是四件事，然而，「中華民國時代」的最大象徵，還是蔣介石。

　　史實上，孫中山或黃埔軍校，跟蔣介石之間其實是個偶然性，蔣介石善用了機遇而已。孫、蔣在一起的時間不長，短到幾乎可以忽略不計。而中華民國政府中，蔣介石實際掌權的時間最長（1926-1948），加上臺灣（1949-1975）；左右民國、國府半個世紀，「民國」、「國府」確乎是蔣介石的。

　　「黃埔軍校」四個字，則被蔣介石長期獨佔。孫中山生命的最後兩年，主導了國共合作，建黨（在廣州重組允許共產黨員加入的新國民黨）、建軍（在黃埔辦軍校）。做為新國民黨的武力儲備，在黃埔共培養出1至4期學生，這4期生是真正的「黃埔」（後因蔣介石清共，國共分家，第5期在黃埔的時間很短，大部分轉到武漢，在那裡立馬又加開了第6期，由黃埔軍校裡的共黨教官繼續訓練完畢，仍發給「黃埔軍校」名義的證書）。之後的軍校學生，發的都是國民政府中央軍官學校的證書了。然而，國共合作的黃埔這4期（或6期），跟著共產黨革命到底的，比例很大，大到黃埔系的將軍人數，在解放軍與國軍幾乎一樣普遍。

　　圍繞著「中華民國」，有太多迷思。海峽兩邊又各自強加許多政治話語和忌諱，以至於雖然僅僅不過是百年之內的近事，人們卻已甚至拼湊不出一個的圖像。

　　我這糟老頭就試試給大家說個明白吧，大的脈絡與景象應該錯不了。對其中事情的細節特別感興趣的讀者，需要自己找些專書去讀，但這本故事般的近代史足以貢獻給大家一個相當完整的圖像了，因為我

就是個一輩子活在中華民國裡的人。

說故事之前，讓我這樣說：全世界在20世紀的變化都很大，非常大。大到人類社會從電力時代飛躍為電子、核子、信息、大聯網時代；並且發生兩次「世界大戰」（國際秩序因此而重組兩次），把歐西的全球霸權打崩，變成美俄兩級、再又變為今天的美國獨霸局面。深刻影響人類的相對論、共產革命，在20世紀的頭20年內都已發生；同樣深刻影響人類的DNA工程、半導體與電腦，也在20世紀中葉的20年裡發生。而中國在20世紀上半葉也經歷過許多重大事件，在那個不到50年間的變化，或許超過中國前此5千年的變化。這些「重大事件」，至少可以標誌如下：

1900，八國聯軍

1911／1912，武昌起義（辛亥革命）／中華民國成立

1919，五四運動

1924，黃埔軍校

1926-1937，北伐，以及蔣介石的「統一」神話

1937-1945，對日抗戰

1949，中華人民共和國成立

簡單說，在20世紀上半葉的50年間，中國經歷過真正意義的重大轉變，漸漸地跟上了人類「現代化」的腳步。中國社會或任何人類社會的轉變，當然不是件容易的事。實際上，做為參考標杆，「民國」與「共和國」的成立，兩件事，便已足以襯托出那時中國的輪廓。雖然民國或共和國，不過只是中國社會選擇並表顯出來的政治現象而已。

發生那表象的更細微、更具體的變化，其實是透過諸如辦報、組黨、倒滿、五四、黃埔、抗戰、內戰等等的積澱來完成「轉型」的。比如，對比於中國傳統，五四、黃埔，無疑是那時的「現代化的」文的、武的「改革」，以廢棄文官科舉選拔的經書框框、或軍人的基礎訓練與培養。

更深層地看，比如，知識分子自發的五四運動，以及政黨組織黃埔軍校以建軍，都有一個共同的推動因素促成，那就是：跟列強學習、跟國際接軌。直白說，「現代化」的需要，因為中國社會（首先是知識分子）業已深刻認識到「不如人」。

　　五四最經典的白話文運動，使得歐西「文化」，法制、科學等等，可以很容易地轉譯到中國，複製、量產（大眾化）、甚至開發。黃埔，不消說，也使得西式軍事組織與思想，轉移到中國，並規格化地量產與之匹配的軍官、開發適合中國邊際條件的武力。而標準化、量產化的本身，直指現代工業社會之源。

　　這些文的、武的轉型，迅速獲得嚴酷的驗證，在內、外戰爭中演練並自然淘汰出最適存的「中國製造」。西式學校、白話文、報刊雜誌、軍校、兩彈一星……，連同廢除帝制、建立民國、建立共和國等等在內，都是一連串的轉型。

　　但，「變革」或「革命」的思路，凝聚到付諸行動，當然也不是20世紀的第一天或哪一天就忽然可以醞釀出來的。所以，也需要稍微理一理比較直接關聯到20世紀之初中國的一些往事，以便瞭解1900-1949期間，中國人（尤其是知識分子）怎麼蓄積出革命的激情和力道、從而變革中國的。

　　20世紀上半葉中國的特徵，毫無疑問，是個「大革命時代」。變革或革命，是當時中國社會普遍的吶喊，成為當時的時尚。但也跟任何時代一樣，人心不可能單一化，時尚永遠是個光譜，無非「革命」是當時最容易吸引中國人、最容易引起共鳴的詞句罷了。而現實的社會光譜，當然遠非僅只變革一個力道。

　　1912的「中華民國」，自然是那時代的「中國製造」之一，自然也具備同樣的特徵。換言之，如果中華民國一開始並不革命，她根本不會被接受、也就無由被建立。中華民國成立之後的演化，因緣際會，就不是一個或多個力道能以左右的了。

　　然而，天底下沒有事物是憑空發生的，會那樣子發生，還得敘敘

舊，理順一下20世紀之前的四、五個世紀，中國到底發生了哪些狀況，使得中國歷史在20世紀那樣子發生。

大背景

把鏡頭放遠到14世紀末季，明王朝成立那時：元朝勢力雖已退歸蒙古草原，但歐亞世界各地的成吉思汗子孫，依然強盛。事實上，13世紀中葉興起的蒙元帝國，所刺激起來的歐亞世界貿易，可以說是人類社會的第一次「全球化」：成吉思汗子孫，尤其是元朝的忽必烈大汗，把宋王朝的貨幣金融與商業模式，連同中國的絲、瓷、茶等，放大為「全球貿易」。蒙古勢力的維持，武力的背後，還有經濟：元寶。終明王朝之世，中國其實從未脫離草原的影響。

15世紀初，無以跨越帖木兒汗國的明王朝，派遣鄭和挾當時的人史最大艦隊下西洋，「南洋」成為中國勢力範圍，直接就是今天「南中國海」（South China Sea）的由來，老外是翻譯的中國名字。那時，全人類都還不知道太平洋、大西洋的存在，但明王朝無疑是當時已知的唐宋海洋商路海域（就是沿阿拉伯南岸向東南方，再沿伊朗與印度的西岸，在印度與錫蘭向北拐，沿印度、泰、馬來亞的西岸，在新加坡再北拐、進入南海，一般會沿越南東岸，航向中國東南口岸），最大的海權國家。

鄭和死後不多時，15世紀中，明王朝決定海禁、並大量抹去鄭和相關的紀錄，但歐亞海路與信息已然大通。實際，鄭和轄下的船艦和水手，近300艘船、近3萬人，沒有大量繪製的海圖以及事先收集足夠的資訊，是不可能兩眼漆黑就貿然遠航。鄭和艦隊，並不是出門去「探險」的。其「北洋艦隊」（從黑龍江口北航）與「南洋艦隊」（從長江口南航）極可能那時便已抵達北美的東西兩岸。

鄭和對東南亞的伊斯蘭化，也貢獻卓著：印尼回教七賢（布教的7

位開創者），據知有6位是中國的穆斯林，唯一的1位本地人則是鄭和的義子。當時東南亞大部分仍屬熱帶叢林部落，巫道盛行，鄭和努力散播中國已有的儒、佛、穆三種教化。

15世紀末，哥倫布探險出歐西到美洲的航路，歐洲的啟蒙運動更加速升溫（中國的科技優勢則開始萎縮，300年後，歐西便開始凌駕中國之上）。16-18世紀成為西班牙、葡萄牙、荷蘭相繼稱霸全球海洋的時代。19世紀初，英國成為新的海洋霸主，此後獨領風騷一個半世紀。

鄭和已經打通了的歐亞海洋商路與資訊，不會因為明王朝海禁而成為真空，在歐洲海權力足以填空之前，東北亞到東南亞的廣闊海域之主，最有名的要數16世紀中葉的中國「海盜」汪直，他實際創立了中國東海以迄南海的海上霸權，自稱「徽王」、國號「宋」。環這片海域的許多島嶼都是他的勢力範圍，包括日本的平戶島（長崎港外）、琉球、舟山、臺灣等等。那時，儘管葡萄牙人已立足澳門，但幾乎所有進入中國海港的船隻都得向宋徽王國納稅，其歲入達到2千多萬兩銀子，甚至超過明王朝的財政規模。

汪直勢力，最終被戚繼光剿滅，明王朝官方宣稱是打「倭寇」。其實，汪直的艦隊，華人占到8成，日本人不過2成，還有琉球人等等，典型的多民族部隊。

但直到接觸國外資料之前，我對鄭和以來的「海洋中國」的認識，只知道汪直、鄭芝龍等一系列「海盜」，似乎這些勢力跟孫悟空一樣，忽然石頭裡冒出來的，從未好奇到去給這些「匪類」追本溯源。

現在看來，明王朝對中國歷史最大的影響和轉折，大概就是：

1、自斷「海洋中國」之路，

2、剿滅了「海洋中國」。

唐、宋、元時期的中國，並未跟海洋絕緣，那時的中國很有點「國際觀」。

小背景

17世紀中葉，清王朝取代了明王朝，但入關的滿洲征服者，隨後迅速漢化（很澈底），比漢人還漢人。嚴格意義說，現在的「普通話」，吸收了許多五胡亂華以來的草原元素，清王朝當然更注入了滿洲元素。真正的黃河「中原」語韻，大多封存在今天的客家話、閩南話裡。

在明、清交替之際，歐西科技已然顯出苗頭，那時來華的天主教士，諸如利瑪竇等，結交中國士人（比如徐光啟）、出版中文譯本的歐西數學與天文等書，更為清王朝製造火炮和器械。東西方的交流，至少在康熙之前，並不欠缺。

但清王朝落實對中國的統治之後，依然維持了明王朝海禁、閉關、鎖國的政策。這是沒辦法的事，入關的滿八旗，也就區區數十萬眾（連同蒙八旗、漢八旗吧），要有效統治百倍人口，必須順著多數被征服者的許多習性，包括尊重士大夫（知識分子）以及諸多相沿成習的「漢律」，當然也就包含了中國人的文化優越感。於是，17、18世紀的東西方，雖有交流，但西方從東方學的多，而東方從西方卻學的少，因為那時候大多數中國知識分子，自大自閉。

需要著重指出的是，明、清海禁，禁的是自己國民不得出遠海，禁別人來是禁不了的、也沒那個能耐去禁。跟長城的作用一樣，自己人出不去，人家則是可以打進來的。長城沒攔住「五胡亂華」、成吉思汗、多爾袞，海禁自然也沒攔住「倭寇」和其後的列強海軍。

我對盲目的愛國主義，興趣不大（nationalism，這個洋詞彙的漢譯可以有三個：「民族主義」「國家主義」「愛國主義」，其真正內涵更近於國家主義或愛國主義），但19世紀之後的西方政治話語，硬摻和種族主義進去，混淆了國家、民族、族群。最明顯的例子，便是「美國人」，儘管有雷同的體制，但絕不會是個「美國民族」。全世界古今的

國家，都可類推。並且，比如西班牙殖民美洲，少數統治多數，大量更改地名，湮滅原住民的歷史記憶與傳承。理清各種地名、海名和其他資料的淵源、沿革與變遷，有助於人們瞭解那時候的真實狀況。

或許中國人應該知道，nationalism難以精準漢譯的原因，其實是因為中國的「國家主義」早已跟文化與文明掛鉤：秦王朝之前，叫做「華夷之辨」，而「夷」老早便可以變「華」，教化就是了。

漢、唐之時，老外大抵稱為「胡人」。明、清，則稱為「蕃人」。中國更多的是文化沙文主義，現代意義的「國家」觀念，中國人比較淡薄。唐王朝不自閉，朝廷裡不但有外國人做官、並且身居高位。鴉片戰後，老外稱為「洋人」，海上來的嘛。夷、胡、蕃、洋的文字變化，味道就差了。歷來，只有「崇洋媚外」之詞，未聞「崇胡媚外」之議。

19世紀，1840年中，船堅炮利的英國挾無比的科技優勢，入侵中國（英國人賣毒品到中國被取締，乾脆搶錢比較有效，就是「鴉片戰爭」）。當時，科學，已然發跡，風行歐西；科技的進展日新月異，機器生產取代了手工業，中國早已瞠乎其後。而當時絕大多數的中國知識分子，幾乎渾然不覺（林則徐、魏源等例外）。

18、19世紀的知識分子，不止對中國的外部情況渾然不覺，對中國自身的內部情況也渾然不覺。當然也有極端的特例，18世紀末的洪亮吉就是。乾隆晚年時，中國人口突破3億，而可耕地並未增加，農業和土地的產出，已經達到負荷那個龐大人口數量的極限，那時還是號稱「盛世」，而已經開始發生饑民造反事件。

洪亮吉調研後，警告：土地承載的人口極限已到，農民造反必定發生。他的統計方法和邏輯結論，比英國馬爾薩斯的「人口論」還略早一點。然而，那時的中國人自然聽不進去（現代中國人也還是沒聽進去）。

1850年代後半段，趁太平天國造反、清政府搖搖欲墜，英法聯軍入侵，焚掠圓明園。這些戰爭，侵略者除了掠取賠款之外，更強奪利權、開不平等條約先例。

但那時的中國知識分子，依然沒有覺醒。此後雖然也有一些「自強運動」，辦些新式銀行、工廠、碼頭、陸軍、海軍之類，大致是學點西方的皮毛。中國本身的問題，人口，無人聞問，人口繼續膨脹到19世紀末，突破4億。

　　1860年代，在西方炮艦下，日本知識分子率先覺醒，開始了明治維新運動，持續到1880年代，以西方文化為師的日本，漸漸晉身為列強。這個時段，人類社會正大步邁進電力時代。

　　19世紀末的1894年，中日甲午戰爭爆發，日本大勝中國，1895年簽立馬關條約，條件之苛酷，令人髮指。被西洋人鞭撻了半個世紀的中國知識分子，只被東洋人鞭撻了一次，就醒過來了，自尊心大為受損，反應非常猛烈，其後就有了孫中山的第一次興中會起義（1895末）以及戊戌變法運動（1898），雖然都以失敗告終。

　　那時，中國開辦了西式學校，教育制式化、並更加普及。但凡識字，都是「知識分子」了。1905，科舉正式廢除。而早先戊戌變法維新的一批士人，譚嗣同、唐才常、康有為、梁啟超、沈增植等，鼓吹君主立憲，他們先後辦起報紙、拿起筆桿，鼓動輿論造勢。資訊的流通，這時，使得學校成為變革與革命思想的溫床。

　　20世紀來敲門之前，維新派的康、梁已經大大有名，其次才輪到革命派的孫中山。但知識分子普遍覺醒，來自20世紀第一年的八國聯軍（1900）。那時，經歷盛清時期的人口增殖、加上19世紀中葉以後的戰亂、以及官僚加列強的剝削，生活困難的農民發生了異形的逆反：專門跟老外作對的義和拳運動。它被清宮裡一個心理欠平衡的統治者，慈禧太后，拿來運用。結果就是：東西洋結合的八國聯軍，攻進北京城，紫禁城的宮廷文物慘遭劫掠，明王朝編纂的永樂大典（號稱當時全世界最全的圖書）被損毀殆盡。其他「值錢」的東西，就更不用說了。

　　清王朝的腐朽、中國社會的虛弱、跟國際的差距，已經糟到不證自明的地步。八國聯軍事件，實際給清王朝畫上休止符。

　　到了這份上，知識分子終於醒悟過來：中國人要亡國滅種了，中國

不變革不行、不跟國際接軌也不行了。

所以，20世紀才一開始，變革，就成為中國知識分子的「時尚」。君主立憲、倒滿革命、民主、共和……，只要變法、維新，通通都有市場。

「革命」，做為比「維新」更時髦的風尚，迅速延燒著那時中國人的大腦與心靈。每一代的青年都瘋當代的時尚，20世紀的前三季，中國幾乎人人瘋革命。

無論是辛亥革命，還是解放戰爭、抗美援朝、兩彈一星，還是文化大革命，太多人義無反顧、奮不顧身，甚至拋頭顱灑熱血、不要命地幹，達到理性或非理性的極致。對習慣於循規蹈矩的中國人而言，這的確是一個千載難遇的精神面貌。中華民國因之誕生，中華人民共和國也因之誕生，當然，還有「文化大革命」。

1900-1949，中國大革命時代

甲午戰爭以及八國聯軍的刺激，最終點燃了中國知識分子罕見的革命激情。這就是，（1900-1949，中國大革命時代）的真面目。不瞭解這個大環境因素，會很難理解20世紀發生在中國的史實。

剛跨入20世紀的中國知識分子，求變的激情相當急切。當時的年輕人，渴望學習，但比三藏取經難，玄奘還知道要去印度取「真經」，而花花列強，中國是從頭學起，怎麼才算「跟國際接軌」？沒有人知道。好在現實擺在眼前，東西洋都已「富國強兵」，要嘛留學西洋（歐美）、要嘛留學東洋（日本）。而留學西洋顯然比較難，語文和經濟的負擔都很重，玄奘不就是在印度呆了十幾年後才歸國的嗎？於是，留學日本就成為流行的「速成班」。

當然，「行動派」更多，渴望直截了當幹革命。武昌起義、民國成立之前，革命志士前仆後繼，犧牲不少，其中也應該紀念的是：1900

年組織「自立會」「自立軍」造反的唐才常（被張之洞捕殺），以及，1903年被慈禧下令虐殺的沈藎（記者，爆料「中俄密約」、阻止帝俄侵佔東北）。

唐、沈都是譚嗣同的朋友，戊戌變法失敗後，譚嗣同死殉，唐、沈由維新派轉變為革命派，但死得太早，沒機會參加同盟會。後來取得政權的國民黨，連同盟會的黃興、宋教仁都不大紀念，自然更不會去紀念唐、沈。然而，唐的自立會以招募新軍下級官兵為革命主力的做法，史實證明，真正成為辛亥革命成功的原因。

1903-1904年，陶成章、蔡元培在江浙滬成立「光復會」。同時，黃興、宋教仁則在兩湖成立「華興會」。這兩個組織，都以武力革命為宗旨，除招募新軍官兵外，也招募新式員警。很快，超級文人章太炎加入了光復會、章士釗則加入了華興會。

1905年，興中會、光復會、華興會，在日本東京合併為「同盟會」。同盟會以孫中山為首、黃興副之，確立以「驅除韃虜，恢復中華，創立民國，平均地權」為宗旨，並設置了「暗殺部」，毫不避諱革命造反的暴力本質。同時，將章太炎引到日本主持革命派的「民報」，加上汪精衛、胡漢民等筆桿，跟康有為、梁啟超維新派的「新民叢報」展開激烈論戰。「革命」，從此成為中國變革的主流時尚與思想。

這些革命派、維新派的會眾大抵組織鬆散，孫中山則從1895年起便被清政府通緝、不能回國，實際只能在體外鬧革命。由於地緣關係，孫中山對內地情況相當絕緣，他始終傾向於在兩廣沿海城市幹革命，等於在邊疆地區造反。

但，光復會、華興會的會眾，也由於地緣關係，卻主張在內地心腹地區造反。孫、黃顯然無力協調同盟會的各路英雄好漢，於是很有一些光復會、華興會的會眾，紛紛離日返鄉自己幹革命（兩湖、江浙）。武昌起義或辛亥革命，嚴格說，並非同盟會有組織的動作，有點像揭竿而起的農民運動，相當於古時造反的「遙奉」同盟會為主。

1907年，光復會實施刺殺，犧牲了徐錫麟、秋瑾。由於秋瑾完全是

時代俠女的作風，從容就義，臨刑留下名句「秋風秋雨愁煞人」，她成為革命派的譚嗣同，名聲有過之而無不及。後來光復會內鬥，上海黑白兩道的陳其美那支「光復會」鬥贏，陳死後，其小兄弟蔣介石暴起、最終掌理「中華民國」，陶成章、蔡元培、章太炎的原版光復會被蔣系「國民黨」淹掉，默默無聞。唯獨不敢淹掉太有名氣的秋瑾的事蹟。

1910年，跟維新派筆戰的汪精衛，為回應梁啟超譏諷孫中山是「遠距離革命家」，毅然親身進京謀刺清廷皇室，本質上，就是要秀給大家看：同盟會不是光用嘴巴說的。事敗被捕後，汪精衛留下名句「慷慨歌燕市，從容作楚囚；引刀成一快，不負少年頭」，清廷最終不敢殺汪，唯恐激起更多刺殺暴力。革命黨，還是成功的。

其實，孫中山雖未能親身參與戰鬥，但在1895-1911間共組織了兩廣10次起義，而沒有敢於犧牲的人參與，是無法起義造反的。孫中山至少能號召足夠多追隨的粉絲，鐵杆到願意以命相搏。

孫中山失敗10次，平均每一年半搞一次，每次都需要他到海外各地宣傳、籌款、買軍械、也買黑道敢死隊員。孫中山革命的邊際條件，決定了他有限的模式選擇，秀才造反，沒錢、沒人、沒刀槍，自然跟原本就逆反的江湖黑道貼得近，何況江湖中人似乎還講點「義氣」。在三藩市唐人街，我們可以聽到許多傳奇，孫中山跟某某洪門大哥在××粥店喝早茶之類，據說這些小店的擺設、點心還跟孫中山當年一樣（至少在我還年輕的時候，去這些小店看看，是像那麼回事）。

孫中山屢敗屢戰、再接再厲，顯示他對革命的堅持。然而，失敗，也顯示他的革命方法是錯誤的。貼近黑道、倚賴黑道，使得孫中山的起義動作，幾乎是以烏合之眾對抗更有組織的軍警，哪怕是落後、甚至貪腐的軍警系統。孫中山的革命，沒有成功，最後落到上海灘黑道手上，革命，畢竟不僅是暗殺或起義而已。

1911，武昌起義，相當偶然。那時，革命黨人已經布署延遲這個行動。武昌起義，是個「計畫外」的狀況，當時同盟會的領導們全在千里之外，起義消息還是從報紙上獲得的，即此可見革命黨人的組織、紀

律、計畫之一斑，並也可窺見大革命時代的一斑：即使沒有這個武昌起義，一定也會發生另一個「武昌起義」。

1912，中華民國元年，計畫外更有計劃外的狀況，就是：「驅除韃虜，恢復中華，創立民國」發生了，但中華民國政府的實力幾近於零，因為事情並不按政治理想發生、而是按政治利益的軌跡走，而沒實力就沒實權，就談不上實施革命理念「平均地權」了。

事實上，「中華民國」的成立，標誌著那時候中國無序狀態的開始。不但清王朝土崩瓦解，全中國土崩瓦解、「革命黨」也土崩瓦解，各自爭權奪利。

1912-1928的「中華民國」是個地地道道的「中華軍國」：有槍斯有人，有人斯有土，有土斯有財，有財斯有槍。惡性循環下，各地大小軍閥割據混戰、搶地盤。「中央政府」徒具虛名，情況大致跟唐王朝後期的藩鎮割據類似。僅只因為列強已幾近於瓜分中國，為了延續已經從清政權那裡取得的在華權益，老外不願跟眾多莊家建立對等的關係，於是，中華軍國時期的中華民國政府或中央政府，更多的是對外的功能，對內，各「軍區」裡頭的事，「中央」管不著的。發生在袁世凱、北洋政府、南北各地的歷史事件，如此這般才看得明白。

孫中山要捱到生命的最後一年，1924-1925，俄國革命成功後的列寧伸出援手給他，方才真正覺悟：原來，知識分子鬧革命（或任何造反），只有一條路可走，就是貼近民眾、發動民眾、組織民眾、依賴民眾。孫中山一輩子在歐美日團團轉，民國之前，處處逢源，不料，民國成立之後，12年裡，列強沒有一個鳥他的，最終反倒是俄國真正慷慨地支助他建黨、建軍，讓他大大燃起革命的激情。

對革命方法的覺悟，促成孫中山實行國共合作、並倚賴共產國際提供的軟體與硬體的支助。可惜，孫中山已經沒有時間了，他晚年的覺悟，要靠他提攜進入國民黨中央候補委員的一位青年共產黨人（毛澤東）來具體完成了。

1925，孫中山病逝於北京。孫中山畢生革命，始終不渝，是個浪漫

的理想主義者、激情的革命吹鼓手。他死後，國民黨稱他為「國父」，共產黨則稱他為「革命的先行者」。蔣介石稱他「國父」，實際，孫中山跟蔣介石之間，既無傳承關係，更無一致理念，蔣介石不過是運用孫中山為政治話語罷了。

然而，孫中山，依然是中國大革命時代的代表性人物、當之無愧的象徵。在那個大時代，革命，既是時尚，也是信仰，人們赴湯蹈火、在所不辭。那時代，中國大不乏孫中山式的熱血、堅貞、忠烈之士。革命黨人，同盟會與國民黨前期的革命志士，可歌可泣的事例非常多。

蔣介石登上臺面之後，大革命時代的精神和印記，很快集中到由共產黨繼續發揚光大，方才產生2萬5千里長征、中華人民共和國、抗美援朝、兩彈一星等成就。

顯然，任何時代的多數中國人，從來不只是「革命」或「反革命」的簡單劃分。次殖民地似的社會大環境，知識分子的革命時尚與信仰，過剩的人口，許多「人」的因素，交織出一部現實的「中華民國史」：實際上，1911-1949之間，甚或整個「民國時代」，戰亂不斷，幾無寧日。與其說是「民國時代」，還不如說是「軍國時代」。

1911，武昌起義（辛亥革命）

1911年10月10日，武昌新軍起義，華南各省隨後宣告獨立，清王朝土崩瓦解。這，就是「辛亥革命」，實際標誌一個時代的開端、一個支離破碎的中國的重新開始。關於武昌起義或辛亥革命，海峽兩邊都整理了相當多的記述，足以廓清全貌如下：

甲午戰敗後，清政府終於以德、日為師，開始「習洋槍，學西法」、重建正規部隊。由此編練的新建陸軍，簡稱「新軍」。當時，受命練兵的官員，張之洞在南京與武漢、聶士成在河北、袁世凱在天津，新軍實際成為清王朝唯一仍具備戰鬥力的軍隊。不久，聶、袁統一由京畿所在的直隸總督管轄，所部新軍便是「北洋軍」的源點。義和團之亂

引發八國聯軍，聶士成在天津，內外兩面作戰，戰死；袁世凱遂成北洋重鎮。但是，新軍既然仿效西法，青年將校又以留日留德為主，資訊通達、思想新穎，發生一定比例的革命傾向，毋寧是必然的。

1911那時，湖北新軍已被同盟會員蔣翊武滲透，以「文學社」名義在士兵中發展社員達千人數量級。適逢四川發生保路風潮，清政府抽調部分湖北新軍進川鎮壓，武漢空虛，9月中，文學社與另一個也是同盟會員衍生的革命團體「共進會」合併，準備10月6日起事。但未能如期舉事。（文學社和共進會，都是同盟會衍生的、比較激進的組織，但仍奉黃興、宋教仁為首。他們原計劃要黃、宋來武漢指揮湘鄂並舉，共進會的湖南首領焦達峰曾要求延遲起義，指出黃宋來不及到位。因緣際會，武昌變成自行舉事。）

10月9日，共進會員在漢口機關製作炸彈，魯莽到竟因抽煙不慎、引起爆炸，驚動軍警圍捕、繳獲革命黨人名冊與印信，按圖索驥引致多名黨人被捕犧牲。蔣翊武只得當機立斷，決定10日凌晨起事。通知尚未完全下達，而軍警已到達其住所，蔣翊武靠機智趁夜色逃出武昌。這時，新軍裡頭還只有部分黨人得知起事的消息，革命黨人已處於群龍無首的狀態。

10月10日晚上8點，已經得到起義風聲而又群龍無首的新軍革命黨人，只能靠自覺和機智應付突發狀況。中國大革命時代的氛圍，這時發揮了作用。

新軍工程營26歲的熊秉坤悄悄傳話給弟兄們：估計名冊已泄，不反也死……。這一點心理準備，真正給起義上了弦，當程正瀛打響第一槍、射殺持槍到營房來檢查的排長時，情況立馬沸騰。

熊秉坤還冷靜的找到29歲的革命黨人連長吳兆麟，來指揮大夥們的行動，先攻佔楚望台軍械庫，軍火充分了，10月11日黎明時分，便攻進了總督衙門。

遠在河北保定軍校的同盟會員學生何貫中，第一時間得知武昌起義，立刻跟室友李濟深組織同學，自覺自動炸斷附近的漕河鐵橋，以阻

延清軍南下。這仍然是大革命時代的縮影，自動自發幹革命的例子無疑多到難以盡數。

接下去的發展，就很合乎那時的世道了，士兵們的反應：趕緊找「領導」。但革命黨的機關已被端掉了，於是吳兆麟找來維新派的湖北省諮議局長「商量」，並推舉自己的老上司，協統（旅長）黎元洪，來當「都督」，黎元洪就此被迫當了開國元勳。黎一度企圖逃跑，被革命黨人張振武阻止。

武昌起義，就這樣稀裡呼嚕的，首先成為維新派與軍頭的戰利品。吳兆麟倒是兢兢業業地工作，協調革命士兵、通電「中華民國」成立、發文告。10月12日，革命士兵佔領武漢三鎮，蔣翊武從外面趕回武昌，跟吳兆麟一起恪守崗位，盡力維護武漢地盤，並電催大頭目黃興、宋教仁到場。

蔣翊武、吳兆麟是真正有意識地推動、執行武昌起義的革命元勳。

10月14號，清廷重新啟用袁世凱，北洋清軍陸續開進湖北，袁世凱迅速派人刺殺北洋軍將領中的革命黨人吳祿貞。然而，此後1個月內，除廣州、上海屬於商團或民間武裝起義之外，各地起事大都為新軍官兵，華南各省紛紛宣告獨立，清王朝土崩瓦解之勢既定，維新派至此只得緊跟革命派。袁世凱則趁此擁兵自重，既威逼革命黨、又威逼清廷，兩頭要脅，大玩政治。

這時候，上海灘陳其美的混法，對後來孫中山的「國父」位置，起了決定性作用。

蘇浙滬，就革命黨人而言，光復會勢力最大，陶成章早已暗中策反了不少新軍與員警。就黑幫會黨而言，上海灘，青幫實力最雄，而陳其美便是青幫頭頭之一。陳其美原本跟光復會的李燮和約定好上海起事時間，11月初，起事前夜，陳卻貪圖首功、冒失地率百來個青幫徒眾進攻江南製造局，結果被俘。李燮和按約定起事後，立即率隊攻佔製造局，救出陳其美，並佔領上海市區。但兩天后在推舉「滬軍都督」的會上，陳其美操控青幫徒眾持槍鼓噪、取得都督稱號。李燮和則避到上海市郊

的吳淞，另外組建光復軍，不久，李竟然遇刺、倖免、只好退出大上海，進攻南京去了。

袁世凱的尾巴還來不及展露，革命黨陣營內的奪權已經開始白熱化。這類人性的軟肋，大革命時代必定也不會少見，不然也不會浮現出蔣介石。

12月，蘇浙光復軍聯軍攻下南京後，聯軍參謀長陶駿葆到上海向宋教仁報告，順便到滬軍都督府打招呼，竟被陳其美就地莫名其妙地槍殺。同盟會，居然不了了之。

12月12日，14省代表齊集南京，約定成立「中華民國」、並以1912年元旦為中華民國元年元旦。雖然這時清王朝仍未結束。

蔣翊武隨後拒絕袁世凱收買（將軍的官銜與俸祿），1913年，被袁軍殺害於江西。張振武，則早於1912年便已被黎元洪、袁世凱合謀殺害於北京。黎、袁對付革命元勳的方式，正正彰顯了黎、袁的本質。

1912-1928，「中華軍國」「五四」與「北伐」

1912年元旦，中華民國南京臨時政府成立，孫中山被推舉為臨時大總統，宋教仁任法制院長，編制憲法草案，這是個偏向內閣制的臨時約法。這時，袁世凱實際操控南北議和與清廷退位，同時糊弄南京與北京政府。

這一年，民國剛剛元年，1月中，陳其美就指使蔣介石在上海刺殺光復會領袖陶成章，輿論大嘩，老蔣畏罪潛逃日本，躲到年底才回老家，孫中山呼籲嚴查、破案、懲凶，最終也是不了了之。從現有的資料，我們無法判斷孫中山是否知情？

蘇浙光復會因此勢力大衰，雖然蔣尊簋仍出任浙江都督、並隨即與章太炎、張謇等組織統一黨。上海灘，則就此成為漂白了的黑道的陳其美的地盤，孫中山算是在上海有了靠山，蔣介石就更成為陳其美大哥的小弟。至於超級文人章太炎，很簡單，乾脆跟孫中山系統，劃清界限

（章太炎至死，拒絕以國民黨旗蓋棺）。

2月，清宣統退位、孫中山辭職，袁世凱被選為繼任的臨時大總統，但在北京就任，「國民政府」只好搬到北京去遷就袁世凱，就是「北洋政府」時代。黎元洪自然也到北京、繼續當「副總統」。黎、袁沒浪費時間，立馬對武昌起義的革命黨人下毒手。8月，將張振武等人誘騙到北京、槍決，引起軒然巨波，居然也能不了了之。

革命黨人面對更有組織的暴力，束手無策，黑白道混雜的同盟會之鬆散無力，領導人之沒有足夠的「原則性的誠信」integrity，於此可見一斑。

這時段的中國，除了炒作新聞話語，革命黨人其實一無所有，要錢沒錢、要槍沒槍，也沒有真正意義的群眾基礎。政治，是識字的人、城鎮文化人的時髦東西，跟廣大農村絕緣，那時的農村大抵不識字，也沒引起知識分子的注意。

8月，宋教仁改組同盟會為「國民黨」，跟孫中山、黃興齊名領導。

1913年，國民黨獲得國會近半數席次，成為最大黨，宋教仁組閣在望。袁為制衡國民黨，請梁啟超回京，梁聯合統一黨等成立進步黨，是為第二大黨。3月20日，宋在上海火車站遇刺，死時，31歲。三天破案，效率破世界紀錄。留下的資料：兇手、線人是黑道革命黨人，但有唆使嫌疑的卻是袁政府總理級官員，而這些相關人證迅速被滅口。刺殺宋教仁真正的機構與動機，成為歷史謎團。

宋教仁是當時堅定的「共和國」理念的知識分子，企圖以投票而不訴諸武力的方式，來取得政權，這是中國人的第一次嘗試。他被刺殺，不會有政治以外的原因。無論死於什麼政治集團之手，他的死都是中國人無可估量的損失，也許中國人失去一次完全依照律法來演練政治的機會……。

宋案發生後，各方矛頭直指袁世凱，孫中山想武力奪權，趕回上海布置討袁行動，東南半壁各省一時又紛紛宣告獨立。但革命派的李烈鈞、柏文蔚等討袁軍不堪一擊，陳其美則連上海灘上的江南製造局也攻

不下來。商團擔心戰火波及上海,跟列強商量,派租界軍警將討袁軍指揮部繳械、驅逐出租界。兩個月不到,討袁完全失敗,孫中山、黃興、陳其美出逃日本。

響應討袁號召的武昌起義最大元勳,蔣翊武,在湖南老家發動討袁行動失敗後,潛入江西,在那裡被北洋系軍閥捕殺,死時29歲。

陳其美則繼續遙控暗殺行動,1914年初,刺殺商務書局老闆夏瑞芳(商團鉅子)。1915年末,刺殺袁的滬軍司令。1916年中,陳其美自己也死於袁世凱刺客槍下。

1914年,孫中山在日本成立「中華革命黨」討袁,入黨跟加入祕密幫會一樣,蓋手印、宣誓對黨魁個人效忠。黃興拒不加入,1916病逝,42歲。孫中山身邊大不乏黑白兩道形形色色的野心家,攪和著孫中山的情、理、權欲。中華革命黨,很有點黑道特色。

黃興或許無以阻止革命黨變質,但失去黃興這樣一位傳統中國文化的、有原則的、大公無私的人物,卻無疑是孫中山的最大損失。孫中山的革命,失去了一面寶貴的鏡子。蔣介石則撈到了政治上的第一桶金。

這一年,歐戰(第一次世界大戰)爆發,德奧土跟英法俄之間,集團對抗。最後,美日加入英法,俄國則發生無產階級革命,推翻沙皇、退出一戰。

1915年,趁西方列強歐戰正酣,無力東顧,日本加速在中國擴張的佈局,以金錢與軍火來操控割據中國各地的勢力。對中國南北主要勢力,一方面逼迫袁世凱簽訂「二十一條」(重點:大借款給袁政權,但日本取代德國在華的一切權益,並擴大日本在滿洲及蒙古的權益),一方面也誘使孫中山簽訂「盟約」(重點:日本以金錢、武器支持孫中山革命奪權,若成功,則中國形同日本的附庸國)。

日本兩邊玩轉中國統治階層到這地步,袁世凱依然在這年年底稱帝。自立軍的老革命黨人蔡鍔潛逃出京,回雲南起兵倒袁(「護國軍」)。袁請回北京的維新派超級文人梁啟超,也出京反袁稱帝。袁世凱實際就敗在梁、蔡這對一文一武師生(蔡鍔師事梁啟超)。

1916年春，蔡鍔在川西擊潰優勢袁軍（湧現一顆將星，朱德，那時30歲），護國戰爭聲勢大旺，6月初，袁世凱還沒辦登基儀式就病死（憂愧而死的吧）。

不久，蔡鍔到日本醫病，死在日本，年34歲。

袁世凱既死，帝制鬧劇煙消霧散，孫中山停止中華革命黨的活動，回到上海。

但段祺瑞控制下的北洋政府，依然是當時中國的最大勢力，雖然政令範圍不大。

1916年的中華民國，現實上，是割據的中華軍國集團，比如：

東北，奉軍：張作霖

北洋，皖系：段祺瑞、徐樹錚

直系：馮國璋、曹錕（其後為孫傳芳、吳佩孚、馮玉祥）

贛系：張勳

西南，滇軍：唐繼堯

桂軍：陸榮廷

湘軍：譚延闓（其後為趙恆惕）

山西：晉軍：閻錫山

大致，擁兵5萬，即可盤踞1省，綽綽有餘。「軍閥」嘛，以此類推。

其實，中國一個省，足可當歐洲一個國有餘，至少也是實質上的王侯。

以上，僅只是比較知名的幾個。北洋各系，其實並沒那麼「地方化」，人們只是以頭領的省籍來表述派系。袁世凱統兵多年，北洋還是有點規矩的，北洋集團中樞很有些文武兼備的高官，王士珍、徐世昌就是。

事實上，中國人一向對比較有組織的暴力，公開的白道叫做「軍閥」或「政府」，祕密的黑道叫做「匪」「會黨」或「幫派」，他們距離現在不過100年，但人們幾乎已經忘記他們的存在。再過100年，歷史大概只會輕輕一筆帶過：天下大亂，群雄並起。

天下大亂嘛，造就很多「雄」案例，跌破眾人眼鏡。

比如，留德的段祺瑞，清廉的程度，足以列入中國歷史記錄。徐樹錚，甚至陳兵蒙古，1917迫外蒙取消自治，回歸中國軌道，成為唯一「外戰」的「軍閥」。

而吳佩孚，正經八百考選的清末「秀才」，卻從軍當兵，士兵做起，做到「元帥」，麾下官兵完全土派，卻打敗洋派對手。他後來被國共合作的黃埔鐵軍擊破，歸隱天津，自言「得意時，不娶妾，不積金銀。失意時，不出洋，不進租界」。抗戰時期，日軍侵吞華北，想迫吳佩孚出山抬日本轎子，威逼利誘不成，只好將他毒殺。吳佩孚，絕對是史上最具士大夫氣節的「軍閥」。

另外，現代人對「軍閥」的形象，多以割據華北的武人為主。實際，民國初年的「革命黨」，一樣也出割據的「軍閥」，華南華北都有，如閻錫山、趙恆惕、陳炯明等，對地方鄉裡或多或少都有所貢獻。其中，陳炯明更是特例的特例，不但生活嚴謹（於公則廉潔、禁賭，於私則儉約、不色，這些特質，孫中山先生公開自嘆不如，蔣介石就更別提了），並且是貧困以終，絕不下於吳佩孚。

關於軍閥的故事，不是本書要說的重點，就此打住。

值得注意的是，不論軍閥或革命黨，只要是武將，大都有日本士官學校或保定軍校的淵源，吳祿貞、蔡鍔、蔣百里、蔣尊簋等，都是留日士官學校的佼佼者，李烈鈞、程潛、趙恆惕、閻錫山、唐繼堯、孫傳芳、徐樹錚等，也都是正規的留日士官學校學生。曾經的同學，有些互相內戰一輩子。當年日本士官學校把中國留學生集中分班，而管訓上述好些同窗的隊長正是：岡村寧次，抗戰後期的日本侵華軍總司令！

袁世凱死時，列強歐戰業已進行2年，交戰雙方起初都從中國組織勞工到歐洲協助戰地勞務。日本參戰、對德宣戰，目標便是德的在華地盤，日本迅即兼併了劣勢德軍的山東。同時，大量中國勞工被英法招募到歐洲（大部分在法國），達17萬人。中國實際等於站在了英法這邊。

1917年

俄國革命，推翻帝制，俄共最終取得政權，俄國退出歐戰。

段祺瑞強力主導對德絕交、宣戰，當年收回一些德租界，停付對德賠款。

段祺瑞的強勢運作，引起一連串國內事件，包括張勳短暫的宣統復辟、國會的解散、黎元洪的倒臺、馮國璋的代理總統等等。

孫中山趁機另組廣州非常政府，聯合西南軍閥「護法」，對抗北洋政府。

段祺瑞則以北洋皖系，脅迫北洋直系一起對付南方，進行「武力統一」。

1918年末

歐戰結束，英法美日勝利，德奧土瓦解，帝俄則變成蘇俄。

西南軍閥操控非常政府，此後4年，孫中山幾番進出廣州，完全無法對抗北洋，加速失去西方和日本的支持。

段祺瑞的武力統一政策，以祕密向日本大規模借款的方式（當然損失國家權益），擴張北洋皖系，並驅使北洋直系對西南用兵。結果，外則加速了日本獨佔東北權益，內則打造出吳佩孚、孫傳芳、馮玉祥新一代北洋軍閥。

1919年

英、法、美、日4強主控巴黎和會，成為歐戰分贓大會，

德國割地、賠款，超出德人能夠負荷的程度，此後直接造成納粹迅速興起。

無視於中國這個參戰的戰勝國，列強將德國佔有的山東權益，強畫給日本。

英法也無視於對阿拉伯獨立的承諾，瓜分阿拉伯，造成直到今天的中東問題。

參加巴黎和會的中國代表顧維鈞，針對損害中國權益的相關條款，據理力爭，甚至提出廢除不平等的條款，列強相應不理。迅速的電訊、透明的資訊，消息瞬間傳到北京，沒幾天就引爆了五四運動。中國代表團最終退出和會、拒絕簽字。

五四運動

知識分子自發的愛國運動，再次凸顯中國大革命時代的精神面貌。

學生罷課、商人罷市、工人罷工、市民加入遊行，顯示明清以來結晶化的中國社會，經過前此20年的變革，至少城鎮這部分業已蓄積足夠的資訊、知識與能量，足以解凍晶體，釋放動能。

反帝國主義（集中於對日，反21條）、反軍閥，政治訴求的表達，無論形式和內容，都首開中國人的歷史先例。政治，還原為「眾人的事」、打破統治階層少數人的獨佔，解放了中國人的政治意識，空前成功。

北大學生能夠觸發五四運動，本身當然也經過幾年的醞釀。

1917年，上任校長不久的蔡元培，以學術自由的方式辦校，放任李大釗、陳獨秀、胡適、魯迅、錢玄同等教授繼續宣揚了1年的「新文化」運動。

新文化運動，主張揚棄傳統文化（尤其針對漢儒文化），代之以科學、民主，並從蘇俄引進了共產主義思想。

科學、民主、打到孔家店、婦女解放、社會主義，成為那時最流行的時尚。

蔡元培開創北大自由思想的氛圍，是五四運動的源點。

五四之前，新文化運動開始了更通俗易懂的、口語化的白話文運動。

中國歷代，從隋唐開始，就有普及化的民間小說文學，用詞淺顯易讀。明清小說，三國、水滸、紅樓等等，更加平易，實際已跟白話差不大多。

五四之前，陳獨秀、胡適倡導文學現代化，進一步解放白話語文的應用。實際，當時的白話文體，有許多種，包括各地報刊常用的，比

如，梁啟超等的文體。

魯迅的狂人日記、阿Q正傳，則是第一批現代白話文小說，形成口語白話文。

白話文運動，影響極其深遠，是中國人現代化的第一塊基石。

原因：文言文與其他白話文體，都無以完全承載西方文明的轉譯。

西方文明，說理，是科學邏輯的；言情，是個人主義的；而無論情與理的表達，以及，律法規制，都訴諸跟眾人溝通明白、引起理解或共鳴。並且，西方文字，承載資訊的傳遞，事物的定義必須明確，沒有含糊的餘地。

而傳統中國文體，典故的理，都是政治或道德的習性，不是數理的。所描述的情懷，一般人也難於領略。要傳遞確切資訊，文言遠遠不如口語。

總之，現代口語化的白話文，使得西方律法、科技、文學等，得以大量被轉譯成中國人讀的明白的東西，真正使得中國人跟世界接軌。

在這點上，五四是「以民為主」的。

五四運動後，孫中山改組革命黨人為「中國國民黨」，沿用至今。1920北洋內訌，北洋直系打敗皖系，段祺瑞倒臺。這直接是五四效應。這年，李大釗、陳獨秀開始積極宣揚、籌建中國共產黨。

1921年

中國共產黨在浙江嘉興正式成立，到會的包括毛澤東、何叔衡、李達、董必武、陳潭秋、鄧恩銘、張國燾、劉仁靜、陳公博、周佛海等。

1922年

孫中山的廣州非常政府以失敗告終，退回上海。（1912-1922，民國成立之後10年間，無論建國、討袁、護法、新文化運動，孫中山基本上都處於中國社會邊緣的狀態，無足輕重。這時，他才醒悟到，革命不能寄人籬下，決定主動尋求國共合作）

1923年

1月末，失去歐美日列強支持的孫中山，在上海與蘇俄代表越飛會晤，正式取得蘇俄的支持與合作。當時雙方發表的「孫越宣言」，應該是中外之間第一個「平等條約」，雖然宣言本身不具備約束力。

2月，孫中山回到廣州，8月派出蔣介石、沈定一、張太雷、王登雲四人組的「孫逸仙博士代表團」赴蘇俄考查，10月，以蘇共的鮑羅廷為顧問，參照蘇共模式改組國民黨。

1924年

國共合作黃埔軍校，1924年1月，孫中山確立了改組後的國民黨三大政策，聯俄、容共、扶持工農，同意中共黨人以個人身分加入國民黨。當時國民黨中央執行委員會的41名成員中（委員與候補委員），有9個共產黨人，包括李大釗、譚平山、林伯渠、瞿秋白、毛澤東等，31歲的毛澤東更是由孫中山直接提名的。而國民黨中央8個部，組織與農民部長為共產黨人。

3月，在蘇俄大量軍火和金錢的資助下，國共合建黃埔軍校。這年，蘇俄進軍外蒙古，成立蒙古人民共和國，外蒙古自此進入俄國軌道。

黃埔軍校，孫中山任命蔣介石為校長，這是蔣介石一生的轉捩點。

這年末，馮玉祥在北京發動政變，北洋直系大總統曹錕倒臺，馮玉祥與張作霖聯合擁立段祺瑞代攝執政。孫中山撐著病體（肝癌）應邀到北京，共襄國事，但北洋政府堅決不同意再成立國會。

1925年

3月，孫中山在北京病逝，時年59。

被國民黨尊稱為國父的孫中山，28歲組織興中會，堅持了長達31年的革命生涯，一生顛沛流離，至死沒有嘗過成功的果實。堅定的理想與信念，是孫中山奮鬥的唯一支撐與力量。

從人性常情看，孫中山常年生活在外國，一方面深感中外差距太

大，一方面也懾於列強淫威，老想得到列強外援。蘇俄革命與五四運動的成功，使得孫中山終於覺悟到，中國革命要成功，非「喚起民眾」打倒帝國主義與軍閥不可。

蘇俄的資助，必定也讓孫中山感慨良多，雖然沒有其他列強慣用的「本金」「利息」「權益」等等條款，但俄國家機器染指東北鐵路與外蒙的意圖，卻不因共產制度而有所改變。然而，列寧時代的蘇俄，世界革命的激情高漲，確實是當時中國革命唯一的助力。

7月，廣州成立國民政府，跟北洋政府分庭抗禮。汪精衛當選國民政府主席。

但孫中山生前的左右手，立刻分裂為堅決執行孫中山聯共政策的「左派」與反對聯共的「右派」。國民政府成立之後才1個月，廖仲愷被刺殺，始終未破案，也成為歷史謎團。掌握文武實權的汪、蔣趁勢合作，放倒胡漢民，兩人從此站到舞臺前列。

1926年

張作霖的奉軍進佔北京，段祺瑞退出政治舞臺。這時的奉軍，擁兵40萬，據有東北、山東、京津。北洋直系，吳佩孚據有湘鄂豫冀、依託京漢鐵路沿線，擁兵30萬；孫傳芳則據有蘇浙皖贛閩，擁兵20萬。

但那時的國民政府卻毅然決定北伐。當時國民革命軍，10萬，據有兩廣、及於湘南。除了看透北洋軍各自為戰的心態之外，國共合作的黃埔軍校也在短短兩年半內，培訓出黃埔1-4期軍官，平均每期9個月，共約4700革命軍人。

國民政府進行國共合作才兩年多，底氣就已經大到意圖「武力統一」中國。

此後，北伐，成為國共兩黨共同的政治話語。

北伐

首先，共產黨，改變了知識分子的思維模式：既然90%中國人是鄉

村農民，如果革命不能改善農民的境況，如果革命無法獲得農民的支持，那「中國人」幹嘛要革命？

大地主家庭出身的知識分子，彭湃，留日唸大學時，正好經歷了俄共革命、日本平民因米價飆漲而暴動、中國學生五四運動，彭湃成為自我覺悟的社會主義者。1921年，學成返鄉，任廣東海豐縣教育局長，立即趁機組織了中國第一個農會。第二年，他燒掉地契，把自己田產分給佃農，兩年內使海豐農會擴大到2萬會員。1924年，彭湃到廣州加入中共，主持國共合作的農民運動講習所（辦了兩年，末任所長為毛澤東，共培訓了800個農運幹部）。1927年末，海陸豐成立了中國第一個「蘇維埃」（工農兵政府），政策激進，跟地主武裝反復互相屠殺，只存在了3個月。

1929年，彭湃在上海被蔣介石的國軍捕殺，死時33歲。

另一位跟彭湃一樣覺悟到農民問題的，就是毛澤東。

除了平均地權的土地分配之外，毛更看到中國人的歷史，改朝換代，其實就是農民運動的結果。1926年，共產黨主導的湖南農會已達200萬會員，初具「人民戰爭」雛形，群眾以嚮導、情報、補給等諸多方式支援北伐軍作戰。

1925年5月，上海發生日資廠勞資糾紛，共產黨組織工人罷工，日方槍殺工人代表，隨後在英租界遊行的工人與學生，又遭英方開槍，死傷數十人。於是，全國沸騰，上海罷工、罷課、罷市，各地波浪式展開，「反帝」成為當時的政治話語。群眾運動的文宣，成為共產黨助長北伐軍的利器。

北伐軍於1926年首戰吳佩孚軍，葉挺（共產黨員）獨立團造就了張發奎第4軍「鐵軍」的威名。實際，國民軍各路，都勢如破竹，不齊心的北洋軍系，吳佩孚、孫傳芳，被各個擊破。

1927年，蔣介石「清共」，國共分裂。

3月，北伐軍攻佔南京；周恩來等發動上海總罷工，隨後，工人武裝佔領全市，但蔣介石的北伐軍旋即接管上海。這時，北伐軍已奄有長

江以南。北方國民軍,西北的馮玉祥,山西的閻錫山,均已協同北伐軍指向北京,對奉軍與北洋軍系作戰。

4月初,汪精衛、蔣介石在上海商定汪主政、蔣主軍。汪遂前往武漢主持國民政府(遷都武漢國民政府在廣州就已決定的事),一大部分黃埔軍校5期生也早已到達武漢。當時,汪精衛指派到軍校的黨代表是顧孟餘,留德的顧是著名的經濟學者、國民黨左派,精通英德法語、偶爾也為鮑羅廷或泰戈爾等重要國際人士即席翻譯,1916已經是北大教務長,1924在北洋軍閥盤踞的北京出任國民黨北京特別市黨部籌備主任。

但汪還在路上,蔣介石卻突然變卦,他自己火速趕到南京組織政府,並在上海發動「清共」,殘殺共產黨員。蔣介石在上海「突然」聯合上海灘的幫派清共,當然不是發瘋,陳其美陰魂不散,青洪幫跟商團,早替蔣介石設計好了列強的圈套,棄蘇俄、投美英唄。清共,是蔣的「投名狀」。

到達武漢後的汪精衛,一接到南京來的消息,莫名其妙,不知道蔣介石搞啥名堂,立馬宣布開除蔣介石黨籍。後院著火,北伐停頓。

但,7月中,汪精衛的武漢國民政府驅逐鮑羅廷,也開始清共。

8月1日,周恩來、朱德、劉伯承、葉挺、聶榮臻、賀龍、陳毅、周士第等,在南昌發動起義,就是紅軍的源點,許多官兵都是張發奎部的共產黨人。

當時在南昌的還有譚平山、吳玉章、林伯渠、李立三、惲代英、徐特立、彭湃、郭沫若等人。一度達到2萬人馬。

紅軍成立後,汪精衛政府一面調軍圍剿、一面集結部隊準備跟蔣介石的南京政府幹架。不久,蔣介石下野,汪精衛回到南京主政,恢復單一國民政府。

9月上旬,毛澤東、何長工等以少部分軍人、大部分工農武裝,萬把人不到,在贛湘邊區發動起義。一開始,跟南昌紅軍一樣,遵循歷史法則,攻打城鎮、找尋資源與地盤,但隊伍渙散,減員嚴重。不到個把月,毛澤東的智慧使得他果斷改變計畫,縮編部隊,以黨管軍、黨支部

建在連隊、成立士兵委員會、官兵政治上平等，並調頭向南，千人隊伍，進入贛南山區。歷史的偶然，井岡山的土共，袁文才、王佐，情願助毛澤東夯實井岡山為根據地，而袁以區區數百人游擊於山林，湘贛地方部隊，均無可奈何。毛澤東的農運思路，自此更上層樓，土改之外，就是「農村包圍城市」的源點。

隔年，朱德、陳毅率殘部千人，輾轉跟毛會師，合力擴大「蘇區」。

毛澤東進井岡山的10月份，蔣介石也同時蛻變，「下野」的蔣介石到日本，不是去尋求日本支持，他已經談好美英的支持了，他這是去跟宋美齡的老媽白相白相去的。蔣介石返滬後的12月份，他丟棄現有妻妾，跟宋美齡結婚了，而且改信耶穌教，就此透過聯姻、搭上美國關係。（國民黨還學會蘇俄惡習，散播塗改過的照片，抹去老蔣戰友、前妻陳潔如等。）

1927年，是很多事的一年。這是老蔣篡黨、篡軍、背叛孫中山革命路線的一年，也是共產國際資助的國共合作解體的一年。此後，國民黨成為老蔣的私產，中共則走出中國特色，成為跟俄共不怎麼一樣的共產黨。

1928年1月，新婚後的蔣介石復出，仍任北伐軍總司令。

蔣介石、李宗仁、馮玉祥、閻錫山，各路國民革命軍聯手，6月初進佔北京，北伐於焉勝利結束。

1928-1937，「統一」的神話

被逐出北京的張作霖乘火車返鄉時，被日本在東北的駐軍（關東軍）以炸彈刺殺。1928年底，張學良將東北易幟，國民政府意外地「統一」了中國。

此後，直到1930年末，蔣介石先以一連串內戰（「中原大戰」），銀彈為主、子彈為輔，先後收拾其他的北伐軍系，李宗仁、馮玉祥、閻

錫山，實現黨政軍一把抓，獨裁統治。就剩下共產黨一個「釘子戶」，無以收拾。於是：

1930年末-1934年末，蔣介石5次派兵圍剿江西蘇區，事實上，對任何共產黨的地盤，老蔣都施加圍剿。

剿來剿去，倒給共產黨長了經驗。在實力對比懸殊的邊際條件下，共產黨把人的因素，運作到了極致。

1934年末，各路紅軍開始長征，實際是，突圍、逃命，衝出老蔣的包圍圈。

這時候，上海灘習性的蔣介石，明顯不如農民習性的毛澤東。

老蔣上海灘式的耍狠，不過是包娼、包賭、定些陋規欺負小市民、收買地方勢力，維持體面上的「統一」。這跟老毛草根式的狠勁，不是一個數量級。

比如，老毛的智慧，會專挑偏僻的地區行進，農民特質的紅軍的腳，必定比老蔣的部隊快，因為沒大路，汽車開不到……。農民隊伍的堅忍，當時就把老蔣的追擊部隊活活累垮，著名的四渡赤水戰役，連林彪都一時看不懂老毛的打法。老蔣動員百萬大軍，不乏機械化部隊，都無法跟上老毛的「中國式機動」，老毛紮紮實實地創造出中國邊際條件下的、有別於草原機動與海洋機動的特殊生存方式。

1935年1月中，共產黨在貴州遵義開會、總結前此的教訓，確立了老毛的領導。此後，雖經張國燾的分裂行徑，以及，長途行軍的困頓，朱毛紅軍在10月下旬到達陝北蘇區，加上先後相繼到達的各路紅軍，共保存了大約3萬紅軍。（張國燾率部，單獨進入甘寧，幾乎全軍覆沒）

原本據有陝北蘇區的劉志丹、習仲勳，誠心接受黨中央、毛澤東的領導，可以說，共產黨人的人格特質，使中共終於有了根據地。綜觀中國人的歷史，甚或其他人史，讓出已有地盤的事，極其極其罕見，老毛一生卻碰到兩次，一方面，這是人類社會主義思想的勝利，公心壓倒了私欲，另一方面，中國人也透過共產黨的運作，看到了什麼是組織力。

老蔣自然不會放鬆對陝北的圍剿，但習性決定了他的思維與格局，

而紅軍經過鐵與血的鍛造，已經脫胎換骨，儘管共產黨還會繼續犯這個那個錯誤，成熟的組織，使得回饋機制實在而自動，尤其是群眾文宣，共產黨始終佔據中國政治話語權：1、「社會主義」，對業已2500年的小農經濟的絕大多數中國人，具備極大吸引力，具體反映了中國社會真貌；2、革命性，始終就是20世紀以來，吸引中國知識分子「變法」、「現代化」的代名詞。

紅軍長征前，陳毅負傷，只能留下來在贛粵邊區的高山密林繼續打游擊。

他沒被打死、也沒被餓死，能夠堅持好幾年、最終發展成為抗日戰爭時期的新4軍（仍以葉挺為軍長，繼續北伐軍第4軍的番號），這個數據本身，就反映出，蔣介石獨裁下的國民黨，跟人民群眾是相當脫節的。

光看實際數據，1926年5月起，「中華民國」始終在各種分裂與戰亂中渡過，直到1949年中華人民共和國統一大陸。中國人大大小小的混戰，打了23年：北伐，國共分家，國軍中原大戰，剿共戰爭，抗日戰爭，國共內戰……。

1937-1945，八年抗戰

蔣介石開始圍剿紅軍的時候，1929年末，歐美發生第一次金融海嘯，全球性經濟蕭條，歐美列強各自忙著自掃門前雪，德國希特勒趁勢崛起，亞洲一時真空。1931年，日本自導自演了918事變，張作霖的兒子，張學良，不知道哪根筋不對，下令東北軍「不抵抗」，一年半內丟失東北。

1932年，日本不但又在上海自導自演了128事變，遭遇19路軍蔡廷鍇部的頑強抵抗，3月初，日本更在東北導演了由末代皇帝溥儀登基的滿洲國。全國輿論譁然，國民政府遂增兵上海，助19路軍頂住日軍攻勢，5月，美英干涉，日本退兵，上海恢復原狀。（但隔年，陳銘樞、

蔡廷鍇搞福建獨立，被老蔣敉平，19路軍不復存在。）

　　1935年秋末，各路紅軍開始到達陝北後，老蔣立即在西安成立「西北剿匪總司令部」，調已經進關的東北軍圍剿紅軍，自任總司令，以張學良為副總司令。

　　但面對久經陣仗的紅軍，11月底前，東北軍連3敗，只能對峙。這時，中國人的心情，主要針對日本的入侵，普遍厭惡繼續內戰。當日本要求的「華北自治」緊鑼密鼓的時刻，北京的學生們爆發了129遊行，呼籲「停止內戰，一致對外」、「打倒日本帝國主義」……，一時全國回應，給老蔣「攘外必先安內」的話語造成巨大壓力。由於在校青年共產黨員姚依林、郭明秋、彭濤、黃敬、周小舟等，是這次遊行的推動者，共產黨隨後將之發展為「抗日統一戰線」。「統戰」，此後成為共產黨的政治法寶。

　　1936年，6月，粵軍、桂軍趁機聯合提出「北上抗日」要求，意圖衝破老蔣的專制，蔣介石則以收買的方式瓦解粵軍，廣東空軍、海軍部隊的飛機船艦，投歸國民政府。桂軍見狀，唯有「和平解決」。12月初，心滿意足的蔣介石，趁勢到西安，準備押著張學良、楊虎城上陣剿共。不久，爆發西安事變，張、楊扣押老蔣，兵諫，要求老蔣抗日。事變發生後，張、楊請共產黨一起商量後事，周恩來被派去西安參與。結果，年底前，蔣介石僅只口頭承諾抗日，而張學良竟釋放、並陪同蔣介石飛回洛陽。蔣介石迅即回到南京，張學良則終生軟禁在蔣介石眼皮下。

　　蔣介石被逼上抗戰領袖的寶座，共產黨還額外從蘇俄要回來他的獨子蔣經國。美國人則大大松了口氣，至少可以暫時不用考慮更換中國代理人。

　　1937年，7月7號，日本挑起盧溝橋事變，蔣介石只得宣告，中國抗日戰爭開始。這又是另外一個弔詭：雙方不宣而戰，仗照打，和照談，租界照樣存在。

　　中國就這樣單獨跟入侵的日本人對幹了4年，這4年，世界局勢很詭異。

大背景：1918年歐戰結束後，最大的新生事物，是出現社會主義的俄國，這有可能顛覆整個既成的歐西資本主義體制。因此，當時的列強美英法日都「反俄」，其實他們的默契是「反共」。聯俄容共的孫中山，暫時看不出作為，但北伐軍成功展開後，列強立即押寶、收買蔣介石，以免中國繼俄國之後赤化。

但30年代初的金融海嘯餘波，暴露了資本主義的重大缺陷，全球經濟蕭條，大量人口失業，使得各國都出現了激進的左翼或右翼政黨。

1927年起，史達林集權統治蘇俄，進行農業集體化，並改造整體重工業，使蘇俄在30年代初的歐美頹勢中，得以重新進入國際舞臺。

1932年起，德國希特勒也在歐美頹勢中集權統治，希特勒的納粹黨，號稱國家社會主義工人黨，以「反共」來沖淡列強對德國再起的顧慮。英法對德、日擴張的姑息政策，主要默契便是押著德、日做為阻抗蘇俄東、西兩線的屏障。

1937年，德、日、意簽署共同「反共協定」，便是軸心國的源點。

1936-1939年的西班牙內戰，左派的政府軍與佛朗哥領導的右派叛軍，成為全球左右翼勢力與新武器的較量場。德義直接派兵協助右派叛軍，蘇俄派空軍支援左派政府軍。全球50多國的民間知識分子則組織國際縱隊投入西班牙政府軍的戰鬥序列，包括美國的著名作家海明威、奧威爾等等，以及，全球各地的前進華僑……。

西班牙內戰，明顯揭櫫人類社會主義理想，以及左右翼國家機器的對抗。

最終，佛朗哥右派勝利，西班牙成為法西斯國家，西班牙國寶、現代最著名的畫家，畢卡索，移居法國。

史達林治下的蘇俄，面對列強東西兩線的壓力，選擇了淡出西班牙內戰，但英法並未選擇跟蘇俄聯盟以對抗德國法西斯，史達林遂於1939年夏末簽署俄德互不侵犯的祕密協定，一周後，希特勒立即集中兵力進犯波蘭，英法對德宣戰，成為第二次世界大戰的源點。

1931年，趁經濟大蕭條的歐美頹勢，日本泡製918事變、加緊入侵

中國，此後直到1939年冬，日本主導的日俄遠東摩擦事件，大小總計約150起。日本長期試探蘇俄遠東軍實力，無機可乘，尤其是諾門罕戰役，朱可夫大敗日軍，從此在中國東北的日軍只得採取守勢。但希特勒是更大的威脅，史達林便簽署日俄停戰協定，以便西線全力防德。

實際，蘇俄退出西班牙內戰後，史達林立即調派蘇俄參加西班牙內戰的空軍，助中國抗日，以牽制日軍、減消蘇俄遠東軍的壓力。1939年冬，日俄在遠東停戰後，撤回蘇聯援華空軍志願隊以穩固蘇俄西線，總計派出飛機1千多架、飛行員2千、地勤人員4千，有200多位飛行員為中國抗戰犧牲。

1941年春末，德俄接近開戰，蘇俄跟日本簽署俄日互不侵犯協定，停止對華一切援助。日本遂放手偷襲珍珠港挑起美日宣戰、並南進東南亞，第二次世界大戰正式爆發。中國遂加入美英俄同盟國，對日德義宣戰。援華則由美國取代蘇俄，包括飛虎隊空軍。

由於德國「閃電戰」，歐洲迅即淪陷，1941二戰正式開打時的「同盟國」，西線歐洲戰場是美英俄對抗德義，東線亞洲戰場是美中英對抗日本。

以當時的世界局勢，西線歐洲是主要戰場，但德軍始終無法逾越英法海峽，結果蘇俄便成為二戰最吃重的戰場。東線亞洲的中國則是次要戰場。

實際按二戰破壞的程度，損失最大也是蘇俄，中國其次。

關於抗戰，記述很多，我們只挑幾個大事說說：

八年抗戰，對中國人而言，直接是對抗百年前的鴉片戰爭起頭的、列強新式蠻族入侵的延續，日本的全面入侵，無疑標誌著列強入侵的高潮。抗日，成為中國人最一致的呼聲，又因為抗日而引致的大規模遷徙，使得中國人的民族感更加混同。而國民政府的吏治，則成為知識分子對政府認同的指標，蔣介石的專制無以改善吏治，恰恰驅趕了民間勢力向對立面傾斜。

抗戰初期，二戰尚未爆發，蔣介石的軍事顧問是德國人，那時國民

政府的軍備來源，各國武器都有，許多購自德國。蔣介石甚至有學習希特勒的納粹的傾向，隨著二戰的發展，自然也不可能成形。

1937年8月中，日軍進攻上海。

蔣介石投入其德式裝備的中央軍（嫡系部隊）為抗擊日軍的主力，加上雜牌軍，共60萬國軍，對抗13萬日軍，國軍傷亡慘重。

事實上，這次雙方的大較勁，老蔣親自指揮，卻選在淞滬平原以血肉磨坊攔抗擊日軍，實在不必，這是史迪威看不上老蔣的源點。

國民黨的宣傳辯稱，蔣介石不惜嫡系，務求打破日本「三個月亡華」的神話。實際，中國人的歷史上，從未有過3個月亡國的例子，而且，滬甯之間，原本就建有國防線，可以不用付出如此重大的代價。日本人速戰速決的侵華策略，並不實際，錯誤的策略沒有僥倖成功的可能。換言之，儘管日本漢化很深，依然不夠瞭解中國。

12月中，日軍進屠南京，30萬人遇害（日本人迄今仍未面對歷史事實，甚至企圖否認。南京大屠殺，越來越成為中國人仇日的痛點）。

但3個月的淞滬戰役，大量國民政府人員、資源已經西撤至華中武漢。

這時，日本扶植了華北多處「自治區」。同時，國共也再次合作，陝北中央紅軍成為「8路軍」，華南紅軍則成為「新4軍」。9月末，8路軍展現了共產黨經典的游擊戰法，在山西平型關，殲滅一支日軍運輸隊，取得小勝。

1938年，日軍幾乎平行發動華北、華中攻勢，目標針對徐州、武漢。

2月至5月，日軍3萬北犯徐州，被12萬國軍阻擊。日軍在黃淮之間運動時，嘗足地方游擊隊與新4軍游擊戰的苦頭，日夜不得安寧。雙方主力最終在山東台兒莊決戰，日軍被打敗。整個戰事，日軍陣亡1萬2千人，國軍則陣亡4萬人。

桂系李宗仁、白崇禧指揮的這支以雜牌軍為主的國軍的勝利，證實了，中國人只要團結，外敵並不可怕。

6月，南犯的日軍，攻佔徐州、開封後，蔣介石下令花園口黃河決

堤，日軍終不得南下會師，但淹死、之後餓死的民眾，約百萬數量級，造成黃淮下游對國民政府的不滿。

8至10月，日軍另集結30萬，針對流亡於武漢的國民政府，進行大規模的軍事行動，蔣介石則在江西、湖南集結110萬大軍抗擊。會戰中，湧現對日抗戰最耀眼的將星，**薛岳**。會戰時，薛岳負責江西戰區，下轄原為粵軍、湘軍、黔軍的部隊。會戰結果，震驚世界，他在萬家嶺圍殲了日軍一個完整的師，過程中，日軍甚至空投200個下級軍官以補充該師軍官的重大傷亡，被圍日軍最後只逃脫千人，陣亡1萬4千人，而薛岳軍則陣亡2萬人。

薛岳的故事，也許是整個民國時代蠻典型的故事。年輕時的薛岳，跟葉挺同學，又是鄧演達的好友，這3個客家同鄉，都是孫中山的粉絲、忠實的護衛。但薛岳更像個專業軍人。北伐軍時期，薛岳師最先接收上海，隨後突然發生的蔣介石清共事件，使他這個「左派」被蔣介石剝奪軍權，只好走避香港。之後，參加粵軍，粵軍被蔣介石收編，薛岳又成為國軍，戰場上，成為南昌起義後的葉挺的對手。幾經周折，竟成為蔣介石麾下，非嫡系的虎將。

10月末，日軍最後還是攻佔了武漢，國民政府更往西撤至重慶。這時，資本家盧作孚帶頭為抗戰前線運送兵員、物資，並大量將武漢地區的工業設施與人員後撤四川，成為抗戰必不可少的動力。

而武漢會戰的結果，國軍傷亡40萬，日軍傷亡14萬，雙方都精疲力竭，抗戰進入對峙階段。日本靜悄悄地改變策略，透過德國大使對國民政府誘降，甚至許諾廢除不平等條約、歸還租界，歐美則希望日本能夠集中力氣對付蘇俄，就對國民政府施加壓力、迫和，但蔣介石堅持抗戰到底，日本則成功勸降了汪精衛，汪於年底出走河內。

這年末，武漢失守的局勢，終於敲醒了蔣介石腦袋瓜，決定採用共產黨的建議：在敵後區以游擊戰術消耗日軍。於是，成立抗日游擊幹部培訓班，共產黨派出葉劍英、李濤等30多個教官，國共合作，為國軍培訓出5600名抗日游擊戰爭的骨幹。

此後，日陷區充滿大大小小各種割據勢力：國軍、共軍、民間抗日組織……，各打各的游擊，一致抗日之外，也不時互相摩擦或聯合一下。

抗日游擊隊，成為抗戰無可忽視的主力，日軍只能不斷掃蕩，最終結果：國軍游擊區大量減少（游擊戰術，其實是農民戰術，國軍學不會），紅軍游擊區則倖存下來（日軍無力長期維持眾多分散的據點），到1940年中，共產黨已實際管治日陷區裡頭約1億人口，以及，200萬民間武裝。

1939-1941年，希特勒閃電戰的成功（二戰爆發後9個月，德軍攻佔巴黎，法國投降），德軍一面轟炸英倫、一面向東進擊蘇俄，形成納粹擴張高潮。中日的對峙與消耗，使得中國也形成抗戰低潮。

1940年初，汪精衛在日軍護衛下，於南京另立「國民政府」，其內閣成員包括原國共兩黨高階人士，成為當時國共兩黨一致口誅筆伐的漢奸集團。實際，汪政權成立前後，國軍地方部隊投降日軍的達到百萬數量級，他們成為日軍掃蕩淪陷區的主力，國軍原有的游擊區被大量消滅，只有擅長游擊戰術的紅軍存活了下來。

這年冬，葉挺的新4軍被國民政府被下令移往江北，途中被包圍的國軍消滅，就是「皖南事件」。（新4軍，從建軍起，共產黨派駐的膿包負責人，項英，除了跟葉挺鬧矛盾、掣肘之外，一無是處，很寫實地反映了毛澤東「人的因素第一」的論述。新4軍，亡於項英。）

低潮時期，紅軍於西元1940年在華北進行「百團大戰」，大量破壞敵後運輸線，削弱日偽軍，鼓舞華北民氣。此外，1941年末，薛岳長沙會戰慘勝，國軍傷亡3萬、換取日軍傷亡6千，但保住了長沙，誇大宣傳、鼓舞士氣。

1941-1945，第二次世界大戰

1941年末，日軍偷襲珍珠港，湧現日本二戰時最耀眼的將星，山本五十六。他的航空母艦戰術，迅速成為現代海軍的經典。山本五十六也

反對挑起太平洋戰爭，他明確告訴日本軍頭，他只有撐1年的本事，因為「美國的煙囪，比日本士兵的槍頭還多」。山本五十六最終死於美軍破獲日軍電訊密碼，他的座機被擊落。

珍珠港事變當天，美日宣戰，兩天后，中國參加美英同盟國，對日德義宣戰。

第二次世界大戰正式開打。美國的戰略意圖，是最終以中國為基地，進攻日本。

1942年，日軍勢如破竹，英國東南亞殖民地都被席捲，列強喪失在華租界與特權，而「漢奸」汪精衛對中國民情卻自有領會，宣稱：英美已被驅逐，對英美的不平等條約已被廢除，並首開對日本廢除不平等條約的談判、簽字。

但日本的頹勢，其實在1942年中，已經造成：中途島海戰，日本空母戰鬥群，被尼米茲指揮的劣勢美國空母戰鬥群擊潰，美日各損失1與4艘航空母艦，並且，日本除了損失大批有經驗的飛行員之外，還渾然不覺其電訊密碼已被美軍偵破。尼米茲是美國最早的空母概念海軍將領，經過珍珠港與中途島的教訓，此後，美軍造艦立即圍繞著空母戰鬥群的概念，不再浪費資源於巨型戰鬥艦。而日本雖有珍珠港的資料，卻依然搞「內部平衡」，仍然把資源浪費於建造戰鬥艦。美國工業的造艦優勢，使得2年內，太平洋海權優勢便滑向美軍。逐漸喪失海權的日本，無法確保南洋的資源輸入，立刻反應到民生與軍備的匱乏，並且無以阻止美軍跳島前進，日本籠罩於美空軍轟炸之下。

1943年初，為提高蔣介石國民政府威信，以及，扭轉對中國人的宣傳，繼汪日簽約發除不平等條約之後，美英跟國民政府迅速簽字發除不平等條約（但英政府堅持繼續九龍租借條約，雖然那時港九被日軍佔領）。其實，真正廢除不平等條約的努力，北洋政府時代的顧維鈞是源點。歐戰巴黎和會之後，中國人一直努力發除不平等條約，也跟列強之外的各國簽署了多項平等條約。但發除不平等條約，無非主要就針對列強，英法俄美日德義。

就二戰爆發後的情況而言，可以干涉到中國主權的列強，那時只有英美日俄，無論是汪日協定、還是英美跟國民政府的協定，都無由執行（各國租界、海關等，絕大部分在日陷區），僅只是宣傳伎倆而已。

1943年末，美英中3國領導在開羅會議，明確二戰後，東北、臺灣回歸中國，琉球則共同託管。而1945年春的美英俄3巨頭雅爾達密約，美英便出賣中國主權。蘇俄，始終是廢除不平等條約的巨大障礙。

這些歷史，只能說明，國家機器，自有運作邏輯，跟什麼主義或制度，無關。

人類的國家機器，原本就是權力制度的產物。中國人發除不平等條約，要努力到1997年收回港九為止。

在日軍橫掃東南亞的同時，美國派史迪威出任中國戰區「參謀長」兼中緬印戰區的美軍司令，實際中國戰區並沒有盟軍，蔣介石絕不會讓別人指揮國軍，也就不鳥這個參謀長，史迪威只好參加第一次中國遠征軍的入緬作戰。

1942年春，緬甸英軍告急，10萬遠征軍匆忙入緬解圍，孫立人部雖解救了一批英軍，但日軍已大面積佔領緬甸，打斷了滇緬公路的暢通，遠征軍入緬2個月後，蔣介石下令撤回中國，大軍進入野人山叢林，近5萬人葬身。沒走進大山的史迪威與孫立人部，徒步撤到印緬邊界。史迪威立馬在印度成立訓練中心，重新組訓中國部隊，並換成美式裝備。當時美援只能從印度飛越喜馬拉雅山脈運往重慶，回程時飛機載回「十萬青年十萬軍」，多數是從軍的青年知識分子，駐印遠征軍戰鬥力大大增強，史迪威方才有了一批可以打仗的部隊。

1943年，史迪威率駐印遠征軍從印度築路向緬甸及雲南推進，1944年春末，遠征軍攻克緬北密支那機場，國軍另一支在雲南組訓的滇西遠征軍，也發動進攻，收復騰衝，進軍緬甸。中國遠征軍開始戰勝日軍，1945年初，各路遠征軍會師，中印、中緬公路全線開通，遠征軍凱旋歸國。

史迪威在前線作戰的同時，給美國總統羅斯福寫報告，明白指出，

蔣介石雖抗日，但國軍的部署，許多兵力用於圍堵「防共」，而紅軍從背後牽制的日軍甚至跟正面的國軍差不多。美國務院派給史迪威的政治顧問，戴維斯，則建議美國應該與延安接觸，試探跟紅軍合作的可能性。蔣介石自然反對，但羅斯福施壓後，1944年夏，美軍觀察組抵達延安，成員包括美駐華大使館員謝偉思。

謝偉思與戴維斯都是漢語流利的中國通，他們的結論：若美軍在中國跟日軍作戰，紅軍比國軍有用，至少戰地有群眾基礎、情報靈通，而中國若內戰，共產黨必勝。羅斯福看到報告後，美軍觀察組便在紅區蹲了2年多，給美軍收集氣象、民情、日軍活動等情報。

史迪威沒在中國戰場打完二戰。在蔣介石不斷的要求下，羅斯福於觀察組赴延安後的秋天，調史迪威回國。

1944年，物資奇缺的日本，只好在中國發動猛烈攻勢，打通華北經兩廣、越南進入東南亞的通道，意圖經過陸路交通線來輸送南洋與中國的資源。這回，薛岳也頂不住了。而紅軍在敵後的游擊戰越來越成功，日軍雖打通了交通線，但兵力分散、守不住，交通線時斷時續，主要城市也漸漸被國軍收復。

這年6月6日，艾森豪指揮280萬美英同盟軍在法國諾曼地登陸，由西線直接攻向德國。蘇俄軍則在朱可夫指揮下，由東線加緊進攻。戰火迅速撲向德國。

西元1945年，2月11日，美英俄在克裡米亞簽署雅爾達密約。

4月12日，羅斯福病逝。

4月21日，朱可夫軍攻進柏林。30日，希特勒自殺，德國隨即投降。

7月16日，美國核爆成功。26日，美英俄再次會晤於德國波茨坦，但以美英中名義發表波茨坦宣言，命令日本無條件投降。

8月6日，美國在日本廣島投下原子彈。

8月8日，蘇俄對日宣戰。

8月9日，美國在日本長崎投下原子彈。

8月15日，裕仁宣布日本「接受波茨坦宣言」，亦即投降。

（但裕仁沒有直說「投降」，在這點上，日本漢化的相當澈底）

八年抗戰，結束的很突然，因為美國研製出了極端祕密的大規模殺傷武器。蔣介石自然也結束了他的抗日承諾，於是，國共瞬間進入內戰狀態。

1945-1949，國共內戰

1945年9月9日之前，除了東北地區之外，國軍在各戰區正式受降，共接收129萬日軍、78萬日僑。1年內，基本上，都遣送回日。此外，汪政權與華北政權的部隊，50萬，則被國軍收編，送進內戰。

東北，成為國共必爭之地。

蘇俄對日宣戰後，俄軍立即對日軍動手，大致以3比1的優勢兵力，摧枯拉朽，橫掃東北日軍。實際，因為一周後日本就投降，二周後俄軍以很小的損失佔領東北全境。

蘇俄對日宣戰，立即通知延安，朱德也立即下令紅軍兼程趕往東北。大抵在8月底之前，林彪、羅榮桓已經有11萬紅軍加2萬幹部進入東北，忙著接收地方武裝、政權、日偽軍資產。隨後，有個混亂時刻。蘇俄迫於美英壓力（這時，只有美國長了核子牙），要求紅軍撤出大城市，交給國民政府接收。9至11月，蔣介石不斷以美軍機艦運載國軍到東北，集中了14萬兵力。11月起，國軍接收了長春、瀋陽、哈爾濱、營口、本溪、山海關等重點城市。基本上，不外乎港口、鐵路沿線、城市，離此周遭30里開外，都是紅區。

而這時蔣介石卻犯了致命錯誤，遣散偽滿軍，沒飯吃的散兵游勇更加速投奔紅軍。「此處不留爺，自有留爺處，處處不留爺，爺去投八路」，當時是很真實的寫照。紅軍還是老辦法，下鄉就下鄉嘛，農村包圍城市。從出關的共產黨隊伍，就可以看出國共雙方經營方式的差異。老毛派來2萬多黨政幹部，老蔣只派來軍隊。下鄉的共產黨，就地進行土改、夯實對多數人口的統治，並收編地方武裝、加以整訓，很快就發

展成數十萬大軍。

1946年，為打通長春到瀋陽的交通線，國共在樞紐地，吉林四平，反復爭奪4次，雙方投入40萬人廝殺，共打了兩年仗。這是紅軍首次大規模進行攻堅戰，林彪啃到了硬骨頭，最終打下四平，切斷在東北的國軍為兩大塊。（國軍本來就是拱著大城市的塊塊，靠交通線聯結。）

四平戰役，僅只是國共全面內戰的縮影。1946年中，趁國軍兵力仍占絕對優勢，蔣介石發動全面內戰，國軍不止在東北進攻四平，對隴海線、蘇中、中原的紅區，幾乎都同時發起數十萬部隊的進攻。但，比如，6萬中原紅軍，立馬化為好幾路，分頭突圍，各自或進入山林游擊、擴張根據地，或進行小長征、進入鄰近紅區匯合，不剿還好，越剿越旺。而圍剿蘇中的國軍，連7敗，打出紅軍一顆耀眼的將星——粟裕。

其實，日本投降之前，美國人謝偉思給國務院的報告早說明白了：蔣介石必敗，因為不得民心，沒有真正的群眾基礎。但憨憨的美國人要介入別人家務事，居然派軍頭馬歇爾來調停，結果當然調不停。

1948年初，共產黨業已統治90%東北人民與土區，擁兵70萬。1948年秋，林彪遂行遼瀋戰役，兩個月內，全殲東北國軍，進兵關內。

老毛跟老蔣的管理格局，在像遼瀋戰役那麼大的博弈上，判若天淵。老蔣喜歡遙控戰場將領的行動，甚至期望他們殉死。而老毛則充分授權，彙報到一定程度，便要求部將：臨機定奪，毋庸再請示。從中國傳統學問看，共產黨勝在格局。從西洋學問看，共產黨高在符合事物的動態規律，並且掌握主要矛盾：群眾，後勤支援，以及，主動的意識。

紅軍打下東北，是共和國武力統一中國的起點。但武力只是共產黨的充分條件，必要條件的創造：

1、是老毛「以農為本」的中國式社會主義。紅區絕大多數是農民，生活簡單，但也有交易的需求，紅區的貨幣與經濟，一靠人民政府的誠信，缺少金銀，就以物資做為發鈔的抵押，二靠共產黨幹部官員的樸素，官民差距不大，上下一起捱過匱乏日子。

2、得感謝老蔣，吏治貪腐、通貨膨脹，國民政府做到連城鎮小市

民都唾罵。

以100元法幣為例，1937可買到兩頭牛，1938可買到一頭牛，1941可買到一頭豬，1943可買到一隻雞，1945可買到一條魚，1946可買到一個雞蛋，1947可買到半盒火柴，到了1948，一粒米也買不到。

所以，遼瀋戰後，老毛放手發動淮海、平津兩大戰役，1948年底，大勢已定。

1949年，老蔣的「民國」奔台，共和國終結了八國聯軍以來的中華民國，實際是中華軍國的，長期割據戰亂局面。

共產黨絕對不會預見到，長征不過14年後，蔣介石和他的國民黨就徹底崩盤了。預見蔣介石下場的謝偉思、戴維斯，也沒料到會發生的那麼快。

小結

以上，鋪墊20世紀上半葉中國的大輪廓，是請李乃義代勞描繪的（從他的《中國人這回事》裡頭，拉下這時段的內容、潤飾一下而已），足夠清晰的了。

那是個社會大變革的時代，是中國的大革命時代。知識分子充滿革命激情，主動地追求中國快速「現代化」「跟國際接軌」。

沒有他們，就沒有今天的我們。他們之中，有太多人非常努力的嘗試朝著自己能夠認知的「正確方向」去變革中國，孫中山是其中的一個，而且是相當幸運的一個。許多人，自覺地為理想犧牲了，毫無猶豫，「朝聞道，夕死可矣」，何況是為了實行自己認知的真理？

當然，每個事件的發生，都存在正反兩個對立面。並且，人性，使得任何社會都存在大大小小的袁世凱、黎元洪、陳其美、蔣介石、張國燾之流……，這些人的存在，給充滿理想、激情、浪漫的中國大革命

時代添加了不測風險，20世紀上半葉的中國人，幾乎像似提著自己的腦袋瓜在生活著，不小心、甚至莫名其妙，就掉了。這是，1900-1949的「中華民國」的真實臉孔的一部分。

二、1912-1925，民國史上的孫中山時代

1

中華民國史，如果用兩個民國人物的歷史，將之分割成兩個階段，似乎也貼近歷史的真實：民國14年（1925）前的孫中山，以及民國15年（1926）後的蔣介石。

Dr. Sun Yat-Sen（孫逸仙）是外國人所熟知的孫中山先生的英文名字。

1866，他出生於廣東香山縣（民國時已改名為中山縣），1925，逝於北平。

1894末，他創立興中會於夏威夷，決心以人民革命的手段推翻清王朝。

孫中山秀才造反，武力「革命」，談何容易，於是，倒滿革命一開始，便跟「黑道」結不解之緣。革命，跟走江湖似的，事實上，就以當時（乃至現在）中國社會基層結構而言，也有那個必要。三道九流，至少是資訊與資訊的重要流通管道。起初因為地緣關係，他主要倚賴華南粵語系的黑道，洪門之類；後來上海灘的黑道中人，青幫陳其美、蔣介石等等，漸漸成為他的支柱。

孫中山如此這般組成的革命黨，鬆散而無組織力，既無地盤、又無軍隊，1895第一次起義，還未行動，便已失敗，從此進入「黑名單」，被清政府長期通緝。

他只得終年惶惶奔走，以救國之心動員華僑、留學生，在政治舞臺打盡空手道。

實際，1894夏甲午戰敗後，全中國的知識分子方才大規模覺醒，紛紛尋找救國之途，譚嗣同、劉光第等湖南士人努力參與變革，不惜犧牲，成為1898戊戌維新的6君子（被砍頭），湖南風氣大開。

大概沒有人會天真到認為中國的改革可以輕而易舉的完成，孫中山的興中會革命派以及康梁的維新派，顯然都還需要透過宣傳來蓄積聲勢與力道。1900夏，八國聯軍攻佔北京，更促使中國知識分子走上革命。孫中山的興中會是最早起義的革命會黨，比維新派的改革還更早，但變革中國的努力，興中會既不是唯一的、也不是最大的。

那時候，兩湖志士為主的自立會（1900末，唐才常為首，包括沈藎、吳祿貞、蔡鍔等）最先在內地招募新軍士兵，企圖起義，雖然失敗，但內地的革命思潮已無可遏制。1903-1904成立的華興會（黃興為首），則是國內倡議革命、推翻滿清的最大團體，其中有名氣大大的宋教仁等，而武昌起義的大功臣蔣翊武，死得早、比較默默無聞。

江浙兩地志士也不遑多讓，1903-1904成立光復會（陶成章為首），其中章太炎（章炳麟）、鄒容、秋瑾、蔡元培等最為有名。

興中會、華興會、光復會，三會志同道合，1905秋，在東京聯結成「中國同盟會」，以孫中山為首領、黃興副之，並辦機關報《民報》，由章太炎主筆而宣傳，揭櫫「驅除韃虜，建立民國」的革命口號。

同盟會成立後，鑒於華僑與洪門性質的興中會比較集中在兩廣沿海「邊區鬧革命」，光復會與華興會的革命黨人便各自潛返內地（江浙徽或兩湖地區），以運動新軍為手段，圖謀武裝起義。1912民國之後，國民黨宣稱十次起義（都在兩廣沿海），犧牲不少志士，實際，武昌起義（辛亥革命）之前，非同盟會體系的革命黨人犧牲掉的，如唐才常、沈藎、鄒容等；而華興會、光復會體系犧牲掉的，如吳祿貞、徐錫麟、秋瑾等，他們的重要性與意義，都絕不在廣州黃花崗烈士之下。

當時滿清之統治已腐朽不堪，風吹即倒。正如孫中山先生當時總結中國形勢：「同盟會成立後，革命風潮一日千丈，其進步之速有出意表者矣」。後來的發展，果然如此。武昌起義，一個局部兵變的波瀾，

竟摧枯拉朽、衝垮滿清，只能說明，「辛亥革命」是清廷爛到極點的表顯，自然而然地，爛蘋果終歸掉落地上。

1911，辛亥年10月10日，湖北武昌新軍的革命同志（算是泛同盟會、或同盟會關聯的組織），因名單洩露，倉促起義，武漢三鎮迅即落入革命軍之手。大清王朝怎肯善罷甘休，卻又無將無兵可派往南下平亂。莫內何只得重新啟用袁世凱，統帥其編練的北洋軍南下。前鋒直抵武漢，擺出跟革命軍拼命的架勢。但蘇浙滬等地聞風而起，並成功攻下南京。南方各省分紛紛跟進，滿清政府的統治登時土崩瓦解。那時，孫中山先生聞風自美國趕回上海，眾頭領擁其到南京。

1912年元旦，中華民國成立，齊推他為臨時大總統，與北京的宣統皇帝分庭抗禮。此時，宋教仁整合革命黨諸系人馬為「國民黨」，並贏得國會議員選舉多數席位。

而袁世凱深通「養寇自重」的道理。表面上雙方打的難分難解，北洋軍且甚佔優勢，卻並不一舉蕩平南方革命軍。袁、孫兩陣營之間，早已互通款曲。於是，孫中山先生衡量革命軍實力，決定拱手讓出民國大總統之位於袁世凱，以謀求消除南北戰爭之發生。大清皇室則在袁世凱的鼓弄下也不得不接受《大清王室退位優待條例》，正式結束中國兩千年君主專制政體。但，袁世凱卻讓中華民國的國會與政府都搬到了北京。

孫中山先生之為偉大人物，不是因為他做過中華民國臨時大總統和中國國民黨總理，而是他「天下為公」的理念。從成立興中會那天起，建立民國，始終是他一生不變的目標，為此奮鬥不懈40年。成敗是非不論，顧全大局、「大總統」只做個把月，孫中山的公心，不愧是那個中國大革命時代的象徵。

袁世凱竟然不滿足於大總統的稱號，一定要做皇帝才過癮。於是中華民國才剛成立不久，便發生了改變國體，恢復帝制的鬧劇。儘管當時搞帝制不乏民意基礎，反對者仍大有人在，孫中山先生更是誓死反對。

1913，宋教仁被刺殺，成為懸案。孫中山則發動「二次革命」，討袁。

他指示國民黨籍的江西督軍李烈鈞首先在湖口發難反對稱帝,黃興也擔任江蘇討袁軍總司令。南方諸省國民黨(同盟會的新名字)督軍紛紛起義響應。但不久皆被袁世凱相對訓練有素的北洋軍打垮。

孫中山和黃興在國內無法存身,只好東渡日本,再度品嘗了沒有堅實黨組織與軍隊的失敗教訓。1914在東京,孫中山改組國民黨為「中華革命黨」,為反帝制繼續努力。蔣介石就是在那個時段,因陳其美的介紹,見過孫中山一面。

孫中山把「二次革命」失敗的原因歸結於黨員不聽話,因此,凡加入《中華革命黨》的成員,要宣誓效忠,按捺指印。黃興等大批革命黨人則認為:這是舊社會黑道的幫派儀式,革命的國民黨何必有此不合時代潮流的做法。黃決定不參加新的組合,離開日本到美國去,繼續為反袁而努力。孫中山在敘別宴上,集古句親寫一聯以贈別黃興:「安危他日終須仗,甘苦來時要共嘗」。多年前,我在臺灣見過此聯。但臺灣卻流傳說:這是孫中山贈給蔣介石的對聯。政治謊言,莫此為甚。

在國民黨的革命歷史上,孫黃地位相當,功業也相當。分道揚鑣後二人仍是好朋友、好同志,建立民國的理念,兩人都終生奉行不渝。甚至,黃興的公心,或許還超越孫中山。

袁世凱的皇帝夢終究沒能實現。1915末,君主立憲派的梁啟超與革命派的蔡鍔潛出北京,蔡鍔到雲南、結合唐繼堯成立「護國軍」。從雲南進攻四川,打的老袁的死黨,四川督軍陳宦,不得不通電反對帝制,以求自保。袁世凱聞訊,終於活活氣死。

當時的朱德,是雲南護國軍第一梯隊司令官,率先入川作戰,屢勝數倍於己的敵軍,迫得四川不得不通電反帝制反袁。當時人稱:再造民國第一功。1949年後,很少有人再提及這段重要的民國史事,人民解放軍總司令的朱德,他的功業,當然比再造民國大得多多。

1916,袁世凱死,中華革命黨失去革命對象,解散。

1917之後,孫中山以保護《臨時約法》為號召,反對北洋軍閥操縱下的國會。他帶上一些國會議員,跑到廣東成立護法軍政府與之對抗。

但是他的兩廣平臺卻是陸榮廷和陳炯明的地盤。後來，早年在廣西當巡撫的岑春煊也回來插上一手。中山先生在廣州「護法」，有點像「借台唱戲」。陳炯明和陸榮廷，在不損害他們利益的前提下，也會樂於配合、提供舞臺。但南北軍閥，一丘之貉，孫中山只好幾番進出廣州。

1918，桂、滇各系改組護法政府，以七總裁取代孫大元帥，孫中山被架空、去職。1919年10月10日，深受五四運動感染的孫中山，在上海改組中華革命黨為「中國國民黨」，擴大吸收黨員，流傳至今（俗稱仍簡稱「國民黨」）。

1920夏，陳炯明成功擊退盤踞廣州一帶的桂、滇系，請孫中山重回廣州。1921，廣州非常國會取消軍政府，選孫中山為大總統，再續「護法」。這時，李大釗、陳獨秀已經籌建了共產黨。這年末，孫中山跟列寧派來的共產國際代表，馬林，在桂林見面商談。

1922，直奉戰爭直系獲勝，恢復民國約法和國會，廣州的國會議員紛紛北上。

這時陳炯明主張停戰，孫中山主張繼續北伐，最終發生陳軍炮擊總統府事件，孫中山退居上海。此時，痛定思痛，加上對歐美日不施援手的失望，孫中山先生開始認真總結一生經歷、考慮以俄為師，並跟李大釗等共產黨人頻繁接觸、考慮國共合作的可能性。

1923初，孫中山與蘇俄全權代表越飛在上海會面，正式討論與中國共產黨合作。孫、越會面後，發表《孫文越飛聯合宣言》。宣言表示承認中國對外蒙的主權、蘇俄將從外蒙撤軍，並承諾不在中國進行共產革命，認為共產主義制度不適合中國國情。此時，擁護孫中山的滇、桂、粵軍各部擊敗陳炯明，陳退守東江。於是，孫中山再回廣州，不再稱大總統而稱大元帥。

1923年底，孫中山正式接受蘇俄和共產國際支助的大量軍火和金錢，共產國際派鮑羅廷到廣州作為孫中山的顧問、以俄共模式重組中國國民黨。

1924年1月20日，孫中山在廣州召開中國國民黨第一次全國代表大

會，中山先生力排一切反對，堅持聯俄、聯共、扶持工農三大政策，國共正式合作，允許共產黨人加入國民黨。

3月，黃埔軍校開張，孫自任軍校總理、任廖仲愷為黨代表、而以蔣介石為校長，蘇俄也派出軍事顧問協助黃埔建校（其後並參與北伐）。

10月，發生廣州商團事變，孫中山以武力敉平。同月，馮玉祥發動北京政變，推翻直系政權，邀請孫中山北上共襄國事。但這時，孫中山先生的健康已急劇惡化。

可以這樣總結1895-1923之間，孫中山先生業已革命一生的歷程：無論建國、討袁、護法、新文化運動，孫中山基本上都處於邊緣狀態，無法脫離被動。當時譏諷他的人稱之為「孫大炮」，吃定他心大力小，處處寄人籬下。但孫中山對「革命」「和平、奮鬥、救中國」，心口如一；雖然「三民主義」「建國方略」等不盡專業，無害於他成為中華民國時代的象徵。孫中山靠革命熱情化緣集資造反、靠西式「現代化」知識與口才鼓動群眾，已經盡心盡力到近乎極致。

1912之後的軍閥混戰以及歐美日列強對他的白眼、1917的蘇俄共產革命、1919的五四、1922的陳炯明炮轟，長期的挫折，終於讓孫中山醒悟到，現實上他已經別無選擇，為了貫徹理想，他決定主動尋求跟共產黨合作。這是他一生真正正確的決定，並且是主動而有意識的決定，雖然中華民國最終變成中華人民共和國，但孫中山終於為中國的大革命時代打開了可以成功的門路。

1924那時，存在兩個中華民國政府，一個在北京，俗稱「北洋政府」；一個在廣州，俗稱「非常政府」。國際列強跟這兩個政府都有來往，但正式的大使館（或公使館）都在北京，他們一般也看好北洋政府。

1924是歷史的關鍵年分，孫中山先生像脫胎換骨似的，他的意志力從未如此淋漓盡致地揮灑，不但強力主導國共合作，並且執行以蘇俄為師，按共產黨制度重建國民黨、以及建立自己的軍隊。此後，黃埔軍校影響中國社會至今，成為最有效的「革命工具」。

孫中山先生當然不預知自己的生命即將結束，國共合作1年後，1925他病逝北京。或許他已經完成了歷史使命，註定要對中國投射巨大影響。

我們或許可以說：沒有孫中山，就不會有中華民國跟中華人民共和國。孫中山先生不但是中國革命的先行者，也是近代中國的開路者。他打開了一連串大門，中華民國才會發生蔣介石的專制，中華人民共和國才會那樣產生。

2

如前所言，1895-1922年，中國處處有孫中山的影子，然而處處不見他的力道。1924年孫中山進行國共合作、黃埔建軍，他才對中國發生實質性的影響。

這要從1921說起。

1921年12月1日，列寧派來「共產國際」代表馬林，跟孫中山在桂林會晤。洋和尚來華傳「革命福音」的目的有兩個：

（1）儘快的扶持剛剛誕生的中國共產黨支部，

（2）為蘇俄長遠利益打算，需要在東方尋找一個同盟國家；而中俄邊界非常長，一個敵對的中國將是俄國的噩夢，中國正是蘇俄需要夯實的同盟國。

而此時「中華民國」的中央政府是在北京的北洋軍閥的政府，其各派系都與國際列強有著千絲萬縷的關係。蘇俄在中國能押的寶極其有限。比較「革命」的國民黨，儘管是名不符實的大政黨，但是孫中山先生卻有著獨一無二的「中華民國臨時大總統」的金字招牌，雖然此時他沒人、沒錢、沒槍，且列強已經很明顯的拋棄了國民黨作為扶持對象。而且，孫中山先生顯然對「革命」非常堅定。於是列寧決定燒冷灶，支

持孫中山。

　　孫中山的西洋教育背景，以及，英語能力，使得他的確盼望過英美日列強能夠給予援手，支援他的「民國」理念，但是始終不見蹤影。列強在華政治投資的短見與勢利，完全看不見孫中山無形的政治能量。蔣介石在臺灣出版的《蘇俄在中國》就著重的提到了這一點，認為孫中山以俄為師的選擇，乃是當時形勢所逼的產物。

　　然而，列寧不就是看中了孫中山這個有理念、肯堅持的人格。早期的共產黨人不就是這樣嗎？俄國或中國……，共產黨人的革命，靠的就是這個理念。理念激發信念，爆出革命的激情火花，才能點燃燎原的大火。

　　共產國際代表馬林在中國共產黨代表張太雷的陪同下，跟孫中山舉行了多次祕密會談。馬林直言孫中山自民國元年以來的政治困境：

（1）無組織力的黨，勢孤力弱。

（2）缺少強有力的外援。

（3）沒有明確的革命理論與方略。（那時，孫中山還只有「三民主義」這個不算很圓融的政治理論體系。）

　　因之，馬林針對中山先生的艱難革命窘境，提出兩點極為重要的實際建議：

（1）改組國民黨，聯合共產黨再造一個全新的、有生命力的國民黨，國共兩黨合作幹革命，

（2）在蘇俄人力財力的協助下，合作創辦軍校，培養黨的軍事幹部，進而組建黨的武裝力量。以革命黨領導革命軍幹革命事業。一言以蔽之：黨辦軍校，黨指揮槍，槍桿子裡出政權。

　　儘管孫中山先生對馬林的分析與獻策萬分感激，但他無法當機立斷，甚至無以向馬林坦言當下處境的無力與無奈：廣東那個平臺不是他的，而是陳炯明的。孫中山在廣東只是做「客」，陳炯明是收容他的

「朋友」，不是「部下」；陳也不會為中山先生的偉大救國理念而犧牲、奉獻自己的地盤與利益。大家既然是朋友，就維持著表面上的幾分客氣。其實，陳炯明手下的大將，如洪兆麟等，確實已極不耐煩孫中山一再催促他們出兵北伐去推翻北洋軍閥。當時中國大大小小的軍閥，極其安於擁有一塊地盤的現狀；冒險去「統一」中國，絕非他們的選擇。

情緒累積的結果，終於爆發了1922年6月16日陳炯明部下炮轟廣州觀音山孫中山大元帥府的「叛亂」事件。「叛亂」二字是國民黨得勢後對陳炯明的貶詞，純屬政治話語。平鋪直敘，應該是陳姓主人不留情面的粗暴逐客而已。如果陳炯明真是無法忍受孫中山的需索，何妨坦坦白白的出面告之。中山先生會主動離開廣州。何必非要以炮轟手段而欲致人於死地？這是義盡情絕、不人道、不體面的做法，為人所不齒。

陳炯明為官廉潔，私生活素稱嚴謹，晚年客居香港，無親又無友，生活清貧，抑鬱而終。是否為炮轟觀音山而抱憾終身，我不知道。

陳炯明炮轟孫中山大元帥府，澈底把中山先生驚醒。面對殘酷的政治現實能不反思？他終於頓悟。魯迅先生評論此事更是一針見血，他說：「孫中山先生奔波一世，而中國還是如此者，最大原因就是沒有黨軍。因此，不能不遷就有武力的別人」。

陳炯明的行為讓中山先生陷入絕望的境地。廣州遭難後，中山先生逃到上海。中共領導人物李大釗、陳獨秀、林伯渠等時時與他會晤，交換合作救國的想法與做法，如兩黨合作，共辦軍校，共建黨軍等等。中山先生此時真有「海記憶體知己」的感觸，他救國救民之雄心壯志，油然再生。

不久，廣東的滇、桂兩系護法軍部隊把陳炯明驅回惠州東江地區，中山先生又能回到廣州，重建護法軍元帥府。有了這個不算理想的平臺，他痛下決心、立馬要按馬林的建議，以俄為師、聯合共產黨這股新生力量，把既定的革命方略，迅速的、有序的去實現。

1923年8月19日，孫中山要具體展現向蘇俄求取革命真經的努力，派出「孫逸仙博士代表團」赴俄考察（團長蔣介石，祕書王登雲，中共

黨員張太雷，中共黨員沈定一）。他們在大連搭乘火車，9月2日抵達莫斯科。代表團在蘇俄總共兩個月零兩天。除了列寧因重病無法與代表團見面，他們會見了包括蘇維埃主席團主席加里甯，共產國際主席團主席季諾維也夫，俄共黨內地位僅次於列寧的人民軍事委員會委員托洛斯基等。

代表團得到明確的資訊：「除了不能用軍隊援助外，其他武器與財力支援都當盡力為之」。托洛斯基是俄共領導人中真正有國際主義精神者，共產國際在他領導下幹的有聲有色。列寧死後，俄共內部均認為他是當然的接班人。不料史達林鑽空取得大位，迅即把托洛斯基排擠出領導層，其追隨者也被清除殆盡。托洛斯基只得逃出俄國，流亡國外。最後到了墨西哥，還是沒有逃過史達林的毒手。

孫逸仙代表團在莫斯科與俄共領導人的會見與協商，一開始可謂極其成功，得到了孫中山夢寐以求的協同開辦軍校、建立革命軍隊，以及其他軟體與硬體的援助的承諾與保證。但不知為了何事，蔣介石在參觀專案時，突然跟蘇俄政府意見不合而鬧僵，總共四個人的代表團也鬧不和，終日吵來吵去。蔣介石甚至不顧大體與代表團的重要任務，竟提出終止訪問、提前回國的主意。急的中山先生立即電告他說：「蘇俄乃唯一的朋友」。命令他抓緊完成訪問任務，盡快回國展開籌建軍校工作。

蔣介石在代表團訪俄期間，不顧做客基本禮貌，亂發其喜怒無常的脾氣，不能與俄共接待人員友好相處。到底為了什麼了不得的事？

1923年12月15日，「孫逸仙博士代表團」乘船返抵上海時，胡漢民、汪精衛、廖仲愷上船迎接，以為蔣會立刻擇日回廣州，沒想到蔣卻對他們說，馬上要回去會晤蜜友陳潔如，毫不理會中山先生和同志們的盛意與革命工作的緊迫，第二天就逕自回奉化老家。再回到上海，只有王登雲陪他一起，過著花天酒地的生活，當然還有陳潔如女士。這段日子不長，蔣在上海股票市場斬獲頗豐，生活過得悠然自得。此時廖仲愷曾有一信給他，說他一再拖延赴粵「事近兒戲」，他也無動於衷。

我看過王登雲在臺灣寫的回憶錄，隻字不提代表團回上海後的那時段，蔣介石遲遲不肯回廣州向孫中山報到的事。王登雲熟知蔣介石那時

和陳潔如在上海、依靠炒股而花天酒地逍遙生活的日子，因為他也在上海。蔣介石不回廣州，王登雲也不能回去見孫中山先生，只好跟著蔣介石在上海鬼混。相反地，張太雷回國後立即匆匆忙忙奔走革命去也，不幸在廣州暴動中犧牲。

當代人搞民國史，最喜歡自當事人的日記中去搜尋歷史的真相，或使用所謂的「口述歷史」資料。曾有「學者」不遠千里跑到史坦福大學胡佛研究所圖書館去查閱《蔣介石日記》，希望從日記中能找到不為人知的史實。試想，蔣介石會在他的日記中描述他對軍國大事做決定時內心的真實感受麼？他會將不為人知的的大事寫下來麼？以蔣介石的德性、情性、習性，能指望他會把日記作為吾日三省吾身的載體？在其中自我批評、或者把自己的醜事寫下來以警惕自己？

就以蔣介石1923年訪俄時，居然不顧孫中山先生之重托，要提前結束訪問回國一事為例，寫史者既不能從當事人的日記中找到原因，也不能從其同行者回憶錄中找到真相。當時蔣介石與俄共當局之間，無任何原則性的對立，也無不可調和的歧見。說穿了，人性本質作祟：那時在冰天雪地的蘇俄旅行，對蔣介石這個南方佬來說，景致枯燥乏味，加之俄國民間革命情緒高漲，當然沒有上海灘那套醇酒美人的調調，對他而言，也就沒有日本那麼好玩。公子哥兒的蔣介石，不悶到發飆才怪。

實情嘛，從蔣介石的習性去追索就容易理解了。只看蔣介石回國後抵滬遲遲不肯回廣州，無視孫中山和廖仲愷、胡漢民等的厚望，就是一個有力的旁證。蔣介石的本性裡，具備不顧大體、不通人情、非常自私等因數，之所以喜怒無常、莫名其妙，皆因雄性荷爾蒙不正常故也。這個習性，臺灣黑道講的很傳神，就是：「大頭（頭腦）管不住小頭（龜頭）」，但這是人之常情。

1924年1月初，儘管中山先生在廣州乾著急，苦苦等待蔣介石盡速回廣州。籌辦軍校之事，卻已是箭在弦上不得不發，因為已經沒有時間可以浪費。事實上，蔣介石還在莫斯科玩小兒科的時候，1923年10月，蘇俄派往中國的常設代表鮑羅廷已到達北京，同時，孫中山也與北京蘇

俄駐華大使加拉罕接上頭，加拉罕正式介紹鮑羅廷前往廣州工作。10月15日，孫中山簽署了委任狀「委任鮑羅廷為國民黨組織教練員」，後又聘為政治顧問，另聘加倫將軍為軍事顧問。

這時，鮑羅廷已經到達廣州，加倫將軍也即將率40多位軍事顧問隨後趕來。但是蔣某還是賴在上海跟陳潔如雙宿雙飛，優哉游哉的過其輕鬆愉快的日子。整日跑交易所、搶搶帽子做股票短線交易。炒股順風順水時天天有斬獲，自是快樂無比。一旦股市逆向行駛，做投機小本經營的他肯定是滅頂之災。果然禍難終於降臨，他的好日子迅速了結。

蔣介石這才想起，不久前托洛斯基所提到的幾件事，都一一發生，如果此時再繼續跟中山先生玩「我不回家」的兒戲，萬一錯過中國國民黨第一次全國代表大會，那麼廣州這個辦軍校的差事，也就沒他什麼事了。蔣介石及時趕回廣州，這成為他一生命運真正的轉捩點。

1924年1月16日，在上海走投無路的蔣介石，終於回到廣州向中山先生報到，距離孫逸仙博士代表團訪俄歸國，已經兩個月。這是他一生中最關緊要的動作，因為其時孫、廖已經對蔣不耐煩，考慮找人出任黃埔校長了。蔣介石再鬧小兒科，中華民國史上就不會有蔣介石其人，更沒有蔣介石時代了。歷史的偶然性，跟中國人開了一個大玩笑。

孫中山辦軍校有三件大事。第一件事是找校址。孫中山、廖仲愷選擇了黃埔島。該島原名長洲島，面積六平方公里。位於廣州東郊，乘船走珠江水路一小時之內可到。加以此地離廣州地區的各軍事集團，如劉震寰的桂軍、楊希閔的滇軍，均有好幾里的距離，可免被吞吃的危險。況且島上原有廣東陸軍學校和廣東海軍學校校址及其校舍，仍然可用。有了這個平臺，接著就是「校長人選和組建校部」與「招生」。

中國國民黨全國代表大會與黃埔軍校的籌辦

校長人選的波折，主因依然是孫中山的原因。孫中山革命，錢、人、搶，都缺。孫中山身邊始終並無稍懂軍事的人才。同盟會時期有黃

興這位智勇兼備的人物協助他，做他的左膀右臂，但1914中華革命黨成立時，蓋手印、宣誓效忠頭領、類似歃血同盟的黑道會黨形式，黃興不同意、便脫離了革命黨。江浙光復會同志更因不滿陶成章被自己同志為爭權而刺殺，早就自己革命去。只有陳其美、蔣介石這些上海灘的混混，欣然從命。那時，孫中山感到眾叛親離，對陳蔣兩位粉絲死黨的支持，自是內心感念不已。

何況蔣介石在1907年曾進入保定通國陸軍速成學堂，次年又在校獲取留學日本到振武學校學習軍事。1910年畢業，以士官候補生的身分分發到日本第13師團野炮兵第19聯隊實習。期滿才能入日本士官學校。1911年武昌起義爆發，蔣介石和其他中國同學，向聯隊長請假，從長崎搭輪船回上海，參加由陳其美領導的上海起義。再加上1922年陳炯明叛離時，蔣介石冒險登上漂泊在珠江上的永豐艦陪侍中山先生，展現其江湖義氣。中山先生何其能忘？也因此，孫逸仙博士訪蘇代表團就由蔣介石擔任團長。

儘管他在蘇俄訪問時，因為小事不暢心、揚言要提前回國，幾乎誤了中山先生的重托。自蘇俄訪問回國後，又留戀上海不回廣州。但孫中山先生早已許諾他當軍校校長，孫中山身邊實在太沒有人了，所以才把蔣介石這塊料當作寶貝。

1924年1月20日，國民黨全國代表大會在廣州召開。大會通過了《中國國民全國代表大會宣言》等重要決議案，確立了聯俄，聯共，扶助工農的三大政策，使之成為國共兩黨合作，反帝國主義、反封建和打倒軍閥的共同綱領。成立軍校也是其中之一重要決定，1月24日，孫中山任命蔣介石為《陸軍軍官學校籌備委員會》委員長。

1月30日，代表大會選舉新的國民黨中央領導機構，孫中山任總理，下設中央執行委員會、中央監察委員會，以管理其下8個部：組織、宣傳、工人、農民、軍事、青年、婦女、海外。

中央執行委員會24人，委員包括廖仲愷、胡漢民、汪精衛；以及中共黨人李大釗、譚平山（兼組織部長）、於樹德。另有候補委員17人，

包括中共黨人林伯渠（兼農民部長），瞿秋白，於方舟、沈定一，毛澤東，張國燾。孫中山親點的候補委員，毛澤東，還兼宣傳部副部長，負責常務工作。瞿秋白則是代表大會的宣言起草人之一。

此時的蔣介石連正式的大會代表身分都沒有。他只是列席大會。孫中山任命他是中央執行委員會之下的軍事委員會的一名委員。蔣介石雖主管軍校籌委會，但要軍校設立後才是校長。黃埔軍校在校長之上，還有老大、校總理孫中山，老二、黨代表廖仲愷，蔣介石只是老三。

蔣介石當了軍校籌備委員會委員長之後，仍是舊習不改。儘管籌備工作在1924年1月後的幾個月裡（實際是建校工作），國民黨從上至下忙得昏天暗地，他三天兩頭還是要離開廣州回奉化「看老母」去（實際，到上海去花天酒地）。連中山先生都受不了他這個「小弟」的荒唐行為，終於提出以程潛替代他的辦法。蔣介石聞訊大驚，趕緊面見孫總理，並大力反對程潛接手籌辦黃埔軍校。

中山先生不給情面地告誡他：「你要幹，就好好的幹，不然我就不找程潛，也會另請高明」。蔣介石終於明白，如果他再亂鬧，只憑過去「交情」忽悠孫中山，遲早會被拋棄。國民黨的領導階層除了孫、廖以外，沒有人把他當個人物，誰會重用他？憑軍事、學識、才具，他比不上程潛。當時在廣州，比他聰明能幹者大不乏其人，只是沒有他和孫中山那樣的歷史淵源而已。

再偉大的人遇到人事安排問題，總也逃不出人情。中山先生在考慮軍校校長的人選上也不例外。於是，安分下來的蔣介石就當上了黃埔軍校的校長，就等著全國招收的人眾來校，轟轟烈烈的幹起來。

孫中山、廖仲愷總覺得，雖然蔣介石這個「小弟」討人厭、惹人嫌，但只要他們倆人活著，看著他辦事，該不會出太大的紕漏。但是人算不如天算。黃埔軍校開學後9個月，孫中山病逝，之後5個月，廖仲愷遇刺身亡。上海灘混出來的蔣介石，頓時如脫籠之鳥。

蔣介石擺出要為廖仲愷追擊兇手到底的姿態，將矛頭指向反對自己的國民黨中央「右」派的當權人物胡漢民（當時，蔣介石很「革命」，

很「左」），指胡漢民族弟胡毅生有唆使之嫌，卻無確切的證據。最終胡漢民在黨內外的「輿論」壓力下，被迫出國。

於是，武人蔣介石跟文人汪精衛，成為廖案的政治受益人，這兩人隨後儼然成為國民黨中央領導。

廖案真相，跟宋教仁案一樣，也成為歷史疑案。20世紀很奇怪，美國總統甘乃迪被刺，兇手在電視機前被當眾滅口，以美國的高科技，居然也成歷史疑案。當然，疑案就是疑案，每個當時的當權者或受益者都不無可疑、也都可能清白。

黃埔軍校之招生

1924年1月國共聯合的新生之國民黨第一次全國代表大會，通過孫中山先生主張的聯俄、聯共的三大政策黨綱，和共產黨攜手一起「以俄為師」辦軍校。立刻面臨如何招收學生的難題。此時，離預定的開學時間不足6個月。

那時中國各省都在北洋和各地軍閥的盤踞之下，國共合作的新國民黨組合，侷促廣州一隅，城裡城外都還有敵對勢力。滇桂的楊希閔、劉震寰的軍隊，陳廉伯的商團武裝，都在城裡，不遠處陳炯明更佔領著惠州、潮汕一帶。到處都是孫中山的「天敵」，黃埔軍校要想全國招生，簡直不太可能，只能靠有限的地方基層組織去發動招生工作，這時共產黨的優勢就表現出來了。

此時中共廣東地區負責人陳延年，陳獨秀的兒子，只能通過剛剛成立不足三年的中國共產黨的各省地方組織，去鼓動黨員或者有志青年投身軍校。毛澤東也在上海主持祕密招生復工作、並安排錄取生前往廣州的交通問題。祕密招生一旦被當地軍閥政權查獲，輕則不免牢獄之災，重則有性命之危。幾經艱辛，黃埔軍校從全國招來的400多名學生終於齊聚黃埔島。

1924年6月16日，黃埔軍校開學了。這是影響中華民國和中華人民

共和國進程的歷史性時刻，也是蔣介石起家發達的日子。

6月16日這一天，中國國民黨總理孫中山先生，以黃埔軍校總理的身分攜夫人宋慶齡，國民黨政治顧問鮑羅廷，以及陪同他從廣州而來的國民黨領導人物胡漢民，汪精衛，譚延闓，許宗智，林森等文武官員。上午7點30分即從廣州乘船抵達黃埔島。校長蔣介石，黨代表廖仲愷率全校師生500多人在校正門前碼頭排隊迎接。這天上午9點30分舉行黃埔軍校第1期開學典禮。

孫中山以校總理的身分主持，並演講了一個多小時。他首先鄭重的宣告了創辦軍校的目的：「就是創建革命軍，以挽救中國的危亡」。他指出，蘇俄革命的成功，是因為有革命軍作為革命黨的後援，因此，辦軍校要學習蘇俄經驗。他說：「我們今天開辦這個學校，就是要從今天起，把革命事業重新來創造，要以這個學校的學生做為根本，建立革命軍。沒有好的革命軍，中國的革命永遠要失敗。革命黨的精神就是不怕死的精神，有了一支萬人的部隊，就可以打垮國內的軍閥」。

6月30日，孫中山及新國民黨中執委會通過、並明定「青天白日滿地紅」旗為中華民國國旗，此後再沒改變過（當時北洋政府仍用五色旗為國旗）。青天白日，是眾所周知的孫中山革命陣線旗幟（包括同盟會、國民黨），武昌起義之前，孫中山就已經嘗試加上紅色，以做為國旗使用。這時定案，或許有機緣的作用，國共合作了嘛，但當然不是專為國共合作設計的。不過，「滿地紅」很讓後來的蔣系國民黨人發毛，認為是「讖」。

從開學之日到11月裡，中山先生共來校視察5次第1期學生訓練情況。最後一次來校視察晚宴後，又召集全體師生訓話，諄諄告誡：「不論是國民黨員還是共產黨員，都應該把血流在一起」。他似乎預感到如果他不在廣州、或因身體出問題病死，國共的合作恐怕難以延續。中國大革命的前景堪憂。

黃埔軍校的成長歷程可真是一步一血印。1924年11月12日，應邀北上燕京為南北和平而努力的孫中山，因肝癌不治，1925年3月12日病逝

於北平協和醫院。被黃埔師生稱「黃埔慈母」的廖仲愷先生，則於1925年8月20日，在廣州國民黨中央黨部大門口，遇刺身亡。

關於廖仲愷：那時國民黨的廣州政府財政稅收卻落在滇軍楊希閔、桂軍劉震寰的手裡，他們是以護法軍的名義來廣州參加中山先生的，為維護「民元約法」、跟北洋政府對抗，楊、劉二部到了廣州便理所當然的占地收稅，一分錢也不會分給大本營財政部長廖仲愷。

據當年黃埔軍校4期入伍生總隊長張治中的回憶，黃埔軍校曾因無錢買米而斷炊。廖仲愷各方張羅，借不到錢，最後廖夫人何香凝女士以其訂婚鑽戒抵押，才買了幾百擔大米。黃埔軍校之窮，可見一斑。

蔣介石訪俄考察回國後，一直賴在上海遲遲不肯回廣州幫中山先生辦軍校，怕窮是唯一原因。中山先生之窮，蔣介石是一清二楚的，如要蔣去冒險犯難，以他的江湖痞性，大概會勇而為之。但蔣生於奉化「上產」之家，雖非大富大貴，口袋裡沒錢、要過苦苦哈哈的窮日子，他是幹不了的。蔣介石在莫斯科的彆扭勁，多半也就是「不熱鬧」引致的。

蔣介石曾問過廖仲愷軍校財政來源，廖答以「你不要操心這事，一切由我負責」。仲愷先生真是革命家，絕不會因為沒錢就不幹革命了。黃埔軍校就在一窮二白的條件下硬撐起來，這才是幹革命。窮，就不打倒列強、除軍閥了嗎？

孫廖二人是勉強可以「鎮」得住蔣介石的人，黃埔開學14個月之內，相繼辭世。蔣介石就此從黃埔的老三，一躍成為老大，漸漸掌控了由黃埔軍校裂變而產生的「武力集團」。這個集團東征西討，戰無不勝，於是蔣介石的槍桿子指揮了國民黨。北伐成功後的中國，看似「國民黨時代」，實質則是「蔣介石時代」。孫中山、廖仲愷、國共無數革命黨人、俄援，所有創辦黃埔軍校的努力，所結出的碩果，就這樣被蔣介石輕易「摘取」。

孫中山和廖仲愷，是國民黨領導層僅有的能令蔣介石「敬」和「畏」的人，從此，在心理上，蔣介石是無可畏懼了。更何況那時黃埔軍校的「校軍」和「學生軍」，業已牛刀小試過：在蔣介石的領導下，

先後掃清了陳廉伯的廣州武裝商團、陳炯明盤踞在惠州勢力、以及割據在廣州城內的滇桂小軍閥（楊希閔和劉震寰）。蔣介石統帥的黃埔軍變成國民黨唯一可靠的武力支柱，兩年後，1927，國共合作創建的黃埔軍校與軍隊的一大部分，就變成蔣介石篡奪黨政軍權的個人資本。

中國大革命時代的進程，到此拐了一個大轉彎。

中華民國史上的孫中山時代，則在1925年3月蓋棺定論。謹以孫中山先生的遺囑，作為此篇的結語：

> 余致力國民革命凡四十年，其目的在求中國之自由平等。深知欲達到此目的，必需喚起民眾，及聯合世界上以平等待我之民族，共同奮鬥。
>
> 現在革命尚未成功，凡我同志務須依照餘所著《建國方略》《建國大綱》《三民主義》及《第一次全國代表大會宣言》繼續努力，以求貫徹。
>
> 最近主張召開國民會議及廢除不平等條約，尤須於最短期間，促其實現，是所至囑！

中山先生革命一輩子，最終在生命的最後1年，方才紮實烙下「孫中山」的印記。國共合作、黃埔建軍，造就了蔣介石、錘鍊了共產黨，間接促成了共和國。

中山先生的「遺囑」，汪精衛執筆的。言簡意賅，很完美的表達了孫中山致力革命的一生，是篇極好的語體文。汪精衛，確實有才。想當年汪為革命不遠千里奔進燕京、行刺清皇室被捕，存心慷慨犧牲，寫下「引刀成一快，不負少年頭」詩句，何等悲壯！最後在抗戰期間，以「我不入地獄，誰入地獄」的心情，跟日寇合作以謀「和平」，身後任由人們評論謾罵。

3

公心與信念，堅定與堅持，為歷史記下孫中山先生的一頁。我希望，我已經說明白了「孫中山時代」。

中華民國的成立，不是孫中山的功業；中華軍國的形成，孫中山抗拒不了；五四運動，跟孫中山沒有關係；國共合作、建黨建軍，是孫中山起的頭，準備拿來終結中華軍國、建立真正的「中華民國」用的。

孫中山先生當然不會預見到自己的早死與廖仲愷的被刺，更不會預料到蔣介石會以黃埔為本錢把中華民國做成了蔣介石獨尊的中華軍國。

三、1926-1949，民國史上的蔣介石時代

　　上一節，〈1912-1925，民國史上的孫中山時代〉，很清楚，「孫中山」只是做為「1900-1949，中國大革命時代」在中華民國前期的一個大標誌。中國人需要革命或變革，這個大時代的吶喊，其實從1894甲午戰敗於日本就開始了，戊戌變法維新以及孫中山的武裝革命，都是中國大革命時代的反映。

　　孫中山的興中會，無疑是那個時代首發的革命團體。但內地心腹地區鬧革命的自立會，聲勢浩大得多，其後與之關聯的華興會、光復會，都後來居上，不遑多讓興中會。不過，那時眾多「革命」團體，對革命的目的，大抵不如孫中山先生明確，孫中山是要：創立民國，平均地權。

　　民之國，以及，平均地權，恰恰正是20世紀以來人群「革命性」或「現代化」的政經社指標。21世紀的如今，仍是。

　　因為跟中國大革命時代的精神吻合，孫中山成為當之無愧的標誌。儘管他一生的行動總是失敗與挫折，直到生命的最後1年。

　　從革命或變革的角度，五四，當然造就了中國社會更深層的改變。青年學生自發的五四運動，從一開始的愛國運動，擴大、深化為文化現象，並不是一個有組織的運動。然而，中國人「現代化」「跟國際接軌」的努力，不可能在毫無組織的情況下發生。並且，組織力本身，也是現代化的內涵之一。

　　五四也反映了那個中國大革命時代的精神，五四當然也是標誌之一，但不如「孫中山」那麼形象化罷了。更何況，孫中山先生逝世前的1年，他還啟動了給近代中國政治定型的兩件大事：國共合作，以及，黃埔軍校。

由於孫中山跟蔣介石的「交情」，蔣介石當上了黃埔校長，又由於孫中山與廖仲愷的早逝，黃埔軍校便造就了蔣介石的權勢，以及，蔣介石時代。

更由於蔣介石當權，孫中山時代的國共合作，實際只有短暫的兩年多時間。此後便是整個中國的另一特徵：國共內戰。內戰，迄未結束。

蔣介石在中國當權半個世紀，1926-1975，至死方休。為了容易記述，下面分成三小節來說。

1926-1949，內地的蔣介石時代

蔣介石時代的大事，其實在本章開頭已有所描繪，值得讀者重溫一下：北伐、清共、抗戰、內戰。這些，通通跟蔣介石密切關聯，因為蔣介石是當時「中華民國」的最大勢力與政權的擁有人、他是中華民國這部車的駕駛人。蔣介石開「中華民國」這部車，開成「中華軍國」軍車。

在他開始當權的這頭23年裡，中國不停地戰亂。外戰，對日抗戰，不是他的選擇，是日本侵華引起的。內戰裡頭的北伐，也不是他的選擇，那是孫中山的既定方針、也是中國人民的選擇。而其他的內戰，「中原大戰」「清共、剿共」「國共內戰」，則是蔣介石的主動。

20世紀之初，列強幾近瓜分中國，中國社會無力承擔（清王朝加列強）的負荷，終於崩解，進入長達半個世紀的中國大革命時代，大大小小的軍閥林立。中國人一方面，熱望變革，另一方面，也渴望秩序，更現實的方面，人們還得吃飯。革命標幟的孫中山，生前從未真正當過權，對當時的中國社會影響並不太大。孫中山死後，蔣介石不但當了權、還長期當權、影響了中國社會。而孫中山、蔣介石之間，真正的交叉點，不過就是黃埔軍校而已。黃埔，無疑是「蔣介石」現象的關鍵，以及，源頭。

歷史事件總是連續（時間上）而又平行（空間上）發生的，這小節就是記述在中國內地，以蔣介石為中心的、先後與各地發生的事，希望能描繪清楚，這個人是怎麼獲得權力、怎麼運用權力、又怎麼在中國大

革命時代張貼了什麼樣的標籤。

黃埔這4期

為什麼要專節記述黃埔？因為：西方的「現代化」，科技人文固然不錯，但真正讓全世界傻眼的，當然還是西方有組織的暴力（軍隊）的訓練與使用。孫中山前後幾代中國人「跟國際接軌」的努力，首先就是被列強投射的暴力引起的，辦軍校、組織自己的暴力，打倒軍閥、除列強，那是再自然不過的「現代化」之一。

於是，當時引領中國革命風尚的國民黨和共產黨，政治上的黨、跟軍事上的軍校，都一起合辦了。國共合作的黃埔，培訓自己的「革命」軍官，成為掌握武力的關鍵，黃埔軍校的的確確深刻影響了中國近代史。

黃埔島上校門的橫額：陸軍軍官校。這是國共合作下的新國民黨的，中國國民黨陸軍軍官學校。

為什麼說「黃埔這4期」呢？因為：真正在廣州的黃埔島領到畢業文憑的，就只有1-4期生，他們受到的政治思想教育，堪稱「空前絕後」，遠非其後的軍校可以比擬。這也是國共合作下的、真正的黃埔，孫中山想要的「革命的黃埔」。

1927年，蔣介石背叛孫中山路線，4月12日發動「清共」。之前，國民黨早已決定將國民政府從廣州遷都到武漢，那時，1200名第5期生也早已隨同國民政府轉移到武漢，繼續在「武漢分校」受訓，後來又招收了「第6期」，包括「女生隊」，中國第一批女軍官。1927年7月中，汪精衛的武漢國民政府也開始清共，一大部分在武漢的黃埔第5、6期師生參加了共產黨，成為八一南昌起義的部隊。武漢「黃埔」結束。

清共後的蔣介石，迅即在南京另立「國民政府」，把那時還留在黃埔島的1400名第5期生拉到南京，並以「中央陸軍軍官學校」的名義，也繼續受訓，隨後又取消「中央」二字，回復只稱「陸軍軍官學校」。蔣介石就愛搞這個，模糊政黨、政府、國家的界線。

後來，汪、蔣合作，汪精衛也開始清共，大部分在武漢的黃埔第

5、6期師生便參加了共產黨，成為八一南昌起義的部隊。

總之，軍校第6期之後的畢業生，都不再是孫中山的「革命的黃埔」。蔣介石喜歡繼續稱為黃埔××期，主要為了：1、霸佔黃埔相關的話語權，以模糊歷史、強化他對孫中山的「繼承權」；2、自我圖騰化「黃埔」，以淹掉「黃埔」國共合作的真面目、以及「國共合作」的源點。

而事實上，國共雙方的主要軍事幹部，也真以黃埔生為多，各自在戰場上比拼出誰是真材實料。記述黃埔的人與事，幾乎也就記述了中國內戰、外戰的許多細節。民國史上的蔣介石時代，其實也是民國史的黃埔時代。成也黃埔，敗也黃埔。

國共合作的黃埔，跟國共分裂之後的黃埔，還真不一樣。1-4期的黃埔，由於國共合作「革命的黃埔」，非常強調「革命」精神。武漢的「黃埔軍校」第5期、第6期，革命精神猶存，大致還可以稱之為「黃埔」。之後的南京「黃埔軍校」，就只好名符其實的稱之為「國民黨陸軍官校」了。

1949-1975，蔣介石在臺灣

國共內戰，蔣介石的「國軍」經實踐檢驗，被證實為「豆腐渣工程」。雖然如此，農民土根性的共軍，還是渡不過窄窄一條海溝，於是，蔣介石的餘生便在臺灣度過，依然是當權的26年。這26年，說「中華民國」在臺灣，不如說，蔣介石在臺灣。

今天臺灣一切成就的起點，很難歸功於蔣介石在臺灣的時候，而要歸功於蔣介石不在臺灣的時候：蔣經國時代。（以及之前雖然**陳誠**在臺灣省主席任上推行的土地改革「三七五減租」與「耕者有其田」政策）

人情上，我們難以啟齒，但100年後再回顧歷史，人們終將看透蔣介石對海峽兩邊的中國人到底做了些啥事、並且慶幸沒有活在蔣介石時代。

歷史終會總結：活著的蔣介石，霸是霸了，但對中國人或中華民族，毫無貢獻。

1924之前的蔣介石

蔣介石（1886-1975），原名志清，介石是他的號。1886年生於浙江奉化縣溪口鎮。1906年自費到日本留學，入東京清華學校學習日文，開始受到排滿革命黨人的影響，並結識了陳其美。半年後回國，1907年保定通國陸軍速成學堂第一次全國公開招生，浙江省除去「浙江武備學堂」和「弁目學堂」保送生名額外，還剩下14個公開招考名額，在一千多個考生中，蔣介石被錄取了。可見和當時20歲的青年相比較，他還算是優秀的。

在通國陸軍速成學堂讀了半年後，正趕上該校要保送40名學生去日本留學，蔣介石報考，又被錄取。於是，1908年他再到日本，入振武學校學習2年，1910年畢業，以士官候補身分被分配到第13師團野炮兵第19聯隊實習，當了一整年的二等兵。

這就是蔣介石全部的學歷。人類，是個教化出來的動物，20歲之前的教化，塑造每個人的一生。日本軍隊嚴格的等級制度，下級絕對服從上級，這對年輕的蔣介石產生了深刻影響，養成了日後他對部下獨裁式的管理方式。

這時段，混革命跟混江湖一樣的上海灘黑道陳其美，跟蔣介石、黃郛，在東京結為異性兄弟，陳介紹這些把兄弟加入了《中國同盟會》。據稱，陳其美便是在1910年中，帶蔣介石去見了孫中山，是孫、蔣第一次見面。這是蔣介石混革命的起點。

1911年10月10日，武昌新軍起義爆發，三天內武漢全部光復，接著湖南、陝西、山西、江西以及雲南等省分回應起義，宣布獨立。做為上海光復會頭領之一的陳其美，迅即發出「十萬火急」電報，催促蔣介石迅速回國，以參加長三角地區的武裝起義。蔣介石與同在13師團實習的張群，決定立即搭輪回滬，同船回國革命的留日學生有120多人。蔣介

石在10月30日抵達上海，陳其美立即派他到杭州參加武裝起義，蔣介石參加了杭州的革命敢死隊。11月3日上海起義，杭州方面決定4日午夜以新軍81、84標（團）為起義主力，5日杭州光復。

1912年1月14日，受陳其美指使，蔣介石夥同王竹卿，各攜帶手槍，刺殺光復會大頭領陶成章於上海法租界廣慈醫院。

陶成章是光復會的創會頭頭之一，而且是重要的領軍人物。光復會雖然跟華興會一起加入了同盟會，但對孫中山的黑道似的江湖味以及不嚴謹的生活習性（簡單說，酒色財氣、青洪幫之類），並不贊同，對兩廣「邊區鬧革命」的路子，更加反對。就因為反對孫中山，光復會、華興會的革命黨人，才先期回到內地自己幹革命，才觸發同盟會計畫外的武昌起義。

而上海灘的陳其美，其上海光復會卻是黑道底子，由於跟孫中山的洪門味道相投，成為孫中山的忠實粉絲、以及孫中山在上海的保護者。但陳其美跟陶成章之間，涉及意識、品味、地盤、利益，各種隔閡，恩怨糾結重重。

陳其美指使蔣介石刺殺陶成章，肯定是私利因素。案發後，陳其美立即懸大賞「緝凶」，王竹卿迅速被光復會查獲處死、滅口，蔣介石則惶惶逃往日本。這轟動全國的大案，就此不了了之。

蔣介石當權後，國民黨的官書全力合理化蔣介石這個暗殺行動，記載說：因為陶成章反對孫中山，所以需要予以「制裁」云云。實際，正因為陶成章被刺，蘇浙光復會更加疏離同盟會，後來孫中山以黑道手法改組同盟會為中華革命黨，連黃興也退出孫中山陣線了。

1913年春，蔣介石自日本回國，但不敢在在上海露面。因為陶成章在上海的死黨聲稱要找他報仇，他只好躲在奉化老家，閉門謝客。

3月20日，當時國民黨的最主要人物，宋教仁，在上海車站被暗殺。

悲憤交集的孫中山立即從日本趕回上海，孫中山斷言：「袁世凱是民國大總統，總統指揮暗殺，則非法律所能解決。所能解決者，唯有武力」。

宋教仁早在1912年8月，已將同盟會為主的革命黨團組合為「國民黨」，以孫中山為名義上的國民黨黨魁，宋教仁則負全責在北京國會中運作，要以國會之力制衡總統濫用權力。這就是法律科班出身的宋教仁的政治理念，內閣制，而非總統制。他起草的《中華民國臨時約法》也是同樣的虛位元首的理念。

　　宋案發生後，孫中山先生要為宋教仁討回公道，指示南方諸省國民黨籍督軍立即武裝起義反袁，「二次革命」，但附從者很少。到了1913年6月，袁世凱在時間上已經準備充分，立即派北洋軍南下「討伐」南方各省的國民黨籍督軍。在國民黨已失先機的情況下，袁世凱很快就取得了勝利。

　　1914，中山先生在國內無處藏身，只得跟陳其美等，再度逃往日本，並改組同盟會為「中華革命黨」，要求入黨黨員宣誓對黨魁效忠，並按手印。黃興不同意，不參加、也不公開反對，跟孫維持朋友關係。蘇浙光復會同志，則因陶成章被刺，公開反對孫中山，大批黨人脫離孫中山陣線。陳其美、蔣介石等海派，則仍效忠孫中山，中山先生一定感覺很爽，孫、蔣關係進一步加強。

　　二次革命失敗後，部分革命黨人士氣低落，謂非十年以後不能革命。但是孫中山先生不屈不撓，堅持武裝鬥爭，主張速行「三次革命」。1914年春夏之交，陳其美令蔣介石潛回上海策劃武裝起義。但事機不密、被上海鎮守使鄭汝成偵知，袁世凱為此發布命令說「此次謀亂系蔣介石代表孫中山主持一切……著各省巡按使、都督，各統兵官嚴拿，務獲究辦」

　　陳其美知悉蔣介石上海曝露，自己正忙於幫助中山先生組織中華革命黨，急電令蔣介石速到日本「再定大計」。1915年10月陳其美從日本回到上海，主持發動武裝反袁事宜，不久，刺殺了鄭汝成。隨後，傳來蔡鍔在雲南宣布獨立，組織護國軍反袁稱帝。陳，蔣歡欣鼓舞，決定再厲，在滬蘇起義。搞了三次都告失敗。最後一次，蔣介石與楊虎成功的發動江陰要塞起義。消息傳至北京，袁世凱甚是震驚，隨即令江蘇督軍

馮國璋率大軍前去鎮壓。江陰要塞與縣城的獨立，僅僅5天即以失敗告終，蔣介石與楊虎逃回上海。

1916年5月18日，陳其美在上海遇刺犧牲，蔣介石不顧一切出面為其善後，其江湖義氣，很感動了一些上海革命黨同志。這時段，蔣介石跟上海灘青幫大頭目等人，頗有來往，並正式投入青幫。

1916中，袁世凱病死。1917年張勳復辟失敗，段祺瑞上臺把持中央政府大權，拒絕恢復民國元年《臨時約法》和國會，要建立他的北洋軍閥專制統治。孫中山遂舉起「護法」的旗幟，南下廣州成立護法軍政府，被舉為大元帥。雲南唐繼堯、廣西陸榮廷參加，他們只是想利用孫中山的招牌與北洋軍抗衡，並非真心真意護法。連孫中山的地方關係，廣東的實力派陳炯明，也只是提供政治舞臺，讓中山先生唱出戲而已。

1917年末，失去陳其美靠山的蔣介石來廣州投奔孫中山，次年被任命為粵軍作戰科主任。後任第二支隊司令，有兩個營，兩千餘人，指揮部隊進入福建作戰。蔣介石在粵軍表現相不錯，但人生地不熟的，很受粵軍將領排擠。

1920年初，蔣介石離開孫中山，從廣東回到上海。其後兩年，名義上蔣介石在粵軍任職，實際則遊走於上海與奉化之間，跟陳潔如正式結了婚、並跟張靜江等人合夥做股票投機。

1922年，陳炯明炮轟廣州觀音山護法軍大元帥府，孫中山逃上永豐艦避難。蔣介石6月29日返抵廣州，潛登永豐艦、陪伴中山先生共生死，前後一個半月。他的江湖義氣，很讓孫中山感念、信任。陳炯明事件過後，中山先生下決心要實行「聯俄，聯共，扶植工農」三大政策之時，便委任蔣介石擔任「孫逸仙博士訪問團」團長，負責去蘇俄取經，洽談聯俄、聯共、以及建立軍校等事宜。

關於蔣介石在「孫逸仙博士訪問團」和「黃埔軍校校長」的位置，屬於孫中山的主動，是孫中山時代的事，已敘述在前面一節，這裡不再重複。

1924年6月16日黃埔軍校第1期開學，蔣介石如願當上校長。這時他

38歲，既非國民黨的中央委員，也不是國民黨全國代表大會的代表。但中華民國的蔣介石時代，卻悄悄地從此發芽。

1924-1926，從黃埔軍校校長到北伐軍總司令

1924，是中國大轉折的一年。這一年，在廣州組織非常政府「護法」（實際上是對抗北洋政府）多年的孫中山先生，不但引入了俄援，而且國共合作建黨建軍。1月末，國民黨改組，成為國共合作的新國民黨；6月中，黃埔軍校開學。因為黃埔建校前蔣對校務的展開不給力，孫、廖二人有以程潛取代之意，所以，開始建校後幾個月裡，蔣介石著實狠狠地表現了兩下子，構建起頗有模樣的校本部和教授部。

這年秋，中國南方爆發廣州商團的武裝叛亂。中國北方則西北軍閥馮玉祥聯合東北軍閥張作霖，在北京發動政變，推倒了賄選當上「中華民國大總統」的曹錕，並邀請孫中山北上「共商國是」。但沒等孫中山抵達北京，各派系軍閥已經推出段祺瑞為臨時執政，廢除了曹錕修改的「憲法」，連帶也廢止了民國之初的「臨時約法」和「國會議員」。

廣州商團的叛亂，可以看出那時孫中山政府的嫩稚。孫中山在廣州擴大國民黨、辦政府、辦軍校，即便有俄援，勢須籌餉，則不可能不波及廣州商、民，商團自然要阻抗，因為就食在廣州地區的，除了新國民黨，還有滇軍（楊希閔）、桂軍（劉震寰）、粵軍（許崇智）等部。

8月，非常政府從洋船截獲商團從香港運來的軍火，並交給黃埔軍校。實際，就是「白道」扣押了另一個「白道」的武裝，要點贖金，補貼點經費。不久，價碼談妥，便「發還」了4千支槍和彈藥，銀貨兩訖。過程中，孫中山卻超現實地跑到粵北的韶關搞「北伐」，有逃避之嫌。但商團原本就是要動武，剩餘的被扣軍火當然就談不攏了。

10月，商團開火造反。然而，當時新國民黨僅有的武力只有黃埔1期學生。廖仲愷、蔣介石等，只好派出開學才4個月的學生軍去戰鬥，

幸好商團軍是烏合之眾，學生軍贏得首戰的勝利而歸。11月，黃埔1期生「畢業」，距離開學僅只5個月、且已經過戰火洗禮。

孫中山從韶關寫信問蔣介石：「軍校培訓軍官，沒兵如何打仗？我們得編練新軍」蔣回答：「太簡單了，招兵唄，只要訓練兩個月，不就有士兵了嗎？」孫當即復信：「就現地（廣州）加工吧」。

於是，廖仲愷、蔣介石立馬成立教導團，並派人到江浙、上海、安徽、山東、河南等地招兵，籌辦新軍。計畫中的部隊高幹由黃埔教官擔任，黃埔1期畢業生則擔任下級幹部、連排長和連黨代表。但計畫趕不上形勢的變化，沒等招兵完成，黃埔學生已經按部隊編制形成武力，「黃埔校軍」這個概念於焉誕生。此後，部隊擴編、正規化，而黃埔的身影猶存。

新國民黨積極建軍，是必然的；實際上，要從擁擠在廣州地區的眾多部隊中生存，沒有自己的武力是不可能的。

黃埔1期迅速畢業後，新國民黨在蘇俄與商團軍火的基礎上，組織起三個營的黃埔校軍，由何應欽任團長，沈應時、陳繼承、王俊分任營長。

1924年12月初，孫中山北上跟北洋軍閥和談，盤踞在惠州、潮州、汕頭一帶的陳炯明所部，趁機向廣州進攻，號稱7個軍6萬餘眾。形勢萬分危急，代理大元帥胡漢民迅速聯合廣州地區的滇、桂、粵軍，合組成東征聯軍來對抗。這時的黃埔校軍3千餘人，由蔣介石率領，跟黨代表廖仲愷、政治部主任周恩來、葉劍英和蘇聯顧問等具體指揮，配合粵軍許崇智進攻淡水、海陸豐、及潮汕。

校軍的隊伍每個戰士背包上掛有「愛國家，愛人民，不貪財，不怕死」的牌子，並在行軍路上高唱《愛民歌》：「紮營不要懶，莫走人家取門板。莫取人民一粒糧，莫踏禾苗壞田產。莫打民間鴨和雞，莫拆民房搬石磚……」

1925年2月1日，校軍和粵軍肅清廣九路的敵軍。2月2日，何應欽的教導第一團攻下虎門、東莞，直逼淡水城。

2月15日，由8名擔任連黨代表的共產黨員率領105名奮勇隊（敢死

隊）在次日清晨7點鐘發起進攻，周恩來做了戰前動員。這些學生軍的唯一作戰經驗還是3個月前打垮廣州商團時所取得的那一點點，但他們豪氣沖天，信心滿滿的勇往直前。當奮勇隊發起進攻，在城下用雲梯蹬城的那一剎那。左權也已經帶著他那一排的戰士沖到城下。突然間，兩位蘇聯顧問口中大聲喊著，也從山坡上沖下來，一個蹲下，一個踩在他肩膀上。左權一看，大吼一聲「搭人梯」，把一排戰士分成三列、並帶頭靠「人梯」登城頭。且戰且進，終於打開了城門，讓教導第二團進城，全殲敵軍。淡水之戰造就了許多英雄，嚇破了敵人的膽子。但教導2團第2連連長孫良激戰時帶兵逃跑，後被陣前執法槍決。團長王柏齡在攻下淡水城之後，無能指揮部隊擋住亂軍洪兆麟的反撲，且臨陣退縮，戰後被撤除團長職務。從此在蔣介石的軍事集團中抬不起頭，再無升遷機會。

那時的蔣介石似乎還懂得為將之道，賞罰分明，不以個人喜惡與私心做為部下升降的標準。

右路東征軍黃埔軍校校軍在取得淡水城勝利後，一路乘勝突進到揭陽，入住潮州。而左路、中路東征軍的滇、桂軍到石龍就按兵不動，且暗地裡與陳炯明、林虎、洪兆麟信使聯絡，致使林虎能率兵1.5萬人通過滇軍所讓開的空際，直攻黃埔軍校與粵軍第二師後方，於是棉湖大戰開始了。戰況極為慘烈，蘇俄軍事顧問加倫將軍率領其衛隊與團長何應欽加入戰鬥。教導一團以一當十，全團傷亡半數以上。9個連長6個陣亡、3個負傷。第三營營黨代表、副營長犧牲，3個連長2死1傷，9個排長7死1傷，士兵共有385人，戰後剩下110人。所幸在戰鬥最激烈時刻，教導二團官兵行至鯉湖，聞棉湖方向炮聲，主動兼程支援，直撲敵軍司令部，而使敵軍全線崩潰。

棉湖之戰是東征軍中決定性的戰鬥，扭轉了整個戰局。黃埔校軍3千餘人打敗了林虎1.5萬餘人的勁旅，打死打傷其9百餘人，擊斃敵旅長張化如，俘虜其團長黃濟中以下營、連、排長60多人，繳槍1千餘支。加倫將軍說：「棉湖之戰，不獨在中國少見，我可以告訴蘇俄國內同志，中國革命可以成功，一定勝利。因為教導一團能如此奮鬥。」棉湖

之戰後，粵軍和黃埔校軍用剩勇追窮寇，連下五華、興甯、最後連其老巢惠州也向東征軍投降。亂軍首領林虎、劉志陸逃出廣東，陳炯明由汕尾流亡去香港。

第一次東征勝利後，接著平滇、桂軍的叛亂。後又進行第二次東征，掃清陳炯明餘部。黃埔建校才1年半，就為新國民黨鞏固了廣東革命根據地，澈底驗證其存在的價值，方才有北伐的基礎。蔣介石也嶄露頭角。

1925初春，主張全中國重新民選國會議員的孫中山在北京病重。2月初，段祺瑞卻強力主導「實力派」組成「善後會議」，意在把持中央政府政權。3月12日，孫中山病逝北京。7月1日，國民黨秉承中山先生遺志，在廣州正式成立「國民政府」，跟北京的「中央政府」抗衡。10月，中國北方爆發北洋軍系的反奉戰爭。

1926年1月，國民黨召開第二次全國代表大會，提出「打倒軍閥」的號召，

蔣介石則正式成為國民黨中央委員、掌握以黃埔為主幹的軍權。

3月，國民黨內鬥，蔣介石藉「中山艦事件」整肅黃埔共產黨人李之龍（黃埔1期生）、並迫走汪精衛與胡漢民。兩個月後，蔣成為國民黨真正的當權人物。

4月，北洋內鬥的反奉戰爭失利，東北軍攻佔北京，段祺瑞政府倒臺。

7月初，國民黨發表「國民革命軍北伐宣言」，明確了「打倒軍閥除列強」「建立人民的統一政府」兩個綱領，正式開始北伐。

北伐（1926-1928），以及，清其（1927）

1926年7月9日，蔣介石在廣州東較場就任國民革命軍總司令，誓師北伐。北伐軍，以李濟深為參謀長（實際以白崇禧為次長、代理參謀

長），並以鄧演達任政治部主任、郭沫若任政治部副主任。這時距離黃埔軍校開學、蔣介石出任黃埔軍校校長，時間只隔兩年零幾十天。蔣介石從國民黨二三流的角色，一躍變成國民黨軍事第一人、黨內第一人。

北伐的國民革命軍共10萬多人，分屬8個軍的建制，依序為：

軍長：何應欽、譚延闓、朱培德、李濟深、李福林、程潛、李宗仁、唐生智。

黨代表：繆斌、李富春、朱克靖、廖乾吾、李朗如、林伯渠、黃紹竑、劉文島。

以上北伐軍將帥，名字下畫線的是共產黨人，而何應欽的第1軍是擴編了的黃埔校軍，除了臨戰經驗外，士氣高昂、勇敢善戰、不怕犧牲。這些是北伐中，蔣介石比較可以調動的國共合作下的新國民黨人。

黃埔軍校第1期到第4期共畢業4845人，分發、融入到其他各軍的也不少。比如，張發奎的第4軍葉挺獨立團就是以黃埔生為骨幹。其他沒畫線的，都不是蔣介石可以輕易左右的老資格革命黨人（比如，同盟會員）。而在北伐過程中，西北軍閥馮玉祥與山西軍閥閻錫山，最終也加入國民革命軍。

北伐軍要面對：

北洋直系吳佩孚軍，約30萬人，控制湖南、湖北、河南、河北（保定一帶）。

北洋直系孫傳芳軍，約20萬人，盤踞蘇、浙、皖、贛、閩，號稱五省聯軍。

東北奉系張作霖軍，約35萬人，佔據東北三省、山東、內蒙、京津地區。

自然地，蘇俄軍事顧問建議：各個擊破。由於20世紀以來，兩湖一直得風氣之先，社會基層的革命情緒比較濃鬱，兩湖吳佩孚便成為北伐軍的第一個目標。

被編為國民革命軍第8軍的唐生智，屬於老革命人的軍閥，以湖南為地盤，吳佩孚軍進佔湖南後，為了生存，唐1926年3月才正式接受

廣東國民政府領導（因為跟吳軍相接，後被任命為兼北伐軍前敵總指揮）。唐生智選邊站後，立馬被吳佩孚指派的湖南省長葉開鑫結合吳之部將孫建業圍攻。

4月，第七軍的李宗仁，派鐘祖培旅長前往支援唐生智，方使唐穩住陣腳。

6月2日，第4軍的葉挺獨立團作為北伐先遣隊，先期出發，進入湖南。

6月28日，第4軍又派出張發奎、陳銘樞兩師自韶關北上援湘。

7月10日，北伐正式誓師的第二天，攻克長沙。

8月19日，北伐軍第四、第七、第8軍全線出擊，北洋軍潰敗，吳佩孚驚震。

8月21日，吳親率劉玉春等部數萬人馬自長辛店趕至漢口。

8月23日，北伐軍兵分四路攻打汀泗橋，葉挺獨立團一馬當先，激戰兩天，直衝得北洋軍敗退至賀勝橋。

8月28日，吳佩孚集結號稱10萬人馬親至賀勝橋指揮，雖然其執法大刀隊砍殺了擋不住北伐軍凌厲攻勢而後退的幾個團、營長，結果還是以失敗告終。只留下劉玉春守衛武昌。

汀泗橋與賀勝橋是北伐戰爭中最慘烈的戰役，葉挺獨立團打出第4軍「鐵軍」的威名。吳大帥部隊的士氣被北伐軍打爛。

當時，不獨共產黨人領導的獨立團敢衝、不怕死，整個新國民黨都充滿「革命」精神，大抵都勇於勝利。物質條件的欠缺，絲毫不折損中國大革命時代的風貌，人人爭當英雄，並且紀律嚴明。顯然，孫中山「以俄為師」，所引進的俄式政治動員辦法奏效，大大調動了「人的因素」、激發並釋放了正能量。

新國民黨第一次嘗到組織、紀律、主動、積極、溝通、協調、群眾等等帶來的力量，這模式被後來的國共兩黨一致遵循。其實，就中國或外國歷史事件尋查，政治因素或人的因素的決定性，經常大於人群社會的其他硬軟體，不然中國歷史也就無所謂諸如「革命」「號召」「以身

作則」之類的詞語了。蘇俄模式之所以有效，自然跟當時中國自身的條件吻合。當然，人心是動態發展的，話語及辦法必須跟得上人群的時尚。

總之，政治、軍事、經濟等等，都是人群的行為。訴諸以人為本、做到以人為本，錯不了，何況這時的潮流還是中國大革命時代。

9月初，北伐軍迫降吳大帥漢陽守軍劉佐龍。

9月7日，北伐軍進佔漢口。

10月10日，北伐軍攻佔武昌，生俘劉玉春。

吳佩孚在河北、河南、兩湖的勢力，基本被打殘，再無興風作浪的威風和能量。北伐的標迅即轉向擁有閩贛、江浙和佔領南京、上海、杭州、南昌等諸多大城市的孫傳芳集團。

9月19日，程潛率第6軍及王柏齡代理軍長的第1軍第1師，趁南昌守敵空虛，趁虛而入佔領南昌。孫部鄧如琢立即反撲，王柏齡部首先潰退、第6軍也擋不住，南昌得而復失。蔣介石當即令李宗仁第七軍前去支援，第七軍在若溪全殲孫傳芳精銳部隊謝宏勳兩萬餘人，再前往德安，又擊潰盧香亭部三萬餘眾。

北伐中，桂系第七軍表現非常出色，自稱「鋼軍」，以比美第4軍的「鐵軍。」

10月9日，蔣介石決定第二次進攻南昌，又告失敗。

10月16日，浙江省長歸順北伐軍，任國民革命軍第18軍軍長。浙軍師長陳儀隨之起義參加北伐軍，到此，孫傳芳軍心動搖，幾乎沒有可戰的兵將。

11月7日，白崇禧率兵向南昌進擊，繳獲敵械萬餘杆，俘虜其師長嶽思寅等三人及旅長一人。第二天，朱培德第三軍攻克南昌。

9月底，北伐東路總指揮何應欽率第1軍入閩作戰，打垮了孫傳芳之閩督周蔭人。12月7日，佔領福州，控制全省。到此，孫傳芳已經失去了浙、閩、贛三省地盤，

無奈之下只得親赴天津謁見張作霖，且行跪拜之禮；二人遂捐棄前

嫌，共創「安國軍」。張任總司令，孫與直魯軍總司令張宗昌分任副總司令，三人聯手對抗革命軍。

1927年1月，蔣介石為應對「安國軍」召開軍事會議，決定先肅清長江下游的作戰方略：先攻破孫軍主力，奪取滬杭、會師南京，並派白崇禧暫代何應欽為東路軍總指揮。

2月28日，白崇禧率東路軍攻佔杭州。北洋軍閥大為震動，急派直魯聯軍總司令張宗昌率軍沿著京浦路南下。東路軍兵分兩路分由何應欽、白崇禧率領，直攻淞滬。孫傳芳主力與直魯聯軍一部被殲大半。

3月23日，北伐中路軍程潛與東路軍會師，攻克南京。

至此，北伐軍從誓師到攻下南京，不到8個月的時間，已橫掃兩湖及東南各省，消滅了吳佩孚、孫傳芳主力及奉系張作霖部分力量。而新國民黨從黃埔建軍，到天下大勢底定，也不過2年9個月出頭。

4月12日，進入上海的北伐東路軍奉蔣介石之命，發動政變、清共。

霎時間，腥風血雨吹遍南方各省（如兩湖、兩廣、福建、浙江、江西等等），在寧可錯殺一千也不放過一人的原則下，數不清的共產黨員被屠殺。中華民國的行進，此時此刻突然剎車，逆向馳往另一個新的歷史場景。

大革命時代的人氣造就了北伐軍光輝戰績，時勢出英雄，此之謂也。後來，「國軍」多半打不贏「共軍」，無它，少了那麼一點「革命精神」。孫中山要國共合作，就為的共產黨人猶存有中國大革命時代的精氣。蔣介石清共，國民黨迅速還原、並蛻變為蔣介石的國民黨，精神面貌遠遜於孫中山的新國民黨。

現有的史書，都沒說明白，蔣介石「忽然」政變清共的內幕。從資料上看，蘇俄的援助，是黃埔成軍的主要因素：前後撥交開辦費250萬金盧布，6次運送武器共計有步槍5萬1千支、子彈5億7千4百萬發、機關槍1千多挺（比如，1924年10月初，蘇俄軍艦運送山炮、野炮、重機槍等直達黃埔校門口碼頭，出動軍校師生全體起卸物資，隨後與蘇俄海軍官兵在校聯歡），由加侖將軍率領的蘇俄軍事顧問團40多位軍事和政治

顧問除在校工作、甚至上前線協助黃埔校軍東征陳炯明的作戰。沒有更大的奧援來取代，無論蔣介石或誰，都不會瘋狂到「反水」。

關於蔣介石在上海清共的決心與實際行動，客觀來看，沒有列強的撐腰（英美日的政商財團？），他是不敢也不會下這麼大的賭注的。但卻沒有切實的資料去證明曾經發生過什麼事，叫人不免納悶。歷史已過了快90年了，此事一直是懸案。

只有一點是確定的，就是，這些武林祕辛絕對不可能出現在「蔣介石日記」裡頭。

我們只能邏輯的說說：那時的蔣介石，一定自有其羽毛豐滿、不再需要俄援與共產黨人的理由。

（1）從國家角度看，當時的中國，仍然是列強的棋子；列強，美英法日德，當然也包括蘇俄。列寧對孫中山的中華民國，同情之餘，「借殼上市」的意圖也相當明顯：就是共產黨借新國民黨的殼，進行中國的革命。實際，從古至今，人類的「文明國際」遊戲，一直這麼玩的。直接入侵，不如玩轉代理人，那時或現在，各國在華都有眾多代理人。

從個人角度看，以蔣介石留日花花世界、上海黑道與炒股的生活習性，加上短暫而苦澀的日軍二等兵與蘇俄取經的歷練，運氣好到居然卡位卡到孫中山留下的殼，自然寧可另找股東，自己玩轉「借殼上市」，而不願框在一個嚴格的俄式新國民黨平臺裡。更何況，絕不缺願意投資蔣介石、跟蘇俄對幹的股東。

（2）孫中山、廖仲愷死後，新國民黨與黃埔軍校權力真空，蔣介石敏感地嗅到這是他自己一生最大的「機遇」，所有可能影響他「上市」獲利的人與事，都在蔣介石排除之列。

1926年3月，黃埔1期的李之龍「中山艦事件」，被炒股成癖的蔣介石充分利用，不但打擊了共產黨人在黃埔的勢力，也清除了汪精衛、胡漢民在國民黨內的勢力。這是他「借殼上市」的源點：獨佔國民黨的殼、掌控其軍與政；上海政變、清共，只是完成上市手續。

（3）必須指出，蔣介石上海灘式的老練或精明（sophistication），遠非當時國共兩黨的文武政要能夠匹敵。他一定也察覺到了這一點，並且自我感覺良好到不行。

蔣介石當然也屬於孫中山陣營，但他顯然沒搞懂孫中山。孫中山革命一生，私生活雖欠檢點，卻絕非蔣介石那套路。孫中山自有一套革命的浪漫，「公」心支撐著理念與信念，「天下為公」，小瑕不掩大德。蔣介石的本質，則不是那個數量級的人。

蔣介石政變、清共，看似來的突然，其實不然，端倪早現。

（1）1926年3月18日發生的中山艦事件，今天回顧，是個荒唐的偶發事件。但蔣介石將之炒作、利用到極致。

事件的主角，李之龍，共產黨人，黃埔1期的大齡生，時年29歲，是黃埔製造的第一個少將、第一個中將，當時是廣州國民政府海軍局局長。中國人嘛，槍打出頭鳥，國共兩黨都有許多人看李不順眼。事發時，李的共產黨員身分已經被當時中共首腦的陳獨秀、張國燾開除。而國民黨內跟李爭位的更大有人在，這事應該就是硬生生讓這幫人搞出來的。

事發前幾天，李接到一通模糊電令，要他派2艘軍艦到黃埔碼頭，由於是海軍內部的電訊，李便把中山艦開到了黃埔軍校門口。李之龍等了一天，也沒鬧清楚是誰給他下達的指令，然後又沒見下一步要做什麼的指令，於是李請示蔣介石校長：是否可以把中山艦開回廣州？

蔣介石卻聞訊大驚，蔣根本不知道中山艦已經在黃埔門口！

隨後的事態發展相當耐人尋味。「蔣介石日記」如此記載：蔣懷疑是汪精衛或某些國民黨內反蔣的人要搞政變，讓共產黨人的中山艦開到黃埔，準備把蔣弄上船、開到蘇俄囚禁，云云。

於是，摸不著頭腦的海軍局長兼中山艦長李之龍被蔣介石逮捕，並宣布廣州戒嚴。李被控「叛亂」、周恩來被軟禁一天，蔣的防共措施（以及他日記的記載），只能說明：當時，共產國際（實際是蘇俄）對

中國南方政府的影響力很大很大。

那時的國共政要，不知如何對付蔣介石，反應得非常幼稚。

先說共產黨人的反應：

在黃埔校內，蔣介石偏袒「孫文學會」、壓制「青年軍人聯合會」，挑起右左派矛盾，但在公開場合，蔣介石無疑是「過激派」，「誰反對共產黨就是反對我」和「我蔣某人如果不革命，同學們可以槍斃我」之類的硬話，朗朗上口。黃埔1期的蔣先雲、陳賡等共產黨人跟周恩來商量，想以不惜攤牌的強硬做法，逼蔣介石表態，甚至安排了一定的動作；但共產國際卻鐵了心要跟蔣介石「國共合作」，那時的中共首腦陳獨秀、張國燾，藉蘇俄老大哥之勢，把充滿暴力本質的革命當成了請客吃飯，和氣一團，不斷跟蔣介石解釋、說好話，唯恐國共合作破局。至此，蔣介石自認已看透中共能耐，事發一個月後，等蔣藉機也收拾了國民黨內，便釋放了李之龍，並將跟李爭位元的幾個偽造電訊的嫌疑犯，清除出國民黨，以示公正、並掩蓋裂痕。中共最高領導層，則絲毫沒有察覺到日後的危險，自然談不到對蔣介石的血腥清共有什麼應對的預案和心理準備。

（蔣先雲是蔣介石最看重的黃埔門生，也遭共產黨人自己的忌，後來乾脆以戰死解套。中國大革命時代，人才、理想、習性、社會，格格不入的案例，非常多。人情義理之間，古今中外都難以求全吧。下面再敘）

再說國民黨人的反應：

事發時，蔣介石才當上新國民黨中央委員3個月，已儼然發號施令的架勢。事發後，蔣在國共之間搓自己的丸子，以共逼國、以國壓共，並影射派出中山艦的「影武者」是汪精衛。1926年5月，新國民黨中委在汪精衛住處開會，確立蔣介石領導地位。不久，汪精衛流亡法國。

「蔣介石日記」對李之龍案的疑慮，在事發第一點時間的反應，或許如實反映了蔣的焦慮：他已經成為黨軍的老大，也已進入政權核心位置（中委），但汪精衛、胡漢民等國民黨重臣，仍然是蔣介石更上層樓

的障礙，甚至可能是危險因素。急於往上爬的蔣介石會疑神疑鬼，正常的，人性嘛，他想怎麼搞別人、就會想別人怎麼搞他。

因此，中山艦事件發展到以蔣介石制共、壓汪、獨領黨政軍、並迅速收場，蔣成為唯一的受益人，似乎只有3個可能的合理案源：其一，蔣介石自導自演整個事件。但當時的蔣不大可能有這麼大的本事；其二，汪精衛真的意圖用海軍剷除蔣介石。但李一直蒙在鼓裡，這就不大可能；其三，海軍內部惡搞李。這比較可能，不然哪能使用海軍電訊？

無論案源如何，蔣介石的反應，絕對精明。不是天衣無縫就是一網打盡，而且，完全主動、坐在駕駛座上玩死新國民黨內左右派系。

（2）1927年3月6日，發生贛州慘案。右派把持的江西國民黨省黨部，開始血腥屠殺共產黨人和工農群眾，並殺害江西省總工會委員長陳贊賢。十餘萬人至省黨部請願示威。

沒有證據顯示蔣介石跟贛州慘案存在直接關聯，蔣介石的清共大動作，反映了當時中國人在全球資本主義與社會主義潮流中的迷惘。

贛州慘案表明了，20世紀以來的大革命時代，即使是革命的新國民黨，也確實存在「左」「右」的鬥爭。以中國的現實情況而言，眾多人口的識字率是慢慢增進的，知識也是慢慢普及的。識字、成為知識分子，或許還占不到1920年代中國社會的10%，然而對社會實施管治的權力階層卻是知識分子，「左」、「右」分歧由此而起。權力遊戲裡頭，一般偏重多數人民的代表性的，居左；偏重管治效率的，居右。而無論共產黨或蔣系國民黨的內部鬥爭，乃至中國古老朝代的政治與現代美國的政爭，都可以從理念上區分為「左」或「右」。並且，各自都會有大批追隨的群眾，因為現實的人群行為，基本上是盲目的，無論識字與否。

這種分歧、衝突，自有人群以來，即不可免。古今中外所有極欲獲取統治權的人、或已經是統治者的人，都會利用分歧夯實自己的權力基礎，蔣介石自然無可免俗。只是清共之後的發展，可以看出蔣介石的動作，全然僅只是他在權力之路上一己的選擇，新國民黨裡的「左」派固

然是他整肅的對象，新國民黨裡的「右」派照樣被他整肅。

蔣介石清共，並非國民黨右翼的整體動作，它不過就是蔣介石自己奪權的把戲。但蔣介石再次表現了他的精明，他的清共動作，跟日本偷襲珍珠港一樣，完全達到突擊效果，新國民黨的左右翼、共產國際、蘇俄都被搞懵了。

事實上，蔣介石清共之前，汪精衛已回國，並剛到武漢主持國民政府。在武漢的汪精衛，建構國府都還沒就緒，就傳來蔣介石在上海清共、在南京成立「國民政府」，這個突然襲擊，誰都莫名其妙，不知道蔣介石搞啥名堂。幸好廣州遷都武漢是早已決定的事，一大部分的共產黨員早已隨著黃埔軍校第5期1千7百多名學生來到武漢，因此躲過了清共劫難。

在這血淋淋的危難關頭，共產國際和中共首腦陳獨秀卻幻想繼續跟汪精衛的國民政府搞國共合作，由武漢政府跟南京政府分庭抗禮。當時的中共甚至幻想以武漢僅存的新國民黨實力，自行北伐，統一全國。

武漢國府不單開除蔣介石的國民黨籍，並且下令動員、討伐南京國府，這就是國民黨官書上說的「寧漢分裂」。但這時的兩個國府仍然分別繼續北伐。

政治就是政治，各方面的調人當然不斷穿針引線，於是，

7月15日，汪精衛在武漢也宣布「分共」，實即清共、還原國民黨。

鮑羅廷被驅逐回俄，但蔣介石企圖留下加倫給他打內戰，加倫參加南昌起義的預備會之後，化妝回俄，恢復本名，布柳赫爾，1938以元帥軍銜，統帥蘇俄遠東軍，打敗日本關東軍挑起的「張鼓峰事件」。

中共這才發覺，中國雖大，自己卻幾無存身立足之地，於是，8月1日，周恩來、朱德、劉伯承、葉挺、聶榮臻、賀龍、惲代英、陳毅、周士第、澎湃、李立三、鄧演達、林伯渠等在南昌起義，毛澤東等在湘鄂贛邊區起義，葉劍英等在廣州起義，從此掀起中國大革命時代另一篇章。這些起義先後失敗，殘餘的紅軍則最終在井岡山合流。

這時武漢國民政府的武力，主要是湘軍、粵軍。南京國府的武力，

則主要為桂軍、蔣系黃埔軍。國共分家後，俄援當然也沒了，國民黨還原到孫中山逝世前的狀態，內部各個派閥的軍事集團之間，利益衝突加劇，而且黨、政也還原到形同虛設。寧漢之間劍拔弩張，北伐自然停頓下來。蔣介石雖拉攏了馮玉祥，但孫傳芳跟張作霖聯合後，勢力復熾。中國局勢一時又陷入各地割據混戰的場面。

由於蔣軍主要據有上海，桂軍則奄有南京，南京國府迅速被桂系把持。蔣介石想以軍功奪天下，但兵敗徐州，兩手一甩，無奈下野、前往日本。

8月末，孫傳芳、張宗昌的直魯聯軍渡江攻略南京，李宗仁、白崇禧則統合甯漢聯軍，雙方在南京附近的龍潭進行決戰。龍潭之戰，是北伐軍最大、最酷烈的決定性戰役，雙方都傷亡慘重。結果，孫傳芳僅以身免、主力部隊被全殲。底定北伐勝基的桂系，立刻進一步逼走汪精衛，武漢與南京國府合併，南京從此正式成為國民政府的首都。

蔣介石「下野」倒忙得很，12月跟宋美齡結婚，從此透過宋家取得美國關係。

1928年1月，黃埔生發揮了重大作用，國民革命軍幾百號連營長起鬨，沒有「校長」帶頭，「革命」玩不下去了，於是，蔣介石被國府召回、仍當北伐軍總司令，開始「第二次北伐」。

這時，直接受奉軍威脅的馮玉祥、閻錫山等華北軍系，均已接受國民革命軍的集團軍番號，北伐軍號稱百萬。北伐軍進展順利，4月末，奉系魯軍張宗昌勢力被東路北伐軍剷除出山東。當時的日本早已決策全面佔領並經營中國東北，眼看張作霖的奉軍集團不敵各路國民革命軍，不但奉軍北歸會直接影響日軍在東北的擴張，統一的中國也必定成為日本擴張的障礙，日軍遂藉種種口實，出兵山東，直接干涉北伐。

5月3日，國府派出的交涉員蔡公時等，在濟南被日軍虐殺，是為「五三慘案」。實際，五三慘案前後，山東省被日軍屠殺的中國軍民以萬計。北伐軍只好避開濟南，繞道繼續北上，往北京進軍。（之前，南京也發生被英艦炮火屠殺數千人的慘案。）

6月4日，眼看大勢已去的張作霖，只得將奉軍撤回東北，並乘夜車離開北京。但被日軍以炸彈刺殺於列車經過的皇姑屯。隨後，閻錫山進駐京、津，國民政府宣告北伐完成。

12月，繼承奉軍的張學良宣告東北易幟，國民政府算是「統一」了中國，中華軍國的北洋集團終於結束、由國民黨系各個武力集團取代。

以上，20世紀前葉的近代史，可以看到，中國人的現代化，實踐過程中，其實大家都是摸索著進行的。常常一個怪招，便無人能擋，因為，「智不及此」。教化、意識、習性、經濟、政治、社會的諸多整合，不可能瞬間無縫介面到人腦欲求的方向，空際便成為破格之人真正的機會所在。老軍閥打不過新軍閥，老革命搞不過新革命，政治玩不轉軍事，軍事又不敵經濟，而經濟還搞不過投機。

蔣介石的無本江湖，空手道為主，而居然賭運亨通，得黃埔為基業，其人之幸運，也算亂世一絕了。但中國那麼大、蒼生那麼多，無本終究不行的，自然會有智人找到中國社會的本，那個「天下為公」的本、哪怕只有一點點。

蔣介石，成也江湖，敗也江湖。

1928-1936，「統一」的神話：
剿共戰爭與蔣桂馮閻大混戰

1928年底時，中國大致回復到一個中央政府和一個國旗的局面。清共後的國民黨，一黨獨大，很有點俄共架勢。不過，國民政府倒很明白，雖然大大小小的割據勢力依然健在，中央政令別說貫徹、有時連資訊下達或全面覆蓋都有不少困難，然而，至少表面上是一統的。唯一的穿梆，就是各地共產黨扯起的「蘇維埃」大旗，讓地圖上的中華民國百孔千瘡，連表面上一統的假象也維持不住。

這時，無論是時勢造出來的英雄，還是英雄造出來的時勢，蔣介

石確實站在了中國政治舞臺的中心，公私兩便地號令著「統一」。「革命」依然是很時髦的口號，打倒軍閥嘛，不就是剷除割據、包括同類或異類的割據？

事實上，蔣介石叛離孫中山路線、清共政變後，激發了國民黨內的路線鬥爭。蔣實際替眾多國民黨系的「雄」開了路。一統天下，人人有希望，個個沒把握。

蔣介石同時也激發了共產黨人的路線鬥爭，讓許多共產黨人更清楚地認識到：革命沒有捷徑了（黨中央的那一套不足成事，蘇俄的那一套也不合中國情況，借殼上市更已成昨日黃花），必須靠自身的武裝鬥爭，一步一血印的奮鬥、犧牲，紮根農村，才有生存與成功的可能。毛澤東便是這條中國式共產革命道路的創始人和集大成者。

毛的秋收起義隊伍和朱德、陳毅率領的南昌起義的餘眾，在井岡山建立了紅軍和農村革命根據地。雖然不過幾千人的隊伍，但卻是公然對抗中央政府的異類。對此，蔣介石極為不安。公然對抗中央政府的同類，蔣系國府稱之為割據「軍閥」，對共產黨，則稱之為「共匪」。

不能否認蔣介石對統一中國的努力，不但不能否認或淡化，史實還必將以此為鑒。兩千多年的大一統觀念，深入中國人心，形成獨特的中國歷史和社會，蔣介石如果不努力試圖統一，他會連那點私權也無以合理化，就更別提英雄的形象了。

史實也驗證了蔣介石對「共匪」的憂慮。當時桂、奉、晉、綏集團都各擁重兵數十萬，李（宗仁）白（崇禧）、張（學良）、閻（錫山）、馮（玉祥）俱稱上將，各占廣大地盤，合縱連橫的能量非常可觀，並且都有國民革命軍的集團番號。然而，蔣介石卻似乎拿這些邦聯性質的同類不怎地當回事兒。

蔣介石的中央國府專只對中共情有獨鍾，剿共戰爭終蔣介石一生未停歇。

蔣介石的「剿」字訣，用的很巧妙：

（1）讓地方軍獨立去打共產黨，叫做進剿。

比如，井岡山在江西，而江西省屬於朱培德的地盤，1928年北伐還沒結束，蔣介石就已令朱培德對井岡山實施進剿，前後4次，延伸到1929年。

（2）讓不同的地方軍合力去打共產黨，叫做會剿。

比如，朱培德實在拿井岡山沒辦法，1929年起，蔣介石又令湘省大吏魯滌平從湖南領兵到江西，跟朱培德軍一起進行3次會剿，延伸到1930年。

（3）出動中央軍、跟地方軍一起打共產黨，叫做圍剿。

1930年末起，眼看湘、贛地方軍消耗得差不多了，而井岡山猶歸然不動，蔣介石只好拿真本錢來跟紅軍比拼，派大批嫡系中央軍入贛主攻、地方軍配合，前後圍剿井岡山5次，延伸至1934年。

不用多說，國軍一直拿共軍沒轍。不管叫紅軍或解放軍，共軍似乎越剿越旺，還「長征」了二萬5千里，從井岡山遷移到陝北，並真正統一了中國大陸。這是後話休提，這裡專說蔣介石的事。

中國回復大致統一的頭二年多裡，1928-1930，跟蔣介石剿共平行的戰事，還有國民黨內部的蔣桂馮閻大混戰。蔣介石很相信「攘外必先安內」，首先透過安國民黨陣營的內，勝出對桂、馮、閻等的內戰，樹立其對黨政軍的專制威權。然後集中對「外」，黨外的共產黨。這時的蔣介石有句名言：「只要對方還要官要錢，我就有辦法……」。

要瞭解當年的狀況，簡略扼要的敘述是必要的：

（1）1929初，蔣介石召開編遣會議，裁軍其名、分贓其實，除中央軍之外，各路國軍當然受到壓抑、縮編。那時，各集團間的合縱連橫，還真像似春秋戰國時期。地盤最大的桂系（粵桂湘鄂），率先造反，3月末開火、6月結束，是為蔣桂戰爭。蔣介石聯合馮玉祥、並大量以金錢收買桂粵軍將領，沒打什麼大仗，李、白下野避走香港，桂系瓦解收場。

（2）1930初，自危的馮、閻聯合反蔣，5月中打到10月初，隴海與

津浦鐵路沿線雙方共投入150萬兵力，傷亡近30萬，是20世紀規模最大的中國軍閥內戰。蔣介石仍以大量金錢收買馮軍將領，最終則聯合張學良，奉軍從東北入關抄馮、閻後背，馮軍崩潰收場、閻軍退回山西。

這就是國民黨官書記載的「中原大戰」。

（3）之前，李宗仁、馮玉祥、張學良，都被蔣介石「結拜」為異姓兄弟……。

（4）蔣桂馮閻大混戰期間，共產黨趁國民黨忙著窩裡反，除井岡山中央根據地擴大之外，也開拓了贛粵閩、鄂豫皖等根據地。蔣介石確實感到紅軍才是他的心腹之患，不得不出動嫡系部隊圍剿。換言之，中共對蔣的官位與金錢免疫！

1930年8月，正當「中原大戰」打的如火如荼之時，蔣介石從河南柳河前線急電南京國府，請發表何應欽為「鄂湘贛三省剿匪總指揮」，負責圍剿事宜。

12月，蔣介石因得張學良奉軍入關助戰，取得中原大戰的勝利，這才真正奠定了此後掌控中華民國軍政黨大權的基礎。

黃埔師生在此役中，教官陳誠、劉峙等位居軍長、師長，1期生宋希濂等也已位居旅長、團長。2、3、4期生都是營長。黃埔生都真拼老命為校長、為自己的前程而奮鬥犧牲。有功的從此飛黃騰達，一路升官發財。

12月7日，中原大戰剛清結，蔣介石便急急忙忙趕到南昌，親自督率剿匪。

12月16日，對井岡山蘇區的第一次圍剿開始。

1931年1月3日，第一次圍剿結束。國軍第18師張輝瓚部9000餘人被俘，譚道源部損失過半，紅軍第一方面軍在朱毛的指揮下取得全勝。

2月10日，第二次圍剿開始，國軍投入20萬兵力，歷時15天，被殲3萬餘人，失敗告終。

6月30日，第三次圍剿開始，國軍用兵30萬，交戰兩個月，損失17個團、3萬餘人，又告失敗。

9月18日，奉軍入關1年後，東北空虛，日軍趁機製造了918事變、進佔瀋陽，此後一年半，東北全境淪喪。張學良成為國人不恥的「不抵抗將軍」。

11月，毛澤東在瑞金任中華蘇維埃共和國臨時中央政府主席。

1932年，蔣介石親任剿匪總部司令兼鄂豫皖三省剿匪總司令，坐鎮南昌、漢口兩地，實施擴大化的第四次圍剿，意圖畢其功於一役。擬定的剿匪要訣：「以多擊少，以實擊虛，以整擊零，以正擊奇」。實際分兩期進行，首先集中兵力進攻鄂豫皖蘇區、湘鄂西蘇區，然後再進攻中央蘇區。

6月25日，開始進攻，目標是先鄂、次湘、再豫。

9、10月間，鄂豫皖蘇區紅軍苦戰兩個月後，損失慘重。張國燾先輕敵，後失去信心，自行決定放棄根據地，率紅軍主力向外線轉移，經豫陝入川北。蔣介石第四次圍剿的首期作戰總算打贏了共產黨。

但是，這年1月28日，日本繼4個半月前自導自演的918事變後，又在上海自導自演了128事變，遭遇19路軍蔡廷鍇部的頑強抵抗，是為「淞滬戰爭」。3月初，日本更在東北導演了由末代皇帝溥儀登基的滿洲國。5月，英美干涉，日本退兵，上海恢復原狀。

從918事變起算起，短短半年間的日本侵華動作，野心畢露；全國輿論沸騰，外侮當前，對外抗日，立馬積聚成為中國人的一致呼聲，蔣介石那套「攘外必先安內」明顯背離民意。

1933年，1月初至4月底，蔣介石遂行對中央蘇區的作戰，集結陸軍29個師、4個旅、空軍兩隊，總兵力50萬人。

戰區為：江西省中南部，閩贛、粵贛和湘贛邊區。

主要目標：瑞金中央蘇區。

結果：國軍主力陳誠部三路縱隊，第52師李明師長陣亡，損失下級幹部2/3及士兵6000餘人。第59師陳時驥部遭紅軍伏擊，師長被俘，全軍覆沒。從此，蔣介石再也不能辱罵雜牌軍「剿匪不力」，因為裝備精良的中央軍也一樣吃癟。

3月21日，陳誠起家的精銳第11師遭紅軍包圍，師長蕭乾逃脫，所餘不足1個團。對中央蘇區的第四次圍剿，又以紅軍大捷收場。

4月7日，蔣介石到南昌布置第五次圍剿，居然對高級將領說：「國家之大患不在倭寇，而是江西土匪。若再以北上抗日請命而無心剿匪者，立斬無赦。」當時要求抗日乃是全國軍民的決心與願望，蔣作為全國的軍政領袖，竟公然說出這種有害無益的刺激人民的公開宣示，其政治智慧該怎麼評分？

蔣介石對第五次圍剿使用的兵力，已經大大多於其投入中原大戰的60萬，幸好此時共產國際又對中國革命再幫一次致命的「倒忙」：派一位軍事專家李德到瑞金，親自指揮中國紅軍作戰。

李德首先推翻了朱德、毛澤東的戰略指導思想與作戰方案，因為那種打法不太「正規」，就算打贏了4次反圍剿也不算數。但李德的「正規戰」在第五次圍剿中差點斷送了中國共產黨的命運。無奈只得放棄千辛萬苦創建的中央根據地，長征，逃命吧！

1934年10月，蔣介石終於看到中央蘇區的崩潰。但他的國軍不無遺憾地無法殲滅朱毛紅軍。後來，一路上被地方國軍堵截的紅軍，輾轉長征到達貴州遵義，中共領導層才覺悟出：中國革命要靠毛澤東實事求是地按中國的實際情況遂行，共產國際的指示不但不是聖旨，還可能是毒藥。於是，遵義會議確立了毛澤東對中共的領導。

此後，國軍總計緊緊追擊了朱毛紅軍1年，怎麼也追不上……。

紅軍撤離中央蘇區後，陳誠的中央軍進駐瑞金、井岡山地區，陳誠做了一個蔣介石不會做的動作，他有意識地蒐集蘇區所有能夠發掘到的共產黨檔（包括報刊雜誌），不但原件保存、而且後來還運到臺灣，幾乎成為他個人的收藏，大概陳誠想瞭解，共產黨到底強在哪裡？據我所知，這批史料，成為全球研究當年中央蘇區的唯一的原始資料，彌足珍貴。（後來，臺灣以微膠捲的形式，提供給有限的美國及國際上研究中共早期歷史的學術機構，成為傳世的「陳誠收藏」Chen Cheng Collection）

1935年10月，毛澤東帶領下的長征隊伍終於在保安縣吳起鎮與陝北劉志丹紅軍、先期到達的徐海東紅25軍會師，建立了陝甘寧邊區，以抗日統一戰線為號召。

如此，中國共產黨不但有了根據地，而且還有了全國人民要求抗日的話語權。中國共產黨終於獨立自主幹革命，脫胎換骨，浴火重生。當初從贛粵閩邊區突破蔣介石的第五次圍剿的大包圍圈，本來是高風險的「逃命」，變成賦有歷史使命的歷練，長征。

毛澤東、朱德、以及大革命時代的共產黨人的偉大，由此可見。但這不是這本書的話題，略過不提了。

跟蔣介石相關的是：蔣至死都認為那大約是中共的「運氣」。他看不懂共產黨，跟他看不懂孫中山，是同個道理。我相信我看懂蔣介石，蔣介石倒真是個運氣極好的人；孫中山要是有蔣介石的賭運，或許毛澤東還是會浮現出來，但那中共就不一定會是今天地道中國式的中共了。

11月，蔣介石自兼西北剿匪總司令，以張學良為副，實際是押著東北軍剿共。自從1930年親率大軍入關、助蔣介石取得中原大戰的勝利後，張學良不料自己的後院起火。1931年918事變，東北三省迅速淪入日寇之手，關內的東北軍變成無家可歸的孤軍，變成蔣介石的雇傭兵、幫蔣剿共。

1936年9月，東北軍110師、129師在延安勞山地區遭紅15軍伏擊，第110師全軍覆沒。11月中，直羅鎮戰役，第109師全軍覆沒，師長陣亡。

東北軍不能打回老家而被用在陝北打內戰，東北軍軍心為之浮動。然而，蔣介石還指責東北軍剿匪不力。

12月12日，忍無可忍的東北軍，終於和在地的楊虎城軍聯手，發起西安事變，活捉蔣介石，逼其抗日。

12月25日，西安事變在周恩來等的斡旋下，鬧劇般結束。張學良神差鬼使的陪著蔣介石上飛機、先到洛陽、再飛南京。從此被蔣介石監禁了50多年。

這年底，蔣介石的剿共並未完成，但在民族抗日的悲情下，「統

一」卻嘎然到來。台海兩岸開放往來後，許多人都猜為什麼張學良始終沒有回過東北。

原因其實很簡單、很人性：

（1）他年輕魯莽，親率大軍入關幫蔣介石打馮玉祥跟閻錫山。東北沒有了首領，也沒有軍隊；給日本關東軍鑽了空子，發動了918瀋陽事變，丟了老家。

（2）在關內的東北軍因為首領張學良西安事變後把自己送到南京，自投給蔣介石把他軟禁起來。害得東北軍、紅軍、楊虎城的陝軍，三方聯合抗日、且能自保的計畫化為泡影。楊虎城也終於被蔣介石殺害，東北大軍被分化瓦解精光。

這一切的一切難道不是張學良的錯？年紀老了誰不想回老家看看，說白了，張學良不是不想回東北老家，他不敢，他捫心自問，愧對東北的父老，無臉見二十萬流落或為打內戰而犧牲在關內的東北軍父母、兒女。

據住在三藩市灣區的張學良女婿陶先生說：張學良在美國的存款疑有兩千多萬美金（1930年代！）。那不是東北人的錢嗎？他曾否為東北義勇軍或抗聯捐助過麼？真不知道。

有人說：西安事變幫了中共大忙。說對、也不對。侵佔中國早已是當時日本國策，抗日大形勢的形成與到來，也早已迫在眉睫，對中共固然是個機會；對蔣介石不也是個機會？蔣介石大可以變身為民族大救星、抗日大英雄。在國民黨統治區，這機遇真實不假的存在了8年。

這筆無形資產蔣介石並沒有好好利用、開發。抗戰勝利後的3年裡，蔣把它輸個精光。不必找理由去怨東怨西，政治軍事鬥爭本來就是能者勝、無能者敗。

怎關乎運氣之好與壞呢？

1937-1945，對日抗戰時期的蔣介石

八年對日抗戰，是近代中國人雋永的題目，寫不盡、說不完。大致的輪廓，見諸本章前已破題，這裡再描繪些細節。

1931年918事件後，日軍強佔東北。1933年3月，日軍進逼長城。中國人對日抗戰的民意沸騰，國軍（中央軍、西北軍、東北軍）終於在長城線上，跟日軍交火。長城抗戰，實際成為對日抗戰的起點，其中，打出黃埔軍校最傑出的將星：關麟徵。長城抗戰，激發出〈義勇軍進行曲〉的靈感，聶耳譜曲、田漢作詞，真實地反映出時代面貌，流行到最終成為共和國國歌。

西安事變後，蔣介驚魂甫定，算是終於瞭解民意抗日之情了。而日本的入侵，未曾稍緩，1937年7月7日盧溝橋事變終於發生。國共兩黨經歷了10年血腥的互相砍殺後，也終於第二次「合作」在一起。為民族救亡圖存而共同對外。

因為雙方軍事實力完全不對等，在談判合作的過程中，蔣介石一副高姿態出現，「中央對待地方」嘛，但也明白，那其實更像史上兩個獨立大小國之間的談判；真要吸收紅軍、編為國軍，不大可能，那是各自賴以生存發展的老本錢。

以共產黨多年跟蔣介石打交道的經驗，毛澤東早有應對辦法。談判結果，就反映在中共發表的「中國共產黨為公布國共合作宣言」中：「取消紅軍名義和番號，改為國民革命軍，受國民政府軍委之統轄，並待命出動，擔任抗日前線之職責。」

紅軍改編後的番號是，國民革命軍第8路軍115師、120師、129師。紅軍名義改了，依然獨立自主，因為蔣介石國民黨的官位與金錢對其無效。蔣介石的經驗是：過去打內戰，收買聯合這個軍閥打那個軍閥，不也統一了嘛；共產黨雖然買不動，但打的是外戰，以日本軍隊之精良，

他不信共產黨能搞出什麼大局面出來。

共產黨人則公開喊出：擁護蔣委員長領導抗日。言外之意：你領導抗日，我就擁護你，你不抗日，我就不擁護你囉。中共自主獨立擁有軍隊，自由地在抗日非正面戰場上去發揮。蔣介石也就堂而皇之地宣布天下：國共合作打外戰，不打內戰。於是漂亮話說給全國人民聽，國共兩黨就這麼「勉強地合作」起來，共同抗日了。

抗日戰爭一經打響，蔣介石在廬山發表那篇擲地有聲的抗日講話：「人無分男女老幼，地不分東西南北」，一致抗戰。但中日雖開戰，但雙方政府卻未正式宣戰。雙方顯然都想保留言和的餘地。

1937年夏，日本是同時入侵華北平津和華東滬寧。

（1）77事變後，日軍迅速打敗宋哲元第29軍，平津、河北淪陷，跟東北連成大片日占區。華北日軍得以沿津浦線南下，進窺濟南、徐州。因為山東省的韓復渠（西北軍馮玉祥舊部）為保留實力而避戰，濟南不戰而失。如果不擋住，日軍就能直下南京對面的浦口。於是李宗仁奉命率領各省雜牌軍，在中央軍湯恩伯軍團的支援下，前進到魯南，抵擋南下的日軍。

（2）8月13日，日海陸軍進攻上海，爆發第二次淞滬戰爭。

上海是中國工商製造業的中心，日本人以為拿下上海，中國就無「經濟力」持續抗戰，不投降也得妥協。蔣介石則認為上海是國際都會，如果上海糜爛，或許可以招來國際干涉，於是60萬國軍（中央、雜牌，各約半數）開赴淞滬戰場，跟大約13萬日軍作殊死戰。11月初，8萬日本增兵從上海南邊的金山登陸，稍後，蔣介石的國府宣布遷都重慶，國軍撤出淞滬、向南京無序潰散。12月13日，南京約12萬守軍只抵擋了日軍幾天，南京淪陷。日軍進城後，燒殺擄掠，南京遭受日軍長達6周的大屠殺，死者以30萬計。

淞滬戰爭充分暴露出指揮將帥的能力與智慧。

蔣介石把最好的嫡系中央軍投入這個無險可守的戰場，讓日本海軍艦炮對準防守在平地的國軍，「血肉磨坊」似的被犧牲、消耗，而不知

運用百裡外無錫一帶的、已經蓋好的國防工事線，至少在比較堅固的工事裡跟日軍抗衡。國民黨事後卻以要打破日軍「三個月征服中國」的狂言為理由進行宣傳，以說明蔣介石其決心的偉大。

張發奎、李宗仁、史迪威的回憶錄，對淞滬戰役都有煩言，指出此戰的犧牲是不值得的。

由於淞滬戰爭的消耗，國共協議將南方各省的紅軍游擊隊集中編為新4軍，任北伐名將葉挺為軍長（那時葉挺已非共產黨員），開赴皖南、皖西前線抗日。這算是國共合作下的另類「新」國軍，軍內指揮系統獨立由共產黨組成、但服從國軍戰區司令調遣，待遇、補給還比雜牌軍差。組建初期僅萬餘人、約7千條槍，但兩年內游擊出近9萬部隊與裝備。

（3）10月13日，日軍攻向太原，晉軍、中央軍、紅軍聯合在晉北欣口頑強抵抗，以10萬傷亡殲敵近2萬。欣口戰役中，紅軍以擅長的游擊戰術對付日軍，開始了對日抗戰消耗戰的意識：消耗日軍、積小勝為大勝。

8路軍第119師（林彪）就在這時打了一個平型關大捷，以500傷亡殲敵1000多，還包餃子、吃掉了日軍輜重車隊。小勝，而大大鼓舞了抗戰士氣。

但最終，太原仍不免淪陷。

相當漢化的日本人，對尊王攘夷、五胡亂華、三國演義等中原史話可以說得上非常熟悉。日本「征服」中國的策略，恐怖的「屠城」辦法，目的就是仿效游牧民族，以血淋林的方式來摧毀中國人的抗戰決心，這跟東西方歷史上的蠻夷入侵方式（包括，鴉片戰爭以來的列強入侵），並無二致。9月，日本艦隊開到南京附近，炮轟城市平民區；11月，日本軍部更進一步規範其空軍的「作用」之一為「戰略攻擊」，「重要的是直接空襲市民，給（敵）國民造成極大恐怖，挫敗其意志」。這是史上最早的，所謂的「文明國家」明文記載的恐怖屠殺政策，比二戰後期美英對德日的「無差別轟炸」還早7年！

國民黨的抗日宣傳中，時不時會看到國民黨說：日本人揚言「三個月可以征服中國」。但在眾多的資料裡，並沒有找到日本人真的說過這句話的字據。

抗戰初期的日本海陸軍策略一直是：迅速攻佔平津、南京、上海等重要城市，迫使有「恐日症」的中國領導層向其簽署「屈服條約」，納入其「東亞共榮圈」。但不能叫「投降條約」，因為愛面子的中國人無法接受，尤其是中國領袖和精英們。後來，汪精衛就為「和平、救國」而去南京和日本人「合作」。然而，汪精衛不是日本人的首選。日本人最愛的是蔣介石先生。因為他才是當時中國名義的和實質的統治者。

但在全民族不惜犧牲、抗戰到底的形勢下，蔣介石也只好一條路打到底的走下去，別無個人選擇。實際，1937年，日軍連下平津、滬寧、太原等地，連勝三大戰役的日軍，看似所向無敵，但就是打不死中國。國民政府遷至重慶，開始了以空間爭取時間的戰略構想，決心長期抗戰，和日本對著耗。四川的老百姓真了不起，背起全民族抗戰的大部分重擔，默默地奉獻犧牲。

1938年，3月中，日軍在山東的台兒莊受到李宗仁指揮的各色雜牌部隊（桂軍、川軍、第22集團軍、西北軍、孫連仲部第二集團軍三個師）和中央軍湯恩伯（第20集團軍）的頑強抵抗，結果打出了抗戰第一個國軍的勝利，台兒莊大捷。日軍第5、第10兩師團陣亡約1.2萬人，而國軍數字倍之。

日軍在台兒莊受挫後，重整兵力，仍以徐州為目標繼續進攻。蔣介石赴徐州召集前方將領李宗仁、湯恩伯、孫連仲，指示作戰方略，決定在徐州地區與日軍「決戰」，意圖打個比台兒莊更漂亮的會戰。

徐州戰區的國軍兵力，一時也集結達60萬人。但日軍攻勢發動後，國軍擋不住其凌厲攻勢，日軍迅速達成對徐州的包圍之勢，56萬大軍立即面臨滅頂之災。於是蔣介石只得棄守徐州，放下指揮權，交給李宗仁指揮全軍撤出戰場。但國軍撤退後，在皖北、豫東無法阻止日軍第14、16師團追擊。

6月上旬，蔣介石下令派兵掘開花園口黃河大堤，企圖以氾濫的洪水阻擋日軍西進。

這一「偉大」的決定，給豫皖蘇三省帶來無可估量的人為災難，總計淹沒40餘縣，傾家蕩產者480餘萬人。河南省陸沉耕地800餘萬畝。安徽、江蘇耕地陸沉1800餘萬畝。

6月11日，蔣介石密電該戰區司令程潛：「需向人民宣傳是敵人飛機炸毀黃河堤壩」。

是誰幹的，這是歷史事實，不容忽悠。日軍在中國到處燒殺搶掠，南京大屠殺，這是事實。但是日軍沒做的壞事，我們也不能硬栽給他。

6月下旬至10月末，各路日軍共30萬進逼武漢，各路國軍110萬投入戰場。

武漢會戰激戰中，國軍打出薛岳這顆耀眼的將星，雖然是雜牌軍（粵軍），成績：江西萬家嶺大捷，打滅日軍一整個師團。

並且，殺敵1.4萬，自身陣亡2萬，這個比率猶勝台兒莊大捷，且記錄保留到抗戰最後期方才被駐印遠征軍打破。（見本書開頭的史迪威、孫立人兩節）

9月，英法德義四國簽立慕尼克協定，英法對納粹希特勒採取綏靖政策，分割捷克的蘇台德地區給德國（典型的列強行徑），換取希特勒不入侵波蘭的承諾。

11月，武漢失守，國軍付出40多萬傷亡的代價，但日軍也傷亡10萬以上。

日本開始領教陷入中國泥沼的滋味。

年末，汪精衛從重慶搭飛機出走越南（顯然有蔣介石的默許），啟動「曲線救國」。

1939年至1941年，對激情抗日的中國人而言，是堅苦卓絕的3年。

（1）人們理智地接受了嚴酷的現實：抗戰，是個長期的堅忍與犧牲。

蔣介石也看出來，對日長期抗戰，共產黨的游擊戰法，是唯一的選

擇。於是，國府成立游擊戰訓練班，由中共派出教官，培訓國軍游擊戰幹部。國軍經營敵後游擊區兩年後，基本覆沒無存，但中共在日陷區的游擊範圍卻擴大至200萬民兵、實際管治1億人口，真正發揮了中國泥沼的作用。

（2）1939年3月，汪精衛到南京成立「國民政府」，跟日本簽立「和約」。之後，日本人想盡辦法保持南京和重慶之間的「和平熱線」暢通，始終無功可言。9月，納粹德國入侵波蘭。英法立即對德宣戰，但德軍已勢不可擋。那時，日本駐中國東北的關東軍，跟蘇俄較勁，被朱可夫打敗（諾門罕戰役）。不過，國際間的氣氛持續低迷、悲觀。

（3）1939、1941，國軍在長沙會戰日軍兩次，大抵雙方都呈疲態，基本上是不對等的對峙、消耗戰。

（4）1940年春，德俄瓜分波蘭，蘇俄並趁機吞併波羅的海三小國、且入侵芬蘭；這些仍然是列強行徑。5月，德軍席捲比、荷、丹、挪，6月，法國投降。德空軍隨即大規模轟炸英倫，但德軍終不得跨越英法海峽。

（5）1940年末，憂慮共產黨快速成長，蔣介石透過國府軍委會下令黃河以南的8路軍及新4軍必須移到黃河以北，並限令新4軍年底前移駐長江以北。

1941年初，新4軍軍部直屬部隊9千人，被8萬國軍圍攻，葉挺被俘，僅2千人突圍。是為「皖南事件」。蔣介石此舉，輿論譁然。中共則立即重組新4軍，以陳毅代理軍長，繼續在淮河流域打游擊、擴大。

1941年，6月末，德軍東攻蘇俄，俄德宣戰，俄英成為盟國。蘇俄西部變成歐洲主要戰場，俄人抗德、俄地也形同德軍的泥沼，俄消耗德跟中消耗日類似。

12月7日，日海軍偷襲美國珍珠港成功，美日宣戰。

不能妄想陸軍北進蘇俄的日本，只能冒險海軍南進太平洋，跟英美海權鬥一鬥，以達到跟德軍會師的終極夢想、稱霸世界。

至此，全國軍民浴血抗戰已經苦撐了四年多，熬到了國際情勢大轉

變，美國跟日德義宣戰，中、美、英正式結成同盟國，英國對日宣戰，中國也跟日德義宣戰，第二次世界大戰正式開始，就差個蘇俄對日宣戰。此後，中國不再是孤軍抗日，跟國際接軌了，蔣介石的身價隨之猛漲。

1942年，是史上日本最風光的一年，曇花一現。上半年，日軍席捲美國所有太平洋島嶼、菲律賓、關島、新幾內亞，進逼澳洲。東南亞方面，緬甸、泰國、越南、馬來西亞、印尼及新加坡等地，統統落入其手。

但6月初，中途島海戰，美海軍大勝，入侵的日本航母艦隊覆滅，日本的進攻勢頭開始走下坡路了。

這年，中國戰場一下子變成了全世界反侵略戰爭中的「中緬印戰區」。從前不怎麼待見蔣介石的美、英，為其自身戰局的需要，不得不重視中國泥沼對日軍的消耗和牽制，只好對蔣另眼相看。

蔣介石變成了這個戰區的司令官，美國名將史迪威只好屈就戰區參謀長。而英軍在新、馬的慘敗之餘，勢難保緬、印，也只有敬請蔣介石派遣遠征軍入緬救命。（關於1942-1945中國遠征軍的英勇事蹟，已見本書頭章，此處不再贅述）

此時的蔣介石忽然變成盟軍的重要軍事領袖，躋身國際戰爭舞臺。但史迪威打從心裡瞧不起蔣介石的軍事才能與統帥能力，兩人吵鬧不休，終至不體面的分手。

1943-1945年，美國工業能力發揮效力，其海空軍數量、裝備及訓練，明顯取得優勢，其陸軍及陸戰隊則實施跳島戰術，步步攻近日本本土。美掌握太平洋制海、制空權後，日本不但物資緊缺、而且幾乎天天被轟炸。最有名的無差別轟炸是東京大轟炸，美軍以燃燒彈一次燒死日本平民達十萬眾。

1943年8月末，俄軍在庫爾斯克會戰後，基本把德軍驅逐出蘇俄境內。俄軍自此從東線攻向德國。9月，美英聯軍解放義大利。

1944年6月6日，美英聯軍登陸諾曼第，從西線攻向德國。

1945年4月底，朱可夫率俄軍攻佔柏林，希特勒自殺，德國敗亡。

1945年夏，美國研發出最新的大規模殺傷性武器──原子彈。

1943-1944年，日軍在中國發動過兩波大進攻，其中國軍發生兩次孤城保衛戰：

（1）1943年11月下旬，余程萬部死守常德兩周，跟日軍巷戰、拼刺刀，攻守雙方傷亡比率近於對等。國軍8千餘人戰至3百人，常德成為廢墟；但彈盡援絕的余程萬率1百號人突圍後，蔣介石竟莫以「擅離職守」軍法審判他。（余程萬最後是1955年被臺灣特務在香港刺殺）

（2）1944年6月下旬，方先覺部的衡陽保衛戰，國軍以近1.8萬人，面對6倍多的圍城日軍，創下內地抗戰記錄：以少勝多、守城一個半月；日軍一度以毒氣彈進攻，但其傷亡仍4倍於國軍。方先覺彈盡援絕後，最終跟日軍有條件「投降」，不但保留了僅存的8千人（含6千多傷患），並且日軍按方先覺旨意，將他送到南京、以便向汪精衛的「南京國民政府」投降，然後，方先覺再「回到」重慶國民政府。

抗戰抗到這份上，盡矣哉！

1944年秋，日軍發動最後一波「大陸攻勢」：從河南一路經湖南、廣西打到貴州獨山，蔣介石震動，國府一度計畫更往西遷。但日軍目的不在取得對華戰爭的勝利，而在於「逼和」重慶政府，以便逃出在華戰爭的泥沼。

實際，1943之後，日軍在中國的攻勢，除政治上的逼和之外，掠奪基本經濟資源，如糧食、礦物，已經是重點，甚至超越政治目的，因為日本業已深感經濟被扼絞的痛楚。

1945年，美英俄元首非常忙碌地開會，因為歐戰場勝利在望，列強的老毛病又犯了。羅斯福、邱吉爾、史達林，先是2月初在克裡米亞聚會，搞個雅爾達密約，把「盟國」中國東北的權益當作彼此交易的籌碼。當時美國估計，以日軍視死如歸的憨勁，打到登陸日本時，太平洋

戰場的美軍傷亡總數，恐怕已達百萬。若在華日軍回撤日本，則除非美俄中聯軍一起打到日本投降，否則難以想像。於是，邏輯上，唯有：（1）蘇俄對日宣戰、俄軍進攻中國東北；（2）所有中國軍隊就地反攻日軍；（3）中、俄陸軍一起拖住並殲滅在華日軍於中國戰場；（4）美國則負責海空軍孤立日本本島，直到盟軍得以進攻日本本土。

為此，不惜犧牲中國權益，換取蘇俄出兵。但，雅爾達密約簽字後不久，羅斯福病逝，杜魯門接任美國總統。那時，美國研製原子彈尚未成功。

7月17日，歐戰已經結束三個月，英國即將大選，史達林要趁邱吉爾仍是英國首相之時，美英俄首腦再會晤，以確保三方對雅爾達密約不變卦。於是，美英俄在德國的波茨坦集會，杜魯門在赴會途中獲悉美國已研製出原子彈（美國時間7月16日，人類第一次核爆成功），對日幾乎穩操勝券。

7月26日，以美英中三國名義發表波茨坦宣言，算是個公開的最後通牒，命令日本無條件投降。這個美英俄開的會，不但沒有中國參加、而且雅爾達密約還把中國蒙在鼓裡；以美英中名義公告，除了給足中國面子之外，也有預先平息中國人情緒的目的，何況也不能以美英俄中名義公告，因為蘇俄始終尚未對日宣戰！

8月6日、9日，杜魯門下令將僅有的兩顆原子彈，先後砸在廣島、長崎。日本震恐，全球震驚。8日，蘇俄對日宣戰。

8月15日，日皇裕仁在廣播電臺裡宣告：接受波茨坦宣言。實即，向盟國無條件投降。（這時「盟國」已是美中英加上剛宣戰的蘇俄）。

重慶和延安都收聽到了日本投降的消息，勝利，實在來得太突然了，人們都驚喜的不知如何是好。對日抗戰，八年，就這麼結束啦？

綜觀八年對日抗戰，蔣介石的運氣真是好極了。

西安事變，1936年末。蔣碰到個二楞子張學良，全身而退。

緊接著，盧溝橋事變，1937年中。全面抗戰，日寇落實蔣的抗日領袖位置。

1937-1941，中國單獨抗日時期，蔣的指揮，重大錯誤不斷地犯，但蔣算是難得一次跟民意站在一邊，老百姓自然擁護他抗日，誠如918事變後，章太炎嬉笑怒罵說的：「王八蛋抗日，我也擁護他」。而即使就算國府跟日本，戰而不宣，和談之路，若隱若現，居然會有汪精衛這種特級人物自動跳出來「曲線救國」、扛「漢奸」之名，也誠如汪精衛離開重慶時給蔣介石的信所言：「兄為其易，弟任其難」。壞事、錯事，竟然都有人替蔣扛起來。

1941-1945，美國宣戰，歐戰則支持英俄抗德、亞洲則支援中國抗日，全球反侵略匯集成第二次世界大戰。中國人不再孤軍抗戰，鬆口氣之餘，獨裁專制的蔣介石，也水漲船高，跟國際接軌，洋人竟也不無諷趣地也睨稱他「大帥」Generalissimo。

蔣大帥，抗日領袖當的很過癮，然而，抗戰的八年中，抗日話語權始終向共產黨那邊傾斜。一個人，拿運氣當本事，以福分當天命，不知己必不知彼，好日子也就差不多嘍。

國共內戰（1946-1949）

日本投降之快，不獨中國人感覺突然，實際，除了極少數美英政治上層人物和原子彈研製人員之外，可以說全世界都不會想到，因為原子彈之厲害、什麼時候砸原子彈，當時只有美國知道。

波茨坦宣言，隱隱透露了一絲端倪，日本上層惶恐不安，但猜不到會出什麼事？等到廣島挨了第一個核彈、蘇俄也宣戰，那時刻，日本投降的結局，實際已經定數，只是時辰早晚罷了。各方面可以開始出招，準備清理善後了。

1945年8月14日，蔣介石突然襲擊，「主動」向延安提議國共和談，並電邀毛澤東到重慶談判。這是個「高招」，不來嘛，表示共產黨不要和平嘍。恰巧第二天日本投降，抗戰勝利，全國人民企盼和平建

國，不要打內戰。重慶談判，立即成為當時中國乃至世界的關注點。

多次電信往來後，8月27日，毛澤東也突然襲擊，跟美國大使赫爾利、蔣介石代表張治中、中共代表周恩來同機飛往重慶，使眾多國民黨人跌破眼鏡（包括蔣介石，他們都認定延安肯定找足藉口、毛澤東必不敢親入虎穴）。

毛澤東行前預見到，在重慶和談期間，蔣介石必會調動大軍進攻解放區，所以在8月26日的「中共中央關於同國民黨進行和平談判的通知」中指出：「有來犯者，我黨必定站在自衛立場上，堅決澈底乾淨消滅之」。晉冀魯豫解放區的人民武裝，此時就一舉殲滅來犯的閻錫山部3萬8千多人。

戰場的勝利，毛澤東並沒有在談判桌上提出新的要價。恰恰相反，為使談判順利進展下去，避免內戰，毛澤東反而作出新讓步，中共武裝部隊可縮編為24個師至20個師，讓出部分解放區等等。可蔣介石反而認為是「示弱」：你不敢跟我打。

對於重慶國共和談，有許多人不願相信毛澤東有「求和平誠意」，但我認為毛澤東是有「中國人不要再打內戰了」的心願，原因是：

（1）中國共產黨不怕打。

「和」「戰」反映的是雙方實力的對比。沒有實力的「和」，不如「投降」算了，這就是古今中外「能戰才能和」的客觀條件。共產黨是具備了實力，所以毛澤東敢和。它不同於1949年2月李宗仁代總統派出和談代表團去北京求和，此時勝敗已定，何能求和。結果是，1949年4月23日，中共百萬雄師渡過大江，打你個澈底完蛋。「和」，是求不來的。

（2）當時，蔣介石當然實力「強大」，但毛澤東就明告他：

「要打，你滅不了我，再打十年內戰我也不怕，遭殃的是中國老百姓。不如各自守住自己的地盤，兄弟爬山，各自努力，和平發展，和平競爭。」

因為毛澤東有信心，和平競爭，國民黨不是對手。只是中國共產黨

的全面勝利，要多花些歲月，努力去完成。

（3）毛，以及中國大革命時代的共產黨人，「公」心一直比蔣系國民黨人明顯，對老百姓的需求的敏感度，遠非國民黨人可及。

重慶談判的代表人物，蔣相信「和平是戰爭的延續」，毛相信「戰爭是和平的手段」，理念、目的全然不同。但對中國老百姓而言，倒很高興國共和談順利結束，算是抗戰勝利之外，國共又加送了和平紅包，似乎終於可以安安定定的建設、重整家園了。

從合作到和談，蔣介石真的不打共產黨了？再簡列下國共間的是非恩怨吧。

從1924年1月到1945年8月，26年又7個月的時間裡，國共一開始經歷了3年又3個月的友好合作，把老舊的國民黨改造成新國民黨，共同創造黃埔軍校，合力北伐。

到了1927年4月，看似統一中國成功在望，蔣介石突然來了個「清黨分共」。兩黨在刀光血影中分手。中共吃了大虧，迅即回應以81南昌暴動，秋收起義。從此刀兵相向，砍來殺去，打了10個年頭。

直到1937年77事變，兩黨以國難當頭，救亡圖存，又開始了8年共同抗日的「合作」。國共都信誓旦旦地向全國人民宣示：咱倆不打內戰了，一起去打外戰。其實還是磨擦不斷，時時擦槍走火。

1940年6月國共雙方因為戰區的劃分，中共的游擊區等問題，在重慶舉行談判。蔣介石派何應欽、白崇禧出席，中共由周恩來、葉劍英代表，都是老相識。蔣介石堅持新4軍自大江南北，移往黃河以北，好讓日軍來收拾它，而新4軍有權無能的政委項英臨機游移不定，大難將至，是走是打，不能迅作專斷、又不讓葉挺做主。

終於，1941年1月6日發生新4軍9千餘人被國軍「圍剿」的「皖南事變」。

事件既已發生，中共無力反制，翻臉破裂，何補大局，只好吞下來，將國共合作局面維持到1945年。但「皖南事變」的甜頭，使蔣介石產生共產黨並沒有那麼厲害的錯覺，他似乎要再玩一次「明談判，暗裡

動刀槍」的把戲。

對抗戰勝利，國共的反應，是那樣的不同：國軍往大城市接收，那裡駐紮大量集中且正規的日軍、偽軍，相當有秩序地交出清冊、器械、倉庫。國民黨很樂於經營「資產」。而8路軍和新4軍在敵後，天天跟小股日軍、偽軍背靠背，面對面，這些小部隊許多是平時直接加害鄉裡的人，他們會完全聽「天皇廣播」行事嗎？日本一投降，朱德總司令立即下令全面向日軍、偽軍進攻，肯繳槍的收之，不肯繳槍的就打之。日軍退出的城鎮和農村，即取而代之，不只是「接收」，而是建立共產黨的管治。共產黨更多的去經營「人民」。（中國城鄉，不管就亂，怪共產黨愛管嗎？中國人至今還是農業社會習性，一收便死，一放便亂。改革開放至今，半數人口城市化了，習性沒改，人心倒「放」了，因為連食品作假都幾乎沒人管。）

還是讓數據說話吧：

（1）八年抗戰，日軍佔領東北、東南，活動範圍主要為鐵路沿線、交通要道、沿海。實際，日陷區內，縣城以上較大市鎮，大抵多為偽軍與日軍據點，而廣大農村則抗日游擊隊活躍其中。國軍活動範圍主要為華西、華南（武漢以西、以南），共軍活動範圍主要為華中、華北（江北直至長城）。

日本投降後，為最大限度地掌控接收，蔣介石命令侵華日軍總司令迅速到湖南芷江投降，並透過其軍令系統嚴令日軍不得向8路軍、新4軍洽降。

（2）由於接收交通系統、又具備海空軍，國軍迅速接收了長城以內的日陷區各據點，大抵，交通方便的地方，國軍都取代了日、偽勢力。在公開的資料中，有這樣的接收記載（日軍裝備）：各型火炮12446門，坦克383輛，裝甲車151輛，卡車15685輛，軍馬74159匹，各型飛機1068架，各類艦船1400艘（共54600噸）。

另，國軍收編偽軍238996人、槍炮134472件。

（3）當時中國人還不知道東北權益已被出賣、成為蘇俄參戰的代

價，東北，被「國際」劃為蘇俄的戰區。俄對日宣戰後，150萬俄軍立即湧入中國東北，撲向人心惶惶的日本關東軍，呈摧枯拉朽之勢。一周後，日本投降，東北日軍由俄軍受降，俄軍取代原來日軍佔領的陸海交通線與城市，並將全部日軍送進戰俘營。東北頓時成為真空狀態，秩序大亂，落單的人常遭宰殺（包括俄兵），土匪橫行，共產黨的東北抗日聯軍游擊隊（抗聯）也控制不住鄉村、更不用說城市。

（4）國共其實都看到東北的重要性，那是八年抗戰中，戰火最少、建設最多的地方，無論蘇俄怎麼接收，終究要歸還中國。於是國共立即展開爭奪近乎真空的東北。

1945年，8月11日，接到蘇俄參戰的消息不久，中共不知道存在雅爾達密約、日本也尚未投降，但朱德迅速下令給華北東北交界的聶榮臻、李運昌，就地調集人馬，出關、進軍東北，僅晉察冀邊區送去的軍事幹部，就可以構建40個團。此後，兩個多月內，包括林彪、羅榮桓、黃克誠、呂正操、張學思等，共11餘萬人到達東北（其中含地方工作幹部2萬人）。這就是後來共軍4野的基礎。出關的共軍，大多是山東與東北籍，幾乎等於打回老家，因為清末開關、移民實邊，入墾的多數就是山東人。稍後出關的共產黨人，包括陳雲、劉少奇等高幹，足見毛澤東領導下的中共對經營東北的重視程度。

9月1日，在不知道存在雅爾達密約的情況下，國府發表熊式輝、張嘉璈等為東北接收大員，到了東北，只能成天跟蘇俄佔領軍打交道，而實際的利益尺度，俄軍司令當然只能請示莫斯科。一來一回，張、熊也只能請示重慶，重慶又沒看過密約，經常丈二金剛摸不著頭腦，只好不停的請求美國斡旋或協助。過度依賴美國（以及美國的原子彈保護傘）的蔣介石和國府官員，並不理解，經濟利益不談好，就算美國人來幫蔣大帥談判，史達林還是不會撤兵的。

俄軍就此佔據東北8個月，撤軍時拆走當年值20億美元以上的機器設備為「戰利品」，這都要歸功於美英俄的雅爾達密約。

10月10日，毛蔣重慶談判結束，國共發表「雙十協定」，但憲法、

政權、軍權等根本問題懸而未決，實際等於沒有「協定」，對具體事務，完全沒有規範，算是做個秀給老百姓看。東北的真空，正好激起國共戰火。

當然，天下皆知蔣介石執意要戰，毛澤東先進東北為強。至於美俄列強之間，既存在密約、又要爭霸、更私其私，把二戰後中國的一灘水攪得更混罷了。

由於美國率先長了顆核子牙，史達林還是有點顧忌，俄軍在東北的動作未免顛三倒四。一開始，共軍先到達嘛，友好唄，進城也行。等國府接收大員到達，美國壓力也傳到，立馬讓中共退出城市，吃到嘴的倉庫、軍械、工廠也得吐回來給國軍接收。後來一看，美國在華的武器、彈藥、飛機、船艦，成百上千地裝備國軍來打共軍了，這才又回頭把剩餘的日軍槍炮發交中共接收。

日本投降不過三個月，國共又已遍嘗列強的嘴臉。

11月11日，美艦30餘艘運載國軍4個師（在越南、香港受降的部隊），從秦皇島登陸。蔣介石指派杜聿明為「東北保安司令」，全力攻向山海關。此後到俄軍撤出，國軍在東北的處境，跟日軍一樣，狀似勢如破竹，但除鐵路線及交通線、跟大城市周邊10-20公里的地帶之外，陷在人民戰爭的汪洋大海中，一籌莫展。

反正一時打不過國軍，共產黨倒不慌不忙，趁此以退為進，發動土改、夯實政權，肅清土匪到「鬍子」絕跡東北的地步。（東北人叫「土匪」為「鬍子」，張作霖就是個「鬍子」。早期共產黨最有名的特色之一，便是解放區裡頭，沒有「黑道」，成為中華人民共和國之初的「中國特色」）

國軍在為蔣介石打東北地盤時，國民黨高層卻忙於開會決定派誰到何處接收。那可是肥缺，誰都想要，誰都想爭。東北只有三個省主席（省長）的位子，怎麼夠分，於是將之分割為9省。我當時讀初中，老的地理教科書還來不及編纂，老師只好將東北9省的的名字寫在黑板上讓學生們抄。遼寧、黑龍江、吉林不變，其他的熱河等等，記不得了。

這9省的省主席從內地來到東北後,都駐在瀋陽、領經費「辦公」,因為他們不知道其省的省會在哪裡,橫豎想去也去不了,都是共產黨的地方了。國民黨來了9個省長,共產黨來了2萬幹部。

不到一年,最先派到東北的熊式輝、張嘉璈就幹不下去了。東北保安司令杜聿明,累出腎病、胃病。最後是參謀總長陳誠親臨瀋陽掌控東北全域,指揮作戰,半年不到,他的胃潰瘍也發作了,不得不把這爛攤子交給衛立煌。到1948年國共東北決戰時刻,為數55萬人的國軍,僅只駐守在北寧線上的錦州、瀋陽、長春三個孤立的據點上。

以上,東北僅只是個顯例,實際,全中國都差不多,鄉村包圍城市的態勢,八年抗戰之中便早已成形,只是蔣介石及其政權機器不知道罷了。

抗戰,國軍對陣日軍,敗多勝少,蔣介石經常總結為:敵軍武器精良、炮火猛烈,是國軍吃敗戰最大原因。對於「唯武器論」的蔣介石,日式、美式裝備這些東西算是「致勝」要素,何況國軍還有美式裝備的30個師。不趁日本投降之機,一舉拿來消滅共產黨,太可惜了。蔣大帥實在太有信心能六個月掃平共產黨,忘記了當年國軍泰山壓頂式地剿共,共產黨依然健在、並且更多更強,國軍配上了日、美式裝備,就能如何嗎?總之,當時不要和的是蔣介石,他真「信」他打得贏。

1946年6月26日,蔣介石電令鄭州綏靖公署主任劉峙,統軍30萬進攻中原解放區的李先念、王樹聲部於豫鄂交界的桐柏地區。全面內戰,正式開始。

但這之前,國共早已在東北較量多次,國軍杜聿明、孫立人、廖耀湘、陳明仁等滇緬戰場抗日名將,以排山倒海之勢,從共軍手中拔下四平、直抵長春。由於雙方在四平之戰的堅苦消耗之後,共軍退過松花江以北,南北滿盡入囊中的態勢使國軍產生林彪潰敗不可支的錯覺,蔣介石於是加大賭注、發動全面內戰。

不久,蔣介石及其黃埔戰將們便深陷疑惑:為什麼共軍裡的黃埔同學依然打到拼刺刀?明明林彪已經敗退,一會兒卻越打越多,哪裡冒出來的?他們看不到,國軍佔據城池越多,守城包袱越大,延伸到長春一

點，也就到頭了，再分不出兵力「追擊」，況且，美式裝備的國軍，一旦沒有飛機大炮的支援，拼刺刀的時候便是潰散的時候了……。我們勿需多說，共產黨土改後，農民捍衛自己的土地，打國軍不就跟打日本人一樣心理？

內戰全面開打時，解放軍170萬（內戰開始後不久，共產黨正式啟用「人民解放軍」這詞），大約是國軍的1/3，明顯處於劣勢。毛澤東在中共內部提出類似消耗戰的打法，共產黨看出蔣介石的國軍，是「不可持續發展」的有限資源。果然，蔣介石以其160萬精銳部隊，全面攻向各解放區，到了1947年春，佔領了百多座城池，但損失數十萬人馬。那時毛澤東還謹慎地認為，解決蔣介石可能需要五年到十年，但到1947年末，國共兵力對比，已由內戰初期的3.4比1變為1.9比1，懸殊態勢大大縮小，並且內戰已經主要在國民黨統治區進行。到1948年7月，國共兵力對比更縮小至1.3對1，那時在東北，共產黨不但管治90%的土地與人民，解放軍也2倍於國軍。毛澤東隨後便提出，1年解決蔣介石了。

事實上，無論和談或戰爭，中共都占盡主動，三年打出一個「中華人民共和國」。許多人不免詫異，抗日戰爭時期，國軍不也奮勇作戰、不怕犧牲嗎？為什麼一打內戰，就一個戰役接一個戰役輸個不停。

雙方領軍人物，太多的黃埔淵源，剪不斷、理還亂；內戰，相當程度上，幾乎是國共合作時期的1到4期黃埔生之間的軍事競賽。結局和差異，只能從那個中國大革命時代的心理氛圍，從國共雙方各自對軍事和隊政治工作的目標、方法、效率去理解。三年內戰，以及其後緊接的抗美援朝戰爭，共產黨把「政治動員」的藝術與技術發揮到極致，令人歎為觀止。

比如，解放軍在東北戰場的勝利常常讓人忽略了這個戰區的政治和後勤保障的功勞，好似只要小米加步槍加林彪就能戰無不勝。其實不然。東北戰區的軍工系統及其運輸體系，保證了源源不斷的武器、軍火的補給，更且政治上的土改、策反與吸收降兵降將，也保證了兵源（民兵、偽滿軍和國軍）。正如淮海戰役結束後，陳毅指出：這個勝利是靠

山東蘇北數百萬人民用小車推送出來的。糧食、傷患、彈藥的保障，靠共產黨站在人民群眾那邊、人民給力要共產黨打贏國民黨，這才是人民戰爭的真諦。

如果「公心」算是「政治」而不只是「道德」，那麼，那時代的共產黨人無疑比國民黨人更具備「政治水準」、更有「道德」。

共產黨打得是「人民戰爭」，而國民黨打的是：有武器，沒有人民的戰爭。抗戰打日本人，國軍官兵都知道為何而戰，捨身拼命、為國捐軀，理所當然。到了打內戰，國軍不知為何而戰，也就鬥志全無，士氣低落，敗得驚天動地。勝敗之根源就在此吧。人的因素第一，此之謂也！

內戰的許多細節，當然也跟人、跟將領有關，下一節裡「黃埔這4期」會更多補充。這裡，先把跟蔣介石直接創造的中華民國的內戰大局說完它。

回到1947-1948期間的國共內戰戰場。日本一投降，國共便摩擦，已如上述。之間，美國人不斷摻和，甚至連馬歇爾也來華當和事佬，國共多次簽立停戰協議。美國軍方，其實早已從史迪威、謝偉思等的報告中，研判出蔣介石必敗的結論，包括赫爾利、馬歇爾等將領無不相當苦心地想要勸導蔣介石保存既得地盤，以便按美援歐洲的模式經營二戰後的重建，從而保障美國應對蘇俄的擴張。無奈蔣介石執意內戰，調停不成的馬歇爾黯然離華，美國從此只能乾著急。（事實上，內戰晚期，國府南遷廣州，蘇俄大使館跟著去，而美國大使館卻留在了南京，美國政府對國府的「信心」以及對中共的期盼由此可見，後來美國跟共和國鬧冤家，頗有些偶然的機緣，出乎雙方當時的預料，讀者不妨回顧本書頭章所敘。）

1946年中，蔣介石撕毀前此所有的國共和談協定，進攻共產黨中原解放區，等於國共宣戰。蔣還自以為頗有「王師掃蕩中原」的古意，渾然不覺正好給共產黨踢來一個「自由球」，毛澤東樂得就此自由發揮下去。

這年的中原之戰，國軍似乎打到空氣，大半豫鄂皖邊區的共軍彷彿消失無蹤，打游擊去了。然而，蔣介石接到的戰報，通通是「大捷」。

這年的東北四平之戰，國軍精銳的美式裝備與訓練的滇緬遠征軍倒很揚威耀武了一陣子，給不習慣攻堅的解放軍來了個下馬威，但共產黨立馬回歸基本面，經營農村與人民，城池丟給國軍守去，不過一年，東北大地便完成鄉村包圍城市了。而蔣介石不但渾然不覺，還小家子氣的跟孫立人玩明升暗降、硬把孫一手培養壯大的新1軍奪了下來給蔣系黃埔指揮。

西北戰場

共軍：西北野戰軍以彭德懷為司令員。下轄第1縱隊張宗遜司令員、第2縱隊王震司令員、教導旅羅元發旅長、新四旅張賢旅長，主力共6個旅，2萬多人。

國軍：胡宗南集團軍20個旅，加上鄧寶珊2個旅，青海馬步芳、寧夏馬鴻逵12個旅，共計23萬人馬。另有飛機90架配合作戰。

內戰烽火起初，此地區國共兵力對比為10:1。

1947年，3月14日，繼「掃蕩中原」之後，蔣介石再本著「擒賊先擒王」的古意，下令胡宗南「直搗匪穴」，以董釗的整編第1軍為左兵團，以劉戡的整編第29軍為右兵團，兩兵團向延安發動進攻，意圖摧毀共產黨中央所在的陝甘寧根據地。

3月19日，中共中央毛澤東、周恩來等及彭德懷的野戰軍司令部，按既定方針，打個英勇抗擊後，撤出延安。

蔣介石得知胡宗南佔領延安，欣喜莫名。他電令說：「宗南老弟，將士用命，一舉攻克延安，功在黨國，雪我十餘年積憤，殊堪嘉獎。」

但蔣介石實在是高興的太早了。

3月25日，延安撤出後的第6天，國軍31旅被誘至延安東北的青化砭地區，進入伏擊圈激戰三小時，近3千國軍被全殲。旅長李紀雲被俘。

4月14日，國軍135旅進攻青化砭附近的羊馬河地區，近5千人被西北野戰軍圍殲，代理旅長麥宗禹被俘。

5月2日，西北野戰軍主力兩個縱隊發起對胡宗南集團軍前進補給基

地的圍攻，地點在蟠龍鎮，是青化砭的北鄰。經兩晝夜的激戰，全殲國軍167旅及地方保安團6700餘人，旅長李昆崗被俘。大批物資成為共軍補給。

自攻佔延安到此，為時不足45天，胡宗南國軍精銳損失已超過3個旅，近二萬人。胡宗南在6月14日給蔣介石的電報中說：「當前戰場上，我軍幾乎均處於劣勢，危機之深，甚於抗戰。」其對西北戰場前景之悲觀，於此可見。

此後，7月至10月，西北野戰軍且戰且擴軍至5萬人，先是圍攻延安往北200公里的榆林，「調動」胡宗南所部在延安到榆林之間疲於奔命，「運動」中靈活捕捉戰機，先後殲滅胡宗南主力整編36師師部及其兩個旅6千餘人、整編76師8千餘人（活捉師長廖昂）。

人性在時空點上的交集，使得西北野戰軍無可避免地成為蔣介石的嫡系部隊首要攻打的對象，按照國共全面內戰的展開，蔣介石「掃蕩中原」的作態，未始不是指向延安「擒賊擒王」的「聲東擊西」。

然而，彭德懷西北野戰軍PK胡宗南集團軍的過程與結局，其實是國共內戰中相當典型的示範，一個更大的數量級的預演。共產黨幾乎每支兵力，都經歷類似西北野戰軍的演化歷程。西北野戰軍的操作，依賴群眾、靈活主動、頑強拼搏、以少勝多、圍點打援、集中兵力打殲滅戰、迅速總結經驗，等等等等，無一不是共產黨的經典做法。國軍始終找不到破解共軍的招數，絕對不是國軍笨，問題出在蔣介石個人，毛澤東及其團隊業已完全吃透了蔣介石這款人。

1948年，2月末，為配合中原野戰軍（劉伯承、鄧小平）與華東野戰軍（陳毅、粟裕）的作戰、牽制蔣介石可能抽調胡宗南集團軍，西北野戰軍南進擺出攻略西安的態勢，對延安東南方不遠的宜川發動進攻，圍困駐守宜川的國軍76師24旅，胡宗南右兵團的29軍軍長劉戡親率兩個師（四個旅）趕往解圍，大軍行至瓦子街地區即被包圍。

3月1日，西北野戰軍發動總攻擊，經一晝夜激戰，國軍大敗，劉戡自殺，90師師長嚴明、三個旅長被擊斃，共損失一個軍部、兩個師部、

五個旅又一個團，近3萬人。之後，胡宗南集團軍雖猶存30萬眾，但已心膽俱裂，喪失鬥志。

4月21日，守延安的國軍棄城南逃。

5月中旬，中共中央機關，毛澤東、朱德、周恩來等，遷到河北石家莊的西柏坡村辦公，顯示共產黨已將陝晉冀聯成一片。

1949年春，西北野戰軍改稱第1野戰軍，發動關中戰役。

5月1日，1野攻佔胡宗南老巢西安，胡宗南部餘眾20萬西逃。

7月，扶眉戰役，1野阻擋了胡部西入甘川、南入豫鄂的去路，並分割胡部與馬部。

8月，1野在甘肅發起蘭州戰役，不久，寧夏、青海、甘肅三省底定。共殲滅蔣介石嫡系和非嫡系國軍24萬餘眾，包括青甯二馬全部力量。

9月，1野許光達指揮的第2兵團與王震的第2兵團會師張掖，直指新疆。隨後，在張治中的策動下，國軍新疆警備司令陶峙岳和平歸順。

至此，中國的大西北全部底定。

東北戰場

1945年8月15日，日本投降之時，原本國共都鞭長莫及的東北，成為雙方的預賽場，雙方都瞭解到東北三省地大物博，人口眾多，必定關乎雙方的未來勝負。顯然，共產黨人的決心更大、反應更快，共產黨當即從各紅區抽調2萬多幹部和10萬大軍出關，9月，主將林彪就已抵達東北。這2萬多名幹部在東北落地生根，建立政權，組織群眾，為共產黨的管治打下堅實的基礎。比如，首先率部挺進東北的李運昌（林彪的黃埔4期同學、冀熱遼軍區司令兼政委），8個團兵力和2500多名地方幹部，分東、中、西三路進入東北，到9月底，在其他軍隊還未到達東北之前，李運昌部已佔領了北甯路和南滿地區所有城市，所建立的地方政府實際控制了熱河、遼寧全省、吉林與黑龍江西部地區。不過個把月，出關時的1萬多人已經擴大成10萬大軍。

反觀國民黨，30萬大軍在美國海軍的運輸下，比共產黨遲到三、四個月。到1946年初，先後到達關外的國軍主力是滇緬遠征軍，新1軍、新6軍、第52軍、第60軍、第71軍，分別自廣州等地海運到東北（第52軍由越南到東北）。至於政治幹部，卻只來了新劃分的東北9省省長和廳長們，這些接收大員，是來坐享抗戰勝利的果實，不是來建立政權的，更不是到東北來服務百姓的。國軍雖然迅即奪回東北交通幹線上的大中城市，控制了東北三省的線與點，卻把廣大的面交給共產黨去經營。實在的說，國民黨從來就沒有開拓、耕耘新區的能力和經驗，怎麼能夠和共產黨在控制農村的問題上競爭。更何況蔣介石送到東北的國軍，不但是沒有人民基礎的孤軍，而且大多還是難以適應東北寒冬的南方部隊。

　　內戰正式爆發的1946年中之前，國軍順利接收了不少東北城市，給了蔣介石及其團隊很大的錯覺，認為東北預賽就此結束、共產黨不過爾爾。但分兵把守城市和交通線，卻也就背上了包袱，頓感兵力不足。以南北滿之間的交通樞紐四平為例，內戰正式爆發之前，它已經在國共間轉手兩回，在誰手上誰就得付出兵力去守。

　　1947年6月，第三次四平戰役，東北解放軍10餘萬配以炮兵部隊四面圍攻四平。國軍守將陳明仁只有三個殘缺不全的師加上保安團共2萬餘人，但下定犧牲決心，死守城池40多天，雙方犧牲慘重，陳明仁最終保住了四平，以解放軍向黑龍江北撤而結束。

　　此戰役之前不久，國軍進佔延安空城、被西北野戰軍兜得團團轉，華東野戰軍則在山東中南部的孟良崮全殲蔣介石最精銳的張靈甫整編74師。此戰役進行的同時，西北野戰軍正把胡宗南集團軍整得死去活來。國府大力宣傳難得一次的「四平大捷」，國民黨看不出當時勝負數據的邏輯，蔣介石繼續「相信」自己的錯覺去了。共產黨則開會總結經驗與教訓，毛澤東團隊越來越有天下一盤棋的意識和策略。

　　此戰役結束時，共產黨方面：劉（伯承）鄧（小平）大軍千里躍進大別山，隨後，陳（賡）謝（富治）兵團挺進豫西，他們形成新的中原解放區以及新的中原野戰軍（2野）；華東野戰軍（3野）則挺進豫皖

蘇，2野跟3野協同作戰，牽制了西北國軍、解除了1野南邊的壓力。國民黨方面：深陷於蔣介石的錯覺和夢幻中，依然還是滿腦子「打共匪」的思路，戰略上輕敵、戰術上重敵，各自為戰。

四平戰役後，有功的陳明仁被東北主帥陳誠調出東北，到南京任總統府參軍。陳明仁百思不得其解之餘，便種下跟蔣介石分道揚鑣的決心，後來演出1949年「湖南和平起義」戲目給校長觀賞。

1948年1月，蔣介石成立東北剿匪總司令部，以衛立煌為總司令。東北野戰軍（4野）則發起冬季攻勢，先後攻佔彰武、北票、黑山、遼中等城市及大石橋、新立屯等戰略要地。3月，4野終於澈底解放四平。到此，國民黨在東北全境已經沒有一條可通的「線」。只剩下三個孤島：錦州、瀋陽、長春。

這時，毛澤東的戰略目標是，儘快結束國共兩軍在東北的膠著戰鬥，集中兵力攻佔錦州，堵住國軍南退山海關、華北，以「關門打狗」，畢其功於一役。林彪當然瞭解毛的思路，但認為有點冒險、不如依次解決長春瀋陽錦州，反正那時營口還在國軍手裡，阻止不了沈、錦國軍海運南撤關內。但林彪終於想通了，關門打狗，通吃當然最好，目標仍是最大化地減少可以撤入關內的國軍、降低內戰的時間和損耗。

10月上旬，4野將圍困長春的部隊大量撤往錦州集中，發起遼沈戰役，這時鄭洞國的長春軍已被圍半年多，交戰雙方連累長春市民鬧饑荒，消耗了不少老百姓。10月16日，4野打下錦州，全殲國軍10餘萬、俘虜守將範漢傑。消息傳到長春，守將之一的曾澤生率國軍第60軍起義，鄭洞國唯有默默跟著走，長春解放。

蔣介石一聽到錦州失守，立刻把杜聿明從徐州召回南京、當下送進瀋陽，堅持要東北國軍組織反擊、收復錦州，儘管杜聿明、衛立煌都認為應該放棄東北，迅速把剩餘的兵力通通向營口突圍以便海路撤回關內，蔣介石居然固執地要賭一把。於是衛立煌只好倉促組建遼西兵團，以廖耀湘為帥，率12萬國軍從瀋陽南下攻向錦州，在黑山附近被4野阻擊，到不了錦州、退不回瀋陽、去不了營口。10月末，遼西兵團全軍覆

沒，廖耀湘被俘。11月初，4野解放了瀋陽。至此，東北三省成為共產黨第一個完整的解放區塊。4野大軍迅速入關，攻略華北戰場。

國軍在東北損失近50萬人馬，從此國共兵力對比大致相當。最後，杜聿明在營口、葫蘆島組織海撤，大約有3萬國軍退回上海，距離國軍在那裡登陸進入東北，不過兩年時間。杜聿明乘飛機撤離，奔向淮海戰場。11月6日，3野、2野發動淮海戰役，賭性堅強的蔣介石依然執意要跟共產黨「決戰」，他認為共產黨在東北的勝利，不過是他的運氣欠佳、以及手下不乖的緣故。

華北戰場

這個戰場地跨山西、察哈爾、河北、熱河、綏遠5省，包括北平、天津、保定三大河北重要城市據點。其中，察哈爾、綏遠是傅作義的地盤。山西則是閻錫山經營30年的老巢。1931年中原大戰後，他已經不再有出省作戰的雄心。抗戰勝利後，閻錫山曾立即挑戰晉冀魯豫解放區的力量，吃了大虧，損兵折將內戰時期，國軍保定綏靖公署主任孫連仲和張家口綏靖公署主任傅作義是華北戰場的主將，都不是老蔣嫡系。

1947年10月，蔣介石為加強平、津、保地區的防禦，令其嫡系第3軍從石家莊開往保定駐防，該軍行至清風店被晉察冀野戰軍圍殲，連石家莊也丟了。12月，蔣介石委任傅作義為華北剿匪總司令，駐在北平，統一指揮晉、冀、熱、察、綏五省軍事。

中共在華北戰場的主將自1945年到全國解放一直是晉察冀邊區司令員兼政委聶榮臻。1948年5月改稱華北軍區，司令員還是聶榮臻，徐向前任副司令員、在山西負責對付閻錫山。

1948年11月29日到翌年1月31日，華北軍區與4野共同遂行平津戰役，全勝收場。北平的傅作義和平起義，保住了北京城躲過戰火之災，是莫大的功德。中國人要感謝傅作義的善心善行，當年北京圍城，共產黨展現了高度耐心去說服傅作義以和平方式解決戰爭，值得大贊。

華中戰場

這個戰場是古中原四戰之地，地跨河南、山東、河北、安徽、山西，中共主將是中原野戰軍（2野）的劉伯承和鄧小平。

1947年，6月，劉鄧大軍渡過黃河到山東西部，一舉殲滅國軍整編第63師、153旅，接著國軍又來三個師，其中整編32師和70師隨即被消滅，整編第66師被圍，動彈不得。蔣介石急的不知如何是好。8月7日，劉鄧大軍忽然兵分三路，按毛主席戰略構想千里躍進，攻向大別山去也。8月26日，度過淮河，主力部隊終於登上大別山。到達目的地後，先後建立了17個縣的政權，而且在湖北東南部的高山鋪打了一個大勝仗，殲敵一個師一萬兩千餘人。並以10個旅向大別山以南、長江以北各個縣進攻，造成大軍要從那裡渡江南進的態勢。

這一下可把蔣介石嚇壞了，急令在中原戰場的國軍第40師和52師南下回援。蔣介石親自到廬山坐鎮指揮，七拼八湊的抽調33個旅團進攻中共大別山根據地，這一來，各個戰場的國軍都感到兵力不足。

2野則同時兵分兩路應對國軍的攻勢，鄧小平率一部分主力堅持內線作戰，而劉伯承則率領另一部分主力轉至外線作戰。在3野和陳謝兵團的配合下，牽制、拖散圍攻大別山的國軍，保住了共產黨大別山根據地。

內戰形勢至1948年初已急劇變化，淮海戰役在醞釀中，躍進到大別山的中原野戰軍又漸漸地向東移動，集結於徐州以西地區，準備與3野共同發動淮海戰役。

華東戰場

這個戰場的大小還真難以界定。因為新4軍是集合當年紅軍長征後，留在閩贛、閩浙、湘贛以及安徽和江蘇交界邊區的紅軍餘部，歷經

三年的游擊戰而生存下來的人聚集組成的。1937年，八年抗戰開始，國共合作抗日，新4軍成立，畫歸在浙江的第3戰區（顧祝同指揮）。國民黨規定新4軍游擊作戰的活動範圍只限於皖南和蘇南，只准在此區域內抗日，走出這個範圍去殺日本侵略軍就是違反命令。1941年皖南事變的口實，就是新4軍抗日抗到劃定區域外，違反軍令、因而被國軍圍殲。

抗戰勝利時，新4軍又早已在蘇北拓展成形，並且與8路軍115師的山東軍區連成一片。1946年中，國共正式內戰後，新4軍更是自由自在的發揮打仗的本領，粟裕的蘇中七戰七捷，正是共軍在華東戰場的牛刀小試。

那時的華東戰場涵蓋了隴海鐵路連雲港到河南鄭州、洛陽以南的所有地區。也可以說黃河、淮河以南的各個省分，蘇魯豫皖都是華東戰場。而它又與中原戰場連在一起，陳毅、粟裕的第3野戰軍和劉伯承、鄧小平的第2野戰軍，緊密地配合作戰，相互呼應；從不分誰的戰場，各路共軍進出自由、沒有絲毫「地盤」觀念。

總之，三年內戰，毛澤東團隊下的是全國一盤棋。而蔣介石指揮的是各自為戰的大戰區國軍，全聽蔣一個人「運籌帷幄」，其互相掣肘扯皮、不全盤皆敗才怪。

隔著長江，江南寧、滬、杭是蔣系國民黨的心臟地帶。蔣介石發動全面內戰後，江北的蘇北、魯南變成更為敏感的爭鬥拼搏地區。

1947年，蔣介石在徐州組建司令部，由顧祝同坐鎮指揮。顧調集24個整編師約40萬人馬，計畫打通徐州到濟南的津浦路，把解放軍趕出魯南。2月中下旬，華東野戰軍發起萊蕪戰役，全殲李仙洲部7個師6萬多人，李先洲被俘。5月，國軍第1兵團由湯恩伯指揮五大主力之一的整編74師張靈甫3萬人向沂水方向進攻，結果74師被陳粟大軍包圍在孟良崮，全軍覆沒，張靈甫戰死。而國民黨的宣傳口徑，竟只在乎「全體忠烈自戕」。

1948年，6月中，2野攻克開封，全國震動。蔣介石急調邱清泉、區壽年、劉汝明三個兵團救援，2野立即撤出。緊追不捨的區兵團在豫東

黃泛區，掉進3野口袋，區兵團覆滅。但國民黨宣傳機器卻大肆宣傳為「豫東大捷」。

迷信中原歷史劇的蔣介石，閉著眼睛大談「收復開封」與豫東大捷。他說：「共軍始終只屬於烏合之眾，避實就虛，澤西流竄，純為求兵求糧，不敢與國軍決戰。此次河南戰役，在共匪企圖，蠻以為準備已久，羽毛已豐，宜可問鼎中原。乃於上月糾合其陳毅、劉伯承、陳賡等匪之頑強主力，聚眾約30萬，趁我開封之守軍單薄，突行侵陷，及我馳援克復，遂又竄聚睢縣、通許一帶，封豕長蛇負隅結陣，冀與國軍一決雌雄。經我聯合掃蕩，即告土崩瓦解，被殲10萬以上。經此一役之後，共匪實力實屬脆弱，其不能與我國軍抗衡，業已充分證明。」

以上引蔣大帥「敗仗」當做「勝仗」所說的夢話，真令人啼笑皆非。在其內戰全面崩潰前夕，這位國軍最高統帥對狀況的「理解」，不可思議。

9月下旬，3野攻下國軍另一張王牌主力王耀武率領10萬人堅守的濟南城，王耀武被俘。11月初，4野拿下東北全境後，3野與2野隨即發起淮海戰役（國軍稱為「徐蚌會戰」）。

1949年1月，淮海戰役結束，國軍三個兵團被全殲，包括蔣介石嫡系主力之邱清泉、黃維等兵團。國軍戰場主將杜聿明被俘。

淮海戰役結束後，陳毅曾感慨說：「這個戰役的勝利是靠蘇皖魯豫四省數十萬民工為支援前線作戰，組成雞公車隊（獨輪車），運輸軍火糧食，擔架隊則搶運傷患回後方醫院。勝利是他們推出來和抬出來的」。這是人民戰爭的真貌：

東北戰場，共軍對國軍，大致為90萬對60萬。

淮海戰場（華東與華中），共軍對國軍，則大致是60萬對80萬。

所有人類的戰爭，鬥爭的雙方，無論勝負，都會出現許多極致的人性，英雄和狗雄；史籍則會留下勝方的話語，大抵合乎客觀的條件以及統計科學的規律（概率）。

比較中國歷朝歷代的內戰案例，解放軍3野的粟裕大將，絕對是國

共內戰裡的最傳奇戰將、甚至是20世紀中國最破格的武將，而毛澤東則無疑是不世出的「大帝」格局的破格之人。

淮海戰役使蔣大帥損失了國軍最後的「能戰」之師，只得「引退」，讓李宗仁代行總統職務、跟共產黨「和談」，至少蔣大帥不必面對難看的局面和言語。「和談」只拖延了三個月，中共就以百萬雄師渡大江而結束了蔣介石導演（他完全像似木偶戲的導演）、李宗仁主演的的和談政治兒戲。此後，解放軍勢如破竹，席捲中國內地。大抵，會戰都熱鬧而不激烈。國軍的抵抗，近乎象徵性。

10月24夜，解放軍從廈門進攻金門島，當時金門並無國軍正式派任的最高指揮官。黃埔1期生李良榮是當時金門國軍最高職位的第22兵團司令官，得孫立人之助調來7千剛從臺灣被組訓過的青年軍201師部隊，又恰巧有4期生高魁元的協助，國軍打了一個金門古寧頭大捷，全殲登島進攻的9千解放軍。

這是國共內戰三年以來，國軍的唯一勝利，堪稱黃埔生作戰的異數。解放軍從此對渡海作戰心懷恐懼，不敢大意，蔣介石得以暫時苟全臺灣。

金門戰役，可以做為三年多的國共內戰落幕性標誌。那時候，共和國已經成立了23天。解放軍也摧枯拉朽的、基本上統一了內地大多數地方，渡江之戰後，國軍實際已無鬥志，全國人民盡皆反蔣。

1950年6月25日，朝鮮戰爭爆發，美軍介入臺灣海峽。兩岸形勢就如此這般地維持「現狀」了60多年，以迄於今。金門也變成兩岸小三通的連接點，如今算是個可以觀光半天的好所在。

小結

嚴格說，國共內戰，迄未結束。共產黨固然成立了內地的中華人民共和國，國民黨的中華民國在臺灣也存活至今。

淮海戰役，則實質上終結了內地的「1926-1949，民國史上的蔣介石時代」。

從本章的記述，19-20世紀展開於中國的歷史邏輯，我們看到一個理性的、但十分激情的中國大革命時代。這當然是歐西理想主義色彩的全球化結果，當時的歐洲人充滿「人定勝天」「征服自然」等等「科學理性」的信念，中國人感染了這些熱情，也充滿了「革命」「富國強兵」等等「跟國際接軌」的信念。

但是，人性，習性與欲望，最終扭曲了信念。

1912年，中華民國誕生為異形的「中華軍國」。

1914年，「科學理性」的歐洲列強也陷入第一次世界大戰，文明幾乎毀於一旦。（這些「非理性」因素的討論，不是本書範疇，就此打住。讀者們需要瞭解，歷史，無非記述的是人群的活動，彰顯的是人性，情、理、習、慾的糾葛。）

1924年，中華民國「國父」孫中山先生終於取得外援，共產黨的蘇俄的援手。那是令孫中山忘情的時刻，國民黨跟充滿革命氣息的國際共產黨掛鉤了。於是，中國人內部國共合作，組建新國民黨，並建軍（黃埔軍校）。

1925年，孫中山死後，留下新國民黨與黃埔軍校兩大遺產。因緣際會，使得蔣介石以黃埔軍校校長的位置，先專了新國民黨的軍隊、再專了新國民黨的組織。

1926年，新國民黨「北伐」。

1927年，蔣介石發動政變，「清共」，把孫中山的新國民黨還原，並迅速專制為蔣系「國民黨」。此後，便是內地的「蔣介石時代」，已如前述。

1937年，八年抗戰，實際進一步夯實了蔣介石的「領袖」地位。然而，本性自私，使得蔣介石並未抓住這個好運、真正轉變成為領袖，而執意豪賭國共內戰，終至輸光，敗走臺灣。

發生整個蔣介石時代的根本原因，就只是「黃埔軍校」，國共合作

的黃埔軍校。蔣系國民黨要昵稱孫中山為「國父」，理所當然，沒有孫中山就沒有黃埔軍校與蔣介石時代。

但沒有孫中山的公心的蔣介石時代，國民黨打起內戰，無論嫡系或非嫡系部隊，也無論戰場或平時，投共事件層出不窮，也是理所當然的。這，可以視為「蔣介石時代」的特徵，「族繁不及備載」，勿需贅述。

至於特務橫行、金圓券濫發、官僚貪腐等等政治弊端，原本就非蔣介石之所擅長的治道，何況其本心原就是打撈天下而已。人們實在不須奇怪蔣介石逃到臺灣，還要撈走民國國庫的金銀外幣、卷走故宮的細軟珍寶。我在臺灣的早期教育，有蔣介石最後一次從上海撤離的故事：臨走前他忽然叫侍從把附近馬路溝上的鐵蓋板掀掉幾塊丟進江裡，說是「不要留給共匪」。我真心希望沒有上海小老百姓不小心一腳踩進溝裡而有皮肉之痛，這些東西，難道不是方便上海小市民的嗎？

既然蔣介石以黃埔起家，下一節，就專描述「黃埔這4期」的人的故事，其中一批人使老蔣得以宰製中國大陸、造就其時代印記，也有一批國共合作時的共產黨人、最終把老蔣打回原形。

四、黃埔這4期

中華民國史上的蔣介石時代，跟黃埔軍校的源起、茁壯與最終形成一股龐大的軍事與政治勢力，息息相關。如果1924年6月16日黃埔第1期開學時，蔣介石不是這個軍校的校長，民國史上也不會有他這一號人物。但黃埔軍校的前途也因蔣的主觀意志的操弄，而變質成為其掌控1926之後的民國史的軍人集團。一大部分黃埔師生搭上了這艘名利雙收的順風船，縱橫中國20年。

蔣介石1927年「412」政變、清共以後，不跟隨他的共產黨黃埔師生鐵了心地要革命到底，就成了蔣介石的死對頭。雙方壁壘分明、拼鬥到底，終於在1949年勝利的將蔣介石趕出了中國大陸。

黃埔軍校牽連著中國近代史的方方面面，不瞭解黃埔現象，便難以瞭解看似諸多矛盾的蔣介石時代。蔣介石依靠黃埔軍校「立功立業」，毛澤東團隊，則確實領導共產黨的黃埔師生打出了一個「中華人民共和國」。

「黃埔軍校」名稱的由來

「黃埔軍校」是俗稱或通稱，並非正稱或官稱。在軍校正式的文件布告上或畢業證書上，用的是官方的全稱「中國國民黨陸軍軍官學校」或正式簡稱「陸軍軍官學校」。今天的廣州黃埔島上，依然保留著原始的軍校大門橫額，校名陸軍軍官學校。官書從來都不出現「黃埔軍校」這四個字。

但它卻是一個無人不知無人不曉的「專有名詞」。

「黃埔軍校」乃指1924-1927年國共兩黨合作時期，在蘇聯共產國

際的大力支援下，共同創建在廣州東部、珠江邊的黃埔島的那所軍校。這是共產國際為扶植兩黨合作後的「新國民黨」及其革命武裝力量，所做出的極為重要的舉措。

它聞名於國外的名字是「Whampoa Military Academy」，因為黃埔這一地名廣東話的英文音譯是Whampoa。就像「美國陸軍軍官學校」The United States Military Academy at West Point，因為校址在紐約州西點鎮，因而簡稱「西點軍校」，遠比其全稱或正稱更聞名遐邇。

近代中國人懾於西洋的堅船利炮，出洋習武，往往留學英德法意的官辦軍事院校，留學生當然是正式的官選官派。甲午戰後，也留學日本，日本人固然留一兩手，美國人則乾脆不收外國人進入其官辦軍事院校。各國的正規武校，收不收中國學員，屬於雙方的政治範疇。

孫中山開始國共合作之後，新國民黨的黃埔軍校便跟蘇聯伏龍芝軍事學院有了某種牽連。該院創建於1918年，原名「工農紅軍總參謀部軍事學院」簡稱「總參院」。1925年為紀念其前院長、蘇聯內戰英雄、及紅軍締造者伏龍芝元帥，而改為現名。1923年，蔣介石率領孫逸仙博士訪問團去蘇聯「取經」時，就曾重點參觀了這個學院，以供中國創建軍校為參考。許多黃埔生，曾去過那裡學習，包括為抗日戰爭捐軀的共產黨黃埔1期生，左權，時任8路軍副總參謀長。

但各國正規軍事院校為外國人培養軍事幹部的事例，從來都不普遍。孫中山時代的國共合作是很稀罕的特例，中俄當時的狀況促成伏龍芝軍事學院開放中國人去深造，後來去學習過的有解放軍空軍司令員劉亞樓上將、劉伯承元帥以及高等軍事學院副院長楊志成上將等等。早期黃埔也有越南學生，但都是特例。

總之，「黃埔軍校」是孫中山新國民黨的正式軍事院校，那時孫中山的願望是要以革命武力統一軍閥割據的中華軍國，以實現其「中華民國」的政治理想。當時國共合作的新國民黨並沒有全中國的政權，黃埔軍校的官稱也只好是「中國國民黨陸軍軍官學校」，而實際，孫中山「黃埔軍校」內還分兵培訓空軍人才。

黃埔開辦前夕的中國形勢

甲午及八國聯軍戰後，進入20世紀之交的中國人，日子很好不過，「民不聊生」是現實寫照。面對列強的入侵，大量知識分子覺悟到，中國必須變革、跟國際接軌，有心的讀書人，皆以創辦學校、辦報刊雜誌為職志，以開通民智為目的。新式中小學教育加速普及，資訊傳播與擴散飛躍式加快。而「革命」，無疑是快速變革的最「現代化」途徑。革命呼聲，風起雲湧，人人思變，中國進入大革命時代，很快就有了「辛亥革命」與「中華民國」。

然而，到了1924年，中華民國業已成立12年，列強對中國的侵略與控制依然不變，他們樂於中國維持大小軍閥遍布的局面，民不聊生的程度更甚於滿清末年，儘管大多數老百姓仍一如既往的，只怨天、不尤人的賴活著。

但逐漸普及的白話文，量產了數以百萬計的新興「中國知識分子」，高校畢業或高中初中生，只要初通文字、會讀書、看得懂報章雜誌的，無不稍知國內外形勢。年輕人深深地感悟到：要實現變革，唯有外抗列強，內除軍閥；為國家民族找「生路」，為個人找「出路」。他們期待著有一個團體或一個黨可以歸依，可為之獻身。他們更熱望能尋找到一個「道」，朝聞之，可以為它夕死。至於什麼黨或什麼道（新名詞叫「主義」），似乎不是頂重要。

這一直就是中國大革命時代的精神面貌，20世紀前半葉的中國時尚，叫做「革命」。中國人很難得地滿腔熱血，等待著一個黨來召喚、來率領他們去革命救國。形式上的民國，充斥著或大或小的「軍國」，更加刺激知識分子的革命心志，跟西方知識分子的「信仰」激情殊無二致。

孫中山適時地捕捉住了這股洪流的力量，推出國共合作的「新國民

黨」與黃埔建軍，以革命救國為口號，呼喚、扣動時尚年輕人的心弦。尤其是黃埔軍校，成為救國青年的集結地，也是實踐革命的出發點。這些心懷救國的熱血青年齊聚黃埔，接受了基礎軍事訓練，又在周恩來領導的政治部教導下，接受了共產主義的「革命」思想，從而迅速成為中國史上從未有過的最有思想的新型軍隊。這個軍隊沒有什麼了不起的戰術戰法和武器裝備，但打起仗來卻能齊心協力，無畏無懼的帶頭衝向敵人，直到衝垮對方為止。當時各地自辦的軍校很多，但只有國共合作的黃埔軍校算得上是中國大革命時代的產物，具備那個時代的精神面貌。

國共合作的新國民黨和黃埔軍校，就在樣的時空條件下異軍突起，光芒四射。其「黃埔校軍」、「學生軍」所向無敵，很短時間內就掃平了廣東省內的敵對武裝團體，而北伐軍也勢如破竹、掃平群雄。唯有從中國大形勢上觀察，才能理解其成功因素、以及蔣介石得勢的因果關係。

這支配備了思想武裝的新型軍隊，理念驅動超過利益驅動，算得上是比較不為自己的利益打仗、或是為信念而戰。他們上戰場，自動自發地，不畏難、不懼死，為革命、為人民，衝呀。打的是股氣勢，正氣，大氣，壓倒對手的勇氣。因為，「真理」在我方。

最早看到竅門的人大概是毛澤東，這模式就成為紅軍的雛形。多年後，在蘇區，他告訴英國記者：「我們建軍就走這一路線，建立人民的軍隊，為人民而戰」。

蔣介石則始終也沒看出其中奧妙，還自以為是（訓練加領導）的效果。蔣介石只知道，這股不可戰勝的力量是起家最好的本錢，想方設法擁為己有。蔣介石精心構建並培養這股軍事力量：以他為領導中心，保定軍校出身的教官為輔佐，黃埔學生為骨幹，想盡辦法排擠共產黨人與任何「不聽話」的異類，能拉攏的拉攏、拉不攏的就清除。

黃埔軍校的開辦

　　1924年頭，孫中山在廣州召開中國國民黨第一次全國代表大會，國共兩黨重要人物都參加了。大會通過決議：以孫中山先生的「聯俄、聯共、扶植工農」三大政策，為新國民黨組織與行動綱領。孫中山這次的果敢，當然有事先的籌畫，以及跟蘇俄的協商（包括派遣孫逸仙博士代表團到蘇聯考察、談判）。國民黨內部，則廖仲愷先生成為孫中山的副手。

　　大會還明確決定國共合作創辦軍校，立即執行，計畫年中開學，時間只剩四個月。孫中山、廖仲愷立馬做了三件事：

　　1、 選擇黃埔島為校址。

　　遠離廣州、惠州的滇桂粵軍閥勢力的威脅，保持距離，以策安全。

　　2、 決定校長人選。

　　孫中山早有校長人選，不然也不會派蔣介石領銜去蘇俄考察、並跟蘇共軍事領袖托洛斯基會談有關蘇共援助的一切。托洛斯基表態的一清二楚：「幹革命是你家的事，要啥咱家給啥，就是不能派軍隊幫你家幹革命」。以後的事實證明，托洛斯基是真正的國際主義革命者，他說得出、做得到，物力如金盧布、武器、槍炮，人力如顧問的派遣，都迅速發送廣州。

　　但蔣介石訪俄歸國，卻遲遲不去廣州報到，留戀上海炒股票，過快樂的日子。最後去了廣州，還是不安心辦軍校，三天兩頭跑回上海灘找老婆（陳潔如）。孫、廖二人實在是受不了這個小弟的行為，決定以程潛取代他。蔣介石聞訊大驚，面謁孫中山，力爭保住「校長」的位子。孫中山是老實人，一來始終不忘當年老蔣冒險相伴的情誼；二來老蔣是他派往蘇俄接頭談判創辦軍校、建立革命軍隊的當事人，如果此時陣前換將，豈非徒增「解釋」之麻煩。畢竟經過這次折騰，料蔣介石也不敢

再耍性子忽悠了。

3、軍校第1期的招生。

此事只能祕密進行。出了廣州，各地都在軍閥的割據下，那是革命黨人的「天敵」，稍有不慎，考官或考生都有風險。倘被扣上亂黨的罪名，幸運的是坐牢，否則殺頭都難免。

黃埔軍校開學前夕的校長人選決定是「有心」的安排。孫中山以「黨總理」之尊而兼「校總理」，開學後時經常到黃埔主事、演講。廖仲愷則以新國民黨中央執行委員兼任駐校代表。蔣介石的校長只是第三把手，當時老蔣在新國民黨的地位僅只是二三流角色，而毛澤東、沈定一、張太雷、瞿秋白都是候補中委。國民黨第一次全國代表大會，老蔣連個正式的代表身分都沒有，當個校長能做什麼怪？孫、廖認為，有他們兩個人在上面鎮著，蔣介石再魯莽也不致出太大差錯。

豈知人算不如天算。中山先生1925年3月12日病逝於北京。廖仲愷1925年8月21日在廣州遇刺身亡。從此，蔣介石成為黃埔軍校第一人，掌控國民黨僅有的武裝力量----黃埔軍校。又趁廖案排擠國民黨大佬胡漢民離開國民黨中央，以汪精衛取代之。從此，蔣、汪聯手取得了國民黨的軍權、黨權。國共合作的「新國民黨」也從此而變質了。因為新國民黨的中央執行委員會已經控制不了他的下屬軍委會委員長蔣介石，反之蔣介石的槍桿子指揮了黨。

廖仲愷遇刺案，最初都認為是港英聯手陳廉伯商團武裝餘孽所為，而最終卻牽扯上胡漢民，蔣介石得到最大實惠。其中疑點甚多，沒有確切的證據，實不敢妄作評說，算是一個懸案。但廖案影響之大，無與倫比。最關緊要的是國共合作的領袖人物孫中山先生逝世在先，5個月後忠實於孫中山路線的副手廖仲愷又跟著消失了。新國民黨頓時失去了領導中心，也失去了方向。國共合作的道路也因之迅速走到盡頭，國共合作3年後的1927年4月12日，蔣介石在北伐軍佔領上海時發動了清黨政變，屠刀立即砍向了昔日的合作夥伴共產黨。國共合作在刀光血影中破局，結束了大革命時代的兩黨合作模式。

軍校第1期的招生，廣州之外既然只能祕密進行，可行的辦法無非：

1、透過國共兩黨同志的私下接觸，鼓動各地的年輕人來奔；

2、在進步的雜誌上刊登招生簡章，以廣告方式流通資訊於全國。

遠在陝西的關麟徵、杜聿明、閻揆要等人就是在《新青年》上看到的消息。這幾位大膽的青年居然敢不遠千里間關而奔廣州，誤了一點開學日期，幸得老鄉于右任先生說情才能入伍。在山西當小學教員的徐向前也是看了《新青年》才約好老鄉白龍亭、趙榮忠、孔昭林，一起先去上海初試，後再到廣州。

胡宗南入學黃埔最具戲劇性。他是浙江鎮海縣人，後來家遷孝豐，極能讀書、成績很好，高中畢業後當了小學教員，又感毫無前途，棄職而流浪上海。終於決心棄筆從戎，直接就來廣州報考。復試時，考官讓考生們排成橫列，於是胡宗南的體弱個小就體現出來了。教官立即將他拎出並說：「你哪是當兵的材料，快回家去吧」。這傢伙可把胡宗南嚇懵了，他來黃埔根本沒打算回去，沒想到遭此意外打擊，進退兩難，落個無家可歸。愈想愈悲，不禁放聲大哭，哭了一陣，怒從心生，火冒三丈，猛地站起來大聲質問考官說：「憑什麼不讓我參加革命？革命是每個青年人的責任，個子矮怎麼了，拿破崙個子不高、照樣馳騁疆場。校總理孫中山先生也不過一米六幾，廖黨代表更矮，革命豈能以貌取人？」先是一陣大哭，接著是慷慨激昂的怒罵，驚動了廖仲愷。廖從辦公室出來就大聲的對胡宗南說：「這位同學，我批准你參加考試」。接著寫了張條子給胡，上面說「國民革命需要大批人才，只要成績好，身體健康，個子矮一點也是應該錄取的」。可惜廖先生早逝，沒能看到這位小個子卻是1期生當中最早升將官、最快肩扛三顆星的上將。

比起上面這些熱血青年的從軍過程，年輕的共產黨人**陳賡**的行動，更具備中國大革命時代的典型特色：革命激情。陳賡原已在孫中山廣州軍政府軍政部長程潛辦的「湘軍講武堂」學習，一聽到黃埔招生，立馬跟同學宋希濂一起報考、錄取、報到，這鼓動了講武堂的其他同學，半年後，全部講武堂同學（包括，左權），近160人，都轉入黃埔，編進

了黃埔1期,使得原本只招到四百多人的黃埔1期生,6百多人畢業。

而黃埔第1期總共才訓練了6個月,畢業,上戰場,殺敵去!

黃埔開學時,蔣介石已經37歲,混上海灘、混革命好一陣子了。且不說程潛的學歷、才智不遜於他,當時已經到達黃埔的鄧演達、嚴重等人也都不比他差,可以替代這塊料當校長的人何止四五個,並且革命的熱情、主動性都比蔣強得多。但孫中山挺他,蔣介石終於明白,機遇不會天天來敲門。下了決心的老蔣,倒很痛快,要露幾手給大家瞧瞧,以證明蔣某人並非只憑跟孫中山的關係來而當校長的。因此,在軍校開學前後的兩年多裡,他不但構建了校本部、教授部,使軍校初具規模;開學後不久,他也遵循中山先生的命令,把「新軍」(校軍)搞起來。校軍因而有其對外征戰的武裝力量:教導團。

蔣介石集中心思任事之後,早起晚睡,勵精圖治,行為舉止,中規中矩,一副軍人氣概,且以身作則為全校師生表率,頗得國共青年學子的欽佩。

這時的蔣介石很「革命」,不愧為中國大革命時代中人。

黃埔的軍訓教官,大多聘用知名軍事院校畢業的軍官,如嚴重、鄧演達、何應欽、錢大鈞、陳誠、張治中、劉峙、陳繼承、蔣鼎文、顧祝同等,許多出自袁世凱北洋軍系的河北保定軍校。當然啦,國共合作嘛,政訓教官都是共產黨員,如孫炳文(曾任校政治部主任和總教官)、包惠僧(曾任政治部主任)、惲代英、蕭楚女、熊雄、聶榮臻(政治部祕書兼教官)、成仿吾、安體誠、李和林、陽翰笙、沈雁冰(矛盾)、施存統等人。

據黃埔軍校政治部主任周恩來回憶當年說:「中共黨員約占1期生的10%」。

1926年,蔣介石對當時黃埔軍校的中共黨員做過調查統計,曾說:「在一萬名黃埔師生中,約有2000名共產黨員」。

據另一估計,自1924年黃埔軍校開學到1927國共分手,經周恩來領導的黃埔中共組織和廣東省委的努力,培養發展的共產黨員和共青團員

約為4000人。但蔣介石說的一萬名黃埔師生，應該已是1926年底、第5期已招生的情況。而到了1927清共時，「黃埔」名下師生應該在一萬二以上。因此，軍校在黃埔島期間，師生中的共產黨人當在30%左右。黃埔，實際上培育了國共兩黨的正規軍事人才。

1924年6月16日，黃埔軍校舉行第1期開學典禮，孫中山、廖仲愷主持儀式，國共合作辦軍校的艱辛歷程，終於落地生根。

1928年，北伐成功後，易大安濃縮孫中山頒發的黃埔軍校訓詞為：

　　三民主義 吾黨所宗 以建民國 以進大同
　　諮爾多士 為民先鋒 夙夜匪懈 主義是從
　　矢勤矢勇 必信必忠 一心一德 貫徹始終

國民黨以之為黨歌的詞，並公開徵求譜曲；程懋筠的作曲獲選，1929便有了國民黨黨歌。蔣介石得勢後，1930年定之為「代國歌」。1937年，蔣系國民黨又定之為「國歌」。1943年，國府正式公布為「中華民國國歌」。

1931年，美國作家賽珍珠（Pearl .S. Buck，1938諾貝爾文學獎，是西方唯一以中國農民為主題的文學作家），創作小說《大地》，描述中國人民抗日故事，被好萊塢拍成電影，轟動一時。全片背景音樂，從頭到尾以管樂表現的中華民國國歌和義勇軍進行曲（後來即中華人民共和國國歌）交互使用，很動聽，頗有珠聯璧合之妙。

雖然有蘇俄共產國際的無償物資與軍事顧問人力腦力的支援，黃埔開辦初期，百廢待舉，軍校曾因無錢買米而斷炊。幸得廖仲愷夫人何香凝以結婚鑽戒抵押才買得幾百擔糧食應急，第4期入伍生總隊長張治中在他的回憶錄中，就特別提及這件往事。孫中山還曾批給黃埔軍校毛瑟槍300支，但廣州的兵工廠應付孫中山也就跟應付來來去去的軍閥差不多，批文，不管用，銀子OK，要300支嘛、給30支，面子過得去，卻勉強只夠放哨衛兵使用。

這樣艱難下開辦的黃埔軍校，實際只在「黃埔」辦了三年（1924年中至1927年春）共招生4期，訓練6-12個月，共畢業了4845名黃埔生。這些「黃埔軍校」的1、2、3、4期畢業生，以及那時的蔣介石與教官們，不但生活緊張，時不時還得冒生命危險，領著「校軍」跟地方軍閥的作戰，以夯實新國民黨的地盤。從實際戰鬥中成長的這批黃埔師生，是貨真價實、如假包換的「黃埔」招牌。

那樣的「黃埔軍校」，嚴格說，不只是真正在黃埔受訓、戰鬥、畢業，而且也真正經歷「國共合作」。他們有蘇俄外援，蘇俄顧問，蘇共式的新國民黨組織，保定軍校或其他軍校出身的教官（負責軍事訓練），周恩來的政治部的政治課教學（政治教官以中共黨員為主）。他們的腦袋瓜被政治動員武裝起來，充滿「打倒列強，除軍閥，去救國民革命的成功」的激情。打起仗來不但不怕死，還能用這些簡單易懂、口號式的道理教育士兵，鼓舞群眾。

三年後，中國國民黨陸軍軍官學校離開了黃埔，武漢的「黃埔」5、6期，也經歷跟本校1-4期幾乎完全一樣的歷程，精神風貌也差不多。但蔣介石專制下的南京中央陸軍軍官學校，就完全另外一種味道了。

黃埔校歌，譜就於1926年末。政治教官陳祖康寫的詞：

怒濤澎湃　黨旗飛舞　這是革命的黃埔
主義須貫徹　紀律莫放鬆　預備做奮鬥先鋒
打條血路　引導被壓迫的民眾
攜著手　向前行路不遠　莫要驚
親愛精誠　繼續永守　發揚吾校精神　發揚吾校精神

音樂教官林慶梧，對歌詞很有感覺，譜出奔放豪氣的旋律。黃埔校歌，很快就在校內外傳唱開了。

陳祖康1901年生於福建漳平，16歲赴法。熊雄當時在法勤工儉學，介紹他參加周恩來「中國少年共產黨員（共青團）」，1924年轉正式黨

員。這年陳祖康得馬塞大學理工科碩士，之後又得土木工程師證書，被法國西方工學院聘為助理教授。熊雄回國後，多次函邀他回家參加革命，於是1925年春，陳祖康回國，到黃埔擔任政治教官。1926秋，熊雄繼周恩來為黃埔軍校政治部主任，特請理工專業而文采斐然的陳祖康為黃埔校歌寫詞。一日，陳祖康漫步軍校門前的珠江邊，眼前波濤洶湧，靈感突來，便寫下上述歌詞。後來，陳祖康到北伐東路軍工作，在閩南從事革命活動。蔣介石清共後，陳祖康1928年4月代理中共「閩南臨委」書記，6月被臨委開除共產黨籍，之後輾轉於鄧演達的「第三黨」與國共之間，1979年病故於臺灣。

蔣介石對「怒濤澎湃」這首歌愛得要命，曾下令要把這首歌曲作為陸軍軍歌。1957年我在臺灣服兵役，到鳳山步兵學校預備班受訓，聽說此事。只是步兵學校有自己的校歌，並不熱心推廣黃埔校歌。

這些微小事件，很能反射出當年黃埔軍校的實相。黃埔軍校，成功地符合了中國大革命時代的潮流，深刻地影響了那時段的中國歷史，成為國共的教訓。共產黨人從中學到「人的因素第一」的主動性，老蔣則只看到必須抓牢「能打」的這一批武人。

總之，黃埔的開與辦，便是國共合作的那三年。蔣介石政變、清共，也就清掉了黃埔原味。

黃埔這4期（1924年6月16日-1927年4月12日）

儘管孫中山、廖仲愷在黃埔開學後一年左右便相繼離世，但黃埔很快就開花結果，1926年7月9日，黃埔軍校校長蔣介石在廣州東較場就任國民革命軍北伐軍總司令。表面上看來似乎國共合作之初的願景終於實現，國共組建了新國民黨，也創建了黨的軍校和黨的武裝力量，要用武力打倒軍閥，外抗列強。但國共合作的輝煌背後已經埋下兩黨決裂的定時炸彈，其引信就操控在蔣介石手中。

北伐軍打下上海之後的1927年4月12日，蔣介石引爆了這顆定時炸彈，發動「清黨」（清共），國共合作的大革命時代在刀光劍影中結束。珠江的怒潮依舊澎湃，黨旗還在飛舞，但黃埔已經不是革命的黃埔。

「黃埔」軍校第1、2、3、4期，這4期，之所以獨特，可從三點來說明。從訓練上說：聯俄聯共的政治思想教育從此消失；從時間上說：蔣介石清黨後的黃埔軍校演變成另一個異類軍校；從校址上說：只有這4期學生入伍於黃埔島本校、畢業於黃埔島。

由於大環境特殊，這4期黃埔生的教化，迥然不同於此後南京、成都、臺灣鳳山「陸軍軍官學校」所培養出來的學生。他們都感受過國共合作、接受過共產國際的物質與顧問，並認為中國革命本身就是聯繫著世界革命的一環。

特別要提到的是，蔣介石在上海發動的清共本身是政變行為，當時汪精衛為主席的中華民國政府是在武漢，而1926-1927之際，武漢已正式設立由鄧演達主持的黃埔分校，吸納了已經隨國府轉移到武漢的1200位黃埔第5期生、以及共產黨籍的教官。蔣介石政變後，武漢便形成共產黨人獨立自主辦軍校的局面，仍然維持孫中山國共合作的黃埔原汁原味。武漢的「黃埔」軍校很快又招收了第6期，第5、6期確實也秉承了黃埔革命精神不變，但所培育出的數千軍事幹部，主要是武裝了共產黨，影響巨大。第6期的「女生隊」更是中國之首創。

由於黃埔軍校幾乎就是近代中國軍事幹部的主力，讓我們稍微記述一下廣州黃埔這4期以及武漢5、6期的林林總總，著重描繪每期特殊「黃埔生」的事蹟，以便從他們的成敗中折射出民國史的點滴真相，不論他們身處哪個陣營。

黃埔第1期

1926年4月28日放榜、入學，入伍生489人，被編為1-4隊，每當蔣介石提到黃埔1期生時，總說學生500人。實際，11月30日的畢業生共計

645人，因為畢業前「湘軍講武堂」「跳槽」來了158人，編為入伍生第6隊。

1期生635人的省級分佈。湖南人197人居首位。廣東其次108人，陝西57人，江西42人，浙江和廣西各37人，安徽25人，江蘇24人，四川21人，湖北16人，貴州15人，雲南13人，山東、福建各11人，山西、河南各10人，河北4人，甘肅3人，蒙古2人，吉林、黑龍江各1人。

第一個受將銜的李之龍

李之龍，湖北沔陽人，1921年加入中國共產黨，1924年入黃埔1期，任鮑羅廷英文翻譯，在新國民黨軍校特別區黨部與蔣介石並列為5名執委之一，風頭特健，聲名大增。李之龍讀過煙臺海軍學校，所以黃埔1期畢業後，周恩來推薦他擔任新國民黨廣州軍政府海軍局少將政治部主任。三個月後又晉升代理局長，授海軍中將，旋即被蔣介石以「中山艦事件」名義逮捕，後雖釋放，又被中共開除黨籍，成為國共皆不容的人物。但蔣介石412清共政變前夕，發電報令李之龍到他身邊工作，被李之龍斷然拒絕、且策反海軍反蔣。1928年在廣州被國軍捕獲、犧牲。

惠州登城第一旗的陳明仁

陳明仁1903年出生於湖南醴陵，1924年入程潛辦的「湘軍講武堂」、併入黃埔，編入第6隊。1924年，校軍東征炯明的老巢惠州城。衝鋒在前的劉團長犧牲了，陳明仁失聲痛哭，手舉大旗衝破敵陣，把戰旗插在惠州城上。在飛鵝嶺督戰的蔣介石看到後問：「手持大旗第一個登上惠州城的人是誰」？回答是：陳明仁。在隨後的慶功會上，號兵吹三番號向陳明仁表示崇高敬意，蔣介石率全軍將士帶頭向陳明仁三鞠躬，高呼口號「向陳明仁學習」。

1980年宋希濂到美國探親，到柏克萊加州大學參觀，我負責接待。因為一向對國共內戰及黃埔歷史感興趣，以工作之便也購買和閱讀過許多有關資料。機會難得，我冒昧的問他：「蔣介石指揮失敗的原因很

多，各有各的看法和說法，好像都言之有理，以你與蔣介石的關係，能否說出個根本原因，去涵蓋或解析蔣介石軍事失敗的根源？」

宋希濂稍微思索了一下說：「這三年內戰，我身在其中，最終全盤皆輸。統帥有責任，像我這樣負方面之責者何嘗沒有？但一定要討論作為全域負責人蔣先生的過失，簡而言之有二。一是他在抗戰勝利後主觀上認為國軍實力很強大，可以在六個月內擊敗中共。因為他看不出中共的人民戰爭的持久性是難以速戰速決的，以及當時國軍之強大乃是虛胖的客觀現實。二是全面內戰一經開打，處處皆敗。蔣介石又簡單地總結出第一年的屢戰屢敗乃是因為部下不能服從他的指揮，不能遂行他正確的戰略意圖而致之。再打一年，國軍之戰略構想仍然是他個人的主觀願望。當時的徐州剿匪總司令以及東北、華北各剿總對其所在的戰區，敵我雙方的態勢有其現實的瞭解和判斷，也做出了相應的對策。但蔣介石喜歡親自指揮的習性難改，總是認為各戰區的司令只要服從他的指揮，內戰還是可以打下去的。直到1948年底，遼沈、平津、淮海三大戰役的勝負已決，他才心不甘情不願的服輸認敗。把爛攤子丟給李宗仁去收拾，下野去了。總而言之，中共打的是人民戰爭，而國民黨打的是蔣介石自以為是的另一套。結果也就一清二楚了」

宋希濂提到蔣介石不能以戰功定將帥之升遷的缺失，特別提到他的同期同學兼好友陳明仁將軍的國民黨軍人生涯為例子。他說：「身為軍人，我也曾當過軍長，集團軍總司令。憑什麼爬到高位？要靠戰場指揮打仗立功，這是每個軍人都應該有的抱負。初出軍校做低階軍官的時候，我最佩服的是湖南老鄉蔣先雲、陳賡、陳明仁。陳明仁勇登惠州城，事後蔣介石率全軍將士列隊持槍歡迎他，號兵吹出三番「迎官」號聲，當場被提升營長。我當時只感到，做軍人當如是也，心中羨慕不已。同時對蔣介石也很佩服，如此賞罰分明，有功即獎的統帥能不為他賣命？當時的場景令人熱血沸騰。許多年後，有些黃埔的同學變成了蔣介石的愛將。不是他們有什麼戰場的功績表現給校長看，而是他們聽校長的話。當聽話不聽話變成將領被重用或不用的依據時，誰還會去戰場

上證明自己？國民黨以聽話的大將去對陣朱德、彭德懷、林彪、聶榮臻、劉伯承、陳賡，其不敗者幾希？」

他說了一個小故事：拿破崙的一個情婦曾經要求給他哥哥一個將軍的頭銜炫耀一番。拿破崙說：「你哥哥要公爵、伯爵或其他什麼爵位，明天我就可以賞給他。我手下的將軍都是自己打出來的，要將軍頭銜萬萬不可，軍銜是軍人用生命在戰場上拼搏出來的」。

他又說：「抗戰時，中國遠征軍在緬甸作戰，因戰爭形勢突然逆轉，不得不立刻撤出戰場。」那是萬分緊急，也是考驗戰場主將智慧和決心的時刻。撤退竟然要校長指揮路線，結果聽校長話的部隊走進野人山「絕地」，死了好幾萬人。因為聽校長的話辦事，無法追究責任。孫立人分析判斷戰場的形勢，撤往印度方向，全師脫險，卻落了個不聽話的莫須有的罪名。蔣介石本來就有「愛親自指揮」的毛病，而國民黨高級將領戰場指揮官就不敢臨機專斷，不肯負責擔當，事事請示，也助長了這個毛病。

因此，國民黨有許多聽校長話的將軍，而鮮少能戰的將軍。陳明仁就是一個能戰而不怎麼聽校長話的人。解放戰爭時期他在四平街打了一個漂亮的保衛戰。當時國民黨宣傳機器發動起來，鋪天蓋的宣傳他的偉績，號稱四平大捷。但還是有些人抓住他的戰場「缺失」，比如用車站貨樓的大豆包構築臨時工事，解除了他的職務。蔣介石居然對此不置一詞，其無是非功過，已至不可思議之地步。不久，蔣介石又啟用他為湖南省主席兼兵團司令官。陳明仁就在長沙搞一齣湖南和平解放的戲碼給校長觀賞。

解放戰爭時期，有兩位上將和平起義。另一位是董其武的「綏遠和平起義」。如果再添上傅作義的「北平和平起義」，那就是國共內戰時期的三大「和平起義」。這是黃埔1期生陳明仁在國民黨軍隊裡的故事。

長沙和平起義後，陳明仁任第4野戰軍21兵團司令兼第55軍軍長，湖南臨時政府主席。毛澤東說「當初陳明仁是坐做在他們的船上，各劃各的船，都想劃贏，這是理所當然，我們會原諒。只要他站過來就行

了，我們還會重用他」。在政協第一次全國大會上，毛澤東與陳明仁在天壇合影，陳明仁要沖洗10打。毛澤東談笑風生的說：「少了，洗50打吧！」

1952年，體檢查出陳明仁患有骨癌。周總理親自到醫院探望，並在病歷上批示，想盡一切辦法救治，減少痛苦，延長生命。終於他的病情得到控制，活到1974年。這位黃埔1期生從國民黨中將做到共產黨上將才走完他70年不平凡的人生道路。

犧牲在武昌城頭上的曹淵

曹君何許人也？無人不知無人不曉，葉挺獨立團第1營營長是也。畢業後派往黃埔軍校教導團學生連任中共黨代表。參加了兩次校軍東征討伐陳炯明。北伐開始後，到獨立團任營長。率部隊參加著名的汀泗橋、賀勝橋等等戰役。打的吳佩孚大帥精銳的北洋軍鬼哭神嚎。葉挺獨立團名揚全國，就是這些不怕死的年輕人殺出來，衝出來的。戰鬥中，曹淵永遠身先士卒，高喊「跟我衝」而不是「給我衝」。攻打武昌，守敵劉玉春頑抗到底。他率全營為敢死隊，拼命攀登城牆，不幸中彈身亡，年僅24歲。

1926年10月10日，北伐軍佔領武昌之後，獨立團決定在武昌洪山建「國民革命軍第4軍獨立團攻城陣亡官兵諸烈士墓」。將曹淵和其他191名英烈合葬。刻有「諸烈士的血鑄成了鐵軍第4軍的榮譽」。

黃埔三傑

（1）蔣先雲，湖南新田人，1902年出生於。長相威武，體格魁梧。畢業於湖南省立第三師範。五四運動他是湖南學生聯合會總幹事。19歲加入中國共產黨，是毛澤東在湖南衡陽建黨時最早發展入黨的黨員之一。江西安源工人大罷工時，他是毛澤東、李立三得力助手。反動派懸賞500大洋要死屍，1000大洋要活人，這個價錢在當時可真是值錢。

蔣先雲天資高，聰明過人。1924年報考黃埔時，1000多人他名列榜

首。第1期畢業考試，又是文武第一。中共黃埔支部成立，一致推選他為第一任支部書記。在600多名學生中發展80多人入黨，包括徐向前、王琢爾、左權、周士第等人。第一次東征時負傷兩次。第二次東征時，已經是黨代表的他在第三次負傷的情況下，親率第7團敢死隊攻佔惠州西門，打開城門讓校軍衝進城去。

儘管蔣介石早就知道蔣先雲是中共骨幹領袖，但愛才之心甚切，對他寄予厚望。蔣介石曾說：「將來革命成功之後，我要解甲歸田。黃埔軍校這些龍虎之士，只有蔣先雲能夠指揮。」「中山艦」事件發生之後，雙重黨員身分的蔣先雲公開宣布退出國民黨。1927年412清共政變後，「兩蔣」正式恩斷義絕。4月17日蔣先雲在武漢發起「黃埔同學討蔣大會」，任大會主席，慷慨激昂的聲討蔣介石叛變革命。412政變前，蔣介石曾數次派人力邀蔣先雲離開武漢前往南昌，許以委任第1師師長之職，條件是必須發表「退出共產黨」聲明。蔣先雲不為所動，決然拒絕。蔣介石收買計畫落空後不甘心，又使出離間計，將二人合影照片登在報紙上，明顯的告訴共產黨，蔣先雲是我的人，你們能相信他嗎？這是很低劣的手法，但是對更低劣的人很有用。時任湖北省委書記的張國燾果然中計。也許正中下懷，可有整人的「證據」了，於是專門針對蔣先雲立案調查。辦案人員那種邪惡審訊口氣，就像對付內奸似的。這讓蔣先雲感到心寒，萬分痛苦。雖然審訊查不出什麼問題，但明顯的是中共湖北省委對他不信任、不重用。年輕的他無法忍受。

第二次北伐開始前夕，蔣先雲被派到國民革命軍第26師第77團任團長兼黨代表。1928年底，26師及27師在河南臨潁前線對陣奉軍7個師。蔣先雲帶出來的部隊就是不同凡響，英勇善戰，敢衝敢拼。雙方激戰極其慘烈。奉軍主帥臨陣殺軍長一人，殺旅長一人，團長3人。動用坦克、飛機、甚至是毒氣，就是擋不住革命軍的衝殺，最終還是潰敗。

戰鬥中，蔣先雲第77團奉命從右翼出擊，直插敵人陣地。他親自率隊衝鋒，腿部受傷倒地。拒絕士兵扶他離開戰場，反而騎上一匹白馬，揮舞著指揮刀向敵人陣地衝去，帶動了全團的激昂鬥志與士氣。不料一

顆炮彈臨空而至，把蔣先雲掀下馬來，腹部中彈身亡。蔣先雲這顆黃埔1期學生裡最耀眼的明星，那麼年輕就隕落於河南臨潁城下，時年25歲。

蔣介石設離間計，而張國燾領導卻趁機用來整蔣先雲，是無人性、無天理之事。年輕的蔣先雲感到不可思議，與其活著受罪，不如戰死沙場來的更痛快。蔣先雲是以死明志。

（2）**陳賡**，湖南湘鄉人，是一個生性活潑，體質強健而且機警過人的人。二次東征時，他是蔣介石總指揮部的護衛。戰鬥中，總指揮部被圍，蔣介石身處絕境，打算自殺。陳賡把他背出險境，又再連夜跋涉，穿越敵佔區，聯繫主力部隊來救援，挽救了敗局。蔣介石面對疲憊昏睡的陳賡，對黃埔師生官兵說：「什麼是黃埔精神？陳賡就是黃埔精神。」從此，黃埔師生戲說「黃埔三傑」時，總會提到「蔣先雲的筆，賀衷寒的嘴，靈不過陳賡的腿」。

1926年陳賡被黨組織派往蘇聯學習。次年回國參加南昌起義，任營長。後赴上海中共中央機關做情報工作。土地革命戰爭時期他任中國工農紅軍第四方面軍第12師團長、師長，紅軍步兵學校校長，戰功卓著。後因傷在上海治療時被國民黨捕獲，蔣介石立即接見陳賡，大度的對他說：「你是校長的好學生，雖然政治上犯了錯誤，我可以原諒你。」陳賡回答：「不需要你原諒我」。後來被營救，據說蔣介石說了一句「一命換一命，兩不相虧欠」，應該是有意放掉陳賡。

共產黨長征途中，陳賡任幹部團團長、陝甘支隊第13大隊大隊長。到陝北後調任紅1軍團第1師師長。抗日戰爭時期，任8路軍129師386旅旅長，太嶽軍區太岳縱隊司令員，開赴太行山展開游擊戰爭，屢創日軍。抗戰勝利後，陳賡指揮上黨戰役，大敗閻錫山軍隊，生俘其軍長史澤波。1948年夏率部參加淮海戰役，12月，指揮東野東集團軍圍殲黃維兵團。戰役以全勝了結，1期同學黃維被俘。接著率第四兵團渡過長江南下，打到廣州，繞城而過直掃貴滇邊疆，關上國民黨殘部逃往越南的退路。共和國成立之後，陳賡任西南軍區副司令員兼雲南軍區司令員，雲南省政府主席。

1950年9月陳賡被派往越南任軍事顧問團團長。協助胡志明反抗法國。他指揮越軍首戰即告捷，攻克東溪。後遇敵頑抗，越軍總指揮武元甲下令停止進攻。陳賡大怒，胡志明立即命令越軍一切按照陳賡方案作戰，此役又告大捷。1951年春任中國人民志願軍第三兵團司令員兼政委，率部入朝參加第五次戰役，8月，任志願軍副司令員。1952年4月接替彭德懷主持志願軍司令部工作。

1952年6月，陳賡奉毛澤東之命回國，為軍隊現代化到哈爾濱籌建「中國人民解放軍軍事工程學院」，出任院長兼政委。他在全國各處尋找科技人才。當他知道當時中國唯一的彈道專家因案被判死緩關在牢裡，他就直接找最高法院院長要求刀下留人。因為那種人才是發展火箭、導彈必不可少的寶貝。陳賡把人請到「哈軍工」重用，冬天的哈爾濱天寒地凍。陳賡親自到專家的宿舍，發現居然沒有暖氣供應，立即下令及時改善。別人還以為他腦袋有病，幹嘛那麼優待「反動專家」。

哈軍工的創建，陳賡注入了心血，為解放軍的高科技化做出了極大的貢獻，這比起戰場立功更有意義。1954年10月他被任命為解放軍副總參謀長，兼國防科工委副主任。1961年3月16日因心肌梗塞去世。結束了這位常勝將軍的傳奇一生。

（3）賀衷寒，湖南岳陽人。1920年參加董必武、陳秋潭組織的「社會主義青年團」1921年秋中共組團出席遠東各國共產黨民族革命團體第一次代表大會。他以武漢學生代表參加中國代表團，張國燾為團長。

性格剛烈，桀驁不馴的賀衷寒對自認為「老子天下第一」的團長做派作風極為不滿，言語意見時時交鋒。回國後張國燾在總書記陳獨秀那裡告狀，陳獨秀立即把賀開除出青年團。對此，賀衷寒的反應也是走向極端，獨立幹起了用筆和共產黨唱反調的「個體戶」。他在蘇聯7個月考察，回國後，在武漢、長沙等地創辦刊物，宣傳：中國革命不應採用蘇聯模式，但嚴厲批評軍閥統治，主張革命，提倡民主。並因此被逮捕。1924年黃埔軍校招生的消息又改變了他的人生道路。

在軍校，賀衷寒的能說會道在同學中迅速傳開。每逢開會，必大罵

共產黨「狼子野心」，以賀衷寒的嘴而居「黃埔三傑」之一。畢業後黃埔同學會成立，他擔任祕書長，專門跟共產黨對著幹。

1926年賀衷寒再度赴蘇聯考察，入莫斯科中山大學和伏龍芝軍事學院學習，期間的見聞更強化了他的反共立場。回國後，蔣介石又派他赴日本學習考察，30年代初被召回國，負責國民黨軍隊政訓理論與體系之構建。他籌建了中華復興社為政工體系核心，其後演化出了三民主義青年團。組織處負責人為康澤。

1932年，賀衷寒、鄧文儀、桂永清、胡宗南、曾擴情、潘佑強、桂永清、鄧文儀、杜心如、梁幹喬、蕭贊育、酆悌，以及，2-4期的葛武棨、康澤、鄭介民、周復、滕傑等人，合組了「復興社」（其中還包括文官劉健群等），就是俗稱的「十三太保」，以強化蔣介石對國民黨的專制領導，抗戰時期則發動了「新生活運動」。

他們實際不止黃埔系13人，而康澤更組織了一個特種部隊，穿藍色軍服，被人稱作「藍衣社」，這是不同於軍統和中統的特務組織，類似希特勒的納粹「黨衛軍」，以配合國軍剿共作戰。

復興社特務處長為鄧文儀，而後戴笠取而代之，幾經變革演化成「國民政府軍事委員會調查統計局」，也就是一般人所謂的「軍統局」。戴笠死後由鄭介民接手，再由毛人鳳繼之。到臺灣後先改成「國防部保密局」，現在叫「國防部軍事情報局」或軍情局。國民黨的另一個特務體系是「中國國民黨中央調查統計局」也就是所謂的中統，徐恩曾為局長。遷到臺灣後改名「司法行政部調查局」。上世紀80年代後，這兩個系統都歸國家安全會議的安全局統轄。

復興社在「一個主義，一個政黨，一個領袖」理論上做文章，賀衷寒變成蔣介石最倚重的理論家和宣傳家。因而在國民黨內部有「文有賀衷寒，武有胡宗南」的稱譽。1936年西安事變，賀衷寒站在何應欽這一邊，力主討伐張揚。宋美齡認為這種做法危及蔣介石生命安全，在南京極力反對。西安事變和平解決後，蔣介石回到南京，對賀也極為不高興，長期的冷落他。特別是賀的幹練與勃勃雄心，令蔣介石極為不放

心。抗戰中、勝利後都沒有擔任過重要的職位。

1950年，賀衷寒在臺灣出任交通部長，政績斐然，卓有成就。不久就賦閒在家，靠國策顧問的薪水過日子。1972年病逝於臺灣。

蔣介石之外的陸軍軍官學校的校長

蔣介石是第一任黃埔校長，從1924年幹到1947年底，「校長」這個「桂冠」是蔣介石特用而且專用的。因此，蔣下野、要找接班人的時候，肯定要在第1期中找最優秀的，被選中的人也就榮耀無比。關麟徵出線了，1947冬，他成為陸軍軍官學校的第二任校長，是讓人心服口服的黃埔1期老大哥。雖然他還只是中將，而這軍銜的含金量比那些同學的上將成色有過而無不及。

（1）**關麟徵**，字雨東，陝西戶縣人。畢業後任教導一團排長參加校軍東征戰役，淡水之戰，彈穿腿部，鎮定自若，笑說「腦袋還在，仍可殺敵」。一時在軍中傳為美談。有人特為之寫一首長詩讚頌，開篇雲：「男兒之血，已撒上主義之花了」。

1926年，任國民革命軍憲兵團第三營營長。

1927年，任總司令部直屬補充第七團團長。

1930年，中原大戰，任張治中教導二師團長。

1931年，升任二師11旅旅長。

1932年冬，升25師師長。

1933年，關麟徵奉命率第25師北上長城古北口參加抗日。他親率149團猛烈反擊日軍。雙方短兵相接，戰鬥慘烈。全身五處受傷，身旁官兵全部戰死。但仍從容指揮全師作戰，以全師打殘的的代價殲敵2000餘人。此戰是抗日戰爭的起點，「激戰中之激戰」，載入史冊。

1938年初，他率領第52軍參加台兒莊戰役。對上日軍第十師團瀨穀旅團。雖小挫，仍奮戰不止。後與85軍猛攻台兒莊東北方日軍，相繼收復甘露寺、楊樓等據點。迫使日軍狼狽逃往棗莊。

1939年，34歲。參加第一次長沙會戰，以慘勝結束，關部僅軍官就

犧牲600餘人。升任第15集團軍總司令，是黃埔1期第一個集團軍級別的司令長官。

1943年，國民黨在昆明設立陸軍總司令部，何應欽為總司令。將雲、貴、黔三省的部隊編為4個方面軍。關麟徵52軍編為第一方面軍，盧漢為司令，關為副司令。

抗戰勝利後，關率第一方面軍入越南受日軍之降，回國後任雲南警備總司令。原擬由他去東北做保安司令，因陳誠反對而改由杜聿明擔任。

1946年7月關到成都任陸軍官校教務長，負校務全責。蔣仍是名義上的校長。

1947年冬，正式接任陸官校第二任校長。

1949年，蔣介石下野，代總統李宗仁任命其為陸軍總司令，晉升上將軍銜。陸官校第三任校長由張耀明接任。

大陸解放後，關麟徵退隱香港，不問世事，不應各方的拉攏。1980病逝。

關麟徵，是國軍唯一的常勝將軍，生活嚴謹，而且也是唯一的令所有內戰、外戰的敵人都敬畏的國軍指揮官。他沒能得到蔣介石真正的重用，很能說明蔣介石的問題。

（2）**張耀明**（1906-1972），陝西臨潼縣人。他和關麟徵、杜聿明等11個陝西老鄉一起進黃埔。畢業後一直跟著關麟徵幹。關為第52軍軍長，張為其二十五師師長。關為第5集團軍總司令，張為副總司令。

1945年前，關打過的戰役，他都參與。

1946年為整編第38師師長。

1948年任南京衛戍總司令。

1949年6月繼關為陸軍官校第三任校長，1972年病逝於臺北。

黃埔軍校生大多犧牲，許多是無名烈士。根據1927年〈黃埔陣亡烈士芳名錄表序〉記載，第1期生共592人，而陣亡達300人左右。這還只是畢業兩年多發生的事，而其他資料顯示，1期畢業生為645人。又根據

其他資料，黃埔師生，攻打陳廉伯的廣州武裝商團起，兩次東征討伐陳炯明，平廣州滇桂軍閥之亂，以及，北伐諸戰役，大致到1928年底，黃埔1-4期生共犧牲約3000人，占63%左右。但史料或紀念碑上能找到姓名的，僅只600餘人，其他的，被政治話語掉了。

文檔制度的不健全、戰爭中的匆忙與混亂，當然也是原因之一。而國共分裂後，蔣介石的國民黨獨攬政權，恣意從政治意識形態觀點去記錄、取捨歷史人物，更是主因。1949年共和國建國以後，又何嘗不如此？

古人說：「人死為大」。其主要意思是：「雙方鬥死鬥活，無非為了名或利或各為其主，或為一己之信念。對死者身後之評說要公允，不可一筆抹殺，這是記錄歷史者應有的胸懷。」司馬遷在《史記》中記錄項羽就有這種精神。國民黨寫北伐戰爭的烈士，比如，略而不提蔣先雲，說得過去嗎？是歷史的真實嗎？

類似的烈士，黃埔1期生裡頭至少還有：

張其雄，湖北人，國民革命軍第8軍少將，政治部副主任兼祕書長。

張隱韜，河南人。國民革命軍第2師4旅副旅長。

洪劍雄，海南人。北伐東路軍第1軍第14師政治部主任代理師黨代表。

唐澍（1903-1928），河北易縣人，中央陝北軍委書記。

彭幹臣（1899-1934），湖北英山人。中央軍委委員、中共滿洲省軍委書記。第24師及武昌衛戍司令部參謀長。

這些都是63%犧牲者的冰山的一角而已，然而他們會考進黃埔，其實都因為選擇了「革命、救中國」這條路。

國民黨黃埔1期生的將帥事例

王治岐（1901-1985）甘肅天水人。第5兵團司令官兼119軍軍長。

王世和（1899-1960）浙江奉化人。第3集團軍副總司令、河西警備副總司令。

王仲廉（1903-1991）安徽蕭縣人。第19、31集團軍總司令、第4兵

團司令官。

　　王敬久（1902-1964）江蘇豐縣人。第10集團軍總司令、第2兵團司令官。

　　王文彥（1902-1955）貴州興義人。貴州綏靖公署副主任。

　　王叔銘（1905-1998）山東諸城人。航空班畢業、臺灣空軍總司令兼參謀總長。

　　王勁修（1900-1951）湖南長沙人。第97軍軍長。

　　李良榮（1906-1967）福建南安人。福建省主席、第22兵團司令官。

　　李樹森（1898-1964）湖南湘陰人。第27、91軍副軍長。

　　李鐵軍（1901-2003）廣東海縣人。第9、23集團軍總司令、第5兵團司令官。

　　李默庵（1904-2001）湖南長沙人。第32集團軍總司令、第17綏靖區司令官。

　　李延年（1900-1974）山東廣饒人。徐州剿總副總司令兼第9綏靖區主任。

　　李仙洲（1894-1988）山東長清人。第38集團軍總司令、第2綏靖區副司令、第6兵團司令官。

　　李玉堂（1899-1951）山東廣饒人。第27、36集團軍總司令、徐州綏靖公署第10綏靖區司令官。

　　李及蘭（1904-1957）廣東陽山人。第6綏靖區副司令官、廣州綏靖公署副主任。

　　李文（1905-1977）湖南新化人。第5兵團司令官。

　　黃傑（1902-1995）湖南省主席、第1兵團司令、臺灣警備總司令、臺灣省主席。

　　黃維（1904-1989）江西貴溪人。第18軍軍長、第12兵團司令官。

　　黃珍吾（1900-1969）海南文昌人。青年軍第20師師長、臺灣憲兵司令。

　　陳鐵（1902-1982）貴州遵義人。第8、19、36集團軍總司令。

陳武（1906-1982）海南瓊山人。第97軍軍長。

陳牧農（1900-1944）湖南桑植人。第93軍軍長。

陳大慶（1905-1973）江西崇義人。臺灣陸軍總司令、國防部部長。

陳琪（1897-1971）浙江諸暨人。第100軍長。

陳烈（1904-1940）廣西柳江人。第54軍軍長。

陳沛（1901-1987）廣東茂名縣人。第37、45軍軍長。

張鎮（1899-1950）湖南常德人。憲兵司令。

張雪中（1899-1995）江西樂平人。第3兵團司令。

張世希（1903-1956）江蘇江寧人。第7綏靖區司令官。

劉嘉樹（1903-1972）湖南益陽人。第7兵團司令官。

劉戡（1907-1948）湖南桃源人。第36集團軍總司令、整第29軍軍長。

羅奇（1904-1975）廣西容縣人。臺灣陸軍副總司令。

冷欣（1900-1987）江蘇興化人。陸軍總參謀長。

範漢傑（1896-1976）廣東大埔人。錦州防衛司令、陸軍副總司令。

杜聿明（1904-1981）陝西米脂人。東北保安司令、徐州總剿副總司令。

蕭乾（1901-1935）福建長汀人。第18軍11師師長、第新10師師長。

鄧文儀（1905-1998）湖南醴陵人。國防部新聞局政工局局長。

甘麗初（1901-1950）廣西容縣人。第93軍軍長、桂林綏靖公署副主任。

關麟徵（1905-1980）陝西戶縣人。第52軍軍長、雲南警備總司令、第二任陸軍軍官學校校長。

張耀明（1905-1972）山西臨潼人。第52軍軍長、南京衛戍司令、黃埔軍校第三任校長。

牟廷芳（1902-1953）貴州郎岱縣人。第94軍軍長、天津警備司令。

夏楚中（1904-1988）湖南益陽人。第20集團軍總司令、第四方面軍副司令官、台灣東部防衛司令。

楊光鈺（1903-1970）湖南醴陵人。第3軍代理軍長。

杜心如（1897-1961）湖南湘鄉人。國府軍委會政治部所長、國防部測量局局長。

宣鐵吾（1899-1964）浙江諸暨人。淞滬警備司令。

賀衷寒（1899-1972）湖南岳陽人。國府軍委政治部祕書長、臺灣交通部部長。

俞濟時（1902-1990）浙江奉化人。第74軍軍長、第36集團軍總司令、軍委會軍務局局長，蔣介石侍衛長。

鄭洞國（1903-1991）湖南石門人。新1軍軍長、東北剿總副總司令、吉林省主席、第1兵團司令官。

侯鏡如（1902-1994）河南永城人。第17兵團司令官。

袁守謙（1904-1992）。湖南省長沙人，國府軍委會政治部副部長、國防部次長、交通部長。

袁樸（1904-1991）湖南新化人。第16軍軍長、臺灣預備部隊訓練司令、第1軍團司令官、陸軍副總司令。

宋希濂（1906-1993）湖南湘鄉人。第11集團軍總司令。華中剿總副總司令兼第14兵團司令官。

霍揆彰（1901-1953）湖南酃縣人。第54軍軍長、第20集團軍總司令。

丁德隆（1904-1996）湖南攸縣人。第37集團軍總司令。

桂永清（1900-1954）江西鷹潭人。海軍總司令。

共產黨黃埔1期生的將帥事例

王爾琢（1903-1928）中共工農紅軍第4軍參謀長。

王逸常（1896-1986）安徽六安人。第一戰區司令長官部政治部副主任。

王泰吉（1906-1934）陝西臨潼人。楊虎城部補充旅旅長兼參謀長。

左權（1905-1942）湖南醴陵人。第8路軍副參謀長、紅1軍團代軍團長。

馮達飛（1899-1942）廣東連城人。紅軍第8軍代軍長、新4軍第二支隊副司令員。

1925年，由共產黨派往蘇俄學習飛行，之後轉入莫斯科伏龍芝軍事學院（即蘇俄陸軍大學）學習，還去過德國學習炮兵。1927回國繼續革命。

劉雲（1904-1930）湖南宜章人。廣州軍政府航空局飛行學校黨代表、中共中央軍委長江辦事處參謀長。1925年被廣派蘇俄學習飛行，之後轉入蘇俄陸軍大學學習。1930年中，跟劉伯承、左權等一起回國參加革命，不久就在武漢被捕，蔣介石親自勸降而不從，蔣遂密令將其殺害。

劉疇西（1897-1935）湖南望城人。紅軍第10軍團軍團長中華蘇維埃共和國中央執行委員。

許繼慎（1901-1931）鄂豫皖紅軍第1軍軍長兼前委委員。

孫德清（1904-1932）安徽壽縣人。紅軍第6軍軍長、紅2軍團參謀長。

薑振寰（1904-1927）共青團天津地委組織部部長。

李謙（1903-1931）湖南醴陵人。紅7軍第2師師長。

李漢藩（1902-1926）湖南耒陽人。中共湖南省軍委書記。

陳賡（1903-1961）湖南湘鄉人。解放軍大將、國防部副部長、人民解放軍副總參謀長。

張繼春（1904-1933）湖南醴陵人。國民革命軍第1軍第3師第3團黨代表、上海總工會糾察隊副總指揮。

張隱韜（1901-1926）河南南皮人。國民革命軍第2軍第2師第4旅副旅長。

何章傑（1899-1930）湖南長沙人。紅3軍團第8軍第3縱隊隊長。

吳展（1904-1934）安徽舒城人。紅4軍第10師參謀長、彭楊軍事政治學校教育長。

周士第（1900-1970）海南樂會人。解放軍上將、第18兵團司令員、防空軍司令。

賀聲洋（1905-1931）湖南臨澧人。紅軍閩西新編第12軍代軍長。

洪建雄（1899-1926）海南澄邁人。國民革命軍北伐軍第1軍第1師代理師黨代表。

趙自選（1901-1928）湖南瀏陽人。中共中央南方局軍委委員、廣

東省東江特派員。

宣俠父（1899-1938）浙江諸暨人。第25路軍總參議、第18集團軍總部參議。

徐向前（1901-1990）山西五台人。共和國元帥、中央軍委副主席、國防部部長、政治局委員。

袁仲賢（1904-1957）湖南長沙人，3野參謀長，第8兵團政委，外交部副部長。

彭治明（1899-1990）湖南常寧人，4野13兵團副司令員，解放軍中將。

蔡鳳翁（1906-1936）海南萬寧人，福建省保安第1旅旅長。

蔡升熙（1903-1932）湖南醴陵人，國民革命軍第24師參謀長紅15、25軍軍長。閻揆要（1904-1994）解放軍中將，1野參謀長。

董朗（1898-1932）四川簡陽人，工農革命軍第3師師長。

黃埔1期與中國之命運

抗戰抗到二戰爆發後，蔣介石出過本書，《中國之命運》，自然是祕書代寫的，陶希聖代的筆。當時很引起共產黨人的韃伐，論戰不斷，因為，陶希聖比較像似西方的自由派學者，而理想主義者率皆比較近於「左派」、敢於直言不諱。陶本人1927年初被聘入武漢的黃埔為政治教官、參加北伐軍工作，逐漸成為汪精衛集團中人。1938末，陶隨汪出走河內，但1940初，又脫汪出走香港。1941末，二戰正式開打後，再投重慶，成為蔣介石祕書，跟陳佈雷一起號稱蔣的「文膽」，集左、中、右大全，算是蔣介石集團最大「異類」。

其實，中國之命運，縮影不假外求，但看黃埔1期生的命運，就已清晰描繪。

比如，黃埔1期生裡有個相當特殊的：航空班。那時，飛機是新生事物。1期生王叔銘、馮達飛、劉雲，以及黃埔3期生毛邦初，先後被派往莫斯科的航校學習飛行，成為中國最早的空軍種子。回國後的青年共

產黨人劉雲、馮達飛，很快消耗在蔣介石清共後的硝煙中。回國後的王叔銘和毛邦初，則成為國府杭州筧橋「空軍軍官學校」的創校人物，培訓出空軍兵種的大批國軍，他們抗日的戰機則從1940前的俄式飛機突變為1942後的美式飛機。這裡，有中國跟國際接軌的清晰烙印。王叔銘留俄回國後，一度被蔣系國民黨特務扣上紅帽子，經毛邦初（蔣介石的表弟）力保、才得以避禍而起用。

另一方面，1期生只要沒戰死的，無論國共哪邊，將軍的位階，不在話下。

其中，又有另個特殊的小圈，賀衷寒、蕭贊育、劉詠堯、鄧文儀、袁守謙等，都是國軍政訓系統的主要人物，當過共產黨的賀衷寒更是此中翹楚。但文武兼備並非蔣介石的用人準則，蔣介石從未讓這些能人帶過大軍、掌過兵權。於是黃埔系政訓系統，只得以陳誠為其集團領袖，到了臺灣，便形成跟蔣經國政工系統對抗的局面。政訓、政工，不就是政治工作嘛。但在蔣介石的接班問題上，這兩個系統針鋒相對。在蔣介石既定的傳子決心下，黃埔老大哥們也只能偶而漏點顏色、發洩一下不滿情緒而已，經常讓陸官校的晚輩們摸不著頭腦，當然，最終接班的還是蔣經國。

扼要說明黃埔1期後，2、3、4、5、6期擇要說明如下。

黃埔第2期

1924年8月14日從上海廣州招收的500多人入校，加上同年8月入校的第5隊，分步、炮、輜重、憲兵等專業。但在1925年9月6日畢業時，只有449名。

1928年8月北伐完成，這1期畢業生陣亡200多人，存活下來的在國民黨當中，有名氣的首推邱清泉。有兩位做到國軍參謀次長，方天與鄭介民。另有一位相當特殊，李友邦。

邱清泉（1902-1949），浙江永嘉人。抗日戰爭中，1938年任第200

師副師長。1939年，昆侖關戰役，杜聿明率第5軍第22師、邱清泉參與該軍第200師（師長戴安瀾）、榮譽第1師（師長鄭洞國），12月20日發起攻擊，擊斃日軍第12旅團長中村正雄少將及官兵無數。31日奪回昆侖關。1943年冬，滇西中國遠征軍入緬甸配合駐印軍自印度反攻回國。邱清泉指揮200師等向龍陵、畹町進攻。先後克之。1945年1月27日200師等與駐印軍會師，打通了中印公路1566公里。

1944年，中國駐印度遠征軍孫立人新8師與廖耀湘新22師要編為新1軍。最早決定邱清泉為軍長。但蔣介石擔心邱瘋子（邱在國軍中以壞脾氣得「瘋子」之名）與駐印軍總指揮史迪威不能相處鬧翻給他添麻煩，就派了鄭洞國做軍長。

1946年3月邱清泉率部自雲南抵南京參加內戰，準備投入徐州方向魯豫戰區。

1947年4月邱清泉第2兵團向山東解放區沂蒙山區重點進攻，無功而返。

1948年春，國民黨五大主力之一第5軍在河南杞縣遭劉鄧大軍圍擊，死戰得脫出。6月底區壽年兵團在杞縣鐵佛寺被圍，蔣介石命邱清泉、黃伯韜兩兵團往救。邱為解放軍所阻，區兵團被殲滅。而黃伯韜第25軍殺出重圍。

國民黨的宣傳機器為了掩飾敗績，大力宣傳黃兵團的英勇作戰，把此戰役叫做「黃泛區大捷」，黃伯韜得「青天白日」勳章。邱清泉則以不救援（區兵團）之罪名遭撤職處分，氣的邱瘋子跑回老家修養。

1948年9月，邱清泉再獲蔣介石重用，回任第2兵團司令官。下轄第5軍長熊笑三，第70軍長高吉人，第72軍軍長餘錦源，第74軍（被殲滅後重編）軍長邱繼達，第12軍軍長舒榮，第116軍軍長譚欣，共17個師，和一個騎兵旅。儘管當時國民黨軍隊盛行吃「空缺」，邱兵團最少也有13萬人馬。

1948年10月初，內戰的東北（錦州吃緊）、華東（濟南解放）、華中（徐州吃緊）三大戰區紛紛告急。這時，認為共產黨無法支撐全面戰

爭的蔣介石，始終信心滿滿，各地吃緊，他反而賭性大發，調兵遣將，意圖同時進行大決戰。

針對華中、華東戰局，蔣介石下令以徐州為中心，收縮隴海路東西兩頭的兵力，連雲港的黃伯韜兵團和鄭州方向的孫元良兵團向徐州靠近。以實力雄厚的邱清泉第2兵團和黃伯韜的第7兵團，加上實力不強的李彌兵團，實力較弱的孫元良兵團，連同黃維兵團等，共約30餘萬人，打算在徐州週邊跟解放軍2野、3野進行華中大決戰。

但10月16日，錦州解放，解放軍4野形成對東北國軍關門打狗之勢。賭急了的蔣介石立即下令衛立煌派廖耀湘組建遼西兩個兵團，集12個師精銳部隊從瀋陽南下，意圖克復錦州，豪賭東北全域。很快，倉促成軍的遼西兵團被阻於黑山，動彈不得，而蔣介石親自指揮的由葫蘆島北上進攻錦州的幾個師，也被4野死擋在塔山，難越雷池一步。10月28日，國軍遼西兵團全軍覆沒，11月2日，瀋陽解放。東北局面底定，打亂了蔣介石整個豪賭計畫。

1948年11月6夜，解放軍2野、3野主動發動淮海戰役，國軍還蒙在鼓裡。

11月8日，徐州東北面台兒莊一帶的國軍第3綏靖區馮治安部，其副司令張克俠、何基灃率部戰場起義，帶領部隊投奔共軍。

一連串敗象，讓剛輸掉東北的蔣介石六神無主，只好下令撤出葫蘆島僅存的東北國軍殘餘，準備押上華中戰場、並馬上派東北撤退下來的杜聿明以徐州剿總前進指揮的名義，到前線督師。但粟裕帶領的3野部隊，早已飛速穿過台兒莊缺口，11月11日把黃伯韜兵團10萬人分割包圍於碾莊。

蔣介石令邱清泉死力救援黃伯韜兵團，然而，邱清泉還在記恨不久前的黃泛戰役，只派了一個雜牌師作為前鋒，主力第5軍為預備隊，熱鬧的打了11天僅前進15公里。11月22日，黃伯韜戰死碾莊，兵團覆沒，整個淮海戰場的國軍更加失去了士氣。

黃伯韜被圍之時，黃維兵團奉蔣介石之命，自河南駐馬店趕往徐州

方向接應，一路如無人之境，直接走進了2野劉伯承口袋，11月25日，在蚌埠北邊的雙堆集被合圍。黃維兵團突圍前夕，其110師師長廖運周（黃埔5期生，共產黨人）率部陣前倒戈，整個兵團軍心渙散，動彈不得。蔣介石又令邱兵團前往救援，邱兵團賣力猛攻四天，前進十幾公里，只好作罷。

1948年12月4日，杜聿明奉蔣介石之命，率邱、李、孫三個兵團30餘萬人，棄徐州向西南奔逃百餘裡到達蕭縣永城間的青龍橋、陳官莊一帶，依然還是被粟裕指揮的3野包圍。12月6日，孫兵團自行突圍，孫元良僅以身免，全軍煙消雲散。12月15日，黃維兵團在雙堆集被2野全殲。黃維被俘，胡璉逃出。

1949年1月6日，3野對杜聿明在陳官莊被圍的邱、李兵團總攻。10日，20餘萬國民黨軍全部被殲。杜聿明被俘，邱清泉被擊斃，時年48歲。

李彌知道如果隨大部敗兵向南逃去，肯定逃不過沿途的檢查。他向北走，說是回山東老家。第8軍在山東時間久，李彌會說一些山東話，長得人高馬大，穿著士兵服裝，活像個大兵，於是無驚無險的走到劉安祺防守的青島。1951年後李彌回到雲南與緬甸邊區，在美國人支持下搞雲南「反共救國軍」，後又撤回臺灣。至今5、60年過去了，泰緬雲南地區仍有李彌餘部的後代活著。李彌1950年代死於臺灣，他是黃埔4期生。

在上述時段裡，杜聿明全軍被圍後，1948年12月5日，解放軍4野與華北軍區發動了平津戰役。1949年1月15日，天津解放，華北國軍已無路南逃。淮海戰役會拖到1949年初結束，因為共產黨要隔斷長江以北的國軍南撤，免得延長內戰。

而蔣介石的應對，完全像個失去理性的賭徒，毫無邏輯。實際，杜聿明撤出徐州的目的就是保存國軍；被圍初期，杜曾向蔣要求及早突圍，放棄重裝備、輕裝上陣，據我看到過的資料，蔣介石原已認可、但迅又回令：堅守待援。而援從何來，蔣介石自己也不知道，大概只想讓部下為他守節殉死！不久，湯恩伯奉命「守」上海，當然守不住，早早棄軍逃台，後患病、赴日就醫、死在日本，消息傳到，老蔣輕輕說了句

「不如死在上海多好」。

原先是蔣介石尋機要跟共產黨大決戰，淮海戰役結束時，是解放軍主動遂行了跟國軍的「大決戰」。東北、平津、淮海三大戰役，共產黨全勝。蔣介石自以為的豪賭，敗給不賭的毛澤東的天下一盤棋，「人民戰爭」。

1949年1月21日，蔣介石引退，爛攤子推給李宗仁料理後事，但以國民黨總裁名義操控軍事、並組織卷走國庫到臺灣。這年3月，解放軍渡江，5月，江浙滬基本解放。

黃埔2期生另一位相當特殊的國軍將領是李友邦。

李友邦（1906-1952），臺灣臺北縣人。年輕時在臺灣就參加蔣渭水先生的「臺灣文化協會」進行抗日行動，被日警通緝，偷渡內地，進入黃埔軍校後，受廖仲愷先生栽培，成為新國民黨左派的對台工作幹將，發起「臺灣獨立革命黨」、號召抗日。

蔣介石清共後，李友邦潛到杭州，1932-1936被國民黨逮捕、坐牢，西安事變後釋放。1937抗戰開始後，李友邦在浙江金華恢復革命活動，四處招募內地臺灣同鄉武裝抗日。

1939正式成立「臺灣義勇隊」，組織內地臺灣同胞協助祖國抗戰，進階少將，先後在浙江、福建建立「第一臺灣醫院」至「第四臺灣醫院」。

1945抗戰勝利後，進階中將，率臺灣義勇隊凱旋回台，任「三民主義青年團」臺灣區主委。但1946年228事變後，即被當時臺灣省主席陳儀以「通匪」罪名逮捕入獄，1947獲釋。

1948，陳誠主台，任國民黨臺灣省黨部副主委。

1950，陳儀反而被蔣介石以「匪諜」罪名槍斃。

1951，李友邦再次被捕，以「匪諜」罪名被槍決。

李友邦，是中國大革命時代的典型悲劇之一。

方天，江西贛縣人。歷任185師師長，第18軍軍長、54軍軍長。他是陳誠系統裡的大將。當過江西省省主席、國防部參謀次長。（黃埔1

至4期當中做過省長的不多。董釗，1期生，做過陝西省主席。孫良榮，1期生，做過福建省主席。王治岐，1期生，甘肅省代主席。黃傑，湖南省主席、臺灣省主席。王耀武，3期生，山東省主席。李彌，4期生，雲南省主席。）

李守維，江蘇泗陽人。抗日期間他是第89軍軍長駐紮黃橋。這個軍頗有實力，擋住了新4軍向江北發展的路。陳毅與粟裕費盡心機分化了國民黨在江蘇其他軍隊實力派如陳泰運等，終於下決心虎口拔牙直搗89軍司令部。李守維倉皇逃跑，抓住坐騎的尾巴渡河，太胖、馬拉不動、鬆手淹死了。從此，新4軍威震江蘇，快速發展。

鄭介民，海南文昌人。1946年3月戴笠飛機失事而死，他接軍統局局長；到臺灣後軍統局改稱國防部軍事情報局，鄭接的有點彆扭、老覺得不像武將該幹的事。巧的是，2期同學張炎元，廣東梅縣人，也做過軍統局局長。

李士珍，浙江海寧人。生於1896年。

1930年蔣介石派他到日本警官學校學習。畢業後回國。1932年初，蔣介石派李士珍、賀衷寒、鄧文儀、潘佑強、滕傑、桂永清、周複、康澤、劉建群、鄭介民、戴笠、劉詠堯、酆悌等人負責籌建「中華復興社」。這就是以後人稱的「蔣介石十三太保」。成立之初，李士珍被任為檢查會書記，地位在戴笠之上。

1935年，蔣介石下令北平警高，浙江警校一併歸入蔣介石為校長的中央警官學校，李士珍則為教育長，負實際工作。李與戴的鬥爭直到臺灣還在鬥。因為軍統的老特務們寧可到縣市做獨擔一面的警察局局長，自然跟中央警官學校正規出身的警政人員有利益衝突。

2期畢業生中，也有幾位傑出的共產黨人物。

王一飛（1901-1967），湖北黃梅縣人。1901年生。曾任「中國青年軍人聯合會」常務委員，《中國軍人》雜誌主編、中共中央軍委祕書長。新中國成立後任中央編譯局副局長、北京圖書館副館長等職務。

盧德銘（1905-1927），四川宜賓縣人。畢業後到葉挺獨立團任連

長、第1營營長（曹淵在攻打武昌時犧牲由他接任）、後任「武漢國民政府」警衛團團長。

1927八一南昌起義，盧德銘全團2000多人去追趕起義部隊。但起義部隊卻已遠去。於是他請示湖北省委領導人向警予，得到指示去參加秋收起義。9月初，毛澤東主持召開會議，把集結在安源、修水、銅鼓的各部隊統編為工農革命軍第1軍第1師。師長為黃埔2期生余灑度，下轄四個團。盧德銘為起義的總指揮，毛澤東為中共前敵委員會書記。9月9日起義。三路起義軍都遭慘敗。9月20日，各路起義部隊1500餘人齊集文家市。毛澤東召開會議決定不打長沙，部隊向羅霄山脈中段（井岡山）進發。盧德銘贊同毛澤東的主張，而余灑度反對。

余灑度於是離開部隊到上海，參加了鄧演達「中國國民黨臨時委員會」，並另成立了黃埔革命同學會，號召同學反蔣。估計當時黃埔革命同學會接觸到5000名左右的黃埔同學。

1931年8月17日，蔣介石在上海逮捕鄧演達，同時抓了余灑度、陳列、徐會之等人。鄧演達在上海遭祕密殺害，余灑度以悔過自新方式，重新回到校長身邊、當了第61軍少將政訓處處長。

1934年，余灑度以涉嫌與其胞弟走私販毒，在南昌被槍斃。

李勞工（1901-1925）廣東廣豐縣人。廣東省農會農業部部長。

黃埔第3期

第3期新生1924年12月1200人入校，1926年1月17日舉行畢業典禮。有姓名籍貫者1225人。而1927年黃埔本校的〈黃埔陣亡烈士芳名表序〉記載：到北伐完成，第3期學生1259人，陣亡者達500多人，而列有姓名者只有38人。

潮州分校招生700多人，1926年6月10日畢業生380人，期別等同本校第3期。

我曾試圖在第3期畢業生中尋找共產黨方面的將帥人物。只找到朱

雲卿一人。

朱雲卿（1907-1931），廣東梅縣人。

1926年10月，任中共北江特委、北江農軍學校主任。

1927年，412清共政變後，北江立即按上級指示、集結北江農軍北上武漢。5月10日朱雲卿率農軍學校第2期學員和南雄韶關政治講習所第2期學員舉旗北上，6月15日抵武漢。不久，北江農軍以東征討伐蔣介石名義開赴九江，再轉乘火車到達南昌，參加了「八一南昌起義」。12月，朱雲卿跟工農革命軍第1軍第1師第一團三營上了井岡山。

1928年，朱德、陳毅率領八一起義保存下來的部隊來與毛澤東的工農革命軍在井岡山會師。5月4日兩支隊伍合編成「工農紅軍第4軍」。軍長朱德，黨代表毛澤東，參謀長王爾琢，政治部主任陳毅。下轄3師9團。朱雲卿任11師31團團長。在朱毛的指揮下堅持創建井岡山的鬥爭。

1929年1月，紅4軍主力挺近贛南閩西開闢中央革命根據地，朱雲卿升任紅4軍參謀長。

1930年6月，紅3軍、紅4軍、及紅12軍合編成中國工農紅軍第1軍團。毛澤東任前委書記兼政委，朱德任總指揮，朱雲卿任軍團參謀長。12月，蔣介石第一次圍剿。朱雲卿按朱毛游擊戰、運動戰的戰略思想，切實執行，活捉了張輝瓚，取得全勝。第二次圍剿前，朱雲卿積勞成疾，一病不起，死時年僅24歲。

3期生在國軍中出了幾個名將。

王耀武（1903-1968）山東泰安人。第11師、51師師長，第74軍中將軍長。抗戰時任第24集團軍總司令、第四方面軍司令官，麾下部隊多次重創侵華日軍，號稱「飛虎軍」。抗戰勝利後，王的74軍改為整編74師，師長為4期生張靈甫，是國民黨五大主力之一。

1945年12月，王耀武任第二綏靖區司令官、山東省主席。

1948年秋，華東野戰軍發起濟南戰役，王耀武是濟南戰役國民黨的最高指揮官。指揮所部3個整編師9個整編旅5個保安旅等約11萬人固守濟南。9月15日濟南戰役開始，22日解放了外城，24日晚內城守軍全部

被殲，濟南宣告解放。9月28日，王耀武在逃跑路上被俘。

　　濟南戰役是蔣介石軍事統治中國全面崩潰的開始。

　　毛邦初，浙江奉化人。是蔣介石原配夫人毛福梅的族侄，亦即蔣的遠房表弟，他是民國空軍的創始人物。

　　1925年，新國民黨廣東革命政府在蘇聯的幫助下建立航空學校，設在廣州大沙頭。航校第1期學員全由黃埔第1期選送，未畢業即送往蘇聯受訓。第2期多由黃埔2期、3期保送。毛邦初於1925年9月入航空學校第2期飛行班學習，10月正式上課，少尉待遇。飛行班先學飛行及理論。每天早晨五點即到機場練習飛行，有德國人格拉姆帶飛。9時後上理論課，下午機械學習及俄語。

　　1926年7月9日，北伐軍誓師出發、組織北伐總部航空處，從航校抽調大批學員。校內只剩下毛邦初、張廷孟等7人學習。1927年1月畢業，第2期結束。

　　1927年1月，黃埔軍校蘇聯顧問要求再派飛行員到蘇聯受訓。遂由林偉成領隊，帶飛行員毛邦初、黃光瑞等13人和機械師3人，赴蘇聯波波夫省第2軍事航空學校深造。1927年11月返抵上海。

　　1929年，蔣介石命令從黃埔軍校第6期南京中央陸軍軍官學校選擇6、70名身體好的成立航空班，毛邦初任教官。1930年5月，中原大戰爆發。9月，毛率機隨蔣介石抵豫東教導師宋希濂旅陣地。蔣介石召見了投蔣的馮軍將領梁冠英、吉鴻昌當即獎以大麻袋裝的大洋。梁、吉當即放棄陣地，讓開大路。使顧祝同得以率軍直插鄭州以南，將馮軍7、8萬人包圍繳械。蔣介石取得中原大戰的勝利，從此在國內再也沒有軍人集團可以與之抗衡。

　　1931年3月，中央陸軍軍官學校航空班由南京遷往杭州筧橋，成立軍政部航空學校。後改名中央航空學校，蔣介石任校長，毛邦初任副校長。其後改為空軍軍官學校，1949年遷往臺灣高雄縣岡山。

　　1937年抗戰開始，中國空軍能升空對日本飛機作戰的有300多架。周至柔為前敵總指揮，毛為其副。當時，東北張學良的空軍已併入中

央。8月14日，高志航、劉粹剛、樂以琴等東北籍飛行員對上日本轟炸機，打了一個有名的814空戰勝利。9月20日，日本大舉空襲南京。毛瀛初、胡莊如兩隊長率機起飛截擊，又擊落擊傷敵機數架。

1938年初連續作戰，中國空軍損失很大，故又向蘇聯訂購一批飛機。九月間抵達。毛邦初率空軍第四大隊前去蘭州接受新飛機，並在湖北樊城作短暫訓練後參加武漢保衛戰。4月29日，日軍飛機60架來犯，第四大隊和蘇聯志願隊迎戰。取得擊落敵機23架的大勝利。

1937年，國民政府遷都重慶。日本空軍大舉轟炸重慶、成都等地。打算把蔣介石的抗戰決心打垮。毛邦初此時很重視無線電偵譯情報。日本轟炸重慶，其轟炸機編隊由戰鬥機掩護而來。日本的零式戰機是全世界最好最先進的機種，當時連美國都沒有一款戰機能與之匹敵。美國P51野馬式戰鬥機、P38等，都是珍珠港事變後開發出來的。國民黨的空軍曾與零式飛機較量，都被日本鬼子當活靶子打的落花流水。毛邦初依靠軍委技術研究室的電訊情報，跟據所截獲的敵機位置和動向。下令國軍飛機及時起飛躲警報，敵機去後再飛回來。這是無可奈何地做法，各方都有怨言。終於，毛邦初決心反擊，挑選有作戰經驗的飛行員駕駛雙翼的霍克3型、E15/E16型飛機主動出擊日本轟炸機。

1944年在重慶上空進行了幾次大規模的空戰。1944年8月23日鬼子轟炸機36架，由零式戰機分兩層掩護偷襲重慶。中國空軍健兒奮起搏鬥、擊毀敵機多架。日本空軍譽為轟炸機之王的奧田大佐亦被我空軍擊斃。

毛邦初和黃埔1期的王叔銘都是軍校航空班畢業的，都是國軍航校的創始人物，但第一把手卻一直是陳誠系統的大將周至柔（保定8期）。蔣介石雖欲重用，受阻於宋美齡（航空委員會主任），未能如願。毛、王二人只好幹了一輩子副司令。

共和國成立時，毛邦初在美國負責採購空軍器材，手上有一批採購鉅款，似乎沒有超過千萬美元的數目。1949年1月21日，蔣介石隱退，回奉化老家修養，由副總統李宗仁代替總統職務。李宗仁做總統傀儡3個多月，無兵無權無錢，甚至連他的警衛都是蔣介石的特務，萬分無

奈。12月25日赴美就醫，一走了之。這段時間內，蔣介石以中國國民黨非常委員會總裁的身分指揮各戰場的內戰。同時在5月24日上海解放前，把中央銀行庫存的黃金、白銀、外匯金鈔共值3億5百萬美元運到臺灣。其中黃金390萬盎司，白銀值7千萬，美元外匯7千萬美元。這是此後臺灣生存與經濟發展的老本。

1949年7-8月間，蔣介石分別訪問了菲律賓、和韓國，和菲律賓總統季裡諾、韓國總統李承晚會談台、菲、韓3國合作。8月6日美國政府發表外交檔案「美國與中國的關係」白皮書，其唯一要點即：蔣介石的失敗乃是國民黨腐敗無能，而不是美國不支持。這無疑是對蔣介石潑了一盆冷水，他知道萬一、也很有可能，解放軍攻打臺灣，他連逃難美國的機會都不大。此時蔣介石在馬尼拉的碧瑤買了一棟房子，同時他突然發現身邊沒有美鈔可用，據說他的親信建議：毛邦初在美國採購，手上的鉅款應以個人身分存入美國之外的銀行，如墨西哥，以免以後美國跟北京搭上線翻臉不認人，順手打落水狗，徒增許多麻煩。保住這筆鉅款有朝一日流亡異國，還得靠它過小日子。以當時蔣介石的處境，前途茫茫，本性難免這樣的人之常情。

1950年3月4日，蔣介石在臺灣復行視事，把大總統的位子拿回來坐。

1950年6月25日，韓戰爆發，美國第7艦隊協防臺灣。蔣介石在美國人的眼中又有了利用價值，不久蔣要毛邦初把存在墨西哥銀行的款項歸還公家。毛邦初一氣之下公然抗命，於是就鬧出臺灣司法行政部次長查良鑑赴美，循美國法律途徑討債。此事本是蔣家私事，而今卻變成國事，在美國媒體上沸沸揚揚的渲染了好一陣子。最後還是不了了之，至於討回來多少錢，也就無關宏旨。多年前，這位民國空軍的先輩，黃埔3期生毛邦初客死於墨西哥。

飛機這個新武器，一次世界大戰首次出現在歐洲戰場。一戰結束前，德國、英國、法國、蘇聯等都大力開發這個新武器。沒想到蘇聯幫中國革命，連這個環節都照顧到。我在有限的資料裡尋找黃埔前期中的航校學生，探索結果證明，杭州筧橋空軍軍官學校和黃埔軍校是血脈相連。

王峻（1902-1941），陝西浦城人。陝西楊虎城部推薦入黃埔學習，畢業後仍回陝西部隊服務。1935年陝西警備旅第1旅旅長。1936參與西安事變。1939年該旅改編為第80軍27師，任師長。1941年5月日軍十萬人發動中條山戰役，王峻與副師長、參謀長等大部分官兵犧牲。

方先覺（1905-1983），江蘇蕭縣人。1940年任第10預備師師長，1943年4月正式升第10軍軍長，率部參加常德會戰，以作戰不力受處分。

1944年4月，華北日軍發動中國戰場上最後最大的戰役，目的在於壓迫重慶的國民政府投降。6月長沙失守，蔣介石高喊死守衡陽，以混淆國際視聽，因為蔣介石已經是同盟國中緬印戰區的司令官，中國戰場的慘敗令這個司令官太丟人了。只得命令第10軍號稱4個師的15000人固守衡陽，以抵擋日軍3個師團的進攻。說穿了是打算犧牲這個軍。

方先覺也心知肚明，但他還是盡力而為，鼓勵全軍拼死作戰。不料在10萬日軍猛烈進攻下，打出了國軍以弱敵強、堅守孤城47天，前所未有的記錄。日軍打得傷亡慘重，欲罷不能，又急於南下進攻，只得抬出南京汪偽政權的名義和方先覺談判。8月7日，方先覺召集4個師長和參謀長議事。討論向汪偽政權也就是向當面日軍之投降條件：

（1）保留第10軍建制並派飛機送方先覺去南京見汪主席，

（2）日軍不殺俘虜，對受傷官兵人道待遇，

（3）立即停火。

日方答應全部接受。8月8日拂曉，方率領全軍所有高階軍官20餘人到日軍前線指揮所「投降」。1944年底，方先覺「逃脫」、由芷江乘飛機去重慶，蔣介石表示熱烈歡迎，譽為「中國軍人之模範」、頒給「青天白日勳章」，發表他為第36集團軍副總司令兼青年遠征軍206師師長。1949年2月在福建任第22兵團副司令（司令李良榮），8月福州解放，方去臺灣。1968年任聯勤總司令部副總司令。

石覺（1908-1986）廣西桂林人。畢業後1928年夏任南京中央陸軍軍官學校第6期學生總隊第二大隊副中隊長（大隊長湯恩伯）。此後一直跟著湯恩伯。

1938年參加台兒莊戰役，1940年參加棗宜會戰。

1945年石覺的第13軍隸屬湯恩伯的第四方面軍，對入侵廣西的日軍進行反擊戰。抗日戰爭勝利後，石覺的的第13軍由廣州船運葫蘆島參加東北內戰。

1948年石覺在熱河將原轄的兩個師擴編為5個師。石覺被任命為第9兵團司令官。1948年10月，東北全境解放。第9兵團只剩4個師跑到北平。歸華北剿總指揮，防守東直門至朝陽門。

1949年1月21日傅作義召集高級將領，會議宣布《北平和平解放實施辦法》，要求各將領準備移交一切給解放軍。石覺，李文連聲嚷叫「對不起領袖」並說「我們二人是委員長的學生，有著特殊的關係，不能在這裡執行協議，請總司令允許我們帶必要的幾個師回南京」。傅作義說：「那就分道揚鑣吧。可以允許你們兩人走，但不得影響部隊協議的執行。」石李就帶了少數軍官從東單臨時機場飛出北平向南京而去。

1949年4月，人民解放軍渡江後，石覺任上海防守司令。5月24日上海解放，率殘部逃往舟山群島，任舟山防衛司令。

1950年5月率部約3個軍共6萬人撤到臺灣，成為保衛大臺灣的主力之一。

那時我在高雄中學念高二，全校停課，把教室讓給軍隊住。全臺灣都在教唱《保衛大臺灣》歌。「保衛大臺灣，保衛大臺灣，保衛民族復興的聖地，保衛人民至上的樂園。萬眾一心，全體動員，節約增產，支援前線。我們已經無處後退，只有勇敢向前。」這首歌我至今仍能全唱，每當唱到最後一句的時候，依稀還能感覺到當時全臺灣上下每個人那種無望無奈的心情。

如果當時福建的解放軍不在1949年10月24日發起金門戰役，推遲幾個月而在1950年6月颱風季前，從福州直攻臺灣北部或從廈門攻打澎湖或臺灣南部，其結果或許會像金門戰役前夕說的「登上去就贏定了。」當時在臺灣能打仗的軍隊，南部只有孫立人不完整的第80軍，以及，北部一個軍。

後來蔣介石是聽從了美國退役的海軍上將柯克的建議，才把舟山的6萬多人撤回臺灣。即使如此，就憑當時臺灣那點殘餘軍力，能保衛臺灣多久，誰也沒有把握。我記得1950年6月底的一天，我在高雄看到美軍飛機低空掠過，飛機上沒有螺旋槳很是奇怪，原來是美軍F80噴氣式戰機。韓戰在6月25日爆發。美國第7艦隊協防臺灣海峽。中國和亞洲的歷史進程就此拐了一個大彎。蔣介石又做了26年的「臺灣皇帝」活到1975年「駕崩」。

劉安祺（1904-1995）山西嶧縣人，第57軍軍長，青年軍第20師師長，青年軍第6軍軍長，第7兵團司令官，第11綏靖區司令官兼青島警備司令，臺灣陸軍總司令。1948年8月自東北第71軍任上調往青島。

1949年6月從青島海運到基隆，不久又調往粵南。兼任廣州衛戍副總司令。

1949年10月人民解放軍發動廣東戰役。劉安祺第21兵團所轄第50軍、第39軍5個師共5萬餘人在陽江陽春地區被殲，劉安祺逃往臺灣，受到蔣介石重用。

李天霞，江蘇寶山人。1938年武漢會戰期間，調任第29軍40師師長。

1939年9月第一次長沙會戰，王耀武作戰有功調任第74軍軍長，李天霞任51師師長。

1943年5月，日軍發動鄂西會戰。為了確保石牌要塞防線，拱衛陪都重慶安全。王耀武率74軍李天霞51師張靈甫第58軍開往桃源、漆家河地區參加常桃會戰。常德保衛戰後，李天霞自74軍軍長升任第100軍軍長兼51師師長。

1944年5月，日軍發動長衡戰役。李天霞第100軍在王耀武的指揮下策應衡陽保衛戰。兩次解圍衡陽作戰都不成功。

1945年日軍發動湘西戰役。第74軍第100軍以芷江為根據地，同湯恩伯的協力廠商面均互為犄角，同日軍第20軍作戰。因有美國空軍飛機助戰，5月1日發起反攻，澈底擊潰日軍，湘西會戰取得勝利。這是抗戰有名的大捷。

1947年4月，國民黨集中24個整編師45萬餘人對解放區發起重點進攻，殺向沂蒙山區。

國民黨的五大主力之一張靈甫的整編74師為中路主力。李天霞的整編83師居右，黃伯韜整編25師居左向坦埠進攻。張靈甫為搶頭功，自恃兵強馬壯，突出冒進，遭陳毅、粟裕指揮的華東野戰軍迎頭痛擊，並割斷其與左右的聯繫。此時，張某才感到危險，倉皇後撤，5月10日被包圍在孟良崮。這是沒有水源的絕地。他居然大膽的說置之死地而後生。他要以74師當做磨心，吸住華野5個縱隊來攻，並電告蔣介石。要蔣催促其他部隊反包圍之，他要打一個「大捷」給校長高興高興。5月13日，孟良崮戰役開始。華野第1、4、6、8、9等5個縱隊都也到達合圍整編74師的地點。但張靈甫並不慌亂，還口授電報，直接向蔣介石彙報情況。請其他部隊立即前來按他既定的計畫，打一個大勝仗。

於是蔣介石、湯恩伯下嚴令督促增援而來的10個整編師，除了李天霞的整編83師、黃伯韜的整編25師，還有國民黨五大主力的胡璉整編11師和邱清泉的第5軍。連續幾日的血戰，都被華野1、2、3、6、7縱隊阻擊而難越雷池一步。黃伯韜攻打至74師只有5公里的地方，就再也前進不得。

5月16日在「特縱」榴彈炮團猛烈地火力支援下，華野五個縱隊對孟良崮張靈甫司令部600高地發起總攻。很快的號稱訓練有素，作戰有方的整編74師就失去了指揮，立即成了烏合之眾。跑的跑，降的降。指揮所裡的師長張靈甫、副師長蔡仁傑、第58旅旅長盧醒、副旅長明燦被擊斃。

打下整74師指揮所，粟裕立即清點戰果打掃戰場。發現俘虜人數加上死傷人數比74師編制少了許多。他立即下令各部搜查，終於發現距離孟良崮不遠的山溝有數千74師的部隊。這些部隊居然對不遠處自己師部的情況矇查查，而師部也居然不知道旁邊還有自己的部隊可用，這是什麼樣的現代化軍隊，跟器械精良關係不大。國民黨依靠這種主力打內戰，不輸個精光才怪，「人的因素」、主動、操之在我、科學精神，比

之粟裕大將的邏輯性差得太多了。

蔣介石在南京聽到整編74師全軍覆沒，哀歎道：「以我絕對優勢之革命武力，竟為劣勢烏合之匪眾所陷害，真是空前大的損失。」蔣介石的武力真的是絕對的優勢麼？解放軍真的是烏合之匪眾麼？這是個不知己又不知彼的國軍統帥，其結果是不停的打敗仗，打到輸掉整個中國大陸為止。（三年內戰，國軍官書稱「全面剿匪期間」。國民黨稱大作戰區域叫綏靖公署，下轄綏靖區。後又將綏靖公署改為剿匪總司令部。衛立煌是東北剿匪總司令，駐瀋陽。傅作義是華北剿匪總司令，駐北平。劉峙是徐州剿匪總司令。老蔣愛「剿」字。）

王耀武，1933年為補充第1旅旅長，歸浙江保安處處長俞濟時指揮。俞為蔣介石親信。1937年淞滬會戰發生，王耀武第51師隸屬俞濟時第74軍序列。上海撤退後參加南京保衛戰。1940年，王耀武接俞濟時任中將軍長，下轄51、57、58三個師。1941年參加上高會戰。大有斬獲，而聞名全國，號稱「飛虎軍」。

1944年12月，王耀武擔任第四方面軍司令官，下轄18、73、74、100等4個軍11個師。這是黃埔3期生中的異數。儼然是國民黨軍隊中陳誠、胡宗南、湯恩伯3大系統之外的另一新系統，因為俞濟時是蔣介石沾親帶故的親信。

1946年國共內戰開打。74軍變成整編74師，4期生張靈甫為師長。該師是國民黨五大主力之一。一個整編師的裝備及人員要比當時一個正規軍的還要好很多。1947年5月，國民黨改變戰略，從全面進攻改為局部進攻。張靈甫率整編74師進攻魯中解放區，在沂蒙山孟良崮被粟裕終結，張靈甫被擊斃。1948年濟南戰役，華野又獲全勝。濟南城被解放。山東省主席兼綏靖區司令王耀武被俘。第74軍（第四方面軍）這個系統也就灰飛煙滅了。

康澤（1904-1967），湖北襄樊人。畢業後被送往蘇俄留學，跟賀衷寒、鄧文儀、鄭介民、谷正鋼、穀正鼎是莫斯科孫中山大學的同期同學，回國後走的路子也近似。康澤留俄，沒學會「為人民服務」那一

套，只學會保衛政權的「格別烏」那一套，1928回國後，就成為蔣介石「復興社」與「三民主義青年團」的創始人和首腦人物，另外便是搞了個「藍衣社」別動隊，成為異形的納粹。其直屬部下有特務處長戴笠。內戰時，康澤任襄樊綏靖區司令，兵敗被俘。

黃埔第4期

1925年10月7日，各省考取之入伍生編隊，是為第4期之始，4期招生好幾次。

1926年3月1日，國民黨陸軍軍官學校改名為中央軍事政治學校。校徽上有「青天白日」和「鐮刀斧頭」為兩黨合作的標誌。以步槍與地球以明示世界革命。政治科目多達26個，表明黃埔軍校以政治教育為主要學習內容。軍事訓練則開始分科，步、炮、工兵、經理、政治，但主要在戰場上學習。

3月8日，4期開學典禮共有學生2600餘人，編為入伍生第1、2團。

9月畢業時，依據「中央軍事學校第4期同學錄」，有姓名籍貫者2656人。

據〈黃埔陣亡烈士芳名表序〉記載：第4期學生共有2651人，陣亡700餘人。

北伐後，4期生存活下來的大約有1900名左右。

國共兩黨將帥的4期生，當然以解放軍的林彪元帥最有名氣。其他的4期生在國共兩方也都是威名顯赫的將軍。尤其是在抗日戰爭時期，國軍對日作戰的正面戰場，黃埔4期生在敵強我弱的情況下，發揮出不怕死的黃埔精神，為國爭光。但抗戰勝利後個個都成了敗將，奇哉怪也。

國民黨黃埔4期生，在3年內戰中，都已經是重要角色了。整編74師的張靈甫，整第11師的胡璉、高魁元，都是4期生，都是當時國民黨的五大主力之一。關於張靈甫的74軍（整編74師）這個軍事系統，在上一節有關王耀武、李天霞等黃埔3期生中已略述，不再重複。以下擇要談

其他4期生。

謝晉元（1905-1941），廣東梅州蕉嶺縣人。1937年813淞滬抗戰中，率「八百壯士」，孤軍堅守上海閘北四行倉庫，4晝夜，並升起由蘇州河對岸英租界游泳過來的女童軍楊惠敏帶來的國旗，鼓舞了上海市民的抗戰熱情，實際，謝晉元孤軍只得411人，但在四行倉庫彈丸之地，擊退日軍6次進攻，炮火也炸不垮。

當時的上海，河沿盡皆列強租界，而日軍侵華，雙方並未宣戰，列強與日本之間更未進入戰爭狀態。四行倉庫的戰鬥，日軍等於在上海國際鄰居之間跟中國地主打架，子彈可以橫飛、炮火卻不得殃及列強租界。這對中國和國際媒體，近距離觀火，無疑都是最佳新聞題材。迭經渲染，謝晉元孤軍抗日，堅忍不屈，成為中國乃至世界著名的抗日英雄，全國人民抗日熱情沸騰。

10月30晚，孤軍奉令撤入英租界，被英軍繳械。這批孤軍被送進一個營區，但上海地區已被日寇佔領，列強租界變成孤島。謝晉元依然每天在營區帶領孤軍唱國歌、升旗、操練，可以想像孤軍在孤島堅持不滅的象徵意義，繼續成為新聞題材。謝晉元孤軍就這樣堅守了四年。

1941年4月24日，孤軍4名士兵被汪精衛政府收買，叛徒以匕首刺殺了他們的長官謝晉元。

胡璉（1907-1977）陝西省華縣人。畢業後參加北伐。1933年升陳誠的第18軍特務團團長。隨陳誠參加對中央蘇區的第5次圍剿。勇敢善戰，為蔣介石賞識。

1937年，淞滬抗日戰爭發生，隨第18軍參戰。先升任陸軍67師119旅旅長，後升第11師副師長，1942年升師長。

1943年5月13日，日軍6個師團10萬之眾攻打湖北宜昌以西石牌要塞，威脅重慶安全。數日激戰，國民黨各路軍紛紛潰敗。只有18軍18師、11師血戰苦撐至5月31日，終於打退日寇進犯。胡璉此戰有功升為第18軍副軍長，1944年8月升軍長，時年37歲。

1946年底，18軍改為整編第11師，進入中原對抗二、3野的解放大軍。

1947年秋，整編第11師改為整編第18軍，轄第11、88兩個整編師。

1948年9月，黃維在漢口組成12兵團。胡璉、吳紹周為副司令，下轄第10、14、18、85軍及1個快速縱隊共12萬人。

1948年11月，徐州呈「孤島」之勢，為解危急之局，蔣介石孤注一擲，將12兵團投入戰場。11月24日，12兵團被中原野戰軍（2野）合圍於雙堆集，本是要來「救人」，沒想到到變成「要人來救」的局面。統帥無能，害死三軍，此之謂也。當時胡璉不在軍中，在上海養病。於是他到南京求見蔣介石，要求乘小飛機降落雙堆集。進入後發現全兵團在解放軍猛攻下陷入癱瘓狀態。12月7日，胡璉又乘小飛機回南京、面見蔣介石要求突圍。蔣介石應之。胡再回雙堆集面告黃維說：蔣要飛機轟炸，為突圍開路。

12月15日下午4時，黃維和胡璉各座一輛戰車，提前率11師遂行突圍，黃維因戰車故障只得步行，結果被俘。胡璉負傷突圍出來到達蚌埠後，坐飛機回南京。從此以18軍為主力的陳誠系統12兵團被澈底乾淨的消滅了。

1949年2月，胡璉被任命為第2編練司令部司令。5月第12兵團恢復番號，轄第10、18、19、67軍。10月解放軍進軍金門，胡璉殘部正好在金門，為國軍保住金門立下汗馬功勞。1958年任臺灣陸軍副總司令，後任臺灣駐越南大使8年。

高魁元（1907-2012），山東嶧縣人。1930年任教導第三師營長。1931年1月教導第3師改編為第18軍94師593團團長。1937年淞滬會戰，第18軍陣亡旅、團長7人，負傷旅、團長6人，此役高魁元負傷。1938年升第99師395旅旅長。1939年9月高魁元升第99師師長，率部參加昆侖關戰役。1941年9月及12月參加長沙第一次、第二次會戰，1945年參加湘西會戰。

1946年5月第18軍改編為整編第11師，胡璉任師長，高任118旅旅長，後升任副師長。參加內戰屢次與華野、中野對陣。1949年4月升任重建的第18軍軍長。10月率部退守金門。解放軍進攻金門，高魁元與青

年軍201師一個團、李良榮的第22兵團共同抗擊上島的大部分解放軍，保住了金門，取得了金門古寧頭大捷。

1950年到臺灣後，高魁元歷任第96、45軍長，1957年升任陸軍副總司令，1960年任陸軍總司令。

1967年任參謀總長，後任國防部長。他是蔣家父子最放心的第一名軍頭。

劉玉章（1903-1981），陝西興平人。

1928年4月參加南京蔣介石組織舉行的「北伐」。8月任陸軍第2師連長，師長顧祝同。第2師轄黃埔軍校1期成立的教導一團，後該團編入了第9軍（軍長顧祝同）第14師。此時軍隊縮編，第9軍編為第2師。第2師一直被視為蔣介石的嫡系部隊。

1933年底，2師師長黃傑參加長城抗戰，劉玉章為營長參與北古口戰役。第2師陣亡3000餘人，劉營傷亡3分之2強。劉玉章在戰鬥中負傷3次，仍堅持不退，裹傷再戰，終於保住陣地。

1937年抗戰發生，同年組建第52軍，關麟徵任軍長，下轄第2師（鄭洞國調職後，趙公武繼任師長）25（師長張耀明）、51師（師長王耀武）。該軍參加台兒莊會戰，劉玉章團參戰，個人受傷。

1939年9月參加長沙會戰，1941年第52軍調駐雲南，劉玉章升任第2師副師長。1942年3月升師長。

1945年抗戰勝利，第52軍赴越南受降，駐海防。該年11月劉玉章隨52軍由美國第7艦隊從越南船運東北參加內戰。第52軍在秦皇島登陸，隨機跟東北民主聯軍作戰。先後搶佔山海關，錦西，撫順、本溪。

1947年駐本溪。劉升任該軍副軍長兼第2師師長。1948年1月任軍長。10月遼沈戰役開戰，第52軍開赴營口、準備為國軍撤出東北保住這個逃跑海港。

1948年10月31日，東北全境解放。此日，李玉章率52軍軍部及第25師一萬多人上船南逃葫蘆島。這是40萬國軍進東北唯一逃出的一個不完整的軍。相較於同時期中共派遣林彪與李運昌挺近東北的10萬多幹部與

軍隊，此時的東北野戰軍已近80萬之眾。這是國共雙方在軍事力量的鬥爭，三年「消」「漲」最真實的寫照。

繼續坐船南逃的52軍來到江蘇的蘇錫常一帶，駐防津浦路南段。

1949年解放軍度過長江，52軍調防上海，任浦西防衛司令。5月上海解放，乘船去臺灣。8月又自臺灣增援舟山，任舟山防衛副司令（石覺為司令官）。

1950年第52軍與石覺部隊撤回臺灣，去保衛大臺灣。1950年6月25日韓戰爆發，曾有派52軍去韓協助美國作戰的決定。麥克亞瑟的主意最終被華府否決而不果。此後劉玉章在臺灣歷任重要職務，如陸軍副總司令、臺灣警備總司令等。1981年4月病逝於臺北。

李彌，這位4期生在前面淮海戰役的敘述中已提過。

林偉儔（1904-1998），廣東臺山人。1936年陳濟棠籌畫兩廣獨立反蔣，其手下第一大將餘漢謀卻與南京合作。陳只得下野逃往香港。抗戰時，林偉儔任餘漢謀轄下旅長參加淞滬會戰，有功升第62軍151師師長。

1944年參加第4次長沙會戰。1945年升李文第34集團軍62軍軍長。

1946年9月，第62軍海運秦皇島，接替第94軍天津唐山防區。

1947年兼天津警備司令。

1948年9月第62軍又被海運去葫蘆島解錦州之危。10月26日，錦州解放。第62軍又乘船逃回秦皇島。1948年12月奉命急調天津，任天津防守副司令。

1949年1月15日天津解放，林偉儔成俘虜。

羅列（1907-1976）福建長汀人。歷任國民革命軍總司令部新兵訓練處大隊長，陸軍大學兵學教官，陸軍第1軍副參謀長，第17軍團副參謀長、參謀長，第48師師長，第1軍軍長，中央軍校八分校主任，他是國民黨胡宗南系統裡的大將。

1949年12月25日，解放軍發起成都戰役，胡宗南、羅列指揮的30多萬軍隊被殲。其中起義的的有羅廣文、裴昌會、陳克非3個兵團。蔣介石大怒，命令胡、羅立即飛往西康西昌，收拾殘部，繼續掙扎。

1950年3月解放軍逼近，蔣介石派顧祝同、蔣經國祕密飛西昌召開軍事會議。羅列感胡宗南知遇之恩，在會上表示願意留下來打最後一仗，請胡回臺灣。3月中旬，解放軍發起西昌戰役，羅列率3萬殘兵作戰，迅即被殲。4月1日，羅列帶幾人逃入夷人區，被滾石檑木擊傷，誤認為死，拋下山溝了事。羅列化裝難民，開始逃亡。從重慶，宜昌、長沙、廣州行經數省，3月27日逃到香港再轉臺灣。

羅列到臺灣後，曾任國防部第3廳第1廳廳長，1954年任參謀次長。1955年任副參謀長，1959年6月升任陸軍總司令。1964年回任副總參謀長。1970年退役。

羅芳珪（1907-198），湖南橫山縣人。1934年即任第13軍89師529團團長（軍長湯恩伯）1936年隨13軍出長城，組織了著名的「綏東抗日之役」。

1937年抗日戰爭爆發，日軍在平津勝利後出南口向晉綏奔襲。8月初羅芳珪團即赴南口佈防，自8月10日至14日，獨擋板垣師團萬人之眾。

1938年四月初，參加台兒莊會戰，對陣礬穀師團。血戰3天，為國犧牲。

胡長清（1907-1950），陝西華陰人。畢業後分發第4軍第11師參加北伐。隨葉挺第24師南昌起義。失敗後到南京入陸軍大學3年，後到胡宗南第1師袁樸第2旅任中校參謀主任。參加1932年淞滬會戰。1937年任第1軍參謀處處長，回陝西因戰功補升少將旅長。1942年任第27集團軍45師師長。1944年7月，桂柳戰役，第45師調桂柳前線。1945年任第5軍軍長。1947年3月升任整編第69師師長。1948年從鄭州率第99軍東援黃維兵團，未抵達雙堆集，黃維兵團已被殲滅。率部退回江南，在宣城又被包圍，逃到南京。1949年到成都任第69軍軍長。參加成都戰役，敗退西康西昌，集殘部成第7兵團為胡宗南最後武裝力量。

1950年3月西昌戰役，所部被解放軍全殲而自殺。

唐生明（1906-1987）湖南東安縣人。此人一生，是時代異類。

1926年10月武漢已被北伐軍佔領，唐生智就任國民革命軍第四集團

總司令。唐生明任警衛2團團長。唐生智是唐生明的長兄。

1929年後，唐生明就夾在桂系、蔣介石、唐生智、張發奎4個集團的互鬥中，做仲介或人質混日子。今天聯甲反乙，明天聯丙反甲，直到抗戰發生。

1940年他經沈醉和戴笠的引薦，得蔣介石親自接見，面授「特殊使命」，由戴笠布置，以不滿足於大後方艱苦生活為藉口，公開的搬到上海安家。運用過去的人事關係公開和漢奸來往、取得信任後參加偽政權，然後逐步展開活動：（1）設法掩護在南京上海的軍統特務不史之再受迫壞，已經被抓的設法救出；（2）相機參加偽政權，與大小漢奸聯繫，轉達蔣介石的寬大政策，對他們的關心；（3）打擊、限制新4軍在蘇、徽等地的發展，幫助軍統的「忠義救國軍」擴張。

1941年，唐生明取道香港去上海，結識了汪偽政權的特工部部長李士群。後到南京又與周佛海取得聯繫。不久唐生明被委任汪政府軍事委員會委員。同時，重慶中央日報也登出，唐生智與之割斷兄弟關係的啟示。雙方配合，假戲真做一番。

1941年6月，汪政府任命唐生明為清鄉委員會副祕書長兼軍務處處長，要他打擊新4軍和國府的「忠義救國軍」。唐生明密電蔣介石請示。答覆是：「照做，以取信於汪政權。」其後他又與日本南京派遣軍勾連上，因為日本人要通過他做仲介、與重慶聯繫。

1946年2月21日抗戰勝利後，蔣介石到上海。第2天即約見唐生明，見面就表揚他，並賞他特別費200萬元，比蔣介石發給整個上海員警系統的100萬還多一倍。

1949年春，唐生明被任命為第1兵團的副司令官，他就開始協助司令官兼湖南省主席陳明仁搞「和平運動」。1949年11月長沙和平起義後，陳明仁兵團改編為人民解放軍第21兵團。陳明仁是司令員，唐天際是政委，唐生明是副司令員。陳是黃埔1期老大哥，二唐是4期生，頗像是個「黃埔同學會」。不久，唐生明就去香港「經商」去了。

1956年，唐生明由香港會到北京，被任命為國務院參事。毛澤東批

給他4萬元安家費。

1968年文革時，江青把唐生明送進監獄，1975年才出來。

1978年12月，唐生明是第5屆全國政協委員，又開始奔波於港、澳、大陸之間，為開展對外貿易與祖國統一而努力。

1984年6月，共和國黃埔軍校同學會成立，被推舉為理事。

1987年病逝於北京。結束了這位正牌黃埔生多姿多彩的曲折人生。

高吉人（1902-1968）陝西靖邊人。1938年1月，杜聿明裝甲兵團擴編為第200師。杜聿明任師長，高為152團團長。

1939年12月，昆侖關戰役有功，升為第200師副師長。

1942年中國遠征軍入緬甸作戰，不利撤回，撤退路線按蔣介石指揮走入野人山。幾乎全軍覆沒，戴安瀾途中重傷犧牲。杜聿明、廖耀湘出奔印度邊境，高吉人繼200師師長率殘部抵達雲南。

1944年5月，中國遠征軍第二次入緬。11月3日攻佔龍陵，20日攻克芒市。

1945年1月20日再克畹町，25日與助印遠征軍孫立人新1軍會師。高吉人因功升第5軍副軍長。

1946年7月，開赴蘇北進攻解放區。

1948年夏，國民黨廢除「整編軍或師」制，改為軍團、軍、師番號。高吉人任第2軍團第70軍軍長。不久，淮海戰役開始。11月黃伯韜兵團被困碾莊。邱兵團、李彌13兵團趕去解圍沒有成功。而整個戰場態勢逆轉，邱、李兩個兵團加上孫元良兵團由杜聿明率領撤出徐州又被圍於陳官莊。

1949年1月全軍被殲。戰役結束，高吉人因傷先行撤離，逃出劫難。

到臺灣後，高吉人曾任重建的第5軍軍長，金門防衛司令，臺灣東部防守區副司令官等等。

蔣堅忍，（1902-1993），浙江奉化人。上海大學畢業，黃埔軍校4期及中央航空學校結業。北伐時任26軍政治部主任。是中國現代空軍創始人之一，長期擔任空軍教育工作。1949年逃往臺灣。1950年出任「陸

軍總司令部」政治部主任。1954年調任「總統府」國防計畫局副局長。次年任「國防部」總政治部主任。1961年轉任「國防部」常務次長。1965年退役。

關漢騫（1902-1972），湖南寧遠人。8年抗戰中，關漢騫歷經10戰，屢建奇功。1938年，廣德誓節渡一役，關率部與日軍白刃相接，反復肉搏，威震敵膽。

1939年冬，日軍自廣州大舉北犯，關漢騫等部以攻代守，迫使日軍3個師團倉皇退至廣州近郊，創造了粵北大捷。

1944年，率部空運緬甸，解盟軍密支那之圍。同年，攻破海拔3000米的高黎貢山防線，收復騰衝，全殲日寇兩個聯隊。

1949年去台，先後任臺灣防衛副總司令、澎湖防衛司令等職，1952年因病辭職。之後，以書法聞名臺灣。

共產黨人的黃埔4期生，也是星光閃閃。

林彪（1907-1971），湖北黃岡縣人。1923年加入社會主義青年團。

1925年以湖北學生代表身分出席上海全國學聯會議。同年秋，到廣州考入黃埔軍校第4期。畢業後到第4軍葉挺獨立團任排長。參加八一起義任葉挺特務連連長。失敗後，隨朱德、陳毅與毛澤東會師井岡山，任營長。團長王爾琢犧牲後任第28團團長。

1930年任紅4軍軍長，1934年10月參加2萬5千里長征，任第1軍團軍團長。

1936年6月，延安「中國人民抗日紅軍大學」任校長，1937年改稱「中國人民抗日軍事政治大學」簡稱「抗大」。

1937年7月7日抗日戰爭爆發。中國工農紅軍改變為「國民革命軍第8路軍」下轄115師（林彪為師長）120師（賀龍為師長）129師（劉伯承為師長、徐向前為副師長）。這年9月，林彪與副師長兼政委的聶榮臻指揮了平型關戰鬥，殲滅了日軍板垣師團第21旅團一部1000餘人，擊毀汽車100多輛，取得全國抗戰後第一個大勝利。

1938年冬赴蘇就醫，兼任中國駐蘇代表。

1942年回延安，1942年底到1943年7月隨周恩來在重慶與國民黨談判。

抗戰勝利後，林彪奉命率各解放區抽調的2萬名幹部和10萬大軍出關，去東北任東北民主聯軍總司令。1946年7月到1948年3月共殲敵35萬餘人。

1948年1月，聯軍改為東北野戰軍，林彪任司令員兼政治委員。

1948年10月發起了遼沈戰役，11月結束，殲敵47萬餘人。解放了全部東三省。隨即入關，配合華北野戰軍司令官聶榮臻，政委薄一波，副司令徐向前發起平津戰役。殲滅和改編國民黨軍52萬人。

1949年1月，又改稱為第4野戰軍。

1949年5月，指揮4野渡江解放武漢、進軍中南，一直到渡海解放海南島。

1959年，林彪繼彭德懷任國防部長、中央軍委副主席。

1966年文革發生後，8屆11中全會上林彪為政治局常委，列名為共和國第2任領導人。文革一直亂到1971年。林彪的個人野心亦隨之膨脹到想取代毛澤東而代之。1971年陰謀敗漏，乘機外逃，機毀人亡於蒙古國汪都爾汗地區。

劉志丹（1903-1936），陝西寶安縣人。畢業後去馮玉祥國民革命軍第集團軍總司令部任組織科科長，第四路軍黨代表兼政治處處長，西北工農革命軍事委員會主席，紅26軍第42師師長。陝甘邊區革命軍事委員會主席，紅15軍團副軍團長，紅28軍軍長。延安紅區的創始人物。

蕭克（1907-2008），湖南省嘉禾縣人。

1927年2月到武漢參加葉挺第24師，71團任連政治指導員，參加八一起義。失敗後回鄉，獲悉朱德部隊在宜章起義，他趕去參加工農紅軍第二團獨立營任副營長，後率部到酃市工農革命軍第4軍任29團2營7連連長。

1928年部隊整編，林彪任1縱隊長，蕭克任參謀長。

1931年5月調任紅4軍3縱隊司令，1931年6月任獨立第5師師長。

1932年成立紅8軍，蕭克任軍長。蔡會文任政委。下轄22師、23師

24師。

1933年5月，紅8軍改編為紅6軍團，蕭克任第17師師長，蔡會文任政委、李達任參謀長。

1934年7月中央決定紅6軍團長征。10月24日抵達貴州印江縣與紅2軍團會師。

1935年，紅2、6軍團合為紅2方面軍，賀龍任總指揮、蕭克任副總指揮兼31軍軍長，長征北上，與甘孜紅4方面軍會師。至此，3大方面軍會師，長征至此結束。

1937年8月，為共同抗日，紅軍改編為第8路軍。9月，蕭克調任為120師副師長，賀龍為師長，關向應為政委。1942年任稽查及軍區副司令。

1945年4月參加中共七大，任候補中央委員。10月任晉察冀第2野戰軍司令員，羅瑞卿任政委。徐向前、滕代達、蕭克為副司令員。

1949年調任第4野戰軍參謀長。1950年3月調任中央軍訓部部長。

1954年11月成立人民解放軍訓練總監部，劉伯承任部長，蕭克任副部長（後任部長）下轄6個部，部長都是總監副部長兼任。計有李達、張宗遜、彭紹輝、周士第、郭天民。

1966-72文革期間遭難。1972年6月任軍政大學校長。

1977年以軍政大學軍事系、政治系、後勤系為基礎，分別組建軍事學院、政治學院、後勤學院。蕭克為軍事學院院長兼第一政委。

蕭芳（1905-1931），湖北羅田縣人。畢業後去地方工作。任中共湖北省商羅麻特支書記。紅1軍第3師副師長、師長。紅4軍第12師副師長。

1927年到葉挺第11軍24師教導團。參加八一南昌起義。後到鄂豫皖任中央教導2師師長。屢立戰功。徐向前說他是「能打仗的師長」。

1931年9月，被張國燾以肅反為名殺害。

陳毅安（1905-1930）湖南湘陰人。參加秋收起義軍。後任紅4軍31團副團長，紅5軍參謀長，紅3軍團（軍長彭德懷）第8軍第1縱隊司令。

1930年7月27日陳毅安率第1縱隊兩個團攻克長沙。這是紅軍時期唯一攻佔的省城。8月5日，何建全力反攻。陳毅安在火線指揮，中彈身亡。

季步高（1906-1928），浙江龍泉縣人。畢業後人廣州市委兼市軍委書記。廣州起義總指揮部委員。1927年12月11日，張太雷領廣州起義，季步高領導工人赤衛隊配合葉劍英教導團作戰。失敗後撤往香港。1928年7月被香港當局逮捕，移送廣州被殺。

段德昌（1904-1933），湖南南縣人。歷任國民革命軍第2軍營長、第35軍第1師政治部主任，中共工農紅軍第1師師長，第6軍副軍長兼第1縱隊司令、軍長、政委。紅3軍9師師長。1933年夏段德昌率9師在川湘鄂邊完成殲滅敵人任務後，被夏曦「肅反」殺害，年僅29歲。

惲雨棠（1902-1931）江蘇武進縣人。曾兩度入莫斯坑中山大學學習。並兼任中國革命問題課程翻譯。中宣部《紅旗報》發行部主任。上海市工會主席，中共南京地下市委書記。精通俄文，翻譯蘇聯短篇文藝作品在上海《小說月報》上發表。《月報》編輯鄭振鐸曾予以高度評價。1931年1月21日，叛徒告密被捕，被關押在英租界巡捕房，後移龍華淞滬警備司令部看守所。2月7日晚，惲雨棠與林育南、何夢熊、李求實等24人被槍殺。

武元博（1906-1956），越南河內人。曾留學法國。越南革命領袖胡志明推薦入黃埔4期。412政變後，他退出新國民黨，加入共產黨。參加廣州暴動失敗後去泰國，在華僑中繼續搞革命。1928年又來中國，從事共產黨的祕密工作，加入東江游擊隊，改名洪水。1934年在江西蘇維埃差點被「左傾機會分子」定為肅反對象，幸得朱德、劉伯承等同志保護，才免於難。後隨陳賡的幹部團走完長征。這是長征路上唯一的越南人。1937年抗日戰爭爆發，洪水以8路軍總部民運部幹部身分到山西工作，1938年任《晉察冀日報》第2任社長。在他的領導下，該報成為當地影響力最大的報紙。第3任社長鄧拓曾賦詩一首相贈，詩云：「回首紅河傷痛深，人間從此任浮沉。北來壯志龍仙運，南國詩情天下心。十載風波三萬裡，千秋血淚一生吟。東方望眼浪潮急，莫道飄蓬直到今。」

1945年抗戰勝利前夕，越南急需軍政人才，洪水毅然拋妻別女，8

月自延安南下，又花了4個月時間才潛入越南，參加了抗法戰爭，先後任越南第四、第五戰區司令兼政委，為其祖國奮鬥了近5年。1950年經胡志明主席與中國領導人磋商，洪水第3次來華，在人民解放軍訓練總監部任條令局副局長。軍委戰鬥訓練雜誌社社長。洪水，1955年獲少將軍銜。1956年得絕症回越南而逝。

武元博，越南人民軍少將。他是世界上極其罕見的兩國將軍。

李運昌（1908-2008），河北樂亭縣人。畢業後又入廣州農民運動講習所第6期，校長毛澤東。曾任廣東省農協潮梅海陸豐辦事處農軍部主任。

1927年8月，參加湘南秋收起義失敗，輾轉數千里回樂亭老家幹革命。

1937年抗日戰爭爆發，中共北方局派李運昌為冀熱邊區特委書記。

1938年8月，李運昌、胡錫奎等組織領導冀東農民和共產黨所掌握的武裝力量近20萬人舉行武裝起義，組成抗日聯軍39個總隊約10萬人，佔領薊縣、平谷、玉田等7座縣城，波及冀東22個縣。

1940年7月，冀東抗日游擊隊改編的8路軍第13支隊，改稱晉察冀軍區冀東軍分區，李運昌任司令員。

1945年日本宣布無條件投降。此時，冀熱遼軍區下有五個軍分區，縣級政權31個主力部隊2.5萬，民兵27萬。朱德總司令命令李運昌迅速出關，進軍東北。李運昌立即抽調8個團又一個營和朝鮮義勇軍13000人以及2500多地方幹部，分三路向東北急進。

東路由第16軍分區司令曾克林率領兩個團和朝鮮義勇軍4000多人由撫寧縣出發，向錦州，瀋陽挺進。西路由第14軍分區司令舒行率2000多人向承德方向進軍。中路由15軍分區司令趙文進率領兩個團3000多人從喜峰口出關，向赤峰朝陽方向進軍。

李運昌率領司令部和3個團共4000多人延東路推進。到9月底就配合蘇聯紅軍解放了遼寧，熱河全省，吉林和黑龍江西部地區。接管了山海關、錦州、撫順、鞍山、本溪、瀋陽、營口、通化、開原、四平、齊齊

哈爾、朝陽、阜新等地，建立了地方人民政權。部隊也由出關時的1萬多人擴大到10萬人左右。組成10個步兵旅，兩個火炮團和一些獨立團。

1945年10月，東北民主聯軍成立。林彪任總司令，彭真任政委，呂正操任第1副司令，李運昌任第2副司令。

1947年4月，冀察熱遼軍區劃歸東北民主聯軍建制，本軍區主力部隊共有3縱隊，6個獨立師14萬人。在李運昌、程子華領導下參加東北解放戰爭的歷次戰役和平津戰役。

1988年任黃埔軍校北京市同學會名譽會長，建國後曾任交通部部長。

伍中豪（1905-1930），湖南豐陽縣人。紅4軍第31團團長，第3縱隊司令員，中國工農紅軍第12軍軍長。

李天柱（1899-1935），湖南豐陽人。工農革命軍第4軍營長，工農紅軍第8軍軍長。

李逸民（1904-1982），浙江龍泉人。曾任國民革命軍第11軍24師教導隊政治指導員。「抗大」政治指導員，陝北公學副校長，東北人民政財經濟計畫委員會祕書長。公安部隊政治部副主任，總政治部文化部部長，少將軍銜。1975年總參部政治部主任。

唐天際（1904-1989），湖南安仁縣人。8路軍野戰政治部民運部副部長，4野12兵團副政治委員，第21兵團政治委員。1955年授予中將軍銜。

倪志亮（1900-1965），北京人。歷任中國工農紅軍支隊長、團長、師長、軍長，紅四方面軍參謀長，8路軍129師參謀長，駐朝鮮大使，授中將軍銜，解放軍武裝力量偵查部副部長。

何昆（1898-1930），湖南永興縣人。曾在廣東三水縣、武漢、上海等地從事黨的祕密工作，參加廣州暴動，後任中共通海特委委員，中國工農紅軍支隊長，紅14軍軍長兼第1師師長。

鄒琦（1905-1936），江西弋陽縣人。紅軍第2師14團團長，紅軍第五分校校長，閩浙贛省軍區參謀長。

王世英（1905-1968）山西洪洞縣人。中共上海軍委特別情報處情報員，第8路軍副參謀長，華北軍區副參謀長兼政治部敵工部部長。建

國後任陝西省委書記、省長、中共中央監察委員會常委。

郭化若（1904-1995），福建閩侯人。第3野戰軍第9兵團政委、南京軍區副司令員、軍事科學院副院長、人民解放軍中將。

袁國平（1905-1941），新4軍政治部主任。

李明珂（1899-1930），四川人。中共四川省委委員兼軍委書記。

吳光浩（1902-1929），湖北黃坡人。鄂豫邊區根據地創始人。

黃埔軍校在武漢的第5、6期

位於廣州黃埔島的黃埔軍校，正確的說是「本校」，其最突出的性質是國共合辦。1927年4月12日蔣介石在上海發動「清黨」。從此「新國民黨」變回「老國民黨」。黃埔軍校名存而實亡。儘管抗戰期間為了救亡抗日，國共又勉強的合作八年，但兩黨合作辦軍校的事再也沒有發生過。（實際，還合作辦過一次，抗戰初期，國民黨主辦的「南嶽游擊幹部訓練班」由李默庵負責任教育長，葉劍英為副教育長、率領中共將領為教官，負責教學任務。雖說辦了3期，訓練了國軍幹部2千餘人，對堅持抗戰不無貢獻。但游擊戰爭仍是「人民戰爭」，國軍學了幾招，打「外戰」湊合著還可以，抗戰勝利後打內戰就毫無用處。）

黃埔軍校在1927年412蔣介石政變清共之前辦了幾個分校。由於1926年3月，黃埔軍校官稱改為中央軍事政治學校，這些分校的官稱或俗稱有點混亂：

潮州分校（1925年12月18日-1926年12月）負責人何應欽，培訓兩期學生628人。第1期畢業384人，列為本校第3期。第2期畢業280人，列為本校第4期。

長沙分校（1926年6月12日-1928年7月），原稱「中央軍事政治學校」第3分校，培訓約500餘人。後併入南京中央陸軍軍官學校。

武漢分校，又叫黃埔軍校第2分校。成立於1926年10月27日，其正

式名稱是武漢中央軍事政治學校，校長：鄧演達；黨代表：陳毅；政治部總教官：惲代英。鄧是國民黨左派（孫中山派）、陳惲是共產黨。1927年8月1日南昌起義後，武漢分校解散。注意：是「解散」，非正常的終結。

蔣介石發動政變，當然是突然襲擊，此時，新國民黨左派與民國政府的首要人物汪精衛已按計劃遷都武漢，對蔣介石在上海的清黨政變並不知情。汪精衛便聯合共產黨和國民黨左派，以擁護他的第4軍張發奎部隊為武力基礎，明正言順的宣布討伐蔣介石在南京另立的政府。幸運的是先期搬到武漢的黃埔本校師生（含千餘名5期生），倖免於難，逃過一劫。

國共合作走到了412政變，已然破局。但遠在千里之外的共產國際卻天真的把再「合作」的希望放在汪精衛身上，盼望還有起死回生的可能。蘇俄派來的鮑羅廷顧問，在孫中山、廖仲愷去世後曾全力扶植蔣介石，如今只好押寶汪精衛。那時，中共領導人陳獨秀，一介書生文士，根本就不是幹革命的料、甚至不是幹政治的料。面對生死關頭，仍一如既往的唯共產國際代表鮑羅廷馬首是瞻，毫無主見。

周恩來、葉挺、朱德、陳毅決心以僅有的賀龍、葉挺的軍隊在南昌起義一搏。毛澤東則回湖南搞秋收暴動。雖然都失敗了，但這次失敗卻是成功之母，革命沒有捷徑。一切從頭由農村做起，毛澤東是有真知灼見。毛和共產黨同志上井岡山，領導農民革命，最終戰勝了蔣介石和蔣系國民黨。

武漢黃埔分校歷時10月，共辦了黃埔第5、第6兩期，由共產黨獨立自主的辦校，為共產黨培訓出眾多軍事幹部，也是中國招女生的第一所軍校。

這第5期、第6期的時間點，正好跨在北伐順利進行、蔣介石政變清共、汪精衛繼續國共合作、汪精衛「分共」、八一南昌起義等政局劇烈震盪的4個月時段。人員的來去、文檔資料的不全、以及其後的散失，

是必然的。並且還得加上混淆，因為，完全一樣的名號下，蔣介石的南京政府也辦了「黃埔」第5期、第6期。

這是黃埔軍校史上很獨特的、很重要而又很混亂的一個章節。就黃埔第5期、第6期，讓我們專注於黃埔武漢分校，至少在解散之前，它仍是孫中山遺傳下來的、原汁原味的國共合作的產品，並且汪精衛的武漢國府也仍是孫中山國共合作的新國民黨的基因。蔣介石政變，成功攫取政權，那是後來的發展，不是那時當下的情況。

就能看到的資料，黃埔武漢分校自1926年10月27日建校到1927年8月1日南昌起義後解散，。其中，第5期生有1200人是廣州黃埔本校遷移過來的，並且是1926年4月便已入伍、分科。師生各奔前程。

由於汪精衛的武漢國府很快也轉向「分共」，驅逐鮑羅廷，國共合作徹底破局，共產黨八一南昌起義，黃埔武漢分校被解散，無法確知黃埔武漢分校的總人數或畢業人數，只知道該校存在的10個月，共有過6000入伍生的記錄。就南京陸官第5期於1927年8月15日畢業1480人的數位與時間點看，武漢的黃埔5期生大致就是黃埔本校轉過來的1200人。但南京陸官第6期遲至1929年5月15日畢業3634人，且標明是吸納了眾多其他分校生，估計由解散後的武漢分校轉過去南京的人數，當在4000左右，因為，南京陸官第七期也已開辦、吸納。

這樣，我認為，武漢黃埔「結業」的第5期、第6期生，也就2千人上下。其中，有案可稽的數字，是融入共產黨隊伍的八百名師生，包括女生隊70多人。他們分散到第4軍葉劍英教導團、葉挺獨立團擴編的第11師、賀龍的那一個軍。資料不能吻合，失散、陣亡都有可能，不必細究。

這批武漢「黃埔」軍校師生，出了許多共和國的著名將帥：

陳毅（1901-1972），四川樂至人。武漢分校黨委書記、3野司令員、元帥。

鄧萍（1908-1935），四川富順人。6期生，紅3軍團參謀長兼第5軍軍長。

許光達（1908-1969），湖南長沙人。5期生，解放軍裝甲兵司令員、大將。

張宗遜（1908-1998），陝西渭南人。5期生，紅軍大學校長、總後勤部部長。

李超時（1906-1931），江蘇邳縣人。5期生，曾任紅第14軍軍長兼政委。

宋時輪（1907-1991），湖南醴陵人。5期生，軍事科學院院長、上將。

陳伯鈞（1910-1974），四川達縣人。5期生，高等軍事學院院長、上將。

楊志成（1903-1967），貴州三穗人。5期生，蘇聯伏龍芝軍事學院深造、上將。

羅瑞卿（1906-1978），四川南充人。6期生，解放軍總參謀長、大將。

趙鎛（1906-1941），陝西府穀人。6期生，中共魯南區委書記。

1927年2月武漢黃埔分校正式招收女性學生。這是中國現軍事史上前所未有之事。最初女生隊183人，後增至213人，均列為第6期。蔣介石412政變後，1927年5月，女生隊與武漢其他部隊組成獨立師，西征跟夏鬥寅戰役。

7月17日汪精衛在武漢與蔣介石妥協後，也開始清共。8月1日南昌起義，武漢黃埔軍校也只好隨形勢的發展而結束。其213人的女生隊，是在大革命時期湧現出的一朵奇葩，革命先鋒。革命低潮時他們堅持不懈，勇於犧牲，不讓鬚眉，茲列舉數位著名者如下：

游曦（1908-1927），四川巴縣人。重慶二師、重慶中法大學黨支部委員、共青團書記。八一起義後隨第4軍葉劍英教導團南下。任女生隊班長，參加廣州暴動，全隊犧牲。

胡筠（1898-1934），湖南平江人。女生隊隊長，曾任葉挺獨立團政治宣傳員。大革命失敗後回平江組織游擊隊，發動農民暴動，彭德懷

平江起義成功，她任縣蘇維埃政府主席，後被自己人錯殺。

危拱之（1905-1973），河南信陽人。參加廣州暴動。1929年去莫斯科中山大學深造。長征時在幹部團。1936年在延安任人民抗日劇社社長兼導演，在延安與葉劍英結婚。後任山西省委婦女部部長、赤峰市委書記。

趙一曼（1905-1936），四川宜賓人。莫斯科孫中山大學學習，東北抗聯第1軍第2團政委，對日寇作戰時受傷被俘，日軍施以酷刑，不屈就義犧牲。

謝冰瑩（1906-2000），湖南新化人。左翼作家聯盟成員。所著《女兵自傳》銘文全國，為武漢黃埔軍校女生隊留下歷史印記。1949年後在臺灣師範大學國文系任教授。

其他還有，胡蘭畦、張瑞華（聶榮臻夫人）、黃傑（徐向前夫人）等，都是黃埔6期翹楚。

小結

20世紀上半葉的中國大革命時代，孫中山倒滿革命到中華民國、到國共合作建黨建軍、到中華人民共和國，其中一以貫之的精神面貌，便是「革命」的理念、信仰、激情。

黃埔諸多將帥的產生，自然存在天道的偶然性，伴隨著必然存在的犧牲和反復。這從「黃埔」自身眾多的青年無名烈士，以及，有幸被記錄下來的烈士事蹟，已可看到，轉變中國社會的演化方向，年輕人支付的代價多麼可觀，而基層百姓的付出，就更大了。

任何理念的實現過程，必然存在諸如蔣介石、張國燾等「人」的幹擾與曲折，因為，理念本身就是一個「人」的現象，人性永遠伴隨公心與私心的分際。這也是為什麼即便是大革命時代，革命可以成為時尚潮流，而信念或信仰終歸也是「人」的現象，理念和激情和欲望，都是人

性本能，動態地隨著過程展現每個人的本性。

　　無論他們選擇了什麼道路，黃埔這4期（含武漢分校5、6期）都提供了許多年輕人的成長或犧牲的案例，也折射出中國大革命時代的真實面貌，這從抗日戰爭的成就和犧牲中，一目了然，充滿時代印記，不獨北伐為然。

　　人們或許終將看到，國共內戰的結局，其實在1924孫中山實行國共合作時，便已「註定」。

　　孫中山的公心，革命性，使他選擇了共產黨這個新生事物來合作，並將毛澤東推上新國民黨舞臺。

　　孫中山的私心，使他選擇了蔣介石來當黃埔校長，而最終，蔣介石的私心使他背叛了孫中山的理念和付託。

　　蔣介石的無能，以及，毛澤東的睿智，算是中國人的運氣，因為歷史演化的軌跡，自有天道的邏輯推動，私心的必定被公心的淘汰，歷史畢竟是個社群的演化記錄。

五、1949-1975，蔣介石在臺灣

1949-1950，臺灣與大陸的割離

　　當1948年11中-12月中，東北已經易主、徐蚌會戰的國軍又被解放軍分割包圍的時候，蔣介石其實已經心膽俱裂，無力也無膽再打下去。1949年初，遼瀋、平津、淮海三大戰役結束，蔣介石輸光了賴以威風20年的精銳國軍，1月21日，宣布從中華民國總統大位上「引退」，當天立即離開南京回老家，中華民國爛攤子就留給副總統李宗仁收拾。那時，國民黨仍號稱百萬以上國軍，包括嫡系部隊的胡宗南30萬（川陝邊界）、宋希濂10萬（川鄂邊界）、湯恩伯40萬（京滬杭），以及其他諸侯部隊的白崇禧（桂系）、盧漢（雲南）、四川、西康、大西北等50萬。

　　但老蔣心知肚明，國民政府雖仍擁有大半壁江山，然而眾多的部隊與土地面積並不代表戰鬥力，共產黨一定會渡過長江，全面崩潰已成定數。他一方面把李宗仁推到台前，跟共產黨「和平談判」，以「內戰不是蔣某人要打的」做為引退的說辭。而另一方面，引退前，蔣介石精心部署了3件事：

（1）1948年12月29日，他命令列政院派任他的心腹陳誠為臺灣省主席，以保持臺灣作為最後地盤。

（2）總統府軍務局局長俞濟時在溪口祕密布置通訊網，架設7座無線電臺，保障他隨時能和全國各地的軍政首領保持通信並指揮軍事作戰。同時可以監視李代總統的「和談進程」，以防李宗仁向中共投降，打亂了他安排後路的步調。

（3）將上海國庫中的黃金、白銀、外匯迅速搬去臺灣，並捲走故
　　宮珍藏的細軟。

很明顯，和談，不過是緩兵之計，蔣介石當然不會死心，他要繼續
掙扎，爭取時間等待機會翻盤。和談，很快就破局，因為國府派去北京
的和談代表團，通通「反正」不回南京了，尤其在周恩來勸留張治中不
果、乾脆辦歡送宴而將當年安置在胡宗南身邊的熊向暉拉來陪席，張治
中等一見熊，差點沒昏死過去，蓋熊向暉乃參加過129學運的清華生、
滲進胡宗南總部的共產黨人，經過胡宗南與戴笠時不時的層層檢查，居
然被栽培成為胡宗南最貼身的機要幕僚。

和談還是給蔣介石爭取了一點寶貴的時間。1949年4月23日，解放
軍渡江、解放南京後，國府搬到廣州，而上海則迅速解放，但中華民國
國庫已經搬空、到了臺灣。有了金銀和臺灣做為賭本，蔣介石飛到廣
州，設立國民黨中央特別委員會，擔任主席，這樣，他就能名正言順的
以國民黨總裁的身分和主席的名義，繼續指揮國軍內戰，「幫助」李代
總統抵抗解放軍的進攻，主要還是爭取立足臺灣的時間。

實際上，蔣介石引退後的那段時間，最喜歡說的「偉大戰略構
想」，是「第三次世界大戰很快就會發生」。他想像跟1941年12月初珍
珠港事變那樣的運氣，二戰爆發、列強（美國）支持中國抗戰，三戰爆
發，則美國可支援他反共。這個念頭看似渺茫，其實老蔣自有其道理。
因為老蔣得勢之前是賭股票的，而股市經驗使他深信：只要保住公司行
號的門面招牌（殼子），終有一天當列強需要找一個在華「代理」，借
殼上市，他就有價值和價錢，這無關乎這個外國政府對他個人的喜惡。
所以，他要繼續「存在」，他要「時間」，他要「本錢」。

1949年初的狀況，蔣介石何嘗不知道，自己的指揮才能、嫡系黃埔
軍事集團的戰鬥力，百分之百不靈。但老蔣介石不會自省，更不會想辦
法自救，只期望奇跡發生、美國人再來救他一把。而他也很清楚美國人
其實很厭惡他，看不起他。這並不重要，要緊的是人家需不需要你。如
果他能創造出美國人需要的東西，足以獻給美國人笑納，則萬事大吉。

因此，蔣介石對付共產黨的戰略，是自己帶頭促動以臺灣、菲律賓、南韓構建「韓菲台」反共聯盟，做美國的馬前卒，對抗中共。

1949年7月8日，蔣介石到菲律賓訪問，在碧瑤買了套別墅（準備逃亡），並跟菲總統季裡諾會談，發表聯合聲明：「鑒於今日共產黨對自由獨立的嚴重威脅，有立刻團結為一個聯盟的必要。」8月8日，老蔣接著到漢城會談，跟南韓總統李承晚發表聯合聲明：「就亞洲各國或太平洋各國組織聯盟問題交換意見，國際共產主義之威脅必須予以消滅。吾人對菲律賓總統季裡諾與蔣總裁於本年7月12日在碧瑤所發表聯合聲明中，關於聯盟之主張完全表示贊同。」

沒想到1949年8月6日，蔣介石正在南韓訪問時，美國政府發表了中美外交檔案「美國與中國的關係」，俗稱白皮書。其中對蔣介石的失敗，歸因於國民政府的腐敗所造成，而不是美國不支持。這給蔣介石組織「反共聯盟」潑了一大盆冷水。

季裡諾還專門為此跑了一趟美國，發現美國不理不睬，老蔣和老季哪裡曉得，對付蘇聯或中國局勢，美國主子自有主見，哪用得著走狗們亂出餿主意，居然還敢跑來邀功請賞。美國國務院早在幾個月前，當中國內戰幾乎定局、蔣介石還沒有「引退」時，就已經著手思考此事，定下應對策略。

事實上，美國務院早於1948年11月上旬（東北剛解放時刻）便鑒於中國形勢發展，要求軍方參謀長聯席會議針對「一旦共產黨在中國掌權，而臺灣陷於一個親俄政府統治之下，這種情況將會對美國的安全產生何種戰略上的影響」做出估算。參謀長聯席會議則於11月24日形成了一份原名《臺灣的戰略意義》的備忘錄，遞交國務院。該備忘錄結論：「如果能阻止共產黨統治臺灣，對美國最有利。但考慮到美國的全球戰線過長，力不從心。建議爭取通過外交與經濟手段，防止共產黨統治臺灣。為達此目標，目前最實際可行的辦法，是把這些島嶼與中國大陸隔離開來。」

美總統的國家安全委員會按此策劃了四個隔離方案：

（1）與國民黨進行談判，由美軍直接佔領臺灣（佔領）；

（2）與國民黨簽訂協定，讓美國擁有租界和基地（租界）；

（3）支持在臺灣的國民政府及其殘餘，承認他們是中國政府（代理人）；

（4）支援臺灣當地非共產黨人，繼續控制臺灣，不使臺灣成為國民政府殘餘分子的避難地（台獨）。

上述方案，當時絕不會公布，但美國霸權的帝國主義行徑，一定會多管齊下。這其實是人類文明演化的宿命，所有的「國家」的本質都是帝國主義的習性，不必大驚小怪。比如，20世紀之前的夏威夷，美國人用（1）法，然後直接併吞。又比如二戰後，針對日本，美國（1）、（3）並進。琉球的命運更離奇，美國先（1）、然後（3）、最後（2），無視於琉球原本就是個獨立國家。至於釣魚臺，美國把原屬於臺灣的東西，硬「交還」日本，那已經超出法理範疇，只能是歇斯底里的霸權與敵對意識下的反射動作。

美國針對臺灣的操作，蔣介石為維護其集團利益，確保最後一塊棲身之地，對美國上述（1）、（2）、（4）方案，自然堅決抵制。他說：「英美恐我不能固守臺灣，被共軍奪取而入俄國勢力範圍，使南太平洋諸島鏈防線發生缺口，圖謀把臺灣交給美國管理，而英國則在幕後積極慫恿，以間接加強其香港聲勢。故對美應有堅決表示，餘必須死守臺灣、確保領土，盡我國民天職，決不能交歸盟國。如彼願助我力量共同防守，則不拒絕。」換言之，老蔣接受（3）案，並謀求把中國內戰國際化，以圖利殘餘的國民黨集團。

這就是老蔣的「民族主義」與「跟國際接軌」的真貌。

美國人對策略的實施，一貫性或協調性，到什麼程度？但看1948年末的動作吧。12月23日，臺灣國府向美國提出要求，希望派出軍事、政治、經濟方面的顧問來台，以挽回危局。結果是同一天，美國務院向駐遠東外交領事人員發出第28號密令，內稱：「臺灣失陷已在廣泛預期之

中，在國民政府統治下，臺灣民政與軍事形勢趨於惡化的事實，益愈增強了這種預期。臺灣在政治上、地理上和戰略上仍是中國的一部分。」

美國總統杜魯門更在1950年1月5日發表了一個關於臺灣的聲明，強調：

「美國不擬使用武裝部隊幹預臺灣現在的局勢，不擬遵循任何足以把美國捲入中國內戰的途徑。」這年5月，美國政府在得到中央情報局提供的關於「人民解放軍將在年底前攻取臺灣」的情報後，立即指示美國駐臺北大使館，做好撤離臺灣的準備，並與菲律賓政府交涉，希望能為蔣介石提供避難駐地。顯然，美國不希望老蔣逃亡美國。

因此，當3月1日蔣介石復行視事、再登大總統寶座前後的那個時段，老蔣是內外交困。美國佬沒有絲毫要拉他一把的意思，並且一副見死不救的嘴臉。這是老蔣一生中逆境中最黑暗的時刻，這點心情，他倒是如實記載於日記。

不得不說，蔣介石要全盤掌控臺灣的意圖以及做法，布置得相當周到，並且其引退之前的動作也相當及時。這是蔣介石一生僅有的「精心傑作」，其應對敗局的處置，完全主動、操之在我，而且細密。當賭本和賭局都受限時，老蔣比一般人精明得多。

1949年12月川滇解放前夕，蔣介石從成都飛往臺灣，從此退出大陸、亦沒離開過臺灣。撤到臺灣之前，他也已經主動聯絡菲韓，自願充當美國的反共看門狗，並對臺灣內政也有所改革：

（1）1949年1月15日，陳誠就任臺灣省主席，以「人民至上，民生第一」為號召，首先推行「三七五減租」做為土地改革、「耕者有其田」的第一步。

同時，蔣介石則把國民政府與國民黨黨部遷台。

（2）6月15日臺灣省政府在原中央銀行總裁俞鴻鈞撥款5千萬美金的協助下，宣布臺灣幣制改革，廢棄舊台幣，以4萬舊台幣折合1元新臺幣。臺灣幣制改革成功，效果良好，奠定了日後臺灣經濟繁榮發展的基礎。

根據1949-1950的統計資料，當時臺灣人口共約750萬。1945年抗戰勝利時，臺灣近600萬人，但日本撤僑60萬，加上大陸先後撤來的200萬（含家屬），共約750萬人。我是1949年底離開福建去臺灣的，經歷過大陸經濟崩潰的年代、見過面額千萬的銀圓券，要買什麼生活日用品，用的是「袁大頭」或「孫小頭」或者「鷹洋」，紙鈔沒人要。所以，陳誠的經濟措施，堪稱民國史上最大的、也是第一次的突破；那時候在臺灣的人，大家也都窮，但至少吃喝安定，都能艱苦的生活下去。

　　國府遷台初期（1949年2月-1951年12月），所有中央政府支出都依靠黃金。蔣介石搬到臺灣的這批中央銀行金庫的藏金放到了臺灣銀行的金庫寄存，它不僅用於穩定當時臺灣的物價與貨幣經濟，對民心和軍心的安定也起了莫大的作用。儘管此後在短時間內臺灣的人口總數激增，社會秩序和人民心理沒有混亂和慌亂。整個臺灣的政府和軍隊都在有序的運轉，人民也能安居樂業。

　　到底有多少黃金、白銀、美元外匯現金搬到臺灣？搬運國庫的藏金來台，過程很複雜。首先，近代中國的海關與銀行，跟海軍一樣，從清末起便完全師法西洋，甚至聘請老外管理這些「新生事物」。蔣介石是以國防軍費急用的名義，透過許多銀行手續的周折，簽過他的保證文件，勉強運作方才調得出國庫的。也不是一次將全部國庫的黃金都搬上船，按照銀行體系的防險規定，船運就分了好幾次，有時用商船，有時就用海關總署的大型緝私艦。

　　（海關「海星號」船員範元建回憶說：「1948年12月1日首批自上海運送200萬兩去臺灣，第2次裝60萬兩先到廈門再去臺灣。這是兩個主要批次，其他零星批次至少還有7次」。有趣的是，海關署長周德偉，湖南人，留英留德的海耶克自由經濟學派學者，職務上受汪精衛、顧孟餘提拔。他把海關緝私船隊幾乎通通帶到臺灣，成為老蔣到台的初期海防力量。周先生完全不預知海關緝私船也幫老蔣的國庫走私黃金，他本人也始終不為蔣系國民黨重用，到哪裡都是「反對派」，他其實是個傳統中國知識分子、但接受歐西自由主義的libral。）

並也使用了招商局的輪船，傳聞最著名的是「太平輪」。1949年1月27日，該輪在舟山外海沉沒，因淹死眾多從上海逃難到臺灣的乘客，而變成轟動全國的大消息。新聞報導說，因該輪裝載了許多大而沉的木箱而致之。大家就順理成章的推理，肯定是箱子裡的黃金白銀太多太重的緣故。其實大箱子裡裝的是中央政府的密檔，既不能公開說明，就任其廣為流傳。（太平輪沉船事件，平民喪生千人，臺灣很有一些記述，有人寫上聯「太平輪，太平洋，太不太平」，數十年未聞下聯，吾友李乃義對曰「如來佛，如來教，如何如來」。）

1949年2月16日，蔣介石透過親信的空軍將領，調派運輸機9架，每架運載黃金9000磅，自江灣機場起飛，直飛臺北松山機場。

搬運國庫黃金到臺灣，僅只蔣氏父子與俞鴻鈞、宋子文四人知道。親信如陳誠都不能預聞。對蔣介石而言，公家的錢不管是黃金、白銀、美元、英鎊，都是用於公家支出，公款不會變成他的私有財產。平心而論，蔣介石本人並不貪財，以公款圖利私族（比如，孔宋家族）當然是有的，但相對按照使用公款的程式支取。

據專家估算：黃金大約有450萬兩，加上白銀等等，折合約當年30億美元。

這些錢乃當時中國人民的血汗錢，是1948年8月蔣介石頒布《財政經濟緊急處分令》、命令全國人民限期將黃金兌換「金圓券」（新紙鈔）的結果。據中央銀行總裁俞鴻鈞1948年11月16日給蔣介石的報告，金圓券換到了黃金166.3萬兩。

3個月後，金圓券就變成了一文不值的廢紙。

「國民政府」能用這麼不光彩的手段，公然騙取人民手中的黃金，形同劫掠，真正匪夷所思，算是人類政府史上的一大傑作。也就是這166萬兩金子加上國庫原有近300萬兩金子，一起搬到了臺灣。

一張拍攝於1950年12月17日臺北臺灣銀行金庫的藏金照片，擺放金條的圓桶外的封條上有「金圓券準備金」的字樣。這是國民政府中央銀行國庫黃金運台的最直接證據。但在2004年，李登輝公然對外界說：

「黃金根本沒有到臺灣，運送的船已經沉沒」，李是美國康乃爾大學的農業經濟學博士，有一定的學術修養，而且做過「總統」。對於這一眾人皆知的歷史事實，信口而加以否定，太過於輕率，以他的身分地位，一通電話打到臺灣銀行就能查證一切。當然，李登輝耍嘴皮，是政治話語的需要，以貶低遷台黃金對穩定臺灣經濟的作用。實際，臺灣初期每四年的經濟計畫和發展民營企業的啟動，都是遷台黃金穩定了新臺幣的結果，而臺灣70年代的「經濟奇跡」本來就是所有在臺灣的人辛勤創造出來的，黃金只是必要的條件而已。

1950年3月1日，蔣介石「復行視事」，也就是繼續做中華民國大總統，因為代總統李宗仁去了美國，滯留不歸，當然，如果李宗仁真要去臺灣，蔣介石也不會應允。3月7日，陳誠為行政院院長，臺灣省主席由文官吳國楨繼任。

那時，國民黨的管治區域只有臺灣省和福建的金門縣及馬祖（連江縣）。局面之小，自然不能和昔日之威權相比。聊堪告慰者，陳誠在兩年臺灣省主席任內，施政頗有績效，如改革幣制、安定物價而安人心，以及，農村實施「三七五減租」。尤其難能可貴的是：10月，國軍終於在金門打出古寧頭大捷。這可是國軍三年內戰唯一的勝仗，全殲自廈門渡海而來的解放軍兩個加強團9千人，讓解放軍一嘗敵前登陸作戰的苦頭，稍煞老蔣三年逢戰必敗的內戰記錄。臺灣暫時可保無恙，但日後又將如何？況且中共解放臺灣的決心不變，如何保住偏安之局，守住這個無處後退的臺灣島，蔣介石著實心驚膽跳，展望前程，一片渺茫。

回想起年前，老蔣風塵僕僕，自願奔走於菲韓台反共聯盟，而美國不但不領情，還想趁機託管臺灣、甚至吞併之，老蔣思慮至此，必定痛恨老美。而蔣介石叫嚷企盼的「第三次世界大戰」自然更加遙遠，因為蘇俄也長了核子牙。難道老蔣的祈禱不靈了？運道衰了？唯有希望6月颱風早早來臨，把臺灣海峽化為不可逾越的大然屏障。能拖一時算一時，等待吧！

居然，老蔣日思夜想的「第三次世界大戰」雖沒等到，但韓戰爆

發，蔣介石在臺灣，就此成局。此人運氣之好，實在跟能力無關。（那時當然不知道老美已經打算撤離大使館、安排老蔣逃難菲律賓）

1950年6月25日拂曉，韓戰爆發（朝鮮戰爭）。北朝鮮「偉大領袖」金日成決定揮師南下，要以武力統一半島。消息傳到臺灣，蔣介石正吃著早餐。蔣經國帶來這個消息，據說，老蔣聽到兒子的彙報，當下愣在那裡發呆，毫無反應，大概連他自己也不敢相信運氣會好到這個地步吧。這樣的正常反射動作，幸好是在自家裡發生，就省掉事後「西安蒙難日記」式的塗抹。

於是，老蔣立即召集緊急會議。出席者有行政院院長陳誠、國防部長俞大維、外交部長葉公超、參謀總長周至柔、陸軍總司令孫立人、海軍總司令桂永清、國防部總政治部主任蔣經國等。會議決定：臺灣、澎湖、金、馬等地區6月26日零時起全面進入備戰狀態，實行宵禁，加強臺灣海峽的海空巡邏。老蔣只簡單說：「韓戰對臺灣百利而無一害」。

韓戰爆發後，美國遠東司令兼駐日盟軍最高統帥麥克亞瑟，在徵得美國防部長及參謀長聯席議會主席布萊德雷的同意後，當夜指派出「駐臺灣軍事聯絡組」並電詢蔣介石，在確保臺灣安全的前提下能否派一個軍隊馳援韓國。

次日中午，費德爾率美軍駐臺灣軍事聯絡組由東京飛抵臺灣，台國防部廳長賴名湯、劉廉一在機場迎接，並陪其到陽明山會見蔣介石。蔣與費德爾就臺灣安全及援韓等為題深談，會談中蔣介石表示：可派出國軍第52軍（含第2師、第25師、第13師）共3.3萬人，經海上和空運前往朝鮮戰場。

6月27日臺灣陸軍總司令孫立人召集第52軍主要指揮官開會，做出發韓國前的作戰部署。6月28日蔣介石密電通知台駐韓大使邵毓麟、駐日代表團團長何世禮，告知準備出戰韓國的具體部署，並轉告南韓總統與麥帥。又命令臺灣駐美大使顧維鈞向美國國務院提交臺灣出兵韓戰的決定備忘錄，但美國務卿艾奇遜建議總統杜魯門予以禮貌的拒絕，因為對國軍的戰鬥力沒有信心，也害怕會引起共和國藉此介入韓戰。於是麥

克亞瑟與老蔣為國軍開赴韓戰的努力遭到頓挫，但老蔣繼續努力，絕不放過韓戰機遇，爭取為美國做出貢獻，並趁機找尋反攻大陸的機會。

實際，27日同一天（因為時差，應為中國的28日上午之前），美國總統杜魯門就已發表聲明：「在朝鮮戰爭業已爆發的情況下，若共產黨部隊佔領臺灣，將直接威脅到太平洋地區的安全及在該地區執行合法而必要職務的美國部隊。為此，我已命令第7艦隊，阻止對臺灣的任何進攻。作為這一行動應有的結果，我也已經要求臺灣的國府停止對大陸的一切海空攻擊。第7艦隊將監督此事的執行。」

美國人是按既定方針辦事的，這就是1948年11月末的「隔離」、「封鎖」政策的具體實施，也是全球範圍內美俄爭霸的具體反映。這種思維與意識，迄未改變，幾乎成了習性，禁錮了現代人的視野。狀態，當然不是老蔣得以打造的，但他顯然善於靈活利用，得以在小小的臺灣範圍內胡作非為，上海灘的小本事發揮到極致。

1950年12月8日，美合眾社電訊稱：蔣大帥近日宣布，聯合國如果以海空軍援助他的軍隊反攻大陸，則聯軍在韓國可以轉敗為勝。1951年5月6日，美聯社記者稱：「如果中華民國向大陸反攻，即可阻止中共在韓侵略」。1952年克拉克繼李奇威任聯合國軍司令之後，曾再次提起要老蔣抽調一個軍去韓國戰場。

通通被美國政府否決。從此，老蔣派兵參加韓戰再也沒有人提起。顯然，美國上層領導及其智囊團，無論共和黨還是民主黨，他們的智慧比老蔣高明多了。美國人是想在中國借殼上市，但絕不是拿美國資源來替一個不堪的代理人充實殼子。現代共和國裡的任何大利益集團，做為美國代理，都遠比老蔣更為稱職。

韓戰，朝鮮戰爭，不是本書主題，但需要藉之勾勒那個年代的面貌。

如果一戰後的全球政治格局是以臺面上的土奧德俄四大帝國瓦解、英國獨大為標誌，那麼二戰後的臺面，就是以整個歐洲瓦解、美俄爭霸為標誌。當時，美俄直接衝突的地區，在歐洲是東西德與柏林城，在亞洲則為南北韓。當時，北韓金日成，是蘇俄的代理，南韓李承晚則是美

國的代理。

就今天解密了的資料來看，朝鮮戰爭，是金日成個人引爆的韓國內戰，跟蔣介石不顧美國顧問的反對而引爆中國內戰類似，其魯莽與不切實際之處，也相仿。

就韓戰發展的情況看，史達林的參與有多深，已無從揣測，多半事先不知情。那時候，蘇俄剛長出核子牙不久，沒有理由跟美國貿然摩擦，看不出對蘇俄會有啥好處。

韓戰爆發，對蔣介石跟毛澤東，一樣突然。可以肯定，共和國事先毫不知情，不但不知情，事後的演進，駐朝大使倪志亮（黃埔4期生）還被朝鮮「保密」，無法從官方管道獲得實況，只能依賴外國新聞社的報導，自行分析、彙報。

無非邏輯很明白，統一的朝鮮半島，意味著美俄在東北亞的競爭，勢將白熱化，僅僅隔著一道比臺灣海峽還窄的對馬海峽做為朝、日之間的緩衝。所以，即便在戰爭初期、朝軍勢如破竹逼近對馬海峽的時候，中國上層以及諸如雷英夫等幕僚，就已預測，駐日美軍必定激烈反應，而最佳登陸地點，必然在朝鮮半島中腰的仁川附近，因為，如果解放軍是美軍，也會如此作戰。

據知，毛澤東特意把中方的估算，婉轉地通報了被勝利沖昏了頭的金日成。這個鄰國的內戰，成為美俄爭霸的火山帶，令接壤的中國憂心忡忡。果然，9月15日，美軍為主的「聯合國」部隊便從仁川登陸，腰斬朝軍，這下獵人變成獵物，北韓部隊崩潰，美軍追逐跨越38度線，直至平壤。金日成慌了手腳，向史達林求救、被拒，只好央請倪志亮轉達向中國求救之意，給建國一年不到、百廢待興的共和國帶來一個大難題。

大約4週後，毛澤東權衡輕重、困難，跟中共團隊反復討論後，下達派兵抗美援朝的決心與決定。中國人民志願軍立即動員，入朝作戰。又由於共和國還沒有空軍，史達林命令蘇俄和東歐參戰的飛機和飛行員，以中國東北的機場為基地、變身為中國人民志願軍，並限定鴨綠江南岸一個狹窄的「米格走廊」地區為作戰空域。美俄空軍就這麼有限度

的較量起來，美空軍不飛越中國領空、不說破俄空軍參戰，俄空軍也不飛越米格走廊以南。雙方都盡力不扯破臉、避免事態搞大。（當時美國防部長這樣回答國會議員的公開質詢：「中國似乎在一夜之間，成為空軍大國」。）

這些動作本身就可以是金日成「代理越權」的旁證。我們並不是說，霸權老大就應該指揮集團裡的老麼，相反，金日成的叛逆性正是人性獨立自主的表顯。因此，真相很重要，折射出多面的人性，人們才會學得教訓、瞭解自己和他人。

無需多言，毛澤東決定參戰的算計，肯定是歷史事件。而彭德懷掛帥，力敵美軍，雖然犧牲與苦難重重，但成為鴉片戰爭以來，中國人第一次真正站起來的標誌。此後，美俄爭霸進入「冷戰」時代，中國則管你他媽的霸權，走自己的道路。

1953年3月，史達林死。7月，韓戰結束，南北韓回復戰前38度線對峙狀態。

沒有理由不相信老蔣明白這些伎倆，但他仍是僅此一招：儘量拉扯美國趟他的渾水。老蔣明知美海軍艦隊是隔離、封鎖臺灣海峽用的，他高唱「反攻、反攻、反攻大陸去」，繼續攘外必須安內那套路，對鎮壓臺灣人民有用，對訛詐美援有用（高級反共代理人）。任何人，即便是美國老大，也不能妨害老蔣維護他的小地盤利益或他的「獨立自主」。這是，他的人性。

白色恐怖在臺灣

在大陸，蔣介石對付共產黨的手段很原始，只有一個字，殺。

老蔣自清共開始，殺個沒完沒了，寧可錯殺一百、絕不錯放一個，殺到理性全失。上海解放前夕，國民黨在上海圈禁3000人，殺了半數「共產黨嫌疑分子」，中國傳統智慧所謂的「為淵驅魚」，老蔣做到

100分。共和國其實應該給老蔣頒發「建國大勳章」。老蔣一落腳臺灣，「白色恐怖」便感染到臺灣，沒有「時段」問題，直至老蔣死亡。

蔣介石在臺灣跟在大陸一樣，白色恐怖並非單一事件，是統治手段，經常發生。為了分別敘述平行的其他歷史事件，我們只是選在這裡先集中談談老蔣的恐怖，瞭解他的統治基礎。實際，老蔣1927清共之後，殺戮從未止息。

1947，針對老移民的本地百姓，有228事件，因「通匪」罪名較難成立，多以暴亂、叛亂或其他名義入罪。針對新移民的外省人，從誅殺陳儀（老蔣手令殺的）、李友邦（見本書「黃埔第2期」一節）、吳石（這是真的共諜）等將領，到把青年師生丟進海裡，無不以肅清「匪諜」為名。

1949年，臺灣警備總司令部發布戒嚴令，1987年取消，國民黨制度化其白色恐怖的時期，長達38年。戒嚴期間因政治受軍事審判的案子約7萬件，牽連不下二十萬眾，估計光1950年就殺害5-8千人。而中共真正有記錄的、先後派往臺灣的特工，不過1500人左右。

老蔣的恐怖，為禍最烈的地方，在於殺戮下的高壓，扭曲了人性，人人心裡有個「警總」，日夜不得安寧，唯恐「思想有問題」。人會思想，那是基因遺傳下來的人性，思想怎麼會有「問題」？誰人來裁判？美俄的政治迫害手法裡頭，常用「精神病」這一招，似乎比較「文明」，實際，恐怖就是恐怖，無論有形無形、也無論紅白藍綠，有禁錮就有抗爭，威權，從來就是人性集群裡的獸性殘遺，所以才那麼血腥或扭曲。

1947年的228事件及其後的鎮壓，已經成為現代臺灣的一個圖騰與政治話語。

這要從臺灣的歷史情結說起。

古早的部分，諸如4萬年前的史前人類遺跡，是智人遷徙擴散的結果，那時臺灣海峽還不存在，臺灣與大陸相連。而臺灣原住民各部落的先民，到底什麼時間、什麼路線遷移到臺灣，還不十分明白。從原住民

的血緣和語言的分析，大抵跟馬來亞、沙撈越、菲律賓比較接近，那就是1.5萬年之內的事。那時，臺灣海峽已經形成，臺灣全島都是叢林的環境，原住民祖先是已經適應了東南亞叢林生存的智人族群，漁獵是必然的，並且就是跳島從海路遷徙來的。

大陸漢人族群，很早就認知臺灣的存在，台海兩岸的交流與交易，可以從今天臺灣考古的文物看到閩粵漢文化對原住民器物的影響，這是3000年以內的事。漢人也早早就有移民到臺灣的跡象，雖然西元17世紀才開始大規模移民。漢人移民，在18、19世紀的兩百年內澈底改變了臺灣的生態：平地的森林消失了，土地被墾為良田，人口則暴漲，原住民被壓縮成如今不到2%的「高山族」。留在平地的原住民被相當程度地漢化為「平埔族」，肯定大量存在混血。

由於漢文化與漢字，有記載的臺灣歷史，上溯不過300年左右，實質上，是漢人族群的移民史。1947-1949可以是個界線，就移民遷徙而言，兩年內大量湧進2百萬人到臺灣，絕對是人類史上最大的遷徙事件。

雖然都是漢人，意識與習性雖雷同，新來後到的利益卻大不一樣，遷台最早的閩南系，漳泉之間都還要鬧矛盾，客家佬和河洛佬之間就更不必說了。但新老移民的摩擦，被蔣介石的黨國政治體系激化、放大成「族群」矛盾。這是歷史根源，剪不斷、理還亂的背景。

就百年之內的臺灣近代史而言，甲午戰敗後，臺灣被清政府割讓給日本，老移民從此被日本統治了50年：日據時代。一方面，日本那時屬行「脫亞入歐」，仿效歐美，高壓統治、剝削殖民地；一方面，臺灣人民卻也從傳統文化的桎梏中稍稍釋放，透過日本而率先「現代化」。

甲午戰後的20世紀上半葉，知識分子進入中國大革命時代的氛圍，潮流嘛，當然也深刻感染了臺灣，但臺灣不存在武裝革命來打倒日本統治的條件，於是，1919五四新文化運動的影響，便成為那時候台海兩岸的聯結。

1921年，一生不說日語、不穿木屐、堅持中國傳統生活方式的士紳，林獻堂，跟蔣渭水、賴和、李應章等，成立「臺灣文化協會」，倡

導白話文學，辦報刊、活動，抵制日文、日語。這個臺灣新文化運動，迅速成為針對日本統治者的「反對運動」。上述臺灣知識分子幾乎都是醫生，菁英的味道濃鬱。其中的李應章、簡吉等，更早於1925年分別在二林（今屬彰化）、鳳山（屬高雄）領導農民鬥爭，另組「臺灣農民組合」運動，著名的二林蔗農事件便是臺灣農民反抗日本剝削的先聲。

臺灣文化協會後來的發展，幾乎跟內地共產黨運動平行，不血腥就是了：

1927，左右翼分裂，林獻堂退出文協，跟蔣渭水等另組臺灣民眾黨。左派繼續經營文協，不久，留俄的謝雪紅等，在上海組織了臺灣共產黨，屬於共產國際的分支。

1930，林獻堂脫離民眾黨，轉而協助蔡培火另組臺灣地方自治聯盟，堅持以自治對抗日本的統治。

1931，蔣渭水病故。李應章則出獄後，偷渡內地、加入中共，上海解放後成為「臺灣民主自治同盟」（即「臺盟」）的創始人之一。

1947，228時，台共武裝革命失敗，謝雪紅、蘇新等逃到上海，回歸中共。

林獻堂則保護了時任臺灣財政廳長的專業文官嚴家淦，但事件後依然被國民黨列名「台省漢奸」黑名單，雖未被拉進監牢，傷心之餘，1949，林獻堂稱病赴日、1956死在他對抗一生的異鄉。

日據時代就堅持農民鬥爭的簡吉，臺灣光復後繼續堅持，228事件後加入中共，1950，被捕、犧牲。

林獻堂、李應章、簡吉，都是那個大革命時代的悲劇英雄，真正為理想而獻身的人。無疑，臺灣一定還存在許多人們不知曉的英雄，內地也一樣。

這些軌跡，實際跟中國大革命時代的青年與菁英，如出一轍。唯一的不同，臺灣的知識分子還更有點技術專業，通常是學醫的，因為日本統治者不讓他們學政、法。臺灣知識分子的比例也比較高，因為日據50年，沒有戰爭的破壞，基礎建設穩定，社會更為富庶。

由於是日本人的殖民地，被統治的漢人族群，革命的方向，自然首先是針對日本統治的「民主自治」。這從林獻堂、蔣渭水開端，以至李友邦、李應章、謝雪紅等，都是這個方向。而內地知識分子也支持臺灣這個「革命」方向，至少在八年抗戰勝利之前，日本確實是海峽兩岸中國人的共同敵人。

1945抗戰勝利，10月25日，老蔣派日本陸軍大學畢業的陳儀出任臺灣行政長官，並在臺北受降，臺灣光復。當時，臺灣人人歡天喜地，慶祝光復、回歸祖國。

光復後接下來的1946年，是臺灣從自治走向獨立意識的關鍵點。跟國軍的軍容，關係不大。（臺灣人的勢利程度，絕不高於現在任何工商城市）關鍵是接收臺灣的國民黨官僚集團的紀律，以及，其後來台的國軍軍紀。這當然跟陳儀主台也沒大關係，陳儀並不能左右大小國民黨官員的的貪腐與無紀。

1947年初，內地國共內戰正酣，蔣介石體系的敗象尚不明顯，臺灣那時還不是老蔣最後的退路。那時，臺灣的接收，跟內地東北等地的接收，都是國民黨的例行公事，反映出同樣的貪腐顢頇症候。人民反抗，228，並非孤例，只不過內地人民有共產黨這麼個選項，而臺灣人民沒這個選項，唯有以民主自治為目標。

1948年末，老蔣敗落定局，力保臺灣為地盤，嚴格控制之下，228成為禁忌話題。228事件的細節真象，塵封多年，當時死難和隨後鎮壓的被害人數，無以計算，按現在調查統計的公布，先後約2萬多人。事件過程，延伸竟月，其中大不乏很人性的案例，本地人與外省人，互相救援的事例非常多，尤其是一般基層的本分職官和百姓。當然，互相殘殺的案例也絕不會少。台共想趁機武裝革命，沒有足夠的群眾基礎，是失敗主因。相信228犧牲的人裡頭，大多為城鎮百姓，農民並不多。這跟內地不同。

事件發生時，治台的政府上層官僚中，老移民不到15%，原住民更加談不上。事件發生後，那時遠在上海的廖文毅兄弟，居然也名列通緝

的黑名單。平心而論，身臨其境感受國民黨如此黑暗的統治，換做是我也會走同樣的路：號召臺灣獨立。

廖文毅，南京金陵大學畢業，留美化工博士，兼具留美、內地、臺灣經驗，連日本人也忌憚幾分，不時壓迫他們離台。

1938，任浙大化工系主任。

1945，接收臺灣，只任工礦處「技正」，灰心之餘，辭職參政、競選中華民國「國民參政會議員」，竟然被行政長官公署高層官員做票，應當選而落選。

1947，未參與228而被通緝，由上海逃難香港，乾脆組織「臺灣再解放聯盟」，主張臺灣自決。

1950，在日本發展為「臺灣民主獨立黨」，成為台獨先鋒。

1961，從東京派刺客赴台刺蔣，未果，刺客返日、反而被臺灣間諜殺害。

1965，廖文毅宣布放棄台獨、解散「臺灣獨立統一戰線」，返回臺灣。

以上，都是數據，僅只是歷史真象的一個小角落。我是大嘴巴，從不避諱說：天下最噁心的政治宣傳照片，莫過於裝出慈眉善目的老蔣，摸摸抱抱臺灣小朋友什麼的。太假啦。蔣介石是帶了點金銀財寶去臺灣，但他帶去的邪惡更多，多得多，多到在臺灣和大陸各留下一整個世代的人性被扭曲、被踐踏，迄今難以康復。

228之後不久，陳儀被調回浙江，他看到1948末的國民黨敗象，也不再濫殺共產黨了，打開杭州監獄的門、釋放了一些政治犯，甚至疏通一手提拔的湯恩伯投共，以使滬杭長三角生靈免於戰火。但湯恩伯出賣恩師，老蔣遂把陳儀押送臺灣，1950，陳儀被當做扛228事件的責任人，由老蔣親自下令槍決。

我其實是想說：威權、貪腐、鎮壓、恐怖，是1927起的蔣政權常態，人民群眾相應的抗爭和其後的被鎮壓，各地經常發生。中國大革命時代，怎麼會革命出這款統治者，只能說，缺憾還諸天地。1947的臺灣

228事件，誠然不幸，但就歷史而言，那的確是老蔣政府的常態。

從蔣介石個人的行為來說，1924接掌黃埔軍校，1926北伐，1927清黨，1930黨內打桂馮閻、黨外打紅軍，人生一連串豪賭，當然不會全無算計，精明加上賭運，發達了，自信滿滿。不過，也就是個黑道老大地盤利益的格局，上海灘那套路，一路放大到全中國罷了。老蔣始終打不過共產黨，卻始終不明白，白色恐怖與黑金政治，做成白道政治常態，靈不起來的。

1936終於玩出西安事變，老蔣自尊和自信，都受點打擊。但其運氣好到張學良居然自投羅網，從此被推上抗日「領袖」寶座。1941抗戰最低谷時期，老蔣熬到了第二次世界大戰真正爆發，美國老大參戰，終至1945、原子彈砸下去日本，中國八年抗戰，跟著盟軍一起勝利了。

這樣順遂的一生，不得不讓老蔣自我感覺好極了，為所欲為、看不到任何教訓。抗戰勝利，老蔣統一天下的美夢正酣，人也比較正常嘛，就任多數事件常態地發展嘍。派兵、派人接收各地，接收臺灣、接收東北，都一個模式，老百姓不聽話，鎮壓唄（這是老蔣唯一懂得的統治方式）。

老美希望中國政府接收琉球、派兵一起佔領日本，玩點正經八百的白道政治，以老蔣小不啦嘰的格局，不能玩成地盤的東西，他通通拒絕了，蔣介石一心要打內戰，「安內攘外」「一統天下」嘛。

這才是最近所有中日矛盾的源點：日本「投降」，從未真正接受中國為「戰勝國」，因為老蔣自動放棄了做為戰勝國的權益。什麼阿Q式的「以德報怨」、拒絕派駐日佔領軍、拒絕接受琉球，全是蔣介石捅出來的漏子。試想，如果國軍參與佔領日本，日本人還能不認中國為戰勝國嗎？而國軍若接收琉球，還會有釣魚臺的問題嗎？老蔣只愛他自己的地盤，「愛國」，是談不上的，最多是「來不及賣國」而已。（我這說法，並非創作發明，是跟老蔣學的，蓋臺灣白色恐怖時期，不少人的檔案上注明「此人尚無不良記錄」。）

不料一打國共內戰，大出老蔣意外，很快，1948末至1949末，老蔣

是個輸光的賭徒，內戰大敗、被趕到臺灣島、又失去美國老大的支持，沒安全感、極度緊張、無所適從。這時的老蔣基本上不正常，相當歇斯底里，實際，這時蔣政權在臺灣更沒少殺人，這兩年被殺害的人數估計占到老蔣統治臺灣26年所殺害人數的3分之1。1950，陳儀之死，就撞上了這時間點。

1950韓戰爆發之後，美艦隊隔離了臺灣海峽，全球美俄兩極化的對抗也進入歇斯底里狀態，美國老大回頭讓蔣介石小弟當看門狗，老蔣感謝「上帝」之餘，對賭運的自信有所恢復，人也比較放鬆了，只不過，地盤僅剩剛搶到手的臺灣彈丸之地，他在臺灣的「常態」就是戒嚴，遠比他在內地緊張。

老蔣1949尾真正落戶臺灣時，臺灣業已「戒嚴」多時。其在台的餘生26年中，臺灣所有人都籠罩在戒嚴法下過活，10年以上刑期的監犯比例，穩占全球前列。

事實上，228事件當下死難的約3、4千，現在統計出的約2萬，大多被害於隨後而來的白色恐怖，大約占到老移民0.3％，而老蔣活著時，所殺的臺灣外省人、其占新移民的比例，絕不會少於這數字，畢竟所有內地來的新移民「通匪」的可能性遠大於在地的老移民。

老蔣恐怖症的發作程度，跟他在那個時間點上的不安全感或賭運相關，非常庸俗化。這樣一個心理欠健康的上海灘小混混可以叱吒兩岸半個世紀，運氣，一連串的偶然，無疑是唯一、而最大的因素。歷史會不會必然在中國大革命時代出個類似蔣介石的人，不知道，但一部中華民國史，幾乎同步於全球資本主義跟社會主義間的對抗，這對抗本身也極端不理性，助長了人們的非理性因素，比如，40-50年代的美國麥卡錫白色恐怖，窮兇極惡的程度，也讓今人匪夷所思。

種種全球性大惡，掩蓋了老蔣之惡，他才得以在內地、在臺灣為所欲為以終。

人們現在知道，無論紅白藍綠黑，一切政治、經濟、宗教、話語的集權，都製造虛擬的幻象，無不導致偏執、變態，以及，恐怖。

什麼是白色恐怖的極致？荒唐到公然以「自由民主」做為中華民國的政治話語就是。而老蔣居然做到了，所以，他是上海灘小混混中的「竊國者王」。人們不必奢望從老蔣身上找出什麼思想，這是個非常純粹的雄性動物地盤本能的動物標本。

1950-1975，最後的神話：桃花島主

挾當時價值約3億美元的黃金、白銀、外匯（1兩黃金約等於當時的35美元，今天則約1300美元），以及約50萬部隊，另加先後約150萬來台的內地民眾和眷屬，1950年3月10日，蔣介石在臺灣復任總統，此後當了26年「蔣總統」，至死方休。

關於老蔣在臺灣，論述很多，且讓我們把1950-1965具體發生過的事理一理。嘿嘿，我們就是只相信「數據」，時序本身不會騙人，話語，就難說了。

（1）「蔣總統」復職後，陳誠辭掉臺灣省主席，繼閻錫山為行政院院長。吳國楨出任臺灣省主席。那時，蔣經國只是總政治部主任，軍職，中將銜。

（2）1950年6月25日韓戰爆發，美國總統杜魯門宣布第7艦隊協防臺灣，共和國若要武力統一，攻台就要和美國直接武裝衝突。但美國也不准老蔣「反攻大陸」，於是，老蔣終於赤身上陣做美國老大的馬前卒、把臺灣做成美國圍堵中國的第一島鏈上「不沉的航空母艦」啦。

對老蔣而言，「反攻大陸」本來就是個口號而已，這下倒變成了事實上的「不可能」。不是他不反攻，都是死老美不讓他反攻嘛。

（3）1950年7月，臺灣在第7艦隊的隔離下，老蔣積極要做穩小島上的「太平天子」。局面小了，黨政軍黑各道，蔣家都要通吃。當時老蔣的檢討名言：「大陸丟掉，都是你們的錯……」，在中常委上，陳立夫只好坦承：大陸之敗是國民黨之敗，以至軍事失敗……。老蔣順水推

舟、要改造CC的國民黨，他給陳立夫美金5萬，放逐陳去美國。

1951陳立夫走前，宋美齡送他一本耶穌教《聖經》，陳指著牆上的老蔣相片，「活著的上帝都不要我了，這書裡的上帝又有何用？」

另一個C，陳果夫，則3期肺病，病入膏肓，挾名做個中央評議委員，不久去世。老蔣輕而易舉的把老臣CC排出，為安排兒子接班走了第一步。

之後的發展，連杜月笙也不讓到臺灣，意思很明白，就那麼點彈丸地盤了，道上的兄弟們，通通不必來啦。以至於早期臺灣有些江湖仇殺的滅門案件，竟不知到底出於黑道還是白道？

（4）1951年9月，由美英操控的「對日和會」，居然沒有中國，內地和臺灣均沒有代表參會。換言之，日本從未就二戰戰敗對華正式投降，這是今後一切中日糾紛的實質與心理的根源：中國迄未脫離19世紀以來的列強陰影。

1952年4月27日《中華民國與日本國和平條約》在臺北簽字。

國民黨方面聲稱條約是本著「以德報怨」精神擬定的，日本卻不領情，談判拖了兩個月，且時時起爭執。最後是日本放棄對台、澎以及南沙、西沙群島的一切權利與要求。終蔣政權治台時期，其對日政策，只能阿Q式的「以德報怨」，因為日本順美俄爭霸之勢，成為美國在亞洲的頭號馬仔，比老蔣風光多了，哪裡還會向「中華民國」真正投降？而老美既不會准許日本對老蔣投降，更不會准許日本對共和國投降。就美日兩造的心態，戰勝戰敗，根本沒你中國什麼事……，二戰之於中國，跟一戰完全一樣。唯一不同，一戰結局，內地激發了五四，二戰結局，臺灣激發了保釣。

人們勿需納悶，老蔣不是抗戰領袖嗎？老蔣為什麼硬不起來？美國人不是老早還提過中國對琉球和日本的佔領嗎？1970，美國單方面把釣魚臺從臺灣分割，宣稱該島屬於琉球，不久後，美國便把琉球「歸還」日本，日本從此堅決不再使用「琉球」這名字，叫它為「沖繩」。老蔣噤不吭聲，因為臺灣正面臨被攆出聯合國的外交困境。吾友阮大方率先

揭露於臺灣《經濟日報》，害得該報被老蔣立即關閉大吉。

（5）1952年10月31日成立「中國青年反國救國團」。蔣介石任團長，蔣經國任主任。這就結束黃埔軍校以復興社為首的政訓系統操控青年組織「三民主義青年團」的時代。

（6）1953年，中美在朝鮮半島打成平手，韓戰結束。

老蔣1954年1月「追究吳國楨」、1955年10月「處理孫立人」。

吳、孫都算是老蔣的良臣，吳還不至於傻到真的去執行老蔣宣稱的自由民主、孫可是認認真真地組織「反攻大陸」，他們都不會、也不敢阻擋蔣經國接班，但這二人卻敢批評蔣經國的特務系統在民間與軍中的不法行徑，明顯有礙老蔣的「大事」。

吳國楨的下場是：辭職，遠走他鄉，在美國駁斥蔣政權對他的抹黑。

孫立人則被軟禁台中、冤苦半輩子以終，孫被按上「匪諜」的紅帽子（儘管只是他的部下有匪諜的「嫌疑」），這是白色恐怖整人的典型樣板。

這兩人沒有被「斬立決」，多虧是「留美」人才，還有點美國佬的注意。

（7）1954年5月起，解放軍攻向浙江沿海大陳列島。8月，周恩來總理宣言「要解放臺灣」。9月，解放軍炮擊福建沿海金門、馬祖列島。12月，老蔣跟老美簽署《中美共同防禦條約》。1955年初，陷入解放軍重圍的大陳列島國軍撤出，至此，浙江沿海海域解放。

《中美共同防禦條約》依然是美國割離臺灣的典型作品，進一步規範老蔣的活動範圍為臺灣與澎湖列島（「協防範圍」），但又含糊其詞，以便美蔣雙方便宜行事。

這一年，越南在中國的軍援下打贏奠邊府戰役，驅逐了法國的殖民統治。隨後，美國取代列強在越利益，扶植北緯17度線以南的南越政權清共。

（8）1958年，中國「大躍進」。8月23日，開始金門炮戰，44天內大陸打了47萬餘發炮彈，解放軍海空並舉，國共內戰延伸至福建沿海海域。

這時，金門國軍勢將不支，美國介入，以艦隊護航臺灣對金門的補給，形同擴大美蔣之間的「協防範圍」。老蔣再次從正酣的全球冷戰中獲益。

國共雙方均阿Q地安慰中國人：福建沿海的內戰，意在告訴美國，金、馬、台、澎都是中國領土，內戰還在進行中……。

事實是，美國承鴉片戰爭以來的列強餘緒，藉其中國代理人老蔣，遂行對中國的分割、反共其名、反華其實。這個行逕，運轉百年，迄仍照舊。海峽兩岸，早已不是中國內戰，而是中國對美國入侵的抗戰。今天的釣魚臺問題，則更是美日的聯合入侵。蔣介石以來的臺灣政權，不過是石敬瑭式的美國扶持的兒皇帝而已。

（9）1960年，臺灣國府「國民代表大會」，以修改《臨時條款》的辦法，推翻了憲法規定：總統連選連任只能做兩屆12年的約束。於是「蔣總統」一直做到第五任，終身執政、死在任上，再換成下一個「蔣總統」。

（10）1960年9月4日，臺灣警備總司令部拘捕《自由中國》雜誌創辦人雷震（浙江人，留日京都帝大畢業）。該刊自1949年11月20日在臺北創辦以來，對蔣氏父子之獨裁統治有極深刻的評論，又反對老蔣毀憲三連任。雷震奮不顧身到聯合民社黨、青年黨和台省本地民主政治人士如李萬居（《公論報》社長）、高玉樹（民選的臺北市長）、省參員郭雨新、吳三連等等，要在1960年9月底成立一個新的政黨「中國民主黨」。

10月3日，台國防部軍事法庭僅用一天就庭審完畢，以明知工作人員為匪諜為罪名，判雷震10年有期徒刑。

後來，胡適面見老蔣，為雷震說情，蔣介石斬釘截鐵回答：「雷震背後有匪諜，政府不能不辦」。胡適只好無言而退，此後老蔣乾脆不見胡適。

雷震案，連美國右派也看不下去，直斥老蔣為專制政權，但都淹沒在美俄爭霸的歇斯底里之中。

（11）1962，美俄摩擦發生古巴導彈危機，中印則發生邊界衝突，老蔣趁機派出突擊隊，或登陸騷擾中國大陸沿海地區，或空投到內陸、甘、寧等邊遠地區。

1963，蔣經國宣稱「反攻大陸已經解開序幕」，實際，僅只給內地造成一點小小破壞，而絕大多數進入內地的國軍是被民兵打敗並俘虜的。

（12）1963年12月，陳誠以副總統身分辭去兼任的行政院長，是有隱衷的。

自1948年底任臺灣省主席以來，臺灣省是整個「中華民國」的唯一平臺。陳誠的政績有目共睹，375減租後，號稱」陳誠伯」，聲望甚至高過老蔣，連美國人都認為其為臺灣的未來。1960年6月，陳誠說：「關於組織反對黨，美國的政黨組織可做參考，只要反對黨不破壞反共抗俄國策、不破壞建設臺灣的目標，我們可以希望有一個堅強的反對黨。」當時，這些話對蔣家父子而言，是太顛覆了。

於是，1963年12月，國民黨中常委討論改組行政院。蔣介石提出以嚴家淦繼任，嚴升任行政院長後，蔣經國升為國防部長（小蔣1950-1963為政務委員，1963年3月兼任國防部副部長），蔣經國這個部長其實是「太上行政院長」。蔣介石終於完成了傳子的心願，蔣經國在臺灣的時代從此開始。

嚴家淦聽話的苦勞則換來了下一任副總統職位。

陳誠一生輔佐蔣介石，終於死而後已，1965年3月5日病死。陳誠做為軍人，戰功卓著，尤其在老蔣的中原大戰中，打敗了馮玉祥、閻錫山聯軍，為蔣介石賣出死力。但當了參謀總長後，對上人民解放軍，被打的灰頭土臉。這是戰爭本質所決定的，勝敗其實跟陳誠關係不大，整個國軍都不敵共軍。

但，陳誠為官清廉，私德很好，倒是個難得的國民黨高官。

陳誠死後，老蔣在其最後剩餘的黨政軍黑權力裡頭再無障礙，蔣經國接班成為定局。老蔣從此專心享受其「桃花島主」生活，不過，權力就是權力，老蔣死前，小蔣雖已全面接班（跟西西里黑道「教父」一

樣，下屬稟事，老蔣總說「你去問下經國嘍」），其國防部撤換軍醫署長，這等小事，小蔣以為不必彙報老蔣，而原任的盧致德是老蔣「禦醫」之一，藉機向老蔣告別「以後不能伺候您老人家了……」，於是，老蔣發威，硬是讓小蔣撤回已發布的命令，盧致德留任至老蔣死後，軍醫署長才得撤換。老蔣父子之間，不敵權力爾爾。

以上公私行為模式，貫穿老蔣一生的本質與習性。蔣介石的運氣，跟人性趨利相關。世上事物都是相對的，權力有大小，資財有大小，宇宙也自然存在各種力道，在邊際條件下暫時相互平衡，並向著均態自然地演化。在人類所知的任何時空點上，人們都存在對立和抗爭，老蔣一定不懂這些所謂辯證的東西，他只用他比較熟悉的股市經驗來看待事物，賭一把就是了。

老蔣賭對了一件事：為了生存，人性可以相當忍耐，白色恐怖可以用其他的恐怖來合理化化。在內地，老蔣的恐怖統治最終被日本入侵的恐懼掩蓋。在臺灣，他的白色恐怖則被對紅色恐怖的恐懼掩蓋。任何恐怖，都散布恐懼與無知，最大化地利用人性弱點。

反共反成反華，絕非偶然。美蔣之間，互相利用，犧牲內地和臺灣人民，也跟「理念」全不相干。我前面說過，老蔣最噁心的事是「親民」宣傳照，這裡還可以加上美國最噁心的事：到處標榜「自由，民主，平等，法治」等等話語，其內對美洲原住民和黑人，外對諸如中、俄、越、伊等，卻無不反映其赤裸裸的侵略習性。

其實，美國體制真正的核心競爭力，來自「開放」，相對而言，美國夠開放，因此，包容度相對大些，最後總能較快地找到事物的真象與教訓、並據以整改。

中國人的社會，則無論海峽兩岸，公權力其實蕩然無存，只要不不威脅到既得利益階層的終極權力，中國人就相對天生的自由、平等，自由到連食品、網訊、歷史等等，通通可以造假。誠信、道德、紀律、法治，通通被現代中國人看成「約束」，而這些正是兩岸的最大亂源。

「反攻大陸」的夢囈

　　1949年12月10日蔣介石在川西會戰即將開打之前，考慮到自身安全，36計走為上策，匆匆忙忙地落跑，從成都飛往臺北。會戰的一切撂給愛將胡宗南，由胡全權處理。幾天後會戰打響，胡宗南居然學蔣校長的模樣，也以走為上策，坐飛機率總部人員飛離戰區。指揮官集體缺席，會戰變成戰場起義比賽，兵團司令官們爭先恐後的跟解放軍洽談歸順。

　　十幾天後的1950元旦，蔣介石以國民黨總裁的身分發表「告全國軍民同胞書」，呼籲全國同胞「反共抗俄」。不久之後，他在臺灣具體提出「反攻大陸」的口號，「一年準備，兩年反攻，三年掃蕩，五年成功」。按這個計畫的時間算，1950年開始準備，到1955年反攻大陸已經成功了。但影子都沒有，原因很簡單。韓戰發生後，美國協防臺灣，老蔣在當時的國民黨全會上說：「因為美國人不幫我們反攻大陸，又不讓我們單獨反攻，總而言之，都是美國人的錯，與我無關。」

　　老蔣叫喊反攻大陸的時候，臺灣正處於四面楚歌、坐以待斃之時，不叫反攻白不叫，不然何以自慰。老蔣當然歡迎美艦隊擋住解放軍，美國不讓反攻大陸，老蔣只需「安內」、不必「攘外」，倒成為他當寶島老大的最佳藉口。

　　實際，1955之後，國民黨的宣傳機器就不熱衷宣傳反攻大陸這口號了，能不提就不提，能說光復大陸或三民主義統一中國，就儘量不用「反攻大陸」。如果還有人在說什麼「反攻大陸，五年成功」之類的話，此人思想肯定有問題，不是「匪諜」是啥？大家都乖乖的過日子，誰還自找沒趣、敢跟偉大領袖開玩笑。

　　1953韓戰結束，停戰協議簽署，老蔣反攻大陸更加成為神話，但解放軍繼續努力著要解放臺灣。1954年，張愛萍指揮解放軍，清掃浙江海域，拿大陳列島當實戰練兵場，1955年1月，解放軍打了個漂亮的兩棲作戰，解放了一江山島，迫使國軍從大陳島撤回臺灣。

1958年823金門炮戰，歷時44天，海戰空戰同時段進行，老蔣大為驚赫，以為是進攻臺灣之前奏。因為三天前他還在金門視察、召開軍事會議。炮戰之後，由於美國介入的態勢，海峽兩岸也就沒有什麼較大的武力較量，內戰，實際終止。而1960年代起，臺灣方面就開始替美國人飛U2偵察機，偵查大陸的兩彈基地，U2機先後被擊落兩架。

至於老蔣以突擊隊騷擾中國沿海地區，則淹沒在海防民兵的人民戰爭汪洋大海之中，這是解放軍總參作戰部處長雷英夫的建議：處處以解放軍設防對付臺灣來的突擊隊，既費人力又費物力，不如用海防民兵人民戰爭法對付之。結果是來一批突擊隊就抓一批，抓到不敢再來為止。回顧歷史，康熙朝初期把閩浙沿海「堅壁清野」的做法，雖然也有效，但沿海老百姓可苦了，內遷、強迫漁民轉業為農民，實際也等於閉關鎖國、放棄面向海洋。

1950-1960之交，內地處於大躍進失敗後的困難時期，1962起的古巴衝突、中印衝突，讓老蔣以為可以再賭一下，派出突擊隊「反攻大陸」，終於發現，內地人民驅逐國民黨不是玩玩的，即使在困難時期，民兵就足可打敗訓練過的突擊隊，更何況老蔣的「反攻大陸」不過是新版的「安內攘外」，拿美援、鎮臺灣。1965陳誠死後，老蔣便安安心心的高壓統治寶島，坐實其白道即黑道的老大。

「蔣總統」連任的戲碼

白道的小小麻煩，就是臺面上還得「名正言順」。依據中華民國《憲法》，總統任期為6年。連選得連任一次，加起來可以做12年。但在臺灣，識字、不識字的，稍稍通一點點政治忌諱的，從來沒有人說：「我將來要做總統」。這句話等於在帝制世襲時代說「我要做皇帝」一樣危險，因為等於造反，那不但要命而且是可以滅族的事。據說1950年代，一個小學6年級學生上作文課，題目是「我的志願」，長大了要做總統。國文老師不知如何是好，只能找學生的家長來勸告孩子：長大了

做什麼都好，就是不要做總統。因為那位子已經有人預定且專用，別人最好不要想去搶它。

蔣介石一生連續做了5任總統。第一任（1948-1954）、第二任（1954-1960）。1960，他要出任第三任中華民國總統。當時有人叫他「吳三連」等於「吾三連」。1959起國民黨的宣傳機器就開始制告輿論：人民需要領袖，一定要順從民意，繼續為民辛勞。唯一可走的路就是修改憲法。但當時最有影響力的政治雜誌《自由中國》半月刊在1959就刊登了一篇題目為〈蔣總統不會做錯了決定吧〉和〈不要再玩政治霸術──告國民黨當局〉。明確表示反對蔣介石違憲三連任總統。一批滯留在香港的有影響力的政治人物也不齒於老蔣的作為，共有73個國大代表，包括民社黨主席張君勱、青年黨主席左舜生、李璜等等，在香港《聯合評論》發表題為「我們對毀憲策動者的警告」。為此，老蔣派胡建中去港疏通，無功而返。

儘管反對蔣介石「競選」連任第三屆總統的聲浪從臺灣到香港都很高漲，但國民黨內的「法律高手」用盡功夫，依然「依法」達成了連任任務。因為1948第一屆行憲國民大會時，定制了臨時條款，使總統有不受任何限制的緊張處分權。據此，在臺灣的「國民大會」可用修改臨時條款達到長期凍結《憲法》中不能連任之條文。所以，老蔣想做多少任總統都變得「合法」了。

司法院院長王寵惠說：《憲法》之外有《臨時條款》，就像大房子旁邊蓋一個小房子，大房子永遠不動，小房子則可以根據需要而增減。因此，蔣介石想做多少年總統都變得非常「合法」。在那個年代，除了打不贏共產黨，啥事還能搞不定？有這樣的司法院長、憲法專家，真乃「中華民國」之幸?!

安排蔣經國「接棒」

封建專制時代，無論傳嫡不傳賢、或傳賢不傳嫡，都諸多紛爭，使得古今中外人史的歷朝歷代，為爭奪大位而父子兄弟相殘層出不窮。老

蔣在臺灣也要蔣經國接他的棒，畢竟是民國時代，不能世襲，也不好私相授受，總得要有個安排，有個過程。老蔣這方面的算計，倒是相當周全、體面。

1948年12月，老蔣安排陳誠為臺灣省主席，國民黨中央則安排蔣經國接李友邦為臺灣省黨部主任委員。此後的一年多裡，蔣經國陪著蔣介石飛上海、廣州、重慶，主要是協助軍事指揮、傳遞消息。譬如當胡宗南殘部川西會戰潰敗後，由胡宗南、羅列、胡長清率領餘眾兩萬人退守西康省西昌。蔣介石就派蔣經國飛往西昌代表他慰問打氣，鼓勵一番。也因此，這一時段的蔣經國日記《風雨中的寧靜》，記述一些稍稍接近當時實狀的真相。1949年5月，湯恩伯、石覺把據守舟山的部隊撤到臺灣，蔣經國就在日記裡大大讚揚湯恩伯為老蔣保住這幾萬人對當時臺灣防衛的貢獻。不像老蔣，對湯恩伯怪之不盡、怨之不絕，好像他的敗仗都是老湯的無能所致。

1949年12月20日老蔣父子飛返臺北，此時老蔣心情惡劣，脾氣暴躁，蔣經國克盡孝道，時時陪侍。父子相濡以沫，在眾叛親離、四望無助之時，小蔣成為老蔣的拐杖、真正的親信，年輕的變成年老的依靠，乃事之必然。接棒或傳位之事，應該是韓戰爆發、臺灣苟安定局之後的算計。

剛到臺灣，蔣經國並無官職。雖然他是臺灣省黨部主任委員，他在這個黨職位上做了啥事，記載不多，傳聞亦少。值得一記的是，前任國民臺灣省委主任委員，李友邦，因「匪諜」案被殺。

1950老蔣復任總統，以陳誠為行政院長，俞大維為國防部長，國防部總政治部主任則是蔣經國在台的第一個軍職。蔣經國既非職業軍人，但就是權力大大大。老蔣兵敗大陸，逃到臺灣，卻怪盡所有部下將領盡打敗仗，尤其更怪政訓系統無能，控制監視不了軍隊帶兵的主官，因而部隊不戰而降或不戰而起義，比比皆是。內戰中，國軍變的像豆腐渣一樣，原因甚多，國軍政訓工作無效是其中之一。共產黨是黨指揮軍隊，說起來很容易，其實是經過長期摸索實踐而得出的一套靈動機制，其要

害是黨支部建立在連隊，官兵上下的溝通比較自然、真切、無礙。老蔣不懂其中奧妙，以為政訓之目的在於監軍，政戰人員看緊主官是否忠貞就可以。

50年代臺灣的大學畢業生，一定要接受預備軍官訓練及服兵役一年半。我在臺灣的步兵學校受6個月的步兵軍官訓練，再分科到政工幹校三個月，最後分發到高炮部隊。先當連幹事，而後代理連指導員。因此，對臺灣國軍政工那一套多少有點瞭解，那時就已經非常形式化，當今又如何？時間太久遠，不妄加評論。

1952年10月，國民黨七全大會，蔣經國進入黨中央，是10名中常委會之一。1953年4月臺灣省主席在日月潭度假後下山，發現坐車前輪兩個螺絲被特務鬆動，意欲製造車禍。吳國楨此前因特務以「匪諜」罪名抓398人，曾當面直諫老蔣，謂蔣經國此舉是非法行為，應於制止。吳國楨因此而觸怒蔣氏父子。此事發生後，為保命避禍，吳國楨辭去了臺灣省主席職務。5月份離開臺灣，避往美國。

1953年11月臺灣新聞報導說：「美國副總統尼克森訪台時曾告知蔣介石，吳國楨在美國銀行存款有50萬美金」。吳國楨聞訊，知道是有人故意抹黑其人格，因而決定在臺灣登報闢謠，當然登不上報紙。吳隨即在美國紐約《正氣報》登啟示：「此次來美曾經由行政院陳誠院長批准，以個人所有台幣向臺灣銀行購買美金5000元，作為旅費，此外未由政府或政府中任何人員批准或撥發分文公款。自去年起，居住於伊利諾州艾凡斯登城一座公寓中，共兩房與一小房。內子執炊，楨自洗完。為國服務三十餘年，平生自愛，未曾貪汙。在此國難當頭之際，若尚存心渾水摸魚，實將自覺不齒於人類」。

同時，吳國楨還透過美國新聞媒體公開表示：他離開政壇，乃因不贊成特務統治和人身自由無法律之保障。吳國楨「告洋狀」，甚令蔣氏父子丟人。於是，開始反擊，列舉吳國楨當政時7大條「不法罪案」，但就是沒有他貪汙的事實與美國銀行存款的事證。吳國楨是個能吏，曾任上海市市長、臺灣省主席，算是國民黨大官。國民黨的確不少貪官汙

吏，但也不是宣傳話語說的無官不貪。吳不想在臺灣跟蔣經國共事，寧願去美國過清貧日子。但蔣家還是饒不了他，想方設法要將之抹黑。

最後，蔣政權對吳國楨的抹黑，自然是不了了之。吳國楨出走時，臺灣當局扣押吳母和吳子，雙方扯破臉之後，反而釋放他們赴美，蓋吳國楨托人捎信給老蔣：如死扣其押在臺灣的家人，必將手上攜出的文檔等悉數公諸於眾……。這跟起義的綏遠兵團董其武如出一轍，蓋董其武長子在起義前糊裡糊塗追隨當時女友到台，董其武只好捎信給老蔣：若其子不測，董必全力報復，以蔣家祖墳和在檯子孫為目標……。

這些「有辦法」的人，對付老蔣那一套，還真管用。沒辦法的平民百姓，白色恐怖下的冤苦就沒處說了。

蓋棺論定蔣介石

老蔣統治臺灣26年，給老移民留下228傷疤、給新移民留下「外省豬」綽號、給日本人留下釣魚臺、給美國人留下不沉的空母臺灣、給內地人留下報廢的金圓券一籮筐。總之，留給後代華人的問題非常多。

有人說：老蔣有百害，但有一善，幸好保存了臺灣沒有赤化，延續了中華文化的香火……，臺灣雖也受其專制之害，但也因其親美而開出民主的花朵……。

這個邏輯，不如乾脆說：列強雖不好，賣鴉片、賣軍火、劫掠全球，但發展了科學，而美國雖霸道，但人人可以賺錢，管它生態環保或國際正義。

按同樣的邏輯，裕仁當年支持日本軍國主義的擴張，終至二戰爆發，方才有戰敗、降伏、乃至戰後日本的轉型，都沒啥子不對嘍？甚至希特勒、史達林，也都OK嘍？

我認為：每個人都活在特定的時空環境下，一個人的是非善惡，只看當時境況下，他對人性的正面是否有所促進或發揚，或者是否照顧了

當時他力所能及的人們、留下或大或小的正面影響。而古今中外的人類族群，多少萬年的生存演化，所有社會對企望的「人性」或「人道」，大抵是雷同的：公平、正義、仁愛、慈悲、智慧、勤儉、奉獻……等等。運氣一般的人，努力在可生存的社會遊戲規則下，養家活口，傳承人道。運氣好的人，個體生存無虞，他的念力其實就是他的智慧，施之於公心，則為善，用之於私念，則為惡。人生和歷史，如此而已。

我看到的老蔣，跟成王敗寇無關，他在近代史上的負面作用遠遠大於正面作用。老蔣一生勇於賭博，最後只賭得寶島臺灣，總算心定。但其私念一貫，又高壓統治，使得臺灣受害最深，抗爭的情緒與念力長期積累，導致努力「去中國化」。

能夠激起那樣的集體念力，老蔣註定會成為歷史的反面教材。

時代不停地變動，1975蔣介石壽終正寢，1976周恩來、朱德、毛澤東也相繼壽終正寢，象徵著中國大革命時代的結束，那個時代，在兩岸演化出截然不同的面貌。人史，包括中國歷史，在任何時代，都是人才輩出的，智人嘛，古今中外任何時代都殺大師、也出大師，不可能抑制社會產出獨特的「大師」，跟統治方式關係不大，跟統治者更不相關。老蔣在內地的民國時期，白色恐怖下，殺大師、也出大師，到了臺灣，一樣，殺大師、也出大師。共和國時期，紅色恐怖下，照樣殺大師、也出大師。這些，扯不上跟老蔣或什麼人的「功勞」，而是人史、人群的特徵，有壓迫就有反抗，數據如此，更改不了。話語不可只有情緒、沒有邏輯，美化老蔣時代，只是阿Q式的自我忽悠罷了。

老蔣一生，就是個運氣特佳的上海灘混混而已。混革命之初，以刺殺另一派革命黨人光復會領袖陶成章為其投名狀，因緣際會，攀上孫中山的關係，混革命混到一切為了自己地盤，才會敗在中國大革命時代的「革命」洪流中。歷史，是有邏輯的。

六、1975-1988，蔣經國在臺灣

1965年，蔣經國逐漸浮上臺灣政治舞臺的時候，美國正式大規模介入越戰。

事實上，1945年二戰後的美俄爭霸，由於核武力的威懾，人性裡的理智，多少發揮了作用，爭霸雙方大抵以「冷戰」的方式進行，老蔣期盼的第三次世界大戰當然不會發生。1961年的柏林牆封鎖事件、1962年的古巴導彈危機事件等等，都是冷戰的典型作品。區域性的熱戰，發生在亞洲，1950-1953年東北亞的韓戰（中美直接碰撞），1965-1973年東南亞的越戰（越美直接碰撞，實際，內戰形式的越戰已於1955-1965年打了10年，美軍入侵時，南越早已被「鄉村包圍城市」了，跟中國內戰頗類似）。這些衝突，跟1991年蘇聯解體後，美國獨霸世界下的地區熱戰，本質不同。1991年之後的美軍上陣，僅只是赤裸裸的擴大地盤、佔有資源，沒有意識形態的對抗問題，純純的霸權。

這就說白了，老蔣命好的根源：世局不會突然斷裂，列強也不會一天內就突變衰退。美國再霸，也不可能自己通吃亞太，透過代理吃南越、南韓、日本、菲律賓，業已滿載，只好放任老蔣這小弟吃定臺灣列島嘍。

1964年，內地核爆成功，中國擺脫美俄爭霸的兩極，總算可以走自己的路，毛澤東選擇以1966年「文化大革命」來標示「中國特色」。

美國人自己上陣打越戰，苦了越南人民，戰爭紅利則肥了美國軍火商，以及，亞太周邊的美國勢力範圍地區，包括南韓、日、台、菲、馬、泰等，因為3千億美元的軍費開支，除了軍火大宗之外，還有一般補給、包括百萬大軍的休假。

1965年，臺灣已經換上嚴家淦當行政院長，蔣經國也已入閣當國防部長、實質上的太上行政院長。同年，高雄加工出口區正式成立。這也

是大勢所趨，因為這一年，美國終止對台的經濟援助（1949-1965年共計14億美元出頭），但繼續軍援，臺灣經濟勢非自給自足不可了（光復後，人口已經翻了一番）。臺灣內政開始進入財經時代，而蔣經國適應的非常好，此後，他即務實地凸出財經政治。

1966年，「蔣總統」第四任，嚴家淦晉升副總統、仍兼行政院長。

1972年，「蔣總統」第五任，嚴家淦仍是副總統，蔣經國則晉升行政院長。

1975年，老蔣死，嚴家淦遞補為「總統」。

1978年，蔣經國被「選舉」為總統。以嚴「提名」小蔣為第六任總統候選人的方式，完成前後「蔣總統」的過渡。

接位後，蔣經國以謝東閔為副總統，孫運璿為行政院長並組閣，財經體制更加穩固。

1984年，「蔣總統」第七任，小蔣當然連選連任。這時，以李登輝為副總統，俞國華為行政院長。

1988年初，蔣經國死，副總統李登輝遞補為總統。

實際，蔣經國對開發臺灣的貢獻極大，史上第一名。

1950年，臺灣人口800萬。1960年，1100萬。1970年，1500萬。1980年，1800萬。1988年小蔣死時，臺灣人口已逼近2000萬，今天則2300萬。臺灣是個陸地板塊碰撞蹦出來的島嶼，山高、平地少，可耕地就那麼多，原住民不過2%左右。承載如此密集的漢人移民，即使每年稻獲可以3-4次，生存壓力，也可想而知。（臺灣人口密度是內地平均密度的5倍，全球第2位，僅次於孟加拉地區。）

因此，1972年蔣經國任行政院長後，1973年便屬行「十大建設」，夯實臺灣的交通、電力、鋼鐵、石化等基礎工業。1974年起，更逐漸明確集中發展電子工業，使得臺灣在勞力密集的加工出口之外，進一步擁有技術優勢（相對於東亞各競爭者而言）。

小蔣接位後，用孫運璿長掌行政院並組閣，比老蔣高明好幾個數量級。

首先，疑人不用、用人不疑。其次，孫運璿及其「技術官僚」，跟同樣是技術官僚的嚴家淦等，還有所不同，嚴家淦、俞國華等是搞財政的，但臺灣（或任何地方）最需要的是實質的生產力。這，需要不小的智慧。

事實上，孫運璿來自資源委員會，這是1932-1952年國府的最高經濟領導部門，掌控國家地、礦、冶、電等民生與國防重要資源，相當於共和國的國資委。抗戰時期，中國自主的電器、電氣、電子、電池廠、及其他重工業廠，半數以上歸屬於資源委員會。翁文灝、錢昌照等專業學者主管資源委員會，是近代中國少數內行管理內行的機構之一，實質地為中國人的民生與國防做出不少貢獻，開發了不少資源。國共內戰，資源委員會各類專業人才，不得不決定去向，留在內地的有錢昌照、吳京、翁文灝等，到臺灣的有孫運璿、李國鼎、趙耀東、王建煊等。

資源委員會，大多是海歸的專業人才，不但專業，且操守嚴謹，完全跟國際接軌。他們成為蔣經國時代的奇葩，為官清廉而又打下出口導向經濟的奇跡，並且還奠立新竹高科技工業基礎，使臺灣至今依然受惠。

蔣經國治下的臺灣，1972-1988年，也許是歷代中國吏治和大腦都最清明的時期。重用資源委員會的科技專業人才，凸顯出小蔣跟老蔣的根本差異。老蔣對資源，只知收刮，科專人才是到不了決策階層的。小蔣則十分明白，資源需要持續開發，才可蓄積。資源委員會還是同樣那個資源委員會，蔣經國則倚之為內閣。

有那樣的官僚執政，民間才得湧出一撥王永慶、張忠謀那樣的表現。前者在一代之內，從零建立起全球最大塑膠公司，後者居然在美國退休之後才到新竹創業、終至執全球半導體晶圓代工業牛耳。這些官民，造就臺灣核心競爭力的基石。

蔣經國生前，除了起飛臺灣經濟之外，他還認識到人口問題，1980年代起，著力控制臺灣人口增長。這很不容易，無論是否威權的統治者，人類的本能和習性，總是傾向於人口多多益善。無疑，財經內閣的成就，也讓小蔣更開了心智，方才有今天臺灣人口穩定在2300萬、以及

相應的繁榮。

　　回顧蔣經國一生，小蔣、老蔣，幾乎不像似父子。這要從蔣經國的青少年時期說起。這個1910年出生在中國大革命時代的人，終身存在革命激情的烙印。他從蘇聯學會的那一套，特務統治，成為他的弊病，無私、平民化，則成就他真正的功業。

　　老蔣是1924年才取得權力的門票，黃埔校長，1925年孫中山、廖仲愷先後過世，老蔣開始嘗到權力的滋味。那時段，五四運動餘波蕩漾，全中國識字的青少年無不受到感染，1922年初到上海念書的12歲的蔣經國，也跟著時髦地男女平等、反帝起來。14歲，他考進浦東中學，或許是知道老爸是個「革命」的政治人物吧，15歲便幾次參加工會的反帝反軍閥運動，被學校開除。老蔣只得安排他轉到北京吳稚暉辦的學校繼續求學，不久，小蔣參加反軍閥的學生運動，被監禁兩周，出監後，更加「革命」。1925年夏，「自來紅」的小蔣南下黃埔去跟老爸要求去蘇聯留學。

　　蔣介石那時表面上很左、很革命，大概心裡有點數，不願送獨子去莫斯科。可是，老蔣那時托吳稚暉、陳果夫照顧小蔣，吳、陳都沒反對蔣經國自願赴俄留學，於是，放行，反正那時的老蔣也顧不了這許多。

　　1925年深秋，小蔣回家鄉告別母親後，就從上海頓船，11月經海參崴達到莫斯科，還抽空遊了下歐洲，之後便就讀莫斯科孫中山大學，同學中有鄧小平、烏蘭夫等，跟鄧小平還交上了朋友。那時候，15足歲的蔣經國是中國有名的「革命人物」、國民革命軍北伐總司令蔣介石的兒子。

　　1925-1937年，蔣經國在蘇聯11年半，經歷一個人15-27歲思想、感情與理智最重要的定型階段。他的這一生，是個了不得的傳奇故事。尤其是，1927年，老蔣在上海發動清共政變，開始了屠殺共產黨人的白色恐怖，並建立起獨裁專制。而那時的蘇聯史達林也已成功奪權，整肅理想派共產運動的托洛茨基等，開始了史達林獨裁專制的紅色恐怖。

　　蔣經國，做為一個充滿理想和熱情的中國大革命時代青年，在留

蘇的頭一年半，是個托洛茨基的信仰者，又是當時中國「革命領袖」蔣介石的獨子，16歲便常露面於莫斯科的群眾大會和報刊，宣揚中國的革命，遍識托洛茨基、史達林等蘇聯當時的政要，當然也是中國留蘇學生圈裡的紅人。那時，小蔣早已是蘇聯共青團和中國共青團的成員。

這個短暫的蜜月期，很快消逝，隨後是長達10年，夾在俄中兩大紅白獨裁者之間，成為人質與棋子。對任何年輕人而言，理想和現實的幻滅與無常，無疑都是件悲慘嚴酷的歷練，是老蔣青年時期的養尊處優無法比擬的。

1927-1937年之間，蔣經國多次公開譴責老蔣、並跟老爸畫清界線，這裡頭有多少是主動或迫於生存形勢，已經不重要。人情的常態，總是混淆出現的，不必細究。

1929年，小蔣加入了蘇聯共產黨，成為某一類別的黨員，當然不會得到史達林的信任，被安排在基層生活，想從軍則短暫的成為蘇軍的士兵，大部分的勞作是在莫斯科附近的農場當農夫、在工廠當工人渡過的。這也少不了中共裡頭的蘇聯走狗派的幫忙（無論什麼形式的列強，都會培養其中國代理人），諸如王明等就常打小報告給莫斯科當局。

1932年之後，被派往歐亞交界地帶的烏拉爾地區當礦工（中亞和西伯利亞的過渡帶），最終進入重機械廠當技術師、並進入工程學校夜間部學習。1935年，蔣經國成為該廠副廠長、兼廠報主編（可見其俄語程度），跟該廠技校畢業的女工結婚成家。

1936年，小蔣先後被莫名其妙的解除廠裡一切職務，一度僅只靠老婆的薪資過日子。但年底卻又莫名其妙的通過審查，成為常規的正式蘇聯共產黨員。後來知道，原來是個把月前，中國發生西安事變，老蔣被迫抗日，國共再次合作了。史達林終於想起了蔣經國這顆棋子。

1937年初，小蔣依然是莫名其妙的被工廠開除黨籍和廠籍。不過，他大概知道了中國內地業已發生西安事變，幾番給史達林寫信終於有了著落。這年3月，蘇聯當局電令小蔣一家迅速趕返莫斯科，很快就讓蔣經國一家循原路回國。當然，在海參崴也不忘跟中共陪同的人一道發電

報給俄共黨中央表態：支持史達林整肅托洛茨基，並且回國後必完成俄共中央所交付的任務，云云。

這樣，27歲的蔣經國，留俄學習革命近12年，攜著俄國老婆和長子、長女，回到家鄉。這個少小離家的人，自然沒少思鄉，回到生母膝下，真情畢露。但大半年後的1938年元旦起，老蔣就安排他加入國民黨、並到江西任職。

1939-1943年，蔣經國任贛南行政專員，他的革命味道表現出來，形象很是親民。1945年夏，蔣經國以老蔣私人代表身分，陪同宋子文（時任行政院長兼外交部長）代表團赴莫斯科，跟史達林談判《中蘇友好同盟條約》，那時二戰的歐戰部分已結束，美英俄的注意力集中到亞洲對付日本。史達林明確表示：不會放棄蘇聯對外蒙古的控制。那時，美英俄雅爾達密約尚未公開，原子彈也還沒砸下日本。

宋子文，當然知道事情的嚴重性，中俄談了十個回合，宋子文也不肯簽字。老蔣只得換下王世傑當外交部長，這年8月14日，日本無條件投降的前一天，王世傑簽署了中華民國與蘇聯的「友好同盟條約」，外蒙從此獨立、納入蘇聯體制。

蒙古，歷史上從來都是「獨立」的，草原游牧諸部，最多也就是被納入某個「宗主國」的軌道而已。但此事折射出，老蔣對他自己不能佔有的地盤，是不以為意的，前面已記述過二戰結束後蔣介石對琉球、日本的態度，典型的小家子思維。

1948年秋初，國共內戰正酣，老蔣政府宣布發行金圓券，收繳內地民間藏金。以當時內地群眾主動到銀行兌換金圓券的情況看，那時老蔣「領袖」的威望還沒有破產，中央銀行很快便收集到民間166萬兩黃金，大多是城市平民的積蓄。

這時，蔣經國被派到上海「打老虎」，企圖解決上海官僚貪腐和物價通膨的問題。小蔣把留蘇所學都用上，雷厲風行，攻擊奸商、管制經濟、限定物價，以獲取老百姓的支持，改造社會。但不過一個多月，他就踢到了大老虎的屁股，逮捕了上海灘老大杜月笙的兒子、及與之聯合

內線炒股的財政部官員，最終還扣押了孔祥熙的兒子、查抄其囤積物資圖利的倉庫。杜月笙是老蔣清共政變時的共犯，孔祥熙老婆則是老蔣老婆的姊妹，至此，老蔣只得把小蔣調離上海，小蔣的革命，終究不敵老蔣的反革命。

1949年，老蔣敗如山倒，小蔣時時陪伺，再次嘗遍人間冷暖，我相信，這時起，小蔣對生父真正起了感情或者同情。除了他自己那個小家庭，小蔣直到那時，還沒有長時間跟父母相處過。這是個內心很有點熱情的人，小蔣的感情表達相當激烈，父母的不合、青少年出國的折騰、回國後的放蕩、權力的不羈和理念的矛盾，都造成他獨特的性格。小蔣其實是個蠻平易簡約的時代中人，如果他不是蔣介石的兒子的話，可能一輩子當不了權。

到臺灣後，蔣經國黨務以「青年反共救國團」取代了原來的「三民主義青年團」、軍務則以「政工幹校系統」取代了原來的黃埔政訓系統。整肅方式更加俄式，格別烏的味道非常濃烈。但他自己生活樸素，從未置產，以至於死後，太太幾乎身無分文，想回俄國老家看看，連路費都沒有。（蔣經國嚴於管教是出了名的，但這不表示他的兒子就不搞錢，事實上，蔣孝勇等公子哥兒，自有一班食客簇擁在身邊，盡幹些跟內地「太子黨」公司類似的勾當。）

如果把臺灣最邪惡的白色恐怖劣跡都畫歸老蔣獨享，未必十分公平，小蔣也有份，並且是執行者。自從孫中山重組新國民黨「以俄為師」以來，調動精神力，繃緊人們的神經，北伐發了功，共產黨人長征與內戰又大見奇效，於是海峽兩岸的政治「運動」，此起彼落，連綿不絕，各自形成一個龐大無比的官僚管治系統，而一般凡人的私性與暗面便在裡頭靜悄悄地發酵，成為中國社會「現代化」的代價。

1970年，美日私相授受釣魚臺列島，激發臺灣留美學生的「保釣運動」。

這是個跟中國「文革」、美國「民權」和「反戰」平行的學生運動。

這年，訪美的蔣經國差點被「台獨聯盟」的臺灣留學生刺殺，真正

給小蔣內心帶來震撼。他當下要求跟刺客談談，被美方拒絕，隨即要求美方不要嚴辦，兩個刺客遂被罰款交保了事。

這刺激，對有自省能力的蔣經國而言，也許是他開始認清臺灣內政的開端。

不過，留俄的蔣經國，革命、為人民服務、親民、勤勞、樸素，年輕時定型的信念和習性，始終是存在的。

1971年，臺灣被撞出聯合國席位，島內以「莊敬自強，處變不驚」自閉，新聞檢查到除娛樂、經濟、八卦之外，宣傳的「口徑」統一，真個世外桃源景況。這個不良的習性，貽害至今。

1977年，老蔣死後，小蔣逐漸「本土化」，除原先就有的地方選舉之外，也增加「中央級民代」（立法委員、國大代表之類）的臺灣名額。但白色恐怖依舊。

這年末的桃園縣長選舉，因懷疑國民黨「做票」，引發衝突，是為「中壢事件」。黨外人士許信良高票當選。

1978年底，美國知會臺灣，斷交。理由：美國即將與中國於1979年正式建交。

小蔣立即下令取消島內選舉活動。

1979年，黨外人士，黃信介、施明德、姚嘉文、張俊宏、林義雄、呂秀蓮、陳菊等合辦《美麗島雜誌》，形成「黨外運動」，呼籲恢復選舉、臺灣前途由島內人民自決。幾乎所有反對國民黨特務統治的人士都串連成為「黨外」成員，包括許信良、餘登發、鬱慕明、林正傑、楊祖珺等。他們藉各種名義進行集會，宣揚自由、民主理念。

這些人士的辦公室與集會，不斷受到特務的破壞，終於在這年年底的高雄爆發嚴重衝突，是為「高雄（美麗島）事件」。多人被捕、判10年上下徒刑，但小蔣並未大開殺戒。

1980年，被收押的林義雄家裡，發生滅門血案。1981年，海歸的陳文成博士被害。

這兩起謀殺案，迄未破案，但邏輯上，必為國特所為。

1981年起，蔣經國健康出問題，不斷開刀或住院，一度考慮不再連任「蔣總統」。

由於身體欠佳，小蔣開始分散事權。有跡象顯示，他對事務，開始不盡進入實況。專制的毛病，下屬報喜不報憂、資訊不真實，開始湧現。

1984年秋，《蔣經國傳》作家劉宜良，筆名「江南」，在美國三藩市自宅，被臺灣派來的國特刺殺，美方迅即破案，是為「江南事件」。下面再專章記述。

由於特務殺人殺到美國去，證據確鑿，國際輿論譁然，連帶臺灣長期戒嚴的諸多惡行，都大白於世。國際的壓力與形勢，再次震撼了蔣經國，他這時才清醒地認識到，特務統治系統已然失控，無論他自覺如何的「本土化」、為臺灣老百姓做事，傷害已經造成。

1987年，年邁多病的蔣經國下令解除戒嚴、並允許在台的外省籍老兵回內地家鄉探親。這時距離文革結束、鄧小平改革開放，業已10年，許多台資企業早已悄悄「登陸」。

1988年，蔣經國逝世。李登輝接位為總統。

蔣經國的內政措施，在其生前啟動了跟他的財經同等跨越的動作。但小蔣當然不預知他會很快死去，他已經來不及彌合「本省人」跟「外省人」的間隙了，雖然「蔣經國」在臺灣的人氣指數依然高居第一，他是大多數臺灣人翹起大拇指認同的「新臺灣人」。

中國歷史上，有「知止」智慧的政治人物非常稀罕。

老蔣是個沒有格局、沒有智慧的慈禧式人物，不足為論。秦始皇、隋煬帝、唐玄宗、明成祖、清乾隆、毛澤東，都是大帝格局的智慧人物，但不盡知止。劉邦及其曾孫劉徹（漢武帝），是知止的典型，宋太祖兄弟、鄧小平、蔣經國也都算得上「知止」。在這意義上，文景之治的漢景帝（武帝的老爸）或許是人史上最大智慧的政治家，他傳給後代八個字：知人，知己，知機，知止。管治的智慧，僅此而已。

世上沒有「完人」這麼個東西。只要是「人」，都受出身、家庭、

社會、時代、地域等軟硬環境的教化，塑造其意識、習性、品格。

人性演化的推手，每個人能自我超越的，就是那點「公心」而已。能力和機緣的制限之下，貢獻各有大小罷了。功過，自有數據為憑。

清末以來，知識分子為了保持中國這個族群與國家，革命、現代化、跟上國際的努力，蔣經國盡了力了。

七、1988- ，「中華民國」 在臺灣

　　當下的政治話語，按照傳統歷史的寫法，「中華民國」在1949就終結了。老蔣搬到臺灣的「國民政府」和「憲法」，不過是他當桃花島主的道具。1971，一直被老美擺設在「聯合國」代表中國的「中華民國」，被世界大多數國家投票撥出，迎進了真正的中國。1978年底，連美國也跟臺灣的「中華民國」斷交。如今，基於利益而「承認」「中華民國」的國家，屈指可數。

　　史實之一：滿清儘管入關，但完全被漢化，「中國」地域反而因此跨越長城，到達黑龍江地區。鴉片戰後，中國經不起西洋的衝擊，漢文化終於必須向西洋與東洋學習、艱難的進入「現代化」「跟國際接軌」路途。而嘗到甜頭的列強，卻不會輕易放棄在華既得利益。

　　經過大半個世紀的中國大革命時代，中國雖然大致恢復版圖，「現代化」則依然遙遠。原因很多，漢文化的慣性，自然是因素之一，但現代科技發展的加速、人類社會變動隨之加速，世界自身的動態性越來越大，更是最大因素。內向的漢文化，應變遲緩，實際，也還尚未積累足夠力氣來跟列強分庭抗禮，儘管抗戰、韓戰、越戰大致擋住了列強擴張的腳步。

　　二戰後，世界進入美俄二極爭霸時代，臺面上的政治話語，則是資本主義陣營與社會主義陣營的冷熱對抗。中國、印度、中南美、東南亞、中東等地區，努力掙扎著要走自己的路，都淹沒在二極對抗的形勢與形式中。

　　史實之二：當下國際政治的遊戲規則，是數百年來的歐西列強演化、訂定下來的。晚近400年的科技發展，使得世界「全球化」，各族

群的人們，自願也好、被迫也好，跟國際學習嘛，都整合的越來越近似，現代世界各地的「國家」結構、定義都大抵雷同。事實上，現代國家機器的最大功能，就是對內的統治，把國內各地的部族或族群，透過強行畫一的制度和教化，同一其習慣、以成「自然」。

「國家」的稱謂，越來越成為「民族」的稱謂，比如，美國人、英國人、俄國人等等，因為國家機器所掌控的資源和技術越來越先進，同一的力道和效率都越來越大，這在二戰後湧現的新生「國家」尤其明顯，像印尼、馬來亞等脫離列強殖民統治而獨立，其內部的族群、部落、文化等恐怕上百支，都被強行畫一。

這不是本書的主題，但我們需要鋪墊真實的瞭解：人類政治的力道，除了投射武力，「制度」和「話語權」或許是更大的力道，不妨看成是跟武力平行的「文力」。

史實之三：臺灣的歷史軌跡，存在漫長的叢林時期，南島語系各原住民部落，在臺灣生息、分支了4萬年，直到漢人移民，砍伐森林、墾為田地。

鄭成功率部大規模移民之前，臺灣最多只是個海洋貿易的經停點，確切說，經常是華人海盜或海商的據點。見諸漢文與考古實物的歷史，原住民和內地的交流，至少是千年的數量級。近代洋船經停或貿易，見諸荷、西、葡等的記載，不過400年。

西元17世紀，明末的戰亂，最終使得鄭成功率部移民臺灣南部，建立「明鄭王朝」，從而將臺灣納入中國領域。這也是臺灣島第一次成為一個國家的領土。

此後，有效管治臺灣的政府，明鄭22年，大清212年，日本50年，「中華民國」迄今則近70年。

今天的臺灣，掐在傳統與現代、中國與列強爭鋒的刀尖口上。前面兩節的記述，我們默約也已看到這點味道。就中國歷史而言，大革命時代的政治目標或許已然結束，列強以中國為殖民地或提款機的日子早已終結。但，中國人現代化或跟國際接軌的目標，還遠遠沒有達到。中國

還在演化之中……；臺灣，當然也在演化之中。

1661年，鄭成功部隊驅逐台南的荷蘭人據點，並建立對台的實質統治。

1683年，清康熙帝用鄭氏降將施琅攻滅明鄭王朝，那時只有臺灣南部，清政府設置臺灣府、下轄3縣、上屬福建省，禁止廣東潮、客移民（因海盜較多），閩南移民則不許攜眷。

這些陋規，大約在1700年之後，自然廢弛，1820年之後，臺灣全島基本都有大量移民農墾，增設縣、廳。森林大量消失，原住民比率大幅降低。

1840年，鴉片戰爭之後，英、美、法軍艦先後進窺臺灣港口。

那時中外之間，清廷簽署的，盡是不平等條約。實際，由於內地閉塞，對西洋那套權、利機制近乎完全無知，洋人「按約行事」進出內地和臺灣，如入無人之境，而這正是19-20世紀之交，中國覺醒、進入大革命時代的起因。

1860年頃，臺北縣的淡水成為列強在華的通商港口之一，英國設置了駐台領事館。

實際，那時的洋船都是在世界各地的河流出海口建立據點，除需要補充飲用水之外，以炮艇沿河流本身挺進內陸也是最便捷的擴張方式。

1874年，正在維新的日本，迫不急待，藉口漂流至南臺灣的琉球漁民被臺灣原住民殺害，派兵入侵臺灣，試探中國反應，是為「牡丹社事件」。日軍雖不得逞，而清政府卻賠償日本50萬兩「慰問金」。日方以此曲解為中國「承認」日本擁有琉球。

但比較有革新大腦的福建巡撫沈葆楨，從此加速開發臺灣。

1884年，法國入侵越南，挑起中法戰爭，並企圖入侵臺灣，清政府隨後將臺灣建省，以劉銘傳為巡撫（省長）。那時，中國已被列強壓得民窮財盡。

劉銘傳清理臺灣田賦，自力建設臺灣。

1895年，甲午戰敗，中國割讓臺灣給日本。

1945年，二戰以日本投降告終，臺灣光復，蔣介石政權以「中華民國」名義接收。

1950年，韓戰爆發，美艦隊封鎖臺灣海峽，圍堵中國。臺灣與內地之間，形成絕緣。

這一年，蔣介石復位「中華民國」總統，利用美國保護傘的方便，以特務手段統治臺灣，實質上，把「中華民國」在臺灣做成「蔣王朝」專制體制。

1972年，蔣經國成為行政院長，實質上的「攝政王」。

1975年，蔣介石死。1978年，蔣經國正式繼位。

1988年，蔣經國死，李登輝繼位。蔣王朝體制開始鬆綁。

1996年，總統普選，蔣王朝終結，「中華民國」在臺灣的體制根本性變革。

內地移民初期，由於根深蒂固的以農立國思想，清朝對必須冒險渡海才可農墾拓殖的臺灣，多少看成是內地經濟的累贅。明鄭，乃至清初，臺灣的錢糧不足，常常需要內地甚至東南亞供應大米，對台徵收稅賦，很快雜以經濟作物，更增加福建商人的壟斷。這些情況，加上滿清入關統治占人口絕對多數的漢人，漢人移民臺灣，形同脫離掌握，治台漢官無不小心翼翼，避免諸如海禁、海盜、造反等忌諱。就這樣慢吞吞的開發百年之後，數量級達到一定程度，寶島的風貌方才呈現。

我記得，小時候在臺灣上學，課本裡還有「吳鳳」的故事，大體是說，漢人移民，辛苦開荒，不時跟原住民有所衝突（現在知道，森林砍光了，原住民自然的漁獵生活方式維持不下去，當然就衝突了）。原住民有殺人頭祭天的風俗，吳鳳自願舍掉自己的人頭，以維繫漢蕃之間的和平……。大概在1960-1970年代吧，終於廢止了這樣荒誕的神話。漢移民「反清復明」的神話，繼續宣揚了好一陣子，合乎政治話語的需要嘛，因為孫中山倒滿革命時，三次到過臺灣，很受歡迎。

實際嘛，老百姓造反，都是官逼民反，漢官逼漢民反、逼蕃民更反。帳，當然都得算到官府頭上。

不可能說：內地移民臺灣，因為要「獨立自主」。漢人移民臺灣，更多的因為閩粵人口壓力，渡海討生活，這在乾隆晚期已經相當普遍，冒險渡海進入東南亞叢林的，也不在少數。當海盜的，多嘍。對中國而言，當臺灣海峽的海權還在掌握之中的時候，臺灣是統治成本較高的邊陲之地，近代則海洋主權失落，便只好「移民實邊」，開放老百姓移民臺灣。晚清的沈葆楨、劉銘傳，有心建設臺灣，但時機已失。

　　必須指出，臺灣之於內地，沒有「殖民地」的問題，本質上，是移民開荒、實邊，跟清末開放東北，是同樣的意思。

　　日據時期，日人治台，跟大清入關一樣的地方是：少數統治多數，不一樣的地方是：此時的漢文化已經不可能同化日本人了。那時，日本文化要「脫亞入歐」，日本人為了自身的發展，要跟國際接軌、跟西洋平起平坐。他們學會了、也做到了。

　　甲午戰後的台、韓都是日本加入列強隊伍的戰利品：殖民地，老中、老韓人等都是日本殖民地的次等人民。殖民地的人們心裡，反抗，是自然的，當然也會有順從的，這是「人」的現象，但逆反的終歸是大多數。

　　蔣介石跟鄭成功的境況則有點類似，為了自身的生存，落跑寶島。不同的是，老蔣搬來中國老百姓的大量積蓄，有形的，金銀外幣和故宮國寶，無形的，專業的資源委員會，留待蔣經國利用厚生。在美軍艦隊分隔海峽兩岸的相對穩定下，蔣經國也的確就做了建設該做的實事。當然，兩蔣還帶來比明鄭、大清、日本更厲害的白色恐怖……，戒嚴統治38年！

　　兜了這些圈子，回顧過去，是想明說：世上所有人群，都背負各自的歷史包袱，但這就是臺灣人之所以為臺灣人的標記。臺灣自治或獨立的意識，其來有自。臺灣原住民或美國原住民或任何國家的原住民，絕對也會產生類似的意識，尤其是覺得受委屈的時候。

　　由我這樣的第一代移民說白，未免有點怪異，雖然我絕對不是首例。怪異的源點，依然是國民黨白色恐怖的成就：「族群對立」。其中

牽扯的現實利益、政治話語、心理情感，使得新老移民間的隔閡，超過內地的南北差異或臺灣本地的閩客差異。

國民黨長期白色恐怖所激起的集體念力，抗爭、敵對，即便最大化其經濟利益也難以平衡，統治權力的誘惑及其壓迫的本質，不是利益就可輕易交換或宣洩的。大到老蔣或鄭成功、小到市井或農夫，所有人性本身，對當下面臨的威脅有所反應或反抗，很自然的嘛。時時刻刻要繃緊神經，那就麻煩大了。

政治學上的臺灣，做為治權的實體，業已存在70年。數據嘛，「中華民國」在臺灣，迄仍存在。原因：美軍把台海絕緣成隔離帶了。臺灣換上任何標籤，並不增減或改變現狀。

至於族群對立，這個新興的政治話語，在選舉的時候特煽情、特有效罷了。「台獨」這詞，不過牽動了藍綠紅政治狂熱的神經過敏吧。

這些都是蔣經國過世、李登輝接班時，1988年的臺灣現實狀況。這狀況變動了嗎？如果變動，是怎樣的變動呢？

1923年臺北淡水出生的李登輝，是閩南化的客家人，日據時期，他父親當員警，是相當程度日本化了的城裡人。那時的臺灣，跟香港一樣，英國統治香港，當然會吸收少數華人、讓他們成為極少數的「華裔英籍」人，參與管治香港，即便後來在歸還中國之前發放大量英國護照，那護照依然是特殊的英國殖民地護照，不能隨時「歸國」定居的，同樣情況，臺灣歷來當然也會有「華裔日籍」人，進入日台政府、參與管治臺灣。這些常人之情，無足輕重。

青少年時的李登輝，讀書非常優秀，1943年冬進入日本京都帝大農業經濟系就讀，開始研讀河上肇和馬克思的著作。日本那時二戰已進入後期，日本經常被美軍轟炸，李登輝很快被徵兵入伍，倖存了下來。

（河上肇，1879-1946年，24歲起就是京都帝大的講師，留法、取得博士學位後，36歲成為教授，是日本最著名的左翼學者，並深刻影響了當代東亞的知識分子，包括澎湃、李大釗、郭沫若、李登輝在內。1932才加入共產黨的河上肇，1933年就被捕、坐牢到1937年出獄。他著

作等身，對日本的社會主義思潮，貢獻巨大，如果不是第一的話。）

　　戰後，1946年初返回臺灣、轉入台大農業經濟系、並加入共產黨。一年後，退出共產黨。1949年，台大畢業、並結婚。1952-1953留美，獲農經碩士。回台後，輾轉進入美援性質的農復會，在沈宗翰轄下任職了12年。1960年，被「調查局」約談後，未經判決就被「拘留」了四個半月，經沈宗翰托蔣彥士營救，方才「無罪釋放」。1965-1968年在美國康奈爾大學攻讀農經博士，回台後任農復會技正兼台大農經系教授。

　　1971年，李登輝以農業專家的身分，被沈宗翰推介給蔣經國。

　　蔣經國跟李登輝很有緣，兩人都做過共產黨、都喝過洋水、都是耶穌教徒、都內心充滿熱情、都低調隨和，也都親民、尤其是對農民。兩人的不同：蔣是獨裁者的兒子，不但沒有因為當過共產黨而被捕，還接了政權。李則是平民出生，參加過共產黨的這個經歷，雖然沒因此被殺，但被拘留過，並且，李幾乎完全沒有政治與權力遊戲的歷練。

　　當時，蔣經國正準備接掌行政院（李當然不確知），便要李登輝加入國民黨，於是以王作榮為入黨介紹人，李登輝便成為國民黨人了。隨即，1972年，蔣經國組閣，49歲的李登輝立即成為當時最年輕的閣員（政務委員）。這是個相當震撼的政治異數。

　　大概共同點太多，蔣經國對李登輝，特別對勁，刻意培養，實質反映了蔣經國「本土化」的決心和動作：

　　1978年，蔣經國正式接位為「蔣總統」，任命李登輝為臺北市長。（約7個月後，發生「美台斷交」）

　　1981年，李登輝晉升為臺灣省主席。

　　1984年，蔣經國連任為第八任「蔣總統」，李登輝進階為「副總統」。（約5個月後，發生「刺殺江南事件」）

　　無論從什麼角度看，這些過程，都有「養望接班」的味道。當然，蔣經國不可能預知自己會死在任上，我們也不可能知道蔣經國最後的心境。任何揣測，無非是政治八卦罷了。

　　歷史，只看數據，數據是：1988蔣經國死、李登輝接班。相應的邏

輯只能是：李登輝接班順利，要嘛是蔣經國安排的妙，要嘛是意圖奪權的人笨。如此而已。

李登輝接班時，蔣經國治下的臺灣已經解嚴、開放黨禁、開放（回內地）探親，並且早已是亞洲經濟四小龍之一。

1988-1900年，李登輝做完蔣經國遺下的第八任「中華民國」總統任期。

1900-1996年，按照兩蔣時期的竅臼，李登輝成功操作業已存在40年、從未曾改選過的年邁的「國民大會代表」，連任為第九任總統。

據說，能幹的國民黨祕書長宋楚瑜（蔣經國晚年的機要祕書）是幕後推手。實際，也有跡象顯示，「國代」們都收受了賄金。

李登輝在這個任上，成功凍結「中華民國憲法」，廢除了原來的「國民大會」，確定以後的總統普選、及4年的總統任期（最多兩任）。

1996-2000年，李登輝經由臺灣全民普選為第十任總統。

這時，李登輝聲望之隆，不下於「蔣總統」。他廢掉「臺灣省」，進一步落實「中華民國」等同於臺灣的國名。

此後，2000-2008年陳水扁（民進黨）當了兩任總統，2008-2016年則為馬英九（國民黨）。各種選舉，成為臺灣的最愛，沸沸揚揚，熱鬧無比。

本人「才疏學淺」，只會看數據。關於「中華民國」在臺灣，看到如下重點：

（1）臺灣同內地的割離，仍然是鴉片戰爭以來，列強欺負中國的結果。

1958年中俄交惡，但因美俄冷戰，全球二極狂熱，無人理解中國在幹什麼。

1966年中國文革，形勢逐漸明朗，但美國要到1971年才搞明白，中國人在美俄之外走自己的路，於是1972年尼克森訪華、1979年中美恢復邦交。

不過，這時美軍獨霸太平洋業已34年，當然不會主動棄權，何況文革結束後，中國軍力虛弱，美國當然不會客氣，繼續壟斷台海。

　　（2）內地，1966-1976，文革、自閉，只搞政治。1979，鄧小平開始「改革開放」，內地回頭搞經濟迄今。

　　（3）臺灣，1965-1988，蔣經國搞政治、也搞經濟。1988迄今，政治運動大大超越經濟建設，幾乎剛好跟內地顛倒過來。

　　（4）內地開放以來，台商遍內地。2010年，內地台商的產值為1150億美元，臺灣本土的GDP為4300億美元。臺灣出口內地也是1150億美元，內地出口臺灣為380億美元。2013年，內地台商的產值為1500億美元，臺灣本土的GDP為4800億美元。臺灣出口內地為2900億美元，內地出口臺灣為2700億美元。

　　雖然不清楚臺灣官方的統計數字是怎樣合併內地台商的報表、又怎樣處理相應稅項，也不清楚內地台商的產值有多少出口回臺灣，但兩岸的經濟依存度已經非常明顯：臺灣必須依賴內地市場，才可維續經濟增長。

　　我這把年紀了，雖以近代人寫近代史事，自認可以比較對各種中、台、美、日的政治話語免疫。就事論事：

　　（1）現狀：台獨已70年。「中華民國」的唯一靠山：美國武力。

　　蔣介石借「中華民國」的殼在臺上市，做美國代理，李登輝繼承這殼，才有今日臺灣，換個殼，興許就下市了。因為，「以華制華」也得靠譜。

　　（2）政治運動或選戰，不是臺灣的「核心競爭力」。1988以來，臺灣業已「本土化」與「民主化」了，但競爭並未相應提升，並且社會能量虛耗。

　　（3）蔣介石比蔣經國好命，蔣經國比李登輝務實，而李登輝的理性還高過陳水扁、馬英九之流。臺灣還在吃蔣經國打下的老本。

　　（4）臺灣的前途，非關情感問題，臺灣人未必能解，全中國也未必能解。台海，乃至黃海、東海、南海，沿中國周邊，從來就是列強跟

中國的博弈，跟歷來的塞外陸權一樣，只不過游牧機動的較量改為海洋機動罷了。今日臺灣，本質上是中美問題。面對全球獨霸的美國，今天解不了，未來、多久，不知道。會怎麼解，也不知道。關鍵在「核心競爭力」。從兩岸食品作假看，不能嚴屬治辦、而官民竟都不搞大規模的反對運動，我們「跟國際接軌」真的還差一大段……

（5）一經鬆綁，內地搞經濟跟文革搞政治類似，搞到跟從前臺灣搞經濟初期那樣，貪婪成性，官民一起制度性貪腐。臺灣則搞政治搞得跟內地文革一樣，只見激情，不見理智。海峽兩邊都玩過頭了。哪邊誰先回復智慧，真實的造福了大多數人民，哪邊就會有真正的機遇去跟國際接軌、達成一個世紀以來，海峽兩岸前人「革命」的初衷。

八、後記

　　花了那麼多篇幅來記述中華民國的前前後後，發現本人此生大概沒有白活。因為，做為華人，最適應的地方，中、台、新、美，都住過，而這些地方流行的政治口號還真都完全一樣：自由、民主、平等、科學……。

　　如果不是身在中國研究領域，我就不會駭然發現，為什麼在臺灣的時候，年紀青嘛，始終讀不明白每天上學、集會，都必讀上一遍的「國父遺囑」到底啥個意思？啊，透過還原歷史真象，明白啦，原來孫中山革命一輩子，終於跟列寧接了軌，國共合作搞中國革命，建黨（國共合作的新國民黨）、建軍（黃埔），所以才有「國父遺囑」的那般文字。而蔣介石為了掩飾他的背叛孫中山，只好繼承「國父」的革命精神，卻搞混了蔣介石治下的我們那一代人的思想，因為，人性使得人們實在不得不反國民黨的白色恐怖，而真按照國父遺囑的意思去做，卻會變成共產黨，招來槍斃有份。

　　政治話語下的人性，自然的以凸出當權者的對立面，來宣洩自己的不滿。臺灣獨立運動，廖文毅以來就那麼搞的，實際就是反蔣。內地「改革開放」以來，美化中華民國時代，也是那麼搞的，實際就是對共產黨不滿。老百姓不滿，就是真正的政治問題。

　　據我所知，只有一個正解，就是歐美歷史彰顯的：法治。相對公平合理的律法，以及，執法的公權力，保障了歐美社會比較地自由、民主、平等、科學。經濟繁榮，那是本份，港、台、內地，都經濟繁榮，照樣不滿，還加上貧富不均的不滿。

　　歪曲歷史，變更史實數據來服務政治需求，是最糟糕的話語。港獨、台獨、×獨，如果能有那樣的歷史演化途徑，自然會發生，如果沒

有，也勉強不來的。

　　總之，真相必須明明白白，還是讓求真的科學理性成為近代華人的真正「核心競爭力」吧。

　　這章末了，我要感謝許多資料與人，包括：陳宇先生，他寫《中國黃埔軍校》，解放軍出版社2007年出版。素材搜集齊全，考證嚴謹，持論允當，令人欽佩。當年，我跟北京黃埔同學會負責人杜青女士同游黃埔，陳宇也一道，得緣識荊，並承贈其所著。我這本書既以中華民國為題目，離不開黃埔話題，參考引用該書之處甚多。秦伊小妹妹，這位復旦大學歷史系的學生，課餘協助核對資料、數據，校正我老年記憶的誤差。

CHAPTER 2

江南事件親歷記

1984年10月15日，早上8點半前後，中國駐三藩市總領事唐樹備先生打了個電話到我家，只是簡單地說：「江南家裡有個警官剛給領事館通了電話，說是劉先生需要取消今午的約會……」。唐先生覺得奇怪，為什麼是警官打電話通知，而不是老劉或劉太太打電話？他知道我同江南很熟，就請我就近前去看看。

當時朋友裡頭，跟江南也很熟稔的李乃義，是在三藩市城裡上班的。於是，我先到辦公室簽到應卯，想想李乃義距離老劉家最近，便打電話給他，請他即刻前往劉家探個究竟。

那時，手機還沒普及，聯絡並不像現在那麼方便。估計，老李到達劉家是九點半吧，據我所知，他是江南被刺後最早出現的人（只比警方晚約一個半鐘頭），我第二個出現，到達劉家約11點。事後才知道，我們都沒留幾分鐘、現場的警官也不會允許，只是從哭泣的劉太太那裡知道了老劉已經被槍殺。

現場的警官問了我們同樣的兩個問題：

1、你怎麼會知道要過來的？

老李自然回答：「陳治平要我趕來的。」

我自然回答：「唐總領事要我來看看的。」

2、你知道些什麼事嗎？

居然老李跟我的回答一樣：「一定是國民黨幹的政治謀殺……。」

當然，那天下午我也回不到辦公室了，匆匆忙忙去到三藩市中國城裡的東風書店，在朋友的店裡坐定下來，才有電話可用，於是進進出出的電話就忙個不停。

江南，1932年生於江蘇靖江，本名劉宜良。在美國嘛，朋友們叫他的英文名Henry。劉太太崔蓉芝，朋友們叫她的英文名Helen。他們在三藩市開禮品店，賣西洋的陶瓷、公仔之類。來美之前，江南在臺灣為自己的生存奮鬥，相當典型的那個時代的青年的面貌。

他自己常說：

1、9歲喪父，老爸死於「土共」之手（內地資料則有死於新4軍鎮

壓的說法），由於被槍殺於家門口附近，目睹老爸倒臥血泊而亡，小時候刺激極大，終身懼黑、害怕獨處、喜歡人多熱鬧。

2、鄉下的初中學歷，十六歲跟著國民黨部隊當兵、吃糧到臺灣（不是被抓壯丁），但不喜歡被管、不喜歡威權，當兵顯然不適合。適逢蔣經國要另建軍隊的政訓系統，於是便用功考入「政工幹部學校」。但還是覺得不自在，便設計在畢業當天、藉故跟帶隊官吵架，以「抗上」的行為，獲得被開除。但也不回部隊報到、當逃兵。195年4碰到「貴人」、自首、居然只判緩刑（逃兵，一般是槍斃的），就此脫離部隊束縛，成為平民。

3、能說、能寫，便當記者唄，靠電臺、報紙討生活，後受夏曉華的提攜，進入「臺灣日報」（當時臺灣仍是戒嚴時期，但夏曉華屬軍統系的電訊技術人員，才有辦法取得電臺、報刊的牌照）。當了城市白領、結婚、離婚，又再認得政大畢業的美女崔蓉芝，在女友鼓勵下，苦練英文，順勢還被派到港、菲、越去報導新聞，搭上老美的線。為生存，努力鑽營。

4、1967年自費以《臺灣日報》駐美記者的身分到美國首都華盛頓，後獲美國友人協助進入「美利堅大學」攻讀國際關係，獲得碩士。

老劉說著說著，是很得意的。也難怪，孤身在外流浪，沒學歷，但勤於自學成材；舉目無親，但居然能夠在臺灣白色恐怖的戒嚴氛圍中，逃兵、沒被斃掉、還混到相當自如地進出臺灣、跑新聞、出書。並且，鄉下的初中學歷之後，37歲拿到平生第一張正式文憑，居然就是美國碩士，絕對是個記錄。其聰敏可見一斑。而無論舊雨新知，老劉的朋友們，都能親耳聽到他講的這些關於他自己的故事。

江南其實是個蠻率真的人，16歲起就必須單獨在社會求生的歷練，磨出自成一套的功力。他算得上天生的一個記者，喜歡祕密、藏不住祕密，自己的八卦、別人的八卦、國際和國家的政治八卦，通通都稀哩嘩

啦地捅出來，一吐為快。我們認識他的時候，很難不被這樣一個爽朗、頑皮、好玩的性格吸引，完全滿足彼此的好奇心，人是猴子演化出來的嘛。

老劉說得上朋友遍天下，他的「朋友」定義很單純，能在一起熱鬧、談得上幾句投機的話，就是朋友啦。對中國人的左、中、右、獨各派系，乃至美國人的政客、FBI等等，江南都好奇地去接觸，成為一種「職業病」。

1975年，香港《南北極》雜誌社印行了江南的《蔣經國傳》，當時用的筆名是「丁依」，一炮而紅，圈內人都知道，劉宜良就是作者。當時，蔣經國已浮上臺灣政治臺面，《蔣經國傳》成為一般公眾可以看到的、比較詳盡的蔣經國資料。當然，立刻列入臺灣查禁的書刊之中，雖然這書不算完整。

1983年，臺灣名記者阮大方在洛杉磯開辦中文的《加州論壇報》，連載以「江南」為筆名的、重新增修過的《蔣經國傳》。1984年，《論壇報》印行新版《蔣經國傳》，這時，蔣經國已經是第二任的「小蔣總統」，更加洛陽紙貴。

江南刺殺案，就那樣發生了。

軒然巨波，眾說紛紜，當下許多人直覺，江南因《蔣經國傳》招來殺機。但此案之前不久，江南還寫了一篇訪問吳國楨的文章，透露了一些吳國楨在臺灣省主席任上遭遇國民黨特務企圖暗殺的細節，江南並宣稱：握有吳國楨授予的一些資料，準備另寫《吳國楨傳》。

這些，都可能是江南被刺的動機。

然而，還是看下去，讀者從我們提供的資料中，自己判斷個中緣由吧。

我到達東風書店，已過正午，自然告訴在那裡的黃達這個不幸的消息，兩人當下決定就以書店為定點，聯絡各方朋友。給已經返回到辦公室的老李打電話，讓他立刻趕過來，又通知唐樹備：江南遇刺。隨後，分頭通知跟江南認識的朋友們、關心此案的人，就近當晚在書店共商善後事宜。

當晚，我記得來了王靈智（柏克萊族群與亞裔研究系教授）、高大偉、池洪湖、魏需遜、Garchik（王靈智找來的葛奇科律師，因為他願意「事後收費」），加上我、李乃義、黃達，這就是推動破案的「江南委員會」原型。我們立即給阮大方打電話，請他加入，大方兄是性情中人，當下應允。大方老感覺：我雖不殺伯仁，伯仁因我而死。阮大方，成為迅速破案的最關鍵因素。

「江南委員會」只做了兩個決定：

第一，由於認定是政治案件，只能跟國民黨幹到底，不然，中國人還有何處避難？

第二，人死入土為安，頭7後，22日在中國城舉行江南喪禮，並抬棺遊行、抗議。

第二天，「江南被刺」成為美洲各中英文媒體的大新聞。震驚臺灣內外，撼動華人圈。一個在美國的筆桿子之死，產生人人自危效應。

實際，江南委員會除了陪同劉太太崔蓉芝出席各媒體採訪之外，並沒什麼大事可做。身無分文的委員會，倒是「懸紅十萬美元」，緝拿兇手，都不看好真的能破案吧。「委員會」，根本沒有組織，僅只是熱心人士的彙集點，誰要來都可以，內地來美的記者高魯冀，也成為奔走各方的「委員」之一。

案發當時，相當長一段時間，我們都直覺是蔣經國下的刺殺令。這就是集權統治的貽害，誰叫小蔣是集權統治者，就算小蔣沒下令，最終責任，他還是逃脫不了關係。

1984年11月12日，距江南遇刺才28天，臺灣突然發動「一清專案」，把全島黑道通通抓將監牢去。人們意識到，似乎有很大異樣。這時，除了阮大方、李乃義、以及美台少數相關高層之外，沒有任何其他人知道實情，連崔蓉芝也不知道，我也不知道。老李，王八蛋，矇到全案結束，裝神弄鬼二、三年後，方才告訴大家，到底發生了什麼事。

原來是這樣的，22日要公祭江南、並遊行，所以，阮大方21日晚得飛進三藩市，他弟弟阮大仁家是距機場不遠，但大仁正好去歐洲旅遊

了，於是崔蓉芝找老李去接機、並在李家住上一宵，以便次日參加喪禮。阮、李，都要在喪禮上，面對諸多媒體講話。

怪事年年有，當年就集中發生在阮、李身上吧。他們是第一次見面，阮大方比李乃義大7歲，兩人思想南轅北轍，平時根本攏不到一塊。如果不是有江南這個共同朋友，早點碰面，大概會是老李挨揍的結局，因為大方雖然是「自由派」（英文liberal的定義），反專制威權，但也出了名的「反共」，而且遊刃於黑白兩道，如入無人之境，從小在臺灣就是出了名的街頭小霸王，單打獨鬥，什麼幫也不是，居然存活下來。李乃義則典型的柏克萊理工菁英，當然的自由派，老早就上了臺灣「匪類」的黑名單，左傾是無疑的，沒少參加保釣、反蔣的示威遊行。這兩人行文的差異，大到很難想像他們能怎麼談到一塊。

果然，初次見面，阮、李之間唯一的話題，僅只江南。但老李居然敏感到察覺老阮似乎知道一些蛛絲馬跡，只因為，阮大方說了句「有些事，我不能說，說了怕要改寫歷史……」。於是，這一右一左兩個臭老九，合計到半夜，決定找美國聯邦調查局FBI「幫忙」。

老李便拿起電話，打到黃頁上的三藩市FBI電話，大約過了零點零時分，FBI回電，讓他們開車進城到中國城假日飯店去碰面。阮、李到達飯店，已經是22日凌晨1點出頭，FBI幹員Tony Lau（劉善謙）和Steve Keith（基斯，他常來中國研究中心找我「閒聊」，因為那時內地已常有中國官員到訪柏克萊）前來接頭。四人就在飯店一間房內談到天亮，阮、李覺也沒睡，直奔喪禮現場。

劉跟基斯這兩位FBI幹員的華語都非常流利，他們的錄音談話大多以華語交流，主要是阮大方在說話。阮大方根據自己在黑白兩道的豐富資歷與人脈，陳啟禮、吳敦、董桂森等犯案人員到達洛杉磯不久，行跡便已被阮知道。加上帥嶽峰等幫派分子平時神神祕祕的說話，江南一被刺，阮大方立馬拼出全貌。

阮解釋給FBI幹員：這些都是臺灣「竹聯幫」黑道分子，吳敦、董桂森是典型的黑道殺手。而蔣經國本土化政策實施後，外省子弟為主的

竹聯幫，竟然成為臺灣特務機構的新寵，不少竹聯幫派分子被吸收成為「情治單位」幹員。

於是，陳、吳、董、帥在洛杉磯的住處，接待的黑幫分子等等細節，都成為FBI破案的關鍵資訊。

我後來瞭解，22日一大早，阮、李來參加喪禮和遊行，劉、基斯也就直飛洛杉磯。大致當天中午時分，美方已經掌控犯案人員行蹤、電話等資料，進行監控、蒐證。陳啟禮等執行刺殺後，曾打電話回臺灣情報局報告老闆「辦完事了」，電話號碼是祕密的，臺灣當局以為美國人不知道，但美國人就是知道。這也被錄音存檔。

後來滋生許多犯案人員自以為的洩露、出賣等等，都是美國當局藉機玩臺灣當局的結果。實質上，FBI至遲在1984年10月底前，已然掌握所有證據，包括刺客吳敦、董桂森丟棄的作案手槍。這時，美國當局要獲得的是，蔣王朝必須到此為止，小蔣身體狀況日薄西山已經不是祕密。而臺灣內部，由於蔣經國健康欠佳，事權分散，早已漸入失控狀態。失控最嚴重的部位，便是特務統治的黑洞衙門，「情治單位」。

美國將江南案做了最優化的運用，實際迫使蔣經國進一步本土化、民主化。

即此一端，也可見美國制度本身的功力。就案件本身而言，10月22-31日時段，美方所知必大於蔣經國本人所知，蔣經國這時也可算是集權專制的「受害者」，蔣王朝的走狗們必定心存僥倖，不敢老老實實向小蔣報告清楚，等於美台兩端都跟蔣經國擠牙膏似地，各懷鬼胎地、一點一點地，將實情透露。

美方大概透露了一些狀況給臺灣，以至於「一清專案」，雷厲風行，瞬間4千多臺灣黑道分子，掃個乾乾淨淨。所有「本省掛」「外省掛」，全都網羅殆盡。而這也有意外的後遺症，外省掛竹聯幫幹的爛事，「連累」全部黑道坐牢，不料，很快真相大白，牢裡眾本省掛老大們，一來氣憤不過，二來學到竹聯幫「聯」起來的風光，便歃血為盟，串聯出「天道盟」，成為1985年之後臺灣最大黑幫。白道本土化，黑道

也本土化，一起成為「後蔣經國時代」最大勢力，迎合選舉與黑金政治，儼然漂白成地方角頭、操縱地方選舉與各種非正規商業利益。

11月27日，三藩市警方宣告江南謀殺案偵破，案發當日在老劉家裡電唐樹備總領事、並問了我幾句話的警官，向記者會宣布：臺灣情報局勾結黑幫，派人謀殺了江南，全案偵破、結案。警官私下告訴我：FBI介入的「大案」，哪會告知地方員警實情？好在大家合作已有默契，警方樂得等因奉此、照本宣科，媒體面前風光一下……，享受破案的榮耀。

江南刺殺案的迅速破案經過，就阮大方這麼個關鍵人物，直截了當，只能說是人世間難得的機緣吧。由於FBI要求阮、李不可洩露，他們只好守口如瓶數年，直到阮大方70歲寫《向時代嗆聲，對歷史負責》，2010年才首次見諸文字。反而是墮入美台政治角力陷阱中的黑白兩道的棋子們，不斷攪和著各種故事。高魯冀被FBI和竹聯幫玩得團團轉，間諜遊戲嘛，最後不玩了，不當記者、當牧師去了。

老李倒另有奇遇，不妨一提。22日喪禮、遊行過後，人們也沒看出阮、李竟夜未眠，阮大方當天下午搭機飛回洛杉磯家裡。大夥晚飯後，崔蓉芝叫李乃義與江南的堂弟一塊回劉家，因為喪禮時來了一位年輕的美國白人，她叫麗莎Lisa，在眾多華人中，格外醒目。劉太太只簡單說：「Lisa是來『幫忙』的。」

一開始，老李很納悶，麗莎能怎麼幫忙？但，Lisa，居然是個「靈媒」！後來據老李說：「邪門到家啦，讓我這個學物理的，從此不敢議論『靈』這件事……」。

怎麼回事呢？綜合劉太太、老李透露的資訊，22日深夜，Lisa到劉家案發現場，跟江南的靈魂「溝通」，然後，她告訴崔、李、劉三個人：

「江南的魂，自在地離開了，沒有牽掛，因為他此生的使命便是要：『標誌一個朝代的結束』。

「我看到他們在一塊草地旁的會議廳開會，一個穿白衣服的將軍跟他們決定做這件事……。隨後，我看到飛機飛來，幾個人開了個箱型車過來……。凶槍被丟在草叢裡……

「總統的兒子，為維護老爸的名譽，做了這事……

「其中一個兇手的可憐的靈魂，渾然失落，現在正在一個餐館的閣樓裡酗酒。我試著跟他的靈魂溝通，想要安頓他……。」

這距離老李聽到阮大方告訴FBI的資訊，不過才20小時，他知道，董桂森就住在竹聯幫眾開在洛杉磯臺灣城的一個餐館的閣樓裡（後來基斯告訴我的也是一樣），而派遣殺手來美犯案的情報局長，正是海軍中將汪希苓（海軍，穿白衣服嘛）。

我想，李乃義一定被電的夠嗆。當然，事後證實，麗莎幾乎全部說對。

唯一不可解的事，就是扯上「總統的兒子」。小蔣是老蔣的兒子，如果是小蔣下的令，那《吳國楨傳》就可能是殺機。如果是小小蔣下的令，那《蔣經國傳》就可能是殺機。怪不得，江南委員會自家人談論時，都栓在蔣孝武或蔣經國頭上。那時，很長一段時間，整個媒體也都在議論蔣家。

但，責任是一碼事，真相又是另碼事。真的是蔣家人下的格殺令嗎？如果是，他們又是個什麼邏輯？那時，島內黨外運動已經勃興，也沒見蔣王朝殺人，犯的著冒大風險殺人殺到美國？

現在，當年的資料浮出更多，我看，實情應該是：

1、實際，1981年之後的蔣經國，健康差到已經不能當個集權專制的頭頭。無奈木已成舟，特務體系已龐大到自成權力中心，當沒有人去認真節制它時，它就自己發威嘍。

我不相信小蔣會下這種命令，小小蔣則沒資格下令。誠然，老蔣時代，對異議分子「殺無赦」，家常便飯，抗戰前後，楊杏佛、史量才、聞一多、李公樸，都死於刺殺。老蔣的黑道作風，造就一批「為領袖分憂」「為領袖剷除政治敵人」的特務傳統。但小蔣不像老蔣那樣只有小腦，他蠻知道國民黨在內地敗亡的根本原因，別忘了，小蔣具備上海打虎失敗的教訓。

汪希苓等會如此胡搞，只能是小蔣對政局失控的一個反映吧。

根本原因，是小蔣身體已壞到無以操作集權專制。這是專制禍害的最大反射，養了一班鷹犬，卻管不到了、它們自己做主去咬人了。

2、即便從江南案的善後措施，處處可見臺灣政府的因應無方。不是那時的臺灣沒有人才，而是專制體系下的習性，使得體弱的頭頭任其下屬毫無邏輯地亂整。這還不是簡單歸咎於「官僚系統」就了得了的。

江南委員會請出王靈智教授為「主席」，他對美國操作權力或影響力的方式，十分熟悉。江南遇刺第二天，王靈智已經分別發信給美國司法部長和三藩市最大報《三藩市紀事報》總編輯，提醒他們：這件可能的外國人在美國進行政治暗殺美國公民的嚴重性。使得美國當局不能「運作」淡化或淹掉案子。

葛奇科律師Garchik則大腦清晰地告訴委員會，他獨立難當此重任，必須聯合一個「大律師」出面。我就建議請Jerome Cohen柯恩教授擔綱，處理法務，實際是政務。那時，美警方已宣告破案，臺灣當局把汪希苓等都抓起來，要進行審判。江南委員會透過長途電話，請黨外的謝長廷、陳水扁等，當委員會的在台代表律師，但臺灣當局當然不讓他們旁聽審判。葛奇科申請去臺灣旁聽，臺灣不給簽證，但臺灣當局卻不敢拒絕柯恩教授，因為柯恩那時已經當過哈佛法學院副院長，門下高徒有呂秀蓮、馬英九等人，而且他還是美國民主黨的中國問題智囊之一。

反觀臺灣，那時似乎沒有人可以解讀美方的動作。FBI神速破案，兜得國民黨當局團團轉，臺灣方面竟然沒有人真正知道美國到底掌握此案到什麼地步，陷入完全被動。臺灣難道缺乏可動員美國的內線嗎？當然不是，仍然是頭頭虛弱、下面就得過且過，集權專制的毛病。

美警方宣告破案的說法，已經給台方留了大面子（顯然，FBI並未告知警方，這是赤裸裸的外國特務越境暗殺的案例，哪個嘍囉下手，無關宏旨）。剩下的民事官司，崔蓉芝是眷村長大的國軍子弟，臺灣親友一大堆，自然不會存心「斷橋」。

而所有臺灣當局平時倚重的美國政界律師，都建議臺灣速決速了、庭外和解，認賠出場是唯一途徑。錢復藉故回臺灣一趟，彙報情況，居

然得到「此事動搖國本，打官司就打官司唄」的答復。

於是，江南案雖破，繼續沸沸揚揚近十年。

最終，還是賠償了事。早知如此，何必當初。

3、就事論事，我還記得，江南遇刺的第二年，1985年，國際反核人士從澳洲開船前往法國要進行核爆試驗的太平洋島礁水域阻止、抗議，其中一艘「彩虹號」Rainbow示威船被人惡意炸毀。不久，澳洲政府查出此事為法國特務所為，一時間又哄傳媒體，成為另一個國際大事件。

在西方文化看來，「特務」乃進行統治的「必要之惡」。

法國特工出紕漏，法國政府摸摸鼻子，概括承受，絕不會把自己的特工頭子送上法庭公開審判，以表示特工的行為，與總統無關。法國政府出大錢安撫彩虹號的苦主們，迅速平息這件國際醜聞，處理的無影無聲，法國政府也就不必在國際輿論露面出糗。

我當然沒想到，國民黨當局對江南案的處置，如此迥然不同。

這不禁讓我感到，海峽兩岸跟國際接軌之心，激情有餘、理智不足。

何況，統治的藝術，古今中外都一樣，威權不過是道紙糊的牆，捅破了，就再也威權不起來。

「後蔣經國時代」的臺灣政治生態，1984年底已然定案。

因此，麗莎也許真的很靈，但「總統的兒子」這事，似乎不靈。

當年的「戰友」，阮大方2011年作古，王靈智還健在，李乃義算是最年輕的。過去，我們時不時偶爾會聚聚，談起來，我始終覺得這種格殺令不大可能出於小蔣的家門，因為會下這種格殺令的老蔣早已死去。我判斷，無論「制裁」「教訓」，小蔣健康再差、神智再昏，大概都不至於「明示」「暗示」「憤怒」之類，多半是出於爪牙、狗腿子們的瞎揣摩，就如此這般「為領袖分憂」了。

當然，我也可能誤判，那就麗莎全對，靈到100分。

「中華民國」淪落至此，鷹犬簡單化到大腦退化，蔣家當然難逃總體責任。但蔣經國一死，國民黨之土崩瓦解、李登輝之黑金政治、民進黨民粹貪腐之毫不遜於國民黨，這難道不也是當初老蔣集權專制的貽害

至今嗎？

最後，講點江南的八卦事，給讀者們提供更多些自由裁判的線索。

老劉性格熱情好客，交遊廣闊，五湖四海的，對需要幫助的人，從不吝惜伸出援手，並且不期望什麼回報。這跟他少小離家、隻身輾轉來台、歷盡艱辛、而不失樂觀奮鬥之心有關，他總是將朋友的朋友也做成自己的朋友。

老劉夫婦對錢財的概念，心不大，這跟他們在臺灣的生活經歷相關。他們生活無虞，也認命、知足。常常和稀泥，但多半非關錢財。據我所知，所謂的「不義之財」，不過區區2萬美元，是1983年《加州論壇報》開始刊載江南新版《蔣經國傳》之前，美國中報的傅老闆想爭取到中報連載而出的數，這根本沒成形。後來，臺灣當局為了讓老劉筆下留情，來談「紅包」數，而老劉為答謝當年夏曉華的提拔，便指名要夏曉華來美交涉，跟老長官見面盡歡不說，人情還做給了夏。這些，都停在談談而已。

汪希苓在華盛頓當武官時，便認識老劉夫婦，最初出面跟老劉交涉「改版」的狗腿子就是這位「將軍」。江南把面子做給了夏曉華，不免得罪汪希苓吧。後來，據我所知，江南拿過千把美元吧，汪的安排很絕：按月支取600塊錢，拿了幾個月……。表面上，《蔣傳》、《吳傳》，引致小蔣或小小蔣的殺機。事實上，不能排除汪希苓挾私報復，以江南「訪吳國楨」一文，落實必殺的藉口。花錢後，新版《蔣經國傳》雖已凸出1970年代後蔣經國對臺灣建設的貢獻，但《吳國楨傳》可能繼續被江南訛詐……。爪牙的雞雞小，這款人的邏輯，常人所無。

汪希苓不可能不知道，劉、夏的交情，非同一般。汪倒是不知道，其實國民黨就算不付錢，江南還是會如此落筆直書。老劉生前常跟朋友們談論，他固然早有此議，大家也欣然同意，因為蔣經國的作為都是事實。並且我確定，老劉絕不止跟我或李談同樣的話題，他大概隨緣跟寫作期間碰到的所有台客都談！

我覺得，汪希苓事後一副為蔣家扛責任、受苦的架勢，就是要把公

眾視線轉移到小蔣身上，掩蓋他自己的過失。能養出這種惡犬，蔣王朝無疑「氣數已盡」。

至於當年臺灣拋出江南「三面間諜」的各個「情報信」，不多，7封，很湊巧，都在1984年案發前不久寫就。當了一輩子記者的江南，寫了新舊兩版《蔣經國傳》的江南，稿費與讀者都看漲的江南，忽然打起小報告來討飯吃了？其中，好幾封「情報信」正是汪希苓要求的！老劉，你不是要歸隊嘛，表示一下，搞點「情報」來表忠嘛⋯⋯。

哎哎呀，基斯幹員常到中國研究中心找我閒聊臺灣和內地的人事，那我就是FBI的「線民」嘍？我是知道，FBI也就此列檔，美國的統治藝術，跟中國、全世界，都是一樣的。老劉做的事，道德不道德的，我不能說什麼，但我確切知道，江南跟各方面玩得不亦樂乎。我沒看過他的情報信，但他至少提到過中國民航崔陣的事，笑著說「臺灣愛搞些東西，就塞些狗屁倒灶的給他們嘍⋯⋯」。

狗子們的可惡，網羅不到你、便打死你不算、還要抹黑你吧。

結尾，不得不再提到阮大方。這是個真正的「奇人異士」。

時間記不清楚了，大致發生在1984年10月底之前。江南委員會的朋友們只知道，22日三藩市的江南喪禮與遊行過後，他匆匆趕回洛杉磯家裡，不久，便失蹤了，音訊全無，好像搬了家。

前面已經說過，江南委員會，不過是個「平臺」，所有關心江南案的朋友們，隨時可以前來參加我們的聚會，誰要用「委員」的名義，用就是了。一般情況，也就是通通電話，交換一下意見而已。媒體愛找誰談，談去唄，沒有什麼「口徑」統一的問題，完全自由。當然，崔蓉芝是苦主，她曝光最多，偶爾應付不過來，便拉上一兩個朋友去面對。

記得那時候，阮大方回家後的前幾天，老李或我幾乎天天都會跟老阮通上電話。突然，電話沒人接了，遍問洛杉磯可能找到他的人，誰也找不著阮大方，但又不像遇害，美警方沒有「失蹤」的記錄。阮大方，消失了。大家萬萬沒想到，他回臺灣去了，當時，臺灣是我們不可能想到的去處。

原來，阮大方在江南委員會列名、喪禮上講話（「決不能讓槍桿子壓倒筆桿子」「一定要討回公義」）等等媒體曝光，很讓他父母擔心。他老爸可是國民黨的「副祕書長」！於是，老爸出面央請做過臺灣警備司令、省主席、國防部長的陳大慶作保，保證阮大方在台「安全」，便發急電通知阮大方「母病速歸」。那時已出國十幾年的阮大方只好硬著頭皮回台盡孝道。

一進家門，老母堂中端坐、伸手只要阮大方立馬交出護照，就此軟禁在台。10年後，阮大方離台到內地，在杭州混生意，交了300萬美元學費，血本無歸，黯然離杭。再次回台定居後，只好重操舊業，任《公論報》社長。

阮大方，臺灣黑白兩道上的獨行俠，一生經歷非常曲折。2010年，出版平生當記者所寫的文字為集，《向時代嗆聲，對歷史負責》，書名就顯示出他的「士大夫」格調。簡直是春秋時期的「士」，孔子那時代，士，是文武兼修的，不像需要分工的現代。

據我所知，阮大方不但是江南案的最大關鍵人，他也是第一個報導美日私相授受釣魚臺列島的人（1970年代之初），當即引起蔣介石震怒，第二天立刻關閉《經濟日報》，阮大方被變相放逐到美國。阮大方在紐約，當然不會安分，文的，他是紐約臺灣右翼的台柱，跟左翼針鋒相對、「文攻武衛」。武的，居然成為紐約中國城「華青幫」的師爺，組織「華青幫」將紐約義大利幫派勢力逐出中國城，以實現「華人治華」。單刀赴會，跟義大利黑幫老教父談判，對方被他豪氣感動，彼此交成朋友，老教父坐牢，阮大方還不時探監，成為紐約FBI檔案上的異數。

2011年，阮大方病逝臺北國泰醫院，遣開護士，自行拔除氧氣管以終。

我們去探視，他偶爾說：反正要死，幹嘛如此浪費社會醫療資源……。

阮大方身後，帶走了許多「江湖祕密」，包括，他經手過的李登輝

賄賂當年「萬年國代」的四億台幣黑金「捐款」的趣事。我們從未覺得這算是什麼大事，蔣王朝供養這些橡皮圖章的「賄選」金額更大嘛，人們需要知道的是：「真相」。

CHAPTER 3

柏克萊的傳奇

一、保釣運動

　　對臺灣的留美學生而言，一生最難得的回憶，大概就是見識了保釣運動。1970年末，為了抗議日本又一次侵佔中國領土，這次是臺灣宜蘭縣下轄的釣魚臺列島，引發出「保衛釣魚臺（島）運動」。這個本質上類似於1919年發生於北京的五四運動，是以臺灣留學生為主體，加上香港等地的留學生，自發組織起來的愛國運動，而且是在美國的土地上爆發的。

　　從那時的大環境看，那時美國已經介入越戰七、八個年頭，全美各地青年大學生的反戰示威遊行無時不有，對美國社會人心衝擊至大。而柏克萊的自由氛圍正好承接了反戰、嬉皮士等一系列年輕人的逆反，人們對各式各樣的示威活動，早已見怪不怪，習以為常了。

　　對在美的台、港、或其他地區來的華人留學生而言，傳統中國文化嘛，學生圍繞著學校，滿腦子只想著讀書、拿學位、找工作。已經畢業定居下來的，整日忙於上下班，安居樂業是為首務。好像如火如荼的反越戰只是美國人的事，與我何干？

　　那時，中國大陸的文化大革命已經「瘋狂」地搞了四、五年，對飽受國民黨反共宣傳的臺灣留學生來說，不會主動地去瞭解它。然而，華人就是華人，當日本再次強佔中國領土的時刻，釣魚臺這個訊息就飛速的傳遍全美各地，到處都掀起留學生的保釣呼聲。華盛頓、紐約等地的留學生自發的組織起來，結合當地的華人，向當地的日本駐美使領館拉起布條，聚眾示威抗議。同時，示威的人群也覺悟到：保衛國家領土完整，乃是一國政府應該做的事情。於是保釣運動的矛頭開始轉向為：臺灣來的留學生一致要求臺灣當局應當負起維護中國領土完整、不可推諉的責任，臺灣的國府遂成為保釣運動首當其衝的目標。

我的朋友,記者阮大方,1970年初曾就宜蘭縣民政科管理釣魚臺列島多年的文檔,詳細記錄了二戰後每次派觀察員到釣魚臺列島巡視臺灣漁民棲息的實況,發表專文於經濟日報,曝光、並反對美日私相授受釣魚臺列島。因而觸犯了最高當局,不得不避禍流亡海外,經濟日報則因蔣介石大怒,匆匆關門大吉。

事實上,釣魚臺列島距離臺灣北部海岸大約170公里,距離琉球列島則有400多公里。中日甲午戰後,隨馬關條約割讓給日本,二戰後,又隨著臺灣回歸中國。在日本給國民政府的移交清冊裡,屬於宜蘭縣管轄。1968年,釣魚臺海域被定位為大陸架的一部分,可能蘊藏油、氣資源,原來的臺灣漁民歇腳的小島,忽然間飽受各方矚目。但,美國為了圍堵中國,便昧著良心把它當做琉球的一部分,「歸還」日本。自從二戰以來,這樣公開、隨意的拿中國領土送人的事,也只有美國人幹得出來。而阮大方的專文甚至指出,連琉球的地位都還未定,主張國府應派兵接收琉球……。(1970年那時,中日還未簽署二戰合約,雖然國府已經對日妥協。)

總之,1970年末、1971年初,美國的華人留學生示威遊行了好幾回,連臺灣島內、香港島內的大學生也迴盪出「保釣」的呼聲。五四以來,半個世紀,這是第一次中國人完全自發的大規模示威遊行活動,並且,很快,文革的招數被激情的臺灣留學生大量用上,大字報、大串聯……。可以這樣說,當時,全美各大學的華人留學生雖然大多來自臺灣,但保釣跟五四一樣,再次把所有華人都凝聚起來了。華人教授們,也感染了學生的激情。

加大柏克萊分校的劉大任等,就專為保釣運動辦了一份《戰報》,並出版了兩期,大聲疾呼,要喚醒在美的知識分子踴躍加入。他們尖銳的批判不熱心、不愛國的教授與學生,而稱之為「自了漢」。據我所見,美國各地這類東西為數相當多。中國研究中心的圖書館就收到了好幾種。

柏克萊的《戰報》為油印的,厚厚的一大本。言論大膽,行為潑

辣，極其尖銳的批判了本校對保釣運動不關心、不熱情的教授、學生，甚至引起了一些老成持重的教授不滿與不悅。《戰報》有文革大字報的氣味與筆調，是我所見的保釣大字報立論最激烈的一種，影響也最大。當時美國各地都有此類出版物，其中也有專門為國民黨做宣傳的《波斯頓通訊》，因為有特別津貼的緣故持續辦了好多年。

臺灣國府本就是造成喪失釣魚臺列島的罪魁禍首，美國保釣運動的留學生要求國府出頭和日本政府抗爭，何異緣木求魚。極度失望之餘，在美的保釣分子絕大部分在內心深處盼望，歷經列強欺辱、苦難了百年的中國能夠勇敢的站起來，與任何侵華強權硬碰硬的幹。於是臺灣反共教育的效力開始瓦解，臺灣留學生不但開始關心中國，且有了要為中國的興盛而出力的心願。許許多多從小吃國民黨「奶」長大的朋友都突變了，成了愛（中）國人士。在柏克萊、史丹佛有幾位元我認識的人，拿了博士學位後，都義無反顧的回中國去了。

保釣運動已經過去40多年了，由於當初的自發性、無組織性，如今難得找到當年的刊物、照片、傳單，很難再拼湊出當年釣運的歷史，整個一代人的激情，竟像似船過水無痕。不過，我當然記得曾經躬逢其盛的參加了教授們為了聲援學生的集會，也感受到了臺灣子弟的「向左轉」，比如，1971年初，一批臺灣留美學生串連到密西根州立大學所在的恩阿堡，開起「國是會議」，不久便組團到北京參訪去了。

再回頭探索那個年代的華人留學生的心路歷程，可以說：保釣運動激發了華人留學生入世的政治意識覺醒。之前絕大多數人只是追求安居樂業，兩耳不聞窗外聲。台事、港事、中國事、美國事、世界事，事事不關心。留學生相遇很少談論中國大陸的政經發展狀況。雖然都是美籍華裔，誰也不在乎美帝國在世界上惹下多大禍，浪費了多少納稅人的錢。經歷保釣運動之後，一切都在改變。海峽兩岸的狂熱消退了，反倒都能務實地看待兩岸好的、壞的問題和現象，也更關心中美關係、更樂於去做對中國各地的教育、慈善、文化。各種友協、基金、專案，都是轟轟烈烈的保釣運動的餘緒。彌足珍貴。

二、紀念田長霖校長

田長霖（1935-2002年），湖北人。1955年台大機械系畢業，1959年普林斯頓大學博士（熱傳導）。加州大學柏克萊分校第7任校長（1990-1997年），國際知名的熱傳導學者，也是第一個擔任美國頂尖大學校長的亞裔人士。但在柏克萊，朋友們習慣叫他「老田」。

他告訴我：其父田老先生是吳國楨任上海市長時的主要幹部，歷任上海市財政局局長，上海市銀行董事長等職務。國民政府臺灣時代，吳國楨接陳誠擔任臺灣省主席，田老先生任省主席祕書室主任，因心臟病發作而逝於辦公室。

長霖老兄還曾告訴我說：其父精通命理八字之學，曾自行推斷其壽命，且得出其離世之年月日。而那一天，他仍然準時出門上班，果其然應驗而猝亡。

其實長霖老兄對算命堪輿之術亦有精湛研究。記得我問過他，你算過自己的命嗎？他笑著說：生死有命，何必去計算它，活一天就該做一天本分事，老天爺要幹啥，咱們能跟它爭嗎？

和他相識時，他還是機械系主任，而後升為機械學院院長，後去加州大學IRVINE分校任校長。他是美籍華人擔任美國大學校長的第一個人，擔任柏克萊分校校長更是破天荒，這些都是老田學識與運作才幹的鐵證，絕無僥倖的可能。

美東三裡島核電站發生事故時，長霖兄受召成為國家級的應變專家組成員之一，我們的共同好友數學系項武義教授笑著對他說：老田，你那一套熱力學的散熱理論與實踐還管用吧，如果核反應爐裡的熱不能及時宣洩，一旦引爆，那可是美國東部一場大災難，這次你可要立功，我們要好好表揚你……。

田長霖是加州大學體系裡的「大學教授」，最高級別的教授。他又是美國工程學院院士。老田雖然是理工科專才，對文史方面仍有高度興趣。因此，他在柏克萊時，會時不時的給我打電話，約我去學校附近的德式速食店，吃個三明治聊聊天，舒緩一下。每當看到一些關於民國當代史的好文章，我總會複印一份給他流覽。可惜天妒英才，不假其年壽而至中道「崩殂」。

　　老田校長去世後，我曾在桃園機場碰到當時在香港大學擔任副校長的加大機械系吳福利教授。我對他說：老田先生癱瘓在床時，我就是不能忍心鼓足勇氣去看望他一下。吳對我說，論交情，你是該去看望一下。如今只能抱憾在心了，斯人也，而有斯疾，悲乎。

　　有件事，不吐不快：大約是1976年吧，恰巧楊振寧從北京返美，經過三藩市，在老田家跟一些熱情的柏克萊保釣師生聚會。那時，文革正將落幕，「四人幫」猶在莫名其妙死搞「批林批孔」，楊振寧說了下北京的這種狀況，項武義立馬評論道：這種政治上的亂掰，根本不合邏輯，不用說、也不用聽……。我似乎記得，李遠哲也在場，這些理工科的精英學者們，liberal自由和激情的程度，其實跟文史科沒有兩樣呢。

三、軼事：趙元任、陳省身、陳世驤、顧孟餘、張愛玲、項武義、李遠哲、豪耶‧克拉克（HOWIE CLARK）

1、陳省身（1911-2004年）

浙江嘉興人。1926年南開大學數學系畢業，1936年德國漢堡大學數學博士。

他是世界級的數學家，現代微分幾何學之父，柏克萊數學所所長，美國國寶級的數學家，華人數學家丘成桐等皆是其及門子弟。他的中國舊學極有功底，通中國古代演算法。因為我在中國研究中心的同事紀文勳先生是他的南開校友，偶爾都有碰頭交談機會，加以項武義的關係，大家也更加熟悉。

他的中華情懷絕不遜於年輕一輩。加州大學退休以後，他決定回母校南開大學，盡其餘溫，以教育後代即是明證。《大英百科全書》有其傳略，並指出他的數學成就，開拓了數學與物理學的新研究領域。

2、趙元任（1892-1982年）

江蘇武進人。1914年康奈爾大學數學系畢業，1918年哈佛大學博士（哲學）。

他是加大東方語文學系語言與文學講座教授。他寫的〈叫我如何不想她〉的歌曲，劉半農作詞。據說是要創「她」這一字，以區別於「他」。臺灣來美的學生沒有不會唱的。

他是著名的語言學家，在國內曾任教清華大學。1947-1948年間，在南方諸省做過方言調查，發表過許多有價值的著作。他在柏克萊分校任教16年，我到加州大學工作時，他已經退休多年。

他幾乎每天都到校園裡的研究室看書寫作，他的夫人楊步偉女士更是為人豪爽，對晚輩也沒什麼架子。我們熟悉後，她有時會打電話到圖書館對我說：「館長，我今晚會在某某飯館請中國來的朋友吃飯，人少了既難點菜又不熱鬧，你若有空能來，就為我邀請三、五位本校中國同事過來。我會自帶新鮮的螃蟹肉，叫餐館包餃子給大家作主食享用」。只要沒有其他的約會，我肯定是樂於從命。

趙氏夫婦是極可親的長者，陪他們吃飯，同席相聚，就是樂趣。更何況他們還是美食家，所點菜肴均是可口食物。有一次趙教授還特送參加宴席的每人一本他的語音學新書作為紀念。真是盛情可感。

3、陳世驤（1912-1971年）

河北灤縣人。1935年北大畢業（中、英文學），1941年哈佛、哥倫比亞深造。

他是本校中國文學與比較文學教授。生於北京詩書之家，父親是有名的書法家，一個叔父是進士，另一個是舉人。他曾任教湖南大學。在美深造時，同時還在校教漢語，發表了許多中國文學的論著。

1945年來加大柏克萊分校任教，共26年。中國研究中心成立，他是創始人之一，主持中心「當代中國語詞研究專案」。台大外文系夏濟安教授就曾負責有年，並建立了「研究專案」卡片資料庫。夏濟安去世之後，莊心正博士接著做幾年才離開。

4、顧孟餘（1888-1972年）

1970年初，我到加大柏克萊分校工作，中午吃飯常到一家德式速食店。有一天，我和香港來的史誠之先生到這家館子吃飯，又看到這一對中國老頭和老太太也在。當時史先生小聲的對我說，那就是顧孟余先生

和夫人。其後有空時，史先生又談了許多關於顧老解放後流亡香港的情況。

原籍浙江，出生於河北宛平縣。及長，先讀譯學館，後入京師大學堂（北京大學前身）。後留學德國柏林大學。1917年回國任北大教授兼文科德文系主任，繼任經濟系系主任兼教務長。協助蔡元培校長處理校務，貢獻良多。

他以博學嚴謹、授課精闢而聞名，深得學生愛戴。而在政治思想上傾向於李大釗的社會主義派的「新國民黨」。1925年遭到北京政府通緝而南下廣州。先後出任廣東大學校長、中山大學副委員長。1927年為中國國民黨中央執行委員會常務委員。在孫中山、廖仲愷死後的國民黨中，胡漢民、汪精衛、蔣介石三人都很看重他、拉攏他。但他卻上了汪精衛的這條船。他變成了汪精衛「中國國民黨改組同志會」改組派的二號人物。1926年以來，改組派與蔣介石爭奪國民黨領導權時分時合，纏戰不休。

北伐統一全國後，1932年顧孟餘出任鐵道部部長。任內完成粵漢鐵路線全線通車。抗日戰爭期間，這條鐵路發揮出巨大的交通運輸功能。1936-1937年任交通部部長。抗戰中期，汪精衛決定離開重慶去南京另立國民政府，顧孟餘在香港堅決反對與日本侵略者妥協，離開汪精衛而回重慶。

1941年被任命為國立中央大學校長。兩年間，把中央大學改變成院系齊全、教授整容堅強的一流學校。抗戰勝利後被任命為行政院副院長。他拒不就職。1949年全國解放，他避居香港。

終其一生，顧孟余先生從政跟隨汪精衛，縱橫國民黨高層權力圈。但是在大是大非面前卻從不盲從於汪精衛。對日本軍閥侵略中國，勢不兩立，不共戴天。其政治思想傾向，仍是中間偏左。他做大官，也幹事實，值得稱道。

1950年初，美國政府在香港著手布置，國民黨與共產黨之外的「中國第三勢力」，於是中情局找到張發奎和曾任國防部第二所副所長的蔡

文治負責其「自由民主大同盟」（也叫「自由民主戰鬥同盟」）的軍事組織工作。蔡在香港招募三四百年輕人送往關島訓練營。打算培訓完成後再潛入中國，搜集資料資訊。不久，韓戰發生，蔣介石再度被美國所「重視」，於是蔡要求將關島訓練營的人員遷回臺灣，結果大部分學員紛紛離去而奔回香港。此前在香港的顧孟餘也被美國人看中，要他負責整合第三勢力的政治工作。據說給他一大筆活動經費。顧先生根本不是一個混世人物，手握鉅款卻不亂花、不亂髮。辦了一個宣傳刊物，不久也停了。在這段期間，他倒是資助了不少從中國大陸逃到香港的教育界、文化界人士。但「第三勢力」始終難以形成，於是他決定收手不幹。他將所收到的鉅款列出明細開支，餘款分文不少的還給原主（美國中情局）。香港政治環境複雜，於是顧孟餘夫婦就來到美國，定居加州。

顧老雖然歷任大官，卻是個沒有錢也絕不搞錢的人。在香港搞第三勢力的時候，他手握鉅資，離開時就是分文不取。中國讀書人的風骨於此可見。

因此，他在加州過的日子頗是清苦。此時，北大畢業的陳世驤教授毅然伸出援手。以他主持的中國研究中心「當代中國語詞研究專案」，聘請顧先生為專案顧問，每月支付他一份薪俸，聊以生活。

其後，陳教授又通過管道，去函當時的臺灣總統府祕書長張群先生，敘說顧老的最近情況，不久便得到復函。說：經報告蔣介石總統，歡迎顧老回臺灣定居，並聘為總統府資政，享受五院院長級待遇。有關資料說他1969年回台，那是不實的。應該是在1970年底或1971年初。

有關顧老與當時在香港第三勢力的內情，是史誠之先生告訴我的。史誠之是香港友聯研究所所長及友聯出版社社長。這些機構也是美國人出資協助成立的。

5、張愛玲（1920-1994年）
生於上海，原名張煐。英文名EILEEN CHANG。

其祖父是張佩綸，乃清末名士而為清流派領軍人物。張佩綸娶李鴻章之女李菊耦為妻，因此李鴻章是張愛玲的外曾祖父。張女士香港大學畢業，英文造詣甚是精湛。抗戰時在上海從事文藝創作，聲名鵲起，號稱海派第一女作家。以描寫女生心理細膩，而擁有粉絲無數。

1943年與胡蘭成結婚，1947年離婚。解放後1952到香港，曾為電影公司寫劇本，創作小說而謀生，著作極多。1955年來美，後與美國名劇作家FERDINAND REYHER結婚，曾到哈佛女校REDCLIFF學院任駐校文學家。丈夫去世後來加州定居，1971年陳世驤邀請張愛玲來柏克萊工作。

她在中心工作近兩年，離開加大柏克萊分校後去洛杉磯隱居。張女士性好靜，與同事極少往來。好像只跟我有過數面之緣，因為她需要資料時，就不得不找我幫忙。我對她是專業的協助，有求必應，但不主動去接觸她。相遇於電梯或走道也是擦肩而過，如入無人之境。她不愛跟別人打招呼，所以我也不打招呼，不去煩擾她。

張愛玲女士1994年逝世後，美國、臺灣、香港甚至中國大陸的記者或她的粉絲們，時不時就會到加大柏克萊分校的校園內，打聽追尋1970年初以來她在此地工作和生活的痕跡。當年的中國研究中心是在市區一棟商業樓的第三層。時過20年，研究中心早已經搬離。於是這些有心人就急著要找當年張愛玲的研究助理陳少聰女士打聽，而此時陳少聰似乎已去西雅圖多時。

陳少聰當年和張愛玲共用一個套間，一前一後兩個小房間。陳每日朝九晚五，準時上下班。而張愛玲很少在白天到研究室。要來總是在傍晚6點以後。因此，在兩年多的時光裡，二人極少有碰面的機會，有事要辦就留條子。

陳少聰說，不信你們可以找中心圖書館的陳館長打聽打聽，因為她肯定要找老陳協助查資料或諮詢。於是我就接到了許多追尋張愛玲在柏克萊情況的電話，只好據實答覆：我們是同事了快兩年，但也只見過幾次面而已。張女士性極好靜，很少與同事寒暄來往或打招呼。我平時

常下班較遲，偶爾相遇在電梯口或走廊，大家裝著有看沒有見，一晃而過。這就是我對她的全部印象。至於其他，真的無可奉告。她離開研究中心去L.A.我也是很久以後才聽說她獨處公寓，極少與人來往近20年。

6、項武義

浙江樂清人。1964年普林斯頓數學博士。

早期臺灣理科學生，尤其是臺北師大附中畢業的，都因為項武忠、項武義兩位老學長的成就而自豪。他們說：高中數學不是有二項式定理嗎？就是這二項氏。

武義是數學系教授。我們在一起聊得還可以，就是別談數學，因為我是數盲。還記得1980年末，校報以頭條新聞說，他證明瞭一個前人沒有解決的數學難題，轟動之至。

70年代初，保釣運動風起雲湧，大家都關心中國事物，於是我們就有共同的興趣與語言，可以溝通。自然而然大家就做成了好朋友。好幾位理工科的教授也都是在這樣的大環境下，相見相談相識。田長霖和以後在機械系任教的吳福利也是在這一類場合相見而相識的。

7、李遠哲

臺灣新竹人。1959年台大化學系畢業，1965年加大柏克萊化學博士。

1967年他去哈佛大學做博士後研究。1968年做芝加哥大學的助理教授，1973年升正教授。1974年回加大柏克萊分校任教授。1979年獲美國科學院院士，1986年獲諾貝爾化學獎，算是達到學術巔峰。

他是一個多興趣、愛運動的人。中學時參加樂隊，而且是學校壘球隊隊員。打得一手好乒乓球。他對文史社會科學也有濃厚的興趣，涉獵很深。1970至1980年代，加州大學柏克萊分校的理工科教授因為關心國事，時不時會聚而論之，他都踴躍參加，發表意見。但不是話多的人。記得一次小聚會，有人問他獲得諾貝爾獎之後，工作生活有沒有什麼大的改變？他回答：有。在校區有專屬於他的停車位，且靠近他的研究

室。在停車難的校區裡，這是莫大的方便與殊榮。

我記得大概是在1980年後期，有一次在三藩市中國領事館有一個小的「聚會」李遠哲教授在被邀之列。那天我也參會，好像還有李乃義兄。遠哲兄在會上說：「臺灣自甲午戰爭後割讓給日本，再加上二戰後國民黨統治近40年，前後近百年。今天臺灣人依舊過著中國式的日子。按著農曆的節氣，該吃什麼、拜什麼神，照做不誤。但長時間的分離造成價值觀的差異和政治、經濟的意識形態的不同是極其巨大而深遠的。」因此，他認為今後兩岸交往交流，中國的政策要特別注意到臺灣人民獨具特性的時代背景。這些話說的中肯，所以我至今仍得其大意。

我退休後，李遠哲好像在2000年左右也回臺灣，擔任臺灣中央研究院院長。

8、HOWIE CLARK 豪耶・克拉克

紐約州人。生年不詳，或許他告訴過我，只是不記得了，但可以肯定他比我大。

豪耶在加大生命科學大樓做技術員，大概是生物系負責餵養白鼠等動物以供實驗之用。我初到柏克萊時，看到一位身高體重的白人開著哈雷大機車，後面一隻白色的狼犬，一雙前腳搭在騎士的肩上，招搖過市。不過後來就認識了，時常在一起喝咖啡聊天。時間一久就成了好朋友。如此這般，一過就是20年。我退休約五年後，又聯絡到他，而且到他的退休之家住了好幾夜。以後又斷了聯繫，兩年之後終於找到他退休之家的電話。電話接通，對方接線生說：「HOWIE CLARK IS GONE豪耶・克拉克已經走啦！」聞之愕然。當時只好就把電話掛斷，呆了好一陣子。只感到人生無常。

他是一個百分之百的好人。20年淡如水的交往，我對他有說不出的懷念。柏克萊認識他的人太多了。曾有人把他的半生寫了本書，書名是《HOWIE`S WAY 豪耶的人生旅程》只是沒有出版社為之出版，因為他不是什麼名人。最後著者將原稿送給他作為紀念。

1970年代有一部轟動一時的電影。名叫《DR. STANGE LOVE怪愛博士》。有一天豪耶問我有沒有看過，我說當然看了。他告訴我說，故事的原型正是描述1950冷戰年代，他們那一批B-29機群人員的故事。當時美國空軍尚未開發出B-36或B52遠端戰略轟炸機。為了對付蘇聯假想中的原子彈襲擊，美國空軍就用B-29裝載核武器24小時待命。一旦開戰，每架飛機即時按預訂命令直飛蘇聯境內，轟炸特定目標。但B-29並沒有足夠的回程燃料。因此這是有去無回的任務。然而他們都是自願、自動、自覺地參加這項工作，並無怨言，也不後悔。當兵要有為國犧牲的決心。他說電影裡的情節都是真實的寫照。當時他是少校領航員。應徵入伍分發而去了空軍。受訓後去戰略空軍，每天做飛行練習，也都是徑直往蘇聯的方向飛去，直到無線電通知他們返航為止。當年覺得這是為了國家，無所謂畏懼。於是就幹了好幾年。

退出空軍現役後，他的人生觀、世界觀不知不覺中澈底改變了。他的內心中恐懼且厭惡核子戰爭。因此，他熱愛和平，寶愛任何有生命的東西。動物如白老鼠、貓、狗。植物如花、草、樹、木，他認定人與人及任何生物都應該和平共存。同時，他對刻板的美式生活也覺得毫無意義。他在加州大學工作了30多年。他從來沒有銀行戶頭，拿到薪水單就去銀行換取現金，放在口袋裡，花1個月。餓了買點東西吃，吃飽了就好。他沒有租房或買房子，因而也沒有固定住址。每年4月15日是美國人自行報稅的最後日子。人人為此忙碌，填表格、算細帳，然後寄往國稅局。希望能退回薪水預扣稅中多出的部分。於是有一天，國稅局電話約談他，詢問為什麼沒有報稅。他說反正我只有薪水收入，每月都已經先行扣除，並且不會少扣。我相信我沒有逃稅。每年也不想麻煩自己再報一次，不指望稅局退還多交的部分，僅此而已。省心嘛！從此以後，國稅局再也沒有找過他。

退出現役後，他曾有1、2年時間，駕車載著他的狗在美國西北各州漂遊，極得自由自在的樂趣。想打工賺點錢，隨時可以到私人的小農場做個把月的短工。反正常用農機的操作及維護修理他都熟練，更何況工

作認真、勤奮，為人和藹可親、易於相處。他就是不習慣坐辦公室過朝九晚五的辦公室生活。他曾在北達柯達州山上做了一段時間的高山森林防火觀察員，每天獨處高高的鋼架房上，24小時除了吃飯睡覺就是用望遠鏡觀察有無山火冒煙，以便用無線電通知專業的森林消防隊予以撲滅。沒事就看看書，日子過得很愜意。生活所需的水跟食品，則由小飛機空投補給或由專人送來。只是每天要自炊簡單三餐，對他來說，甚是煩人之事。其他的都適合他的生活習性。只是無人聊天，也不方便餵養大狗。

在加州大學，他的衣食住行也極其簡單。衣，只要穿的舒服、乾淨。好在到處都有自助洗衣店，經常洗換也就解決了。食，他既不講求美食，只要能夠吃飽不餓，也是不難。住，他經常帶著睡袋和狗兒，夏天就在戶外露宿，與大自然同在。金山灣區常年有風，半夜溫度可以低到零下，因此他有一個極好的睡袋以保暖。冬天他就在工作的地方，將睡袋放在有熱氣管道經過的地板上睡覺，暖和舒服的很。每星期他至少有四次到校區的游泳館游水鍛鍊，然後沖涼。於是洗澡的問題也就搞定。總而言之，他沒有多餘的生活用品或衣服。一切衣服都是當用的，多餘的就丟掉，從不可惜。校內外的同事朋友外出休假，都希望將房子的鑰匙、貓貓狗狗交給豪耶看管。然後就可以百分百的放心旅遊去了。因為他就是這麼一個值得信賴的人。最後說到行，他有一部麵包車，保養良好，極少拋錨斷鏈。因為那才是他流動的家、「自由行」的家。每次我們不帶狗出門遠行，就請豪耶來駐紮，我們放心，我們的狗更歡心。因為豪耶一定會帶它出去找其他的狗兒玩。他說，養狗就是要與狗共用生活，不僅是將它餵飽就了事。

用豪耶的故事來結束這最末一章，應該很好玩。豪耶不是嬉皮士，他是真正像個中國道家式的平常百姓，無非是個美國人罷了。柏克萊的傳奇，當然有菁英的光芒，但也有嬉皮的逆反，以及，平和隨性的自在。

Do歷史66　PC0625

中華民國這回事
——一位江南事件親歷者的觀察

作　　者／陳治平
責任編輯／辛秉學
圖文排版／周妤靜
封面設計／葉力安

出版策劃／獨立作家
發 行 人／宋政坤
法律顧問／毛國樑　律師
製作發行／秀威資訊科技股份有限公司
　　　　　　地址：114 台北市內湖區瑞光路76巷65號1樓
　　　　　　電話：+886-2-2796-3638　傳真：+886-2-2796-1377
　　　　　　服務信箱：service@showwe.com.tw
展售門市／國家書店【松江門市】
　　　　　　地址：104 台北市中山區松江路209號1樓
　　　　　　電話：+886-2-2518-0207　傳真：+886-2-2518-0778
網路訂購／秀威網路書店：https://store.showwe.tw
　　　　　　國家網路書店：https://www.govbooks.com.tw

出版日期／2016年10月　BOD一版　定價／550元

|獨立|作家|
Independent Author

寫自己的故事，唱自己的歌

中華民國這回事：一位江南事件親歷者的觀察 /
陳治平著. -- 一版. -- 臺北市：獨立作家,
2016.10
　　面；　公分. -- (Do歷史；66)
BOD版
ISBN 978-986-93402-3-6(平裝)

1.中華民國史

628　　　　　　　　　　　　　105012704

國家圖書館出版品預行編目

讀者回函卡

感謝您購買本書，為提升服務品質，請填妥以下資料，將讀者回函卡直接寄回或傳真本公司，收到您的寶貴意見後，我們會收藏記錄及檢討，謝謝！
如您需要了解本公司最新出版書目、購書優惠或企劃活動，歡迎您上網查詢或下載相關資料：http:// www.showwe.com.tw

您購買的書名：＿＿＿＿＿＿＿＿＿＿＿＿＿＿＿＿＿＿＿＿＿＿＿＿＿

出生日期：＿＿＿＿＿＿年＿＿＿＿＿＿月＿＿＿＿＿＿日

學歷：□高中 (含) 以下　　□大專　　□研究所 (含) 以上

職業：□製造業　□金融業　□資訊業　□軍警　□傳播業　□自由業
　　　□服務業　□公務員　□教職　　□學生　□家管　　□其它＿＿＿

購書地點：□網路書店　□實體書店　□書展　□郵購　□贈閱　□其他

您從何得知本書的消息？

　□網路書店　□實體書店　□網路搜尋　□電子報　□書訊　□雜誌
　□傳播媒體　□親友推薦　□網站推薦　□部落格　□其他＿＿＿＿＿＿

您對本書的評價：（請填代號　1.非常滿意　2.滿意　3.尚可　4.再改進）

　封面設計＿＿＿　版面編排＿＿＿　內容＿＿＿　文／譯筆＿＿＿　價格＿＿＿

讀完書後您覺得：

　□很有收穫　□有收穫　□收穫不多　□沒收穫

對我們的建議：＿＿＿＿＿＿＿＿＿＿＿＿＿＿＿＿＿＿＿＿＿＿＿＿＿

＿＿＿＿＿＿＿＿＿＿＿＿＿＿＿＿＿＿＿＿＿＿＿＿＿＿＿＿＿＿＿＿＿＿

＿＿＿＿＿＿＿＿＿＿＿＿＿＿＿＿＿＿＿＿＿＿＿＿＿＿＿＿＿＿＿＿＿＿

＿＿＿＿＿＿＿＿＿＿＿＿＿＿＿＿＿＿＿＿＿＿＿＿＿＿＿＿＿＿＿＿＿＿

11466
台北市內湖區瑞光路 76 巷 65 號 1 樓

獨立作家讀者服務部　　　收

．．．

（請沿線對折寄回，謝謝！）

姓　　名：＿＿＿＿＿＿＿＿＿　年齡：＿＿＿＿　性別：□女　□男

郵遞區號：□□□□□

地　　址：＿＿＿＿＿＿＿＿＿＿＿＿＿＿＿＿＿＿＿＿＿＿＿

聯絡電話：(日) ＿＿＿＿＿＿＿＿＿＿＿　(夜) ＿＿＿＿＿＿＿＿＿＿＿

E-mail：＿＿＿＿＿＿＿＿＿＿＿＿＿＿＿＿＿＿＿＿＿＿＿